国家自然科学基金资助项目

ACTION MECHANISMS OF INFORMATION
INDUSTRY GROWTH PROMOTING THE
STRUCTURE UPGRADE OF REGIONAL INDUSTRY

信息产业成长促进区域产业结构升级的作用机制

陶长琪　齐亚伟 ／ 著

经济管理出版社
ECONOMY & MANAGEMENT PUBLISHING HOUSE

图书在版编目（CIP）数据

信息产业成长促进区域产业结构升级的作用机制 / 陶长琪，齐亚伟著. —北京：经济管理出版社，2014.12
ISBN 978-7-5096-3528-5

Ⅰ.①信… Ⅱ.①陶… ②齐… Ⅲ.①信息产业—关系—区域产业结构—产业结构升级—研究—中国 Ⅳ.①F49 ②F127

中国版本图书馆 CIP 数据核字（2014）第 302688 号

组稿编辑：魏晨红
责任编辑：瑞　鸿
责任印制：黄章平
责任校对：超　凡

出版发行：	经济管理出版社
	（北京市海淀区北蜂窝 8 号中雅大厦 A 座 11 层　100038）
网　　址：	www.E-mp.com.cn
电　　话：	（010）51915602
印　　刷：	北京京华虎彩印刷有限公司
经　　销：	新华书店
开　　本：	720mm×1000mm/16
印　　张：	19
字　　数：	362 千字
版　　次：	2014 年 12 月第 1 版　2014 年 12 月第 1 次印刷
书　　号：	ISBN 978-7-5096-3528-5
定　　价：	58.00 元

·版权所有　翻印必究·
凡购本社图书，如有印装错误，由本社读者服务部负责调换。
联系地址：北京市阜外月坛北小街 2 号
电话：（010）68022974　　邮编：100836

前　言

近年来，我国大范围内持续爆发的雾霾表明，我国经济结构性矛盾突出，产业创新能力不足，经济的可持续发展受到威胁。再加上国际金融危机的冲击，外需急剧萎缩、消费投资关系失衡等经济结构不合理问题进一步凸显，在对我国现有经济发展方式提出挑战的同时，也对优化区域产业结构形成了倒逼机制。通过对资源的优化组合和配置，可实现产业地域分工与布局合理、产业间比例关系协调和产业层次提升，适应资源结构与环境变化的要求，满足社会不断变化的消费需求。

从资源依赖到创新驱动的产业转型是区域产业结构升级的关键。目前，产业的信息化和信息的产业化发展已成为产业链条成长的趋势，且相互融合成为信息化时代出现的一种新兴现象，在以信息技术为先导的信息产业尤为突出。信息产业是知识密集型、技术密集型产业，作为新兴产业的主导力量、产业创新体系的核心、第三产业的中坚，具有显著的创新性、融合性、渗透性以及带动性等特点。信息产业的成长对传统产业的转型和区域产业结构升级有较强的诱导作用，是我国实现新型工业化道路的关键。因此，通过分析融合背景下IT企业技术创新的动态演化、技术创新与信息产业结构和产业组织演进的协同关系，以及信息产业与传统产业的融合发展对区域产业结构升级的促进作用，揭示技术创新、信息产业成长、产业融合发展以及区域产业结构升级之间相互促进、相互影响的关系。本书的主要内容如下：

一、融合背景下IT企业技术创新的动态演化机制

在动态竞争环境中，IT企业的竞争优势来源于不断地进行技术创新，IT企业技术创新能力的提升可看作是信息产业成长的微观机理。而随着IT技术的不断发展，技术融合成为IT企业技术创新的趋势。本书在技术融合的视野下，讨论IT企业技术创新的动态演化机制。

首先，分析了技术融合下IT企业技术创新模式的动态演化机制。本书在分析技术融合内涵和实质的基础上，将技术融合下的IT企业的技术创新模式界定为：核心技术共享联盟、技术并购、技术许可。在同时考虑知识溢出、技术互补

性、吸收能力的情形下，应用动态博弈模型分析了知识溢出、技术互补性、吸收能力、创新能力对均衡结果以及融合产品创新模式选择的影响。结果发现，IT企业选择何种创新模式来技术融合，与企业的规模、资金状况、自有的知识水平、自身的研发能力和对外来技术的吸收能力等有关。

然而，企业的技术创新决策并不是完全理性的。IT企业技术创新模式的选择是企业间竞争的动态反应，也是一种随着时间推移而动态变化的惯例性企业行为，因此，建立了IT企业融合创新模式的演化博弈模型。结果发现，IT企业技术创新模式选择行为的稳定状态与企业技术创新模式选择行为的初始状态、各策略的支付水平、系统的演化路径都有一定的关系。技术创新行为稳定状态的多样性也体现了IT企业技术创新行为的非线性特征。

其次，研究了技术融合下IT企业技术创新的动态演化过程及趋势。技术创新的成功是市场对其选择并扩散的结果，若不被市场选择，则预示着技术创新失败。因此，通过建立技术融合产品的扩散模型，揭示适合IT企业融合产品的扩散规律，再建立相应模型得到了判断融合成功与否的条件，即技术融合成功必须满足的基本条件是：在技术融合的初始阶段，消费者对融合产品的接受能力必须达到一定的程度，否则，由于需求不扩散或需求的增长缓慢，技术融合就会难以扩散。

以技术创新成熟度为状态变量建立IT企业技术创新的演化博弈模型，分析演化稳定均衡、演化路径及趋势。揭示了技术创新从一种状态结构转变为另一种状态结构的自组织机制及过程。技术创新活动既受到确定性因素作用，又受到随机性因素的作用，其演化过程是确定性与随机性的统一。演化的根本原因是创新系统中存在非线性的作用机制，即技术创新的进化过程本质上是自组织的，在演化的分岔点上随机性具有决定性的作用。

最后，对技术融合下IT企业技术创新的动态演化过程进行仿真。对技术融合下IT企业技术创新模式的演化过程、融合产品的扩散过程、融合的市场选择机制、IT企业创新过程的动态演化趋势进行模拟，以检验前面所涉及的理论的正确性及更清晰地展现技术创新的动态过程，并通过对创新动态演化模型的一些基本参数的变化进行扰动分析，探索各参数对IT企业技术创新的影响。

二、融合背景下技术创新与信息产业成长的协同机制

技术融合是产业融合（企业融合）的前提条件，技术创新是产业创新的关键，也是信息产业成长的驱动力。若将信息产业看作是一个系统，则信息产业成长就是产业系统向有序状态的演化过程。本书从"质"和"量"两个方面分析融合背景下信息产业技术创新与产业成长的协同机制。

前言

首先，扩展了产业融合和企业融合的内涵。产业融合是企业融合的结果和更为宏观的表现形式，都是指在开放产业系统中，创新技术的出现与扩散导致产业间竞争、协作关系的演变，而形成一个新兴产业的过程。在本书中，企业融合对应着微观的产业组织，产业融合对应着中观的产业结构。其中，信息产业组织绩效的提高为信息产业成长在"量"上的表现形式，信息产业内部结构的软化为信息产业成长在"质"上的表现形式。

其次，研究了产业融合下信息产业技术创新与产业结构演化的协同机制。融合本质上是一种创新，信息产业融合直接促进产业创新。在融合的形成和发展过程中，信息产业技术创新提高了产业技术创新能力和生产率，导致新兴产业的产生，引起产业中技术、资本、劳动力等生产要素向同一点演化，从而推动产业结构沿着劳动密集型向资本密集型和技术密集型的路径自组织演化。

以中国各地区信息产业为例进行实证分析，验证了产业融合是信息产业结构演化的序参量，支配着子系统的行动，主宰着产业结构的演化。融合下信息产业技术创新与产业结构调整的协同机制是促进信息产业成长的决定因素，但中国信息产业内部结构升级系统还没有建立产业融合递增的正反馈机制。

最后，研究了企业融合下信息产业技术创新与产业组织演变的协同机制。以产业组织的SCP范式为基础，分析了在企业融合的冲击下，市场结构、市场行为、产业结构、产业组织形式和市场绩效是如何相互影响、相互促进的。融合不仅开辟了新市场，使更多的新参与者进入，降低了进入壁垒，增强了有效竞争力，还促进了资源的整合和产业组织形态的改变，促使网络型学习组织的建立，进一步促使企业间实施模块化分工，增强了合作关系。总之，融合促进企业组织绩效的改善。

综合信息产业结构的优化和组织绩效的改善，将信息产业成长机制看作是由融合机制、技术创新机制、结构调整机制和组织机制构成。融合机制对应于企业的外界环境，技术创新机制对应于企业的市场行为，结构调整机制对应于企业组织结构升级，组织机制对应于产业组织中企业市场绩效的改善。由分析可知，信息产业组织演变与融合机制、自主创新之间存在着激励与约束的相互影响关系。融合机制为创新机制提供创新的方向，同时促进企业组织结构的升级和企业间组织关系的优化；创新机制为融合机制提供动力，支持企业组织结构调整机制，保障产业组织的改善；产业组织机制和结构调整机制则为融合机制和创新机制的进一步发展提供基础条件。信息产业组织演变是四个子机制非线性协同作用的结果。单个子机制的有序度增加并不是信息产业成长的有效充分条件，子机制的协同度增加才是信息产业持续发展之源。

通过对中国信息技术类上市公司的实证分析发现：从信息产业成长系统的协

同度来看，中国目前信息产业并不能协调发展，但这种不协调发展的程度呈逐步缩小趋势。原因是IT企业外界环境的频繁变化，使得企业不能及时调整管理战略，企业的创新行为只能对短期绩效进行改善，导致各子系统不能协同工作促使产业有序发展。

三、信息产业与传统产业的融合发展机制

信息化与工业化的融合涉及多个层面，产业融合可看作是中观层面的信息化与工业化融合。且随着信息技术的发展和信息产业的成长，信息产业内部融合开始向信息产业与传统产业的融合演化。信息产业与传统产业及信息化与工业化的融合发展有利于实现传统产业的跨越式发展和区域产业结构升级。

首先，分析了产业融合的形成过程。融合是产业系统演化的新趋势，是一个自组织过程。封闭的产业系统中，系统内各要素之间不会发生相互作用，因而不会产生产业融合现象。在开放系统中，技术创新的产生与扩散打破了原有系统的线性关系，改变了不同产业企业主体之间的非线性竞争与非线性协同关系，从而引起产业系统有序度增加。以融合型产品的创新为标志，产业融合的产生过程可以分为从无到有与从出现到实现的过程，并在产业间相关关系与产业融合类型之间建立了联结关系。

竞争性产业系统的演化分为三种情况：完全竞争替代、部分竞争替代和部分竞争共存。完全竞争替代和部分竞争共存可促使竞争性融合的产生，部分竞争替代时，产业竞争不能促使产业融合的实现。产业或企业的竞争关系使资源得到更加有效的利用，产品需求空间增大。而协作性产业系统可以共同演化并趋近于一个结构稳定的节点，在发展过程中出现组合型融合形态，增加产业系统的产品产量和结构有序度，增大了产品和服务需求差异性，融合型产品创新的出现改变了产业间的相关性，当融合使得产业间由协作关系转变为竞争关系时，随着融合产品对原有产品替代程度的加大，将有可能出现兼容性产业融合形态。当产业融合创新的出现使得产业间的协作程度更大时，技术创新产业带动原有产业有序度的增加，这是渗透型产业融合形态的具体表现。渗透型产业融合的典型案例就是信息产业与传统产业的融合，有助于信息产业对传统产业的改造，提升产业技术水平，推动区域产业结构升级。

其次，分析了信息化与工业化融合的动力与运行机制。产业融合是信息化与工业化融合的基础及实践。两化融合是一个复杂的系统工程，影响两化融合的因素主要来自以下四个方面：对系统有方向把控的因素、对整个系统有拉动作用的因素、对系统起着推动力作用的因素和对整个系统起着支撑作用的因素。两化融合的作用形式和水平受到技术融合水平、信息化程度、工业化程度等因素的影

响。传统工业化技术与信息化技术先进行有机融合，然后通过与信息化进程共同作用对工业化发展水平产生影响。两化融合的作用过程实际上是"我中有你，你中有我"的共同演进过程。

再次，构建了信息化子系统与工业化子系统的有序度模型和两化融合的复合协同度模型，对江西省以及全国两化融合水平进行测度，发现与全国两化融合平均水平相比，江西省两化协同程度稍显落后。并对比分析了中部其他省份与全国的两化融合水平，结果证实中部地区不管是信息化水平还是新型工业化推进水平都与全国平均水平有一定的差距，江西省和安徽省的信息化对于两化融合的带动力较工业化对两化融合的带动力强。

最后，分析了信息产业与传统产业的融合发展对区域产业结构演进的效应。信息产业与传统产业的融合发展促使区域产业结构向开放性、服务化和生态化方向调整，这个过程是区域产业结构升级的过程，同时也是产业融合深化的过程。

四、信息产业发展与区域产业结构升级的关联机制

将三螺旋理论应用于区域产业结构理论，从差异化、合理化、高度化三方面分析区域产业结构升级的内涵。信息产业对区域产业结构差异化趋势的影响作为第一因素，信息产业对区域产业结构合理化趋势的影响作为第二因素，信息产业对区域产业结构高度化趋势的影响作为第三因素。这三种因素互相影响，并互为因果关系。

首先，区域产业结构差异化是为了改善区域产业结构非合意性趋同现象而提出的。由区域资源禀赋、产业发展基础等因素类似而产生的产业结构趋同是合意的。而受地方保护主义的影响，地方政府在与中央政府、其他地方政府之间的博弈中，只追求自身的利益而放弃整体利益，不顾地方特色选择相同的主导产业，从而导致区域重复建设、过度竞争和区域产业分工不合理等非合意性产业结构趋同现象。信息产业成长通过加快对传统产业的改造和产业融合发展，促使新兴主导产业的出现，实现主导产业多样化，从而既能实现区域产业结构的差异化，又能促进区域产业结构的合理化和高度化。

其次，区域产业结构合理化是三次产业结构比例协调的过程，区域产业结构高度化是高新技术产业比重提高，即产业层次提升的过程，区域产业结构合理化和高度化统称区域产业结构优化。区域主导产业的培育和更替决定了区域产业结构演进的方向。信息产业的成长通过加快产业融合和两化融合的进程，促进新兴主导产业对原有主导产业的更替，逐步实现产业分工更加协调、产业关联更加紧凑、产业技术水平更加高深，从而促进区域产业结构的优化。

最后，在理论分析的基础上，构建了区域产业结构趋同性、合理化和高度化的评价指标体系，将其作为参考序列，将电子信息产业的发展指标作为比较序列，基于OWA算子的灰色关联模型群融合方法，对我国东、中、西部地区信息产业与区域产业结构升级的关系进行了实证分析。结果显示，我国东、中、西部电子信息产业的发展水平与区域产业结构升级之间存在较大的关联度，其中，由于东部地区注重从第二产业向第三产业（特别是服务业）的产业转型，信息产业与区域产业结构合理化和高度化的关联度最高，中部地区产业发展主要以政策为导向，西部地区主要以能源型产业为主导产业，导致中部地区信息产业与区域产业结构差异化的关联度最高，西部地区因信息产业还未成长起来，对区域产业结构升级的带动作用还没有发挥出来。

五、产业融合创新与区域产业结构优化的耦合机制

首先，综合考虑融合背景下IT企业技术创新的动态演化规律、技术创新与信息产业成长的协同机制，信息产业成长通过产业融合、两化融合对传统产业的改造，以及信息产业成长对区域产业结构差异化、合理化和高度化的影响等内容后，构建区域产业创新与产业结构优化的耦合系统，并从基于市场需求的技术驱动机制、基于创新转化的技术传导机制和基于环境支撑的政府推动机制三方面分析了区域产业创新与产业结构优化耦合系统的运行机制。

其次，在区域产业创新与产业结构优化的评价指标体系构建基础之上，采用熵值法确定各指标的权重，并构建耦合度评价模型测度了2003~2011年我国珠三角地区以及2011年10个主要省市产业创新与产业结构优化的耦合关联度和耦合协调度。从珠三角地区耦合关联度的纵向比较来看，耦合关联度先是快速上升，后上升势头很缓慢，处于一个比较稳定的状态。从珠三角地区耦合协调度的纵向比较来看，耦合协调度一直处于一个稳步上升的阶段，耦合系统朝着协调有序的方向发展。从10个省市的横向比较来看，上海、深圳、浙江和福建等省市的耦合关联度和耦合协调度都处于良好的状态，为第一梯度。湖南、辽宁、安徽等省市总体上处于中度耦合状况。江西和甘肃的耦合状态最差，处于第三梯度。

最后，根据理论分析和实证检验结果，本书有针对性地提出信息产业成长、产业融合发展和区域产业结构升级的政策建议，为促进我国经济发展方式转变和区域经济协调有序发展提供依据。

本书的相关研究得到了国家自然科学基金项目（71073073、71273122、71463023、71473109、41461025）、教育部人文社会科学规划项目（14YJCZH114）、江西省高校哲学社会科学研究重点招标项目（ZD05）、江西省"赣鄱英才555工程"项目、江西省高等学校科技落地项目（KJLD13032）、江西省教育厅科技项目（GJJ12739、GJJ13293）等的资助，得到了江西省电子商务高水平工程研究中心、江西财经大学信息管理学院的大力支持,硕士研究生刘丹、陈伟、丁晖、廖磊、林龙辉等参与了项目的研究工作。在编写过程中,作者参阅了大量的文献资料,吸收了很多专家、学者的研究成果,经济管理出版社领导和魏晨红编辑对本书的出版也给予了大力支持,在此一并表示衷心感谢!

  由于水平有限,本书缺点在所难免,敬请专家、学者及读者不吝指正。

陶长琪　齐亚伟
于江西财经大学蛟桥园
2014 年 10 月

目 录

1 绪论 ··· 1
   1.1 研究背景与意义 ··· 1
   1.2 文献综述 ··· 3
   1.3 研究思路 ··· 17
   1.4 本书的特色及创新之处 ····································· 20

2 理论基础 ·· 22
   2.1 融合的相关理论 ··· 22
   2.2 产业创新的相关理论 ··· 25
   2.3 信息产业成长理论 ··· 29
   2.4 区域产业结构升级理论 ····································· 35

3 信息产业成长的微观机理 ····································· 40
   3.1 IT 企业核心竞争力与创新行为的动态演化 ······ 40
   3.2 IT 企业技术创新行为的市场选择机制 ·············· 49
   3.3 IT 企业技术创新行为的动态演化模型 ·············· 57
   3.4 IT 企业技术创新行为的数值模拟 ···················· 64

4 信息产业成长的宏观机理 ····································· 84
   4.1 融合下信息产业成长的创新动力机制 ·············· 84
   4.2 产业创新与信息产业结构优化的协同机制 ······· 87
   4.3 信息产业融合创新与产业结构协同演化的实证分析 ········· 90
   4.4 融合下产业创新与信息产业组织演变的协同机制 ············ 97
   4.5 信息产业系统成长机制的协同模型 ················ 107
   4.6 信息产业系统协同演化的实证分析——以我国 IT 企业为例 ········ 112

5 信息产业与传统产业的融合发展机制 ……………………………………… 124
5.1 信息化与工业化相互作用及其与产业融合的联系 ……………… 124
5.2 基于信息化的产业融合形成条件 ……………………………… 129
5.3 产业相关性与融合的产生过程 ………………………………… 136
5.4 信息化与工业化融合的动力与运行机制 ……………………… 145
5.5 信息化与工业化融合的实证研究 ……………………………… 150
5.6 融合对区域产业结构升级的效应分析 ………………………… 160

6 信息产业成长与区域产业结构差异化 …………………………………… 164
6.1 中国区域产业结构的形成条件 ………………………………… 164
6.2 中国区域产业结构的现状分析 ………………………………… 168
6.3 信息产业成长对区域产业结构差异化的效应分析 …………… 174
6.4 信息产业对区域产业结构差异化的实证研究 ………………… 182

7 信息产业成长与区域产业结构合理化 …………………………………… 188
7.1 区域产业结构合理化的实现途径 ……………………………… 188
7.2 主导产业与区域产业结构合理化的关系 ……………………… 194
7.3 信息产业成长对区域产业结构合理化的效应分析 …………… 198
7.4 信息产业对区域产业结构合理化的实证研究 ………………… 202

8 信息产业成长与区域产业结构高度化 …………………………………… 209
8.1 区域产业结构的演变轨迹 ……………………………………… 209
8.2 区域产业结构高度化的路径选择 ……………………………… 213
8.3 信息产业成长对区域产业结构高度化的效应分析 …………… 219
8.4 信息产业对区域产业结构高度化的实证研究 ………………… 223

9 信息产业成长视角下区域产业创新与产业结构优化的耦合机制 ……… 228
9.1 区域产业创新与产业结构优化耦合系统的内涵 ……………… 228
9.2 区域产业创新与产业结构优化的耦合内容 …………………… 230
9.3 区域产业创新与产业结构优化耦合系统的运行机制 ………… 235
9.4 区域产业创新与产业结构优化的耦合度评价 ………………… 243
9.5 区域产业创新与产业结构优化耦合的实证研究 ……………… 251

10 结论与建议 ·· 258
10.1 信息产业成长的结论与建议 ·· 258
10.2 区域产业融合发展的结论与建议 ··································· 264
10.3 区域产业结构升级的结论与建议 ··································· 268

参考文献 ·· 274

1 绪论

1.1 研究背景与意义

综观全球工业化国家的发展历程，经济增长不但表现为经济总量以及人均量的长期增长趋势，还表现为各产业的结构性特征（静态）和演化特征（动态），业内通常称之为区域产业结构升级或者产业优化。区域产业结构是区域竞争力的宏观基础，体现了经济增长的质量，区域产业结构升级与经济健康、持续增长存在长期稳定的单向因果关系。当前，我国经济增长的内外部环境正在发生深刻变化。从国际上看，受国际金融危机不断深化的影响，实体经济受到严重冲击，发达国家纷纷提出"再工业化"战略，同时产业在全球范围内的转移趋势明显增强，发达国家试图继续以核心技术牢牢掌控全球价值链的高端环节，而将技术含量和附加值低的产业转移到以中国为代表的发展中国家，这必然给我国经济增长和产业结构调整带来深远影响。从国内看，持续爆发的雾霾表明我国经济结构性矛盾突出，产业创新能力不足，经济高速增长的奇迹是以能源消耗、环境污染为代价换来的，资源环境对经济可持续增长的约束日趋强化，在对我国现有经济发展方式提出挑战的同时，也对优化结构形成了倒逼机制。为适应国内外经济形势的新变化，在新一轮国际竞争中抢占制高点、争创新优势，中国经济需要保持稳定、健康和快速发展，则国内产业结构优化迫在眉睫，这是新时期加快转变经济发展方式的根本出路。

在全球化条件下区域是竞争优势的一个重要来源，区域产业结构不仅包括产业之间的结构关系，还包括各产业内部间的产品结构关系、各产业在跨区域的分工与布局。受资源禀赋条件和产业政策的影响，我国东、中、西部地区在产业构成、产业布局和产业分工等方面存在明显的差异。现阶段，同时在未来一个较长的时期，我国的产业发展模式，一方面，由于区域间垂直型产业分工格局弱化了东部发达地区产业升级和自主创新的动力；另一方面，资源富集地区也趋向于经济固化在资源型产业，从而自身发展受到抑制①。这不仅使得自身产业发展缺乏持续动力，而且造成较大的区域经济差距。因此，探求区域产业结构优化和协调路径对实现"统筹区域经济协调发展"的部署起到至关重要的作用。

关于区域产业结构的优化升级，学术界主要分为两派：①通过总结走过工业化进程的发达国家发展经验来分析区域产业的演变规律，通过借用主流经济学理论解释区域产业结构优化升级机制，这一系列理论概括为"自然演化型"产业结构变迁研究。②通过分析工业化国家经验，探讨政府通过制定相关产业政策加速实现区域产业升级、加速实现区域工业化机制，这一系列理论概括为"政府干预型"产业结构变迁研究。本书同时考虑两者的优点，区域产业结构的优化升级、政策调整可以按照中共十八大报告提出的方向及原则，考虑采取加快第三产业尤其是战略性新型产业的发展、控制工业产业部门的扩张、进一步促进社会资源的合理化配置及有效流动以及加快区域产业技术进步速度等对策。也就是说，在资源和环境的约束下，从资源依赖到创新驱动的产业转型是区域产业结构调整的关键。

产业的信息化和信息的产业化发展成为产业链条成长的趋势。信息产业是知识密集型、技术密集型产业，作为新兴产业的主导力量、产业创新体系的核心、第三产业的中坚，具有显著的创新性、融合性、渗透性以及带动性等特点，对区域产业结构发展有较强的诱导作用和产业关联度。在产业的集群式发展过程中，通过信息产业和传统产业的融合与共生，来强化产业的创新机制和新陈代谢机制，增强协同创新能力和创新资源的合理配置能力，影响并推动区域产业结构演进，对国民经济增长产生倍增效应。信息产业的发展潜在地影响区域产业结构的演化，以信息产业作为主导的区域产业创新体系更是促进区域产业结构升级优化的内在动力源。我国多数省、市确定其为支柱产业或重点发展的战略性新兴产业。信息产业（以美国硅谷以及中国台湾新竹工业园区为例）发展的成功经验已经证实了其对产业升级和区域经济发展的促进作用。因此，在充分发挥区域比较优势的基础上，通过信息产业成长构建良好的区域产业分工协作体系和创新体系，探索信息产业成长对区域产业结构优化的效应，构架出发展区域产业结构的未来演化方向，从而为区域产业结构调整规划提供决策支持，为推动两化融合（信息化与工业化融合）及促进经济持续、健康和稳定发展具有极其重要的作用。

理论意义：①沿着由信息产业自身成长到基于产业融合发展的区域产业创新体系构建，再到区域产业结构升级的时序演进路径，揭示了信息产业促进区域产

---

① 孟昌. 产业结构研究进展述评——兼论资源环境约束下的区域产业结构研究取向[J]. 天津财经大学学报，2012（1）.

业结构升级的深层次的机理，深化了区域产业结构演进的研究；②以融合为研究视角，立足于信息产业的成长，探讨IT企业技术创新模式的演化机理，以及技术创新与产业组织绩效提升、产业结构优化的协同机制，丰富了信息时代新型产业组织形式与产业成长的理论分析；③从产业系统的角度，对信息产业与传统产业的融合发展机制、区域产业创新与产业结构升级的耦合机制进行了探索性研究，这对分析信息产业与传统产业的关系及其对区域产业结构差异化、合理化和高度化的作用机制是一个重要、有益的补充。

现实意义：①通过产业融合的形成机制与类型分析，加快信息产业与传统产业的融合发展，以及其对传统产业的改造升级，为促进工业经济转型和经济发展方式转变提供了保障和路径选择；②系统分析我国区域产业结构的现状，借鉴典型国家区域产业结构演进的基本规律，提出我国区域产业结构升级的路径选择，对提升区域经济发展质量、提高抵御国际市场风险能力和实现经济可持续发展的良性循环态势具有重要的现实意义；③根据信息产业与传统产业的融合发展和区域比较优势原则，从区域产业组织结构和空间结构的角度分析信息产业成长对区域产业结构升级的影响，有利于协调区域产业分工，对避免区域产业结构趋同，促进区域产业结构合理化和高度化具有指导意义。

1.2 文献综述

本书是在融合视角下，通过信息产业成长的创新驱动机制、信息产业与传统产业的融合发展，研究信息产业成长促进区域产业结构优化的作用机制，相关文献主要集中在以下两个方面。

1.2.1 文献回顾

（1）融合的研究现状。20世纪90年代以来，信息技术、互联网技术与通信技术的出现与蓬勃发展推动新经济形态——信息经济或知识经济的出现。信息化发展浪潮打破了工业经济时代的市场分立状态，出现了以融合为主要特征的市场演进范式。姜爱林（2002）给出了工业化与信息化互动关系的理论模型，从深层次探讨了工业化与信息化融合的理论基础。姜奇平（2008）提出要从现代化的高度理解工业化与信息化融合的问题。工业化与信息化融合，要求生产方式转变，要求发展方式转变，要求资源配置方式转变，要求产业结构调整以及要求统筹经济社会关系。王静（2008）分析了信息化和工业化的基本内涵，阐述了信息化与工业化间的融合关系。莫玮（2008）认为，信息化自身的本质特征、我国工业化所面临的资源环境约束决定了必须走信息化与工业化融合发展的道路。邹生（2008）提出了从工业生产过程的不同层面进行考察工业化与信息化融合，主要有产品构成层、工业设计层、生产过程控制层、物流与供应链层和经营管理与决策层。龚炳铮（2008）对信息化与工业化融合的含义、层次、阶段进行了初步探讨，且对实现信息化与传统产业融合的路径与突破口选择进行了讨论。程灏（2009）认为，实现工业化与信息化融合的技术路径就是全面系统地应用工业工程技术规范企业的管理流程、标准化其作业操作，为实现信息化奠定管理基础，并最终实现工业化与信息化融合。王金杰（2009）则对我国信息化与工业化融合机制与政策进行了一定的研究，建立了两化融合动态函数，并以此为基础分析两化融合的存在机制和发展机制。史炜、马聪卉、王建梅（2010）通过融合类业务及其发展模式探讨了信息化与工业化融合的发展对策。茶洪旺、胡江华（2010）基于我国经济发展环境、经济结构因素两方面的考虑，认为信息化与工业化融合推进存在诸多的阻碍因素，提出了信息化与工业化融合的财政税收政策的目标是，激励企业参与工业化与信息化融合，缩小地区间、行业间和企业间的数字鸿沟，根本改变工业增长的模式，加速实现我国工业现代化。

信息化与工业化融合涉及多个层面，周振华（2000，2002）研究了信息化进程中的产业融合问题，认为信息产业及其网络经济产业的特点从本质上决定了信息产业不能简单排斥传统产业，必须实现产业融合，此时的产业融合指高新技术产业与传统产业的融合，也是一种工业化与信息化融合的表现。产业融合是建立在技术创新并不断融合基础之上的新型产业革命，1994年在美国哈佛大学商学院举行的世界第一次关于产业融合的学术论坛——"冲突的世界：计算机、电信以及消费电子学研讨会"，从此掀起了产业融合研究的热潮。Ono和Aoki（1998）对电信、广播、出版三个产业的融合进行了个别分析，并提出了一个理论框架来阐释媒体信息服务融合的实质。李林（2008）从产业融合角度就信息化与工业化融合的基础进行了探讨，并从技术、业务和微观组织基础等角度分析了信息化与工业化在产业层面融合的作用机制。从微观层面上看，产业融合发生的前提条件是产业之间具有共同的技术基础，能够首先发生技术融合，即一个产业的技术革新或发明开始有意义地影响和改变其他产业产品的开发特征、竞争和价值创造过程（Lei，2000）。Sahal（1985）和Dosi（1988）指出，某些技术在一系列产业中的广泛应用和扩散，并导致创新活动发生的过程，可被视为技术融合。曾峰（1993）以日本企业为例，研究了技术融合与新型开发模式的关系。廖磊（2009）在对技术融合与技术创新的关系进行分析的基础之上，构建了技术融合下IT企业技术创新的动态演化机制基本框架：技术融合下IT企业的技术创新的动力机制、技术融合下 IT 企业技术创新模式演化机制、技术融合下 IT 企业技术创新的动态演化过程。最后，运用计算机模拟技术对 IT 企业技术创新过程进行仿真。Steven Schnaars（2008）通过分析 20 世纪涌现出的技术融合现象，指出技术融合可进一步推动创新的产生，且市场和消费者是检验新技术融合成败的关键。Christensen 和 Rosenbloom（1995）认为，许多公司技术融合战略的失败，不是技术能力不足，而是在于它们联结的新价值网络能力不足，体现在与供应商和消费者联系不够，不能充分满足创造新产品和服务市场的需要。

  技术融合不仅仅发生在信息传输业，在保健食品、数码相机、包装技术和机械工具等领域均有技术融合发生，因此更一般地说，技术融合是从根本上改变以往各独立产业或市场部门的边界，使得原有产业边界逐渐模糊甚至消失，从而导致新产业形态——产业融合的出现（Bally，2005）。Lind（2005）认为，技术变革和市场需求是产业融合的动力。Yoffie（1996）的研究发现，技术创新、政策管制放松和管理创新或战略联盟等是产业融合产生的主要动力。于刃刚等（2003）研究了技术创新与产业融合的关系，认为技术创新和扩散才是产业融合的内在动力。汤文仙（2006）在对技术融合的动力、技术扩散的实质过程、生命周期以及结构与程度考察的基础上，提出了有关对技术融合理论的探索，突破了把技术融合单纯理解为技术行为的认识。陈柳钦（2007）研究了技术创新、技术融合与产业融合的关系，认为技术创新是产业融合的基础。从产业间的边界来看，由于技术进步和放松管制，发生在产业边界和交叉处的技术融合，改变了原有产业产品的特征和市场需求，导致产业的企业之间竞争合作关系发生改变，从而使得产业界限模糊化甚至重划产业界限，导致产业融合的产生（Greenstein Shane 和 Khanna Tarun，1997；Choi 和 Valikangas，2001；马健，2002；于刃刚、李玉红，2004）。从产业间关系来看，产业融合是通过技术革新和放宽限制来降低行业间的壁垒，加强各行业企业间的竞争合作关系（植草益，2001），或者当两个或两个以上以前不同的产业中的企业成为直接竞争者时就意味着融合（Malhotra，2001）。从产业发展过程看，不同产业或同一产业内的不同行业通过相互渗透、相互交叉，最终融为一体，逐步形成新产业的动态发展过程（厉无畏、王慧敏，2002；何立胜、李世新，2004）。还有学者从其他角度分析了产业融合的内涵。产业融合是一种模块化过程（青木昌彦，2003；朱瑞博，2003；刘茂松、曹虹剑，2005）。胡永佳（2007）从融合与分工的关系入手，认为融合是与本层次分工相反的运动，在消灭本层次分工的同时，往往带来其他层次更多的分工和专业化，所谓产业融合的实质是产业间分工内部化，是产业间的分工转化为产业内分工的过程和结果。胡金星（2007）则从系统论的角度出发，认为融合是指新奇的出现与创新引起不同系统主体相互作用而使得不同系统向同一个方向演化的自组织过程。齐亚伟（2008）通过总结认为，产业融合是指信息化生产中模块分工所要求的协作关系，其对产品的开放性、标准化程度的要求越来越高，技术合作与共享的需求日益迫切，创新技术的扩散促使不同产业之间形成了共同的技术基础，导致技术融合的产生，使得任何一种产品都是多种产品与技术的集成产物，融合型产品的形成使得不同产业具有相同的市场基础，促使市场出现融合现象，各个产业之间的传统边界将趋于模糊甚至消失，在技术融合和市场融合基础上产生了产业融合现象。也就是说，产业融合是一个由信息技术革命引发的不同产业或同一产业内的不同行业通过相互交叉、相互渗透，逐渐融为一体，形成新产业属性或新型产业形态的动态发展过程。即产业融合强调产业边界的位置，并以形成新的产业形态作为其根本标志。周振华（2003）认为，产业融合引发的产业间新型竞争协同关系和更大的复合经济效应将导致产业基础、产业关联、产业结构、产业组织和产业布局等方面的根本变化，对世界经济一体化起着催化作用，对社会发展产生综合影响，并使"多头"分管的多重管制体制趋于融合，形成新的法律和政策框架，尤其是新的管制政策。产业融合使得多个产业拥有共同的技术和市场基础，减少了企业成本，改变了产业结构布局、原有产业产品的市场需求和核心能力，从而实现产业创新，并通过产业融合和产业创新的连锁反应，促使产业结构升级和产业组织绩效的提升（何立胜，2006；徐静珍、王宏江，2006；史修松，2006）。Stieglitz（2002）将产业融合分为技术替代性融合、技术互补性融合、产品替代性融合和产品互补性融合四种基本类型，并运用演化经济学和产业生命周期理论构造了一个产业融合类型与产业动态演化的理论框架。Dariusz Wojcik（2005）以2000~2003年欧洲300家大型企业的数据为例，对公司治理中存在的融合度进行了实证分析。

（2）信息产业成长的研究现状。在以知识、信息为特征的新经济时代，企业的发展越来越依赖于技术创新能力的提高和改善。技术创新的路径有两条：一是开发出可以对传统产业进行渗透的关联性技术、工艺和产品；二是加强产业间现有技术的交叉和融合，形成新的产业链和企业群，实现原有企业间的功能互补。技术融合实质上是技术创新，技术创新在不同企业之间扩散导致技术融合，这一特点在知识密集度极高的IT行业中尤为突出。越来越多的理论与实践都在印证着一点，那就是IT企业长久和持续的竞争优势取决于企业所拥有的知识和技术创新能力，且IT企业的技术创新类型可以看成是技术融合型的创新。IT企业是信息产业的微观构成主体，因此，本书将IT企业技术创新能力的提升看作是信息产业成长的微观表现形式，将信息产业组织绩效的提升和产业结构的优化看作是信息产业成长的宏观表现形式。本书将从微观和宏观两方面分析信息产业的成长机理。

John Ziman（2000）分析了技术创新底层进化因子如信息和知识的作用，认为技术中的知识要素赋予了技术发明一些奇特的动态属性，发明家通过对无形的思想模型的操作，能够设计，或"孕育"，抑或"人工选择"出远比偶然出现的更有前途的变种。Joel Mokyr（1996）认为信息技术的发展过程就是不断试错的过程，并认为在一定意义上，技术也是底层信息的一种载体。Eva Jablonka（2000）认为生物进化中的遗传、变异、选择、涌现及灭绝等都能与技术创新进化的现象相对应，只不过技术创新进化是社会复杂系统，其进化中的现象远比生物进化复杂。毛荐其、杨海山（2006）从技术创新底层因子（如知识、信息、智力）的相互作用以及与市场、人文、社会、制度协同进化的角度分析了技术创新的演进过程。Hung（2009）分析了中国和印度IT企业的创新结构，提出影响技术创新的因子有技术知识、人力资源发展、产业集群、研发及管理技能等。IT企业成长是一个复杂的过程，成长期IT企业成长取决于技术创新与溢出、专业化分工、技术或产品兼容和企业内部治理所形成的边际递增的生产函数在动态博弈机制下能否得到不断的实现。陶长琪（2004）从技术、组织、市场和制度的整体角度研究了IT企业成长的机理，其中用人力资本对技术创新进行内生化，用网络外部性解释技术溢出、技术或产品兼容、企业集群，从而建立了基于人力资本（包括集约型人力资本与增量型人力资本）、分工、网络外部性和人力资本激励的IT企业成长模型。分析结果表明，IT企业的成长是企业技术创新与溢出、企业内外分工、技术或产品兼容和企业内部治理等多种因素共同博弈的结果，只有在它们之间建立协调的博弈机制，IT企业的成长才能得到保证。对高科技企业来说，某一个部件或一项设计往往很难成为面向市场的最终消费品。陶长琪（2006）认为，包括IT企业在内的高科技企业成长就是在一定契约和组织模式下进行要素资源的合理配置来实现企业所追求的"利"和"势"的增长过程，建立柔性分工与整合的组织模式是高科技企业获取成长"势"的组织保证，硅谷高科技企业获得高成长充分得力于柔性分工与整合的组织模式的实施。而高科技企业从"利"上的成长则表现为分工的边际递增性增长，随着高科技企业系统信息即各任务小组公共知识的增加（强调整合）与企业特质信息即各任务隐晦知识的增加（强调分工），企业内的最大分工程度都将提高，从而促进企业从"利"上得到更好的成长。李玉刚（2005）对IT企业的技术创新过程的特质进行了分析，认为IT企业的技术创新实质上是知识的创新和管理。傅家骥（1998）在技术创新理论中将技术创新战略模式分为自主创新、模仿创新和合作创新三种基本战略模式。Rainer等（2006）研究了技术传播的两种路径模仿和创新的演化过程，指出模仿和创新是一个信息搜寻规则下的搜寻和学习过程。Hitoshi Tanaka等（2007）建立一个质量阶梯型产品循环动态总体均衡模型，指出在发展中国家，技术许可促进了创新，也是国际技术变革的主要来源。Serguey Braguinsky 等（2007）建立了一个竞争产业创新和模仿的动态模型，导出了一个均衡增长路径，沿着这个路径，技术领导企业在这个产业规模较小时，在技术的知识上投入增加，能够阻止别的企业模仿。魏江（2002）提出了中国 IT 企业技术能力提高过程的主导模式是通过"技术引进—消化吸收—自主创新"。彭新敏、吴晓波和卫冬苇（2007）研究了我国 IT 企业技术创新获取模式，从技术特性、企业特性、环境特性三个维度探讨了新产品开发中内部研发、合作研发和外部购买三种技术获取模式选择的影响因素，提出了相应的假设，并以国内 IT 企业为样本进行了实证分析。顾珂舟（2008）分析了技术许可战略对美国中小型 IT 企业集群技术创新的影响。刘园园（2007）研究了中国 IT 企业的核心竞争力以及如何培育核心竞争力的问题。冯延超（2007）研究了我国 IT 企业核心竞争力与技术创新，创造性地以覆盖式的技术创新理论和产品生命周期理论来说明 IT 企业技术创新的特征，并设计 IT 企业技术创新综合评价指标体系和 IT 企业核心竞争力模糊评价模型，利用数字化的方式，对 IT 企业技术创新能力及核心竞争力进行了直观的反映。周笑磊（2003）调研了 58 家 IT 企业，有效问卷 146 份，通过建立结构方程的方法，采用 Amos 软件作为调试初始概念模型的工具，深入分析了知识整合与 IT 企业技术创新绩效的关系，提出了一个基于文化要素、组织要素、IT 要素的知识管理模型，这三个企业要素通过影响知识管理行为，导致知识管理的产出，并最终影响技术创新绩效。李倩（2008）调查了北京、上海、杭州和济南等城市的 207 家 IT 企业，通过 DEA 模型分析，认为有效的知识管理是 IT 企业获得核心竞争力的关键。验证了一般知识管理能力的六个维度（即知识获取能力、知识保护能力、知识转化能力、知识共享能力、知识应用能力和知识创新能力）在研究 IT 企业知识管理实施中的合理性和适用性。

耿小庆（2008）研究了企业能力、组织学习和知识创新三者之间的关系。认为不同的组织学习类型会导致对不同知识层面的掌握进而形成企业不同层次的能力。一般性的组织学习导致企业知识累积进而增强企业的静态核心能力，创造性的组织学习导致企业知识创新进而增强企业的动态核心能力，进一步提出：企业能力成长的根本动力在于组织知识创新。并通过实证研究证实了这一假设，认为企业能力的成长过程的实质就是企业知识形成能力的过程，而企业知识形成能力的过程又是通过组织学习促进知识创新来保证的。知识创新与企业能力的增长是一个相辅相成、互相促进的关系，一方面知识创新能弥补企业能力的缺陷，另一方面企业为适应动态环境的需要而主动要求进行知识创新，并探讨了知识创新与企业能力之间的互动机制，提出了知识创新与企业能力的互动模型，在模型中提出了企业知识平台的概念，并分析了知识平台的演进过程，建议通过建立协同学习机制来促进知识创新和企业能力的共同发展。由于企业需要在急剧变化的环境中快速研发新产品和提供新服务来满足市场需求，并将产品创新与市场创新有机地结合起来。但企业研发产品所需的技术往往来不及自行建立，因而必然导致知识整合的实现，即并非单一的知识而是整合的知识才是企业竞争优势的来源，企业的知识整合效率越高，企业研发的绩效也就越高，其生产的产品也越受市场的欢迎（Iansiti 和 West，1997；Ditillo，2004，2012）。吴进（2005）研究了 IT 企业技术创新中的隐性知识管理，阐明了隐性知识的转化和整合是创新成功的关键，给出影响隐性知识转化的主要因素，提出了不同类型以及适合大型和小型 IT 企业隐性知识整合的方式。何炳祥（2008）认为，无论是对于渐进性技术创新，还是根本性技术创新，知识整合贯穿技术创新的整个过程，知识整合中的技术融合是技术创新的重要途径。在实际的技术创新中并不存在完完全全的自主创新，高度的融合性是现代技术的重要特征，因此每一项自主创新都是建立在已有技术的基础之上都或多或少地带有其他技术的成分。可以这样说，完全不依赖于其他技术的所谓创新其在实践中的作用是值得怀疑的。在知识经济时代，企业无视先进技术的存在而完全依靠自身关起门来搞技术研发，是既不可能也没有必要的。只有通过内外技术交叉渗透的方式，充分学习和掌握外来的先进技术，并结合自身的技术力量有所创新，获得具有自主知识产权的技术，才是提高企业技术水平的最佳途径。这种技术融合对企业核心技术的形成和企业走向自主性技术创新的道路至关重要。简兆权等（2008）选取我国珠三角地区 124 家高科技企业作为实证研究对象，探讨吸收能力、知识整合、组织创新与组织绩效之间的关系，研究结果表明：①吸收能力对知识整合有显著的直接正向影响；②知识整合对组织创新有显著的直接正向影响；③组织创新对组织绩效有显著的直接正向影响。谢洪明（2008）在对广东 139 家中小企业进行实证的基础上得出：内部社会资本与组织文化通过知识整合与核心能力这两个"隐藏中介变量"对企业组织绩效有显著的正向影响。无论是理论分析还是实证分析，都验证了知识创新和管理通过促进技术创新、组织创新提升 IT 企业的核心能力，进而促进 IT 企业成长。胡蓓、王聪颖（2009）提出产业集群知识融合的新观点，构建了基于信息融合的高技术产业集群知识融合与创新模型，通过结构方程模型证实信息融合技术能够提高知识的有效性与全面性，融合后的知识对企业创新绩效有更大的影响作用。

  从宏观上看，信息产业成长本质上是指信息产业从低级形态向高级形态演进的内部结构的质变。产业的成长具有周期性，当产业处于衰退阶段时，市场范围缩小，技术创新的获利能力不足，危及该产业的企业的生存，而产业创新和资产重组是衰退产业摆脱危机的主要道路（陆国庆，2002）。衰退的产业必须重新联合各分工和生产环节，由社会分工转化为企业内部分工，改革企业的组织形式才能促使企业焕发新的生机。George P. Huber（1990）研究了先进的信息技术对组织设计、成长和决策的影响，信息技术的改造改变了企业的管理模式，提高了企业间信息交流的速度。技术创新是信息产业成长的关键动力。技术创新改变了产业原有的技术路线和技术特征，形成了新的技术——经济范式，决定了信息产业结构的走向，改变了产业价值分配结构，从而调整了产业结构、产业组织形式（朱春红，2005）。技术创新是一种由相互作用、相互依存的创新组织有机构成的经济社会"生态群落"，存在非线性、路径依赖和随机"涨落"的作用机制，是一种由旧结构失稳到新结构建立的自组织演化过程（叶金国、张世英，2002；罗发友、刘友金，2004）。Andergassen 等（2006）研究了上下游企业之间的创新与模仿，以及技术融合与这种创新、自组织能力的关系。技术创新通过对原有的产业部门的改造和新兴产业部门的建立，推动信息产业沿着信息工业、信息服务业和信息开发业的趋势演进，实现信息产业的结构性成长（何亚琼、李一军，2000）。陶长琪（2010）通过分析信息产业融合的创新实质、信息产业融合和自主创新对产业结构和产业组织的促进作用，揭示信息产业融合、自主创新与产业成长三者之间相互促进、相互影响的协同关系。他从原始创新、集成创新和引进技术再创新三方面分析了信息产业融合与自主创新之间的关系，从中可知，信息产业融合从根本上改变了传统产业体系，出现新的产业组织形态，信息产业融合之创新实质上是一种自主创新，属于"毁灭性创造"的根本型创新。他将信息产业看作是一个系统，产业成长是一个动态演化过程，则产业成长就是产业系统向有序状态的演化过程，并从"质"和"量"两个方面分析产业的成长过程。其中"量"表现为产业组织绩效的提高，"质"表现为产业结构的提升。具体概述了信息产业内部结构中技术结构、需求结构、就业结构、投资结构和贸易结构的形态，分析了融合背景下各个结构形态的演化。在融合的形成和发展过程中，信息产业自主创新表现为突变的、跃迁的和非连续性的过程，每一次创新都是对"锁定"的打破，信息产业自主创新与融合提高了产业中技术创新能力和生产率，促使生产率迅速上升和新主导产业的出现，这是信息产业结构演变的显著标志和基本特征。另外，基于企业融合的视角分析了信息产业 SCP 范式的动态双向传导机制，首先对融合下信息产业市场结构演变的动力、途径和趋势展开分析；其次从市场行为演变的特征和企业组织行为演变两方面，对融合背景下信息产业市场行为的演变展开分析；最后从资源配置效率、规模结构效率、技术进步这三方面，对融合背景下信息产业市场绩效的演变展开分析。杰罗斯基（1990）研究了市场结构与创新的关系，认为高度集中的产业在促进创新方面不如竞争性产业。产业融合的本质是产业创新，对自然垄断的信息产业来说，融合打破了行业垄断，增强了新的竞争关系，有利于信息产业的发展。Gambardellla 和 Torrisi（1998）对计算机、通信、半导体等发生较明显融合现象的产业绩效进行了研究，结果表明，与其他融合现象不明显的产业相比，融合使得绩效得到一定的提高，融合产业绩效与技术融合状况存在正相关关系。干春晖（2009）分析了生产要素构成的变化和产业结构演进以及要素生产率水平和增长率的差异，并利用偏离—份额法分析了产业结构的生产率增长效应。

信息技术创新推动了创新网络的发展，网络是互动学习的重要组织模式，为产业成长奠定了基础（彭宜新，2002）。网络化创新提高了创新速度，使企业产生范围效应和规模效应，有利于融合的产生。在网络经济条件下，企业融合是当今 IT 企业迅速成长的新途径、新模式，它对传统的企业组织理论提出了新的挑战。为适应融合带来的一系列不确定的外界环境，企业需加强彼此间的协同合作，组织形式由纵向一体化向横向一体化、虚拟一体化和网络一体化方向发展，促进资源配置的优化（陶长琪、齐亚伟，2009）。网络型组织加快了不可编码的隐含信息向可编码的规范化信息的转化速度，方便了信息、知识和难以用文字表达的实践经验在整个网络内的快速传播（Hobday，1994）。网络组织深化了分工与专业化生产，产生了巨大的系统和协同效应，促进了产业成长。Joseph Farrell（2000）分析了企业在追求范围经济，进行横向兼并时的效率，并比较了企业实现协同和没有实现协同的效率大小。Patrakosola 和 Olson（2007）以 23 家顶尖 IT 企业的实证分析为基础，分析企业协同与信息技术创新之间的关系，得出企业的竞争协作与技术创新演变密切相关的结论。徐晔、陶长琪（2010）以企业融合为纽带，利用系统理论协同学的思想和方法，剖析了 IT 企业组织结构演变的自组织过程。研究表明，基于融合的 IT 企业组织系统演变的过程实质是一个"动态循环"的自组织过程，自组织过程的每个循环体中主要包括耗散结构阶段、协同机制阶段和协同竞争机制阶段。许庆瑞、谢章澎（2004）认为企业创新协同是通过技术创新和制度创新这两个子系统的相互作用来实现的，从而建立起企业协同创新的演化模型。信息、技术、知识等创新资源的外部性是资源共享时必须要考虑的因素。原毅军（2004）分析了网络外部条件下软件产业形成的不同市场结构，并以"结构—行为—绩效"的产业组织分析范式为基础，研究了不同市场结构下软件产业的技术扩散行为。盛昭瀚、高洁（2007）以 NW 模型为基础，建立产业动态演化模型，分析由不同企业组成并有新企业持续随机进入的产业的竞争动态。刘文涛（2007）认为缺乏"协同"是我国信息产业创新效率低下的原因，信息产业与政府、其他产业、科研单位之间缺乏协同，并提出政策建议：政府应营造良好的自主创新环境，产业应加强协同以促进集成创新，加强产学研协同以开创"多赢"局面。

（3）区域产业关联关系的研究现状。信息化时代，融合、耦合以及联动成为描述产业间互动关系的关键词。尤其是随着信息技术的发展和信息产业的成长，信息产业内部融合开始向信息化与工业化的融合演化。信息化与工业化融合在一定程度上反映了信息化与工业化、信息产业与传统产业的互动关系。新时期我国国民经济持续快速的发展越来越依赖于工业结构的转型，信息化与工业化的融合是建立新型工业化道路的手段，通过改变传统工业化发展模式和路径选择，实现工业结构的转型和经济跨越式发展。

乌家培（1993）首先分析了信息化在中国的演进，指出中国必须同时推进工业化与信息化，用工业化培育信息化，用信息化促成工业化。李继文（2001）用发展的观点研究了工业化与信息化在经济发展史中的内在逻辑。简新华（2002）研究了信息化带动工业化的必要性、以信息化带动工业化，实现跨越式发展的可能性及以信息化带动工业化的任务和措施。陈小红（2007）探讨了工业化与信息化的互动关系及基本内涵，并研究了双向控制模型进行工业化与信息化互动控制的基本方法。肖静华、谢康等（2006）建立了信息化带动工业化、工业化促进信息化的规范研究模型，发现相对于工业化促进信息化阶段和信息化带动工业化阶段，工业化与信息化相持阶段是极其短暂的、不稳定的。在工业化深入推进的今天，运用信息技术对传统工业的渗透作用促进信息化与新型工业化的融合，成为国富民强的必由之路。陈伟、陶长琪（2012）运用协同理论建立了新型工业化与信息化融合复合协同模型，利用江西省与全国 2001~2010 年数据进行实证分析。结果表明，江西省两化融合协同程度依然属于全国一般水平，但其协同程度逐年提高并有加速趋势；江西省信息化有序程度高于全国一般水平，但是新型工业化有序程度低于全国水平，应充分利用信息化带动作用，促进两化协同程度的提高。熊勇清、李世才（2010）分析了我国目前战略性新兴产业与传统产业耦合发展在时间上和空间上的逻辑结构，构建了战略性新兴产业与传统产业发展的评价模型，得出我国的环保产业处于中度耦合、轻度衰退发展型状态。苑清敏、赖瑾慕（2014）通过分析耦合系统中战略性新兴产业与传统产业的关联性以及影响因子间的耦合效应，研究了战略性新兴产业与传统产业的动态耦合演化机理及演化趋势。叶森（2009）指出要素流动、产业转移和产业联盟是产业联动的主要表现方式，且产业联动由要素绝对集聚向传统要素扩散，继而向区域互动发展演进。孙东琪、张京祥等（2013）基于产业空间联系视野对两大城市群空间经济差异进行了实证研究，发现中心城市与其临近的外围地区的产业联系强度弱化是"大都市阴影区"形成的关键因素。波特曾指出，一个国家或地区在国际上具有竞争优势的关键是产业竞争优势，而产业竞争优势来源于彼此相关的产业集群。同时产业链作为新时代背景下产生的一种应对市场激烈竞争的新型组织形式，反映了产业间的竞争合作关系。区域经济互动的重要内容就是区际产业合作，具体体现为产业链在地区间的接通及其关系协调。Gereffi（2005）从投入—产出结构、空间布局、治理结构和体制框架四个维度研究全球价值链的产业组织形式，认为基于价值链的治理结构带动落后区域的产业升级，促进区域产业共同发展。Coe 等（2008）认为欠发达地区通过与全球价值链建立链接关系，能充分发挥其发展潜力。陶长琪、刘劲松（2006）针对煤、电企业纵向联结的三种可能的模式，即煤、电企业战略联盟，煤、电企业集团，煤、电企业完全一体化，通过构建模型分析了这三种煤、电企业纵向联结的效应。结果显示，战略联盟、企业集团和完全的纵向一体化对煤、电企业都是有利的，但对未能参加纵向联结的企业利润水平将会产生一定不利影响。当电力企业处于独家垄断的市场结构而煤炭企业处于竞争的市场结构时，组建企业战略联盟的煤炭企业和电力企业将有可能在不损害未组建联盟的煤炭企业利益的情况下，提高两个联盟企业各自的利润水平，进而导致总利润的增长。

产业集群和产业链都具备网络的基本形态，以"网络"作为耦合界面。吴金明等（2006）指出产业链实际上是从"点和点"到"点和线"、到"线和线"、到"链和链"相互链接的四维有机组合，其本质可以视为一个有机网络结构。王德利、方创琳（2010）探索中国跨区域产业分工与联动的特征，发现区域间产业联动强度受经济地位及空间距离的影响显著，产业间横向联动与纵向联动相结合的混合型联动格局正在形成。刘玥、聂锐（2007）建立了产业联动系统的网络拓扑结构和演化模型，利用其模拟结果搜寻了西部能源产业的区域内和跨区域产业联动路径，并总结了跨区域产业联动的动力机制。产业联动网络中资本的逐渐积累，有利于技术、知识流动，提高整个产业联动网络的整体创新能力（李守伟等，2007）。网络中主体间联系是实现功能的必要基础。Rowley（2000）区分了弱联系占主导地位的网络和强联系占主导地位的网络与产业绩效的关系。Mirata 和 Emtairah（2005）通过分析网络中产业共生与区域产业创新之间的相互作用，剖析了产业共生在实现产业生态化及地区可持续发展中的作用。Kim 和 Park（2009）以韩国为例基于网络理论，从动态视角分析了信息通信业对产业间的技术结构演变的影响，提出通过加大信息通信业向其他产业的知识流，增强创新网络密度以及信息通信业在网络中的优势地位。

Ruud Smits（2002）研究了 21 世纪创新管理、创新政策、创新系统、共同进化理论及技术集聚效应之间的关系。王琦（2008）认为产业集群和区域经济空间相互作用与相互影响的过程具有耦合特征，两者的耦合形成一个复杂适应系统——区域经济系统，某个影响因素的微小扰动将驱动系统处于更加有序的状态。基于系统论的相关方法分析产业与产业之间的相互作用成为学术界的主流。区域产业系统是各要素作用力的耦合，系统内诸要素及系统与环境通过各种途径影响产业系统的形成和演化，决定产业竞争力。物质资本、人力资本、技术进步、制度变革、资源、环境等多维要素的协同作用及产业集群模式为研究区域产业创新系统的空间演化规律提供了一个崭新的视角（范剑勇、朱国林，2002；朱英明，2003；吴玉鸣、徐建华，2004）。王知桂（2006）和郭峰（2006）认为区域创新与产业集群在观念、管理、技术、制度和环境等环节存在紧密耦合关系，区域创新的有效运行会加速形成要素的空间集聚，产生集聚经济性，从而实现区域经济的可持续发展。胡志坚、苏靖（1999）认为，区域创新系统主要由参与创新活动研发的高等院校、科研机构、技术研发运用的企业及一些中介服务机构构成的一个集知识、技术、产品创新的创新网络系统，在这个系统中，各个创新要素相互联系、相互作用。Asheim（2002）认为区域创新系统是由区域集群内的支撑机构构成的，主要包括两大类主体：一是区域支撑产业中的企业集群；二是由高等院校、科研机构、金融法律行业等支撑类行业协会构成。付丹（2008）描述了区域创新系统与高新技术产业集群两者间的有序关联及协同机理，从政策协同、金融协同、技术协同和制度协同等方面分析了促进两者协同发展的途径。产业创新是企业创新到国家（地区）创新的桥梁（罗积争、吴解生，2005）。张治河、胡树华（2006）从产业系统的角度指出产业创新系统主要由产业创新政策系统、产业创新技术系统、产业创新环境系统和产业创新评价系统组成。张璞（2003）认为区域产业创新体系主要由产业组织创新、产业结构创新、产业技术创新和管理创新四部分组成。其中，组织创新是先导，结构创新是核心，技术创新是关键，管理创新是保证。李青等（2004）立足于区域创新理论诠释产业发展，认为区域创新视角下的产业发展过程是以创新环境为基础、以创新网络为平台，通过网络内的互动学习和企业空间集聚来进行，包括产品、工艺和管理等方面的创新活动。从这个意义来说，区域产业发展过程是一个创新过程，由参与创新的各主体共同完成。从集群的角度来看，区域创新网络是集群内各主体之间通过互动进行知识积累与交流，为创新关联而构成的组织结构与空间结构（Bell Martin，1999）。从区域的角度来看，区域创新网络是一种有利于创新的区域治理结构，是具有相互依赖基础的多个机构、中介组织同生产组织系统形成稳定的合作创新网络（王缉慈，2001；王大洲，2001）。

（4）区域产业结构优化升级的研究现状。从美国等发达国家的发展实践看，区域产业结构升级呈现出在技术进步、知识与产品创新的推动下不断由低级结构向高级结构演进的过程。库兹涅茨从产业增长速度的变动入手，发现：产业结构的调整是通过产业间优势地位的更迭实现的。Humphrey（2000）提出了一种以企业为中心的产业结构升级层次：一是流程升级，即通过流程再造，改变生产要素比例，引进高新技术进行生产；二是产品升级，即增加产品附加值，转向更高端生产线；三是功能升级，即提升产品功能，从而获得价值链上的高功能收益；四是价值链升级，即在价值链上由低附加值转向附加值更高的环节。伦蕊（2005）从产业间结构高度、产业链结构高度和产业结构升级转移能力三个方面构建了产业结构高度化的评价指标体系。朱卫平等（2011）对产业结构升级的内涵展开了深入探讨，根据广东省产业结构升级的历程，提出广东省产业结构升级的三种模式分别是：产业结构高度化、加工程度高度化和价值链高度化。刘冰、王发明等（2012）从全球价值链出发，结合台湾地区半导体产业结构升级历程，系统性地分析了产业结构升级的内涵和路径，提出了基于全球价值链的产业结构升级理论。隆国强（2007）在全球价值链的研究基础上提出了我国产业结构升级的三个方向：产业间的升级、向技术资本密集型转变和向管理与信息密集型升级。王云平（2007）基于集群视角通过产业价值链的整合实现资源的优化配置，从而促进区域产业结构优化升级。

  产业结构合理化和高度化是产业结构优化的重要内容，产业结构合理化主要表现为产业间协调能力的加强和关联水平的提高，是产业结构高度化的基础。主导产业的确定与交替更迭与产业结构合理化、高度化紧密相连。江世银（2003）认为应根据需求弹性原则、技术进步原则、产业关联原则以及动态比较优势原则来选择主导产业，从而实现区域产业结构的调整。关爱萍（2002）拓宽了主导产业的选择基准，提出了"瓶颈基准"、"持续发展基准"和"效率基准"等基准。陈智国（2005）对产业结构合理化和高度化进行了分析，结合自组织理论，认为发展主导产业与产业结构系统演化升级相互关联。和金生（2008）明晰了主导产业、支柱产业与战略产业三者之间的区别，以及各自对区域产业结构优化的作用。区域产业创新与产业结构合理化、高度化在一定程度上是相互作用的，产业创新打破现有的路径依赖状态，促使生产率迅速上升和新兴主导产业产生，导致主导产业在产业创新推动下依次更替，推动区域产业结构向高度化演进。丁晖（2013）借助物理学上的耦合概念，明确了区域产业创新与产业结构优化的耦合内容，耦合系统运行机制和我国一些主要地区的产业创新与产业结构优化的耦合情况，发现我国不同地区之间产业创新与产业结构优化耦合情况存在着较大的差异，具体表现为那些产业创新活动相对比较活跃的区域产业结构相对来说更加合理高效，产业创新与产业结构优化的耦合关联度和耦合协调度相对较高。刘丹和陶长琪（2013）将三螺旋理论应用于区域产业结构理论，从差异化、合理化与高度化三方面分析区域产业结构的优化升级，差异化、合理化和高度化三种因素互相影响，并互为因果关系，其中，任一因素的变化均受到另外两种因素的影响，且区域产业结构差异化（趋同现象改善）是合理化和高度化的前提。齐亚伟和刘丹（2014）根据信息产业发展对传统产业的带动作用，分析了信息产业发展与区域产业结构合理化以及高度化的关联关系。

学者对信息产业成长与区域产业结构优化升级之间的关系进行了探讨。信息产业引发的以信息技术为核心的科技革命促使了产业结构高度化的加快。Dosi、Gambardella 和 Grazzi（2007）认为信息通信技术的变革改变了原有产业技术效率、组织形式和竞争力优势，支持更加细化的专业化分工和垂直整合程度较小的产业结构。Cornelia Storz（2008）研究了日本软件业技术创新系统的动态性，并分析了如何克服软件产品的路径依赖性而成功建立一个新兴主导产业，推动产业结构的演变。赵玉林（2008）利用计量模型证实了高技术产业的迅猛发展对工业内部技术结构、劳动结构和资本结构等的优化升级促进作用较为明显。自郑英隆提出我国信息产业化与传统产业信息化后，不断有学者发现，信息化通过高新技术产业提高产业资源配置效率，同时，一方面通过信息技术的扩散和渗透，另一方面通过促进以知识、技术密集产业群形成加快了对传统产业的改造升级。雷平（2009）探讨了电子信息产业制造业的规模效应、马歇尔外部性、相关产业集聚外部性与雅各布斯外部性。王全新等（2006）认为以信息产业为主导产业的信息经济形态对产业结构的优化：合理化和高度化推波助澜。随着信息产业的成长，信息流成为产业关联中的主导性要素，突破物质流相对固定的"上游—中游—下游"的产业传递轨道，在更大的范围内搜寻、集成和合理配置资源（周振华，2004），推动区域产业结构的合理化。

在知识经济背景下，信息产业表现出极为明显的融合特性，产业融合突破已有结构化的产业约束，运用技术创新、管理创新、市场创新和组织创新等改变了现有产业结构、产业组织形式和创造出新兴产业（陶长琪、齐亚伟，2010）。随着信息产业结构的软化，必将使得知识资本和人力资本在一定区域聚集发展，并通过扩散、辐射效应，推动区域产业结构的高度化。吴义杰（2010）认为信息产业的融合有助于促进信息技术的扩散和渗透，通过提高信息产业的生产效率能够加速传统产业的升级改造。任方旭、李雄诒（2007）认为信息产业通过塑造农业、改造传统产业及推动信息服务业等途径对区域产业结构调整起着直接推动和间接带动的双重作用。余冬筠、魏伟忠（2008）认为工业化初期，信息产业对区域产业结构的影响效果微弱；工业化中期，信息产业对其区域产业结构的影响是全面的；工业化后期，信息产业对区域产业结构的作用是深入的、全面的变革。通过信息产业与传统产业的融合化和集群化发展模式，推动区域产业创新体系的构建，提升区域产业结构的转换能力。

1.2.2　文献评述

通过对国内外研究现状的分析和梳理，可以看出，现有文献对信息产业的成长机理进行了较为深入的研究，技术创新对IT企业核心竞争力的驱动力已经得到认可，同时对信息产业与传统产业的融合机制也进行了探索性分析，认识到产业融合的产生原因、创新实质，以及对产业组织和产业结构演进的影响。但信息产业的成长途径及对传统产业的带动作用主要以定性和政策性研究居多，融合背景下IT企业技术创新模式的特质、技术创新与信息产业组织演变、产业结构优化的协同机制等研究更是处于被忽略的状态。

近十多年来，随着我国经济的快速增长，区域产业结构升级过程中存在的很多问题被暴露出来，研究区域产业结构升级影响因素的文献开始增多。但从现有的文献来看，一方面，产业结构升级的基础理论研究还很缺乏，多数是从组织结构的角度分析产业结构合理化和高度化的评价标准，很少从空间结构的角度提及产业结构的区域差异化问题；另一方面，在区域产业结构优化的影响因素、协调机制与演进路径的研究上取得了重要的进展，也证实了信息产业成长通过带动传统产业发展对产业结构升级的贡献，为本书从信息产业成长的维度刻画区域产业结构升级奠定了基础，但在已有成果中单一的、定性的、一般化研究较多，尚未形成统一的研究框架和理论范式，即未明确信息产业成长机制、信息产业与传统产业的融合机制，以及与区域产业结构升级的关系，即现有的文献并没有将产业融合、产业创新、信息产业成长与区域产业结构升级有机结合起来。本书将在融合的视角下，建立信息产业成长—区域产业融合发展—区域产业结构升级的分析框架。以此为切入点，以"协同、耦合"理念为指导，构筑区域产业创新与产业结构优化耦合系统，从空间结构和组织结构上探讨信息产业成长通过产业融合发展对区域产业结构升级的作用机制。

1.3 研究思路

1.3.1 研究内容

考虑到我国经济增长过程中由于无视区域分工原则而出现的区域产业结构趋同现象，为了充分发挥区域经济优势，提高资源配置，本书将从差异化、合理化和高度化三方面分析区域产业结构升级的内涵。融合已经成为知识经济时代最突出的特点，并且在信息产业内部表现得尤为突出，因此，在分析信息产业对区域产业结构升级的影响过程中很有必要将融合考虑进来。融合背景下信息产业对区域产业结构升级的影响表现在：利用信息产业自身的成长和与传统产业的融合发展，提升产业竞争力与转型能力，促进新兴产业出现、主导产业更替与落后产业淘汰，进而达到发挥地域优势、产业密切相关和集约化程度提升的目的，实现区域产业结构优化升级。信息产业促进区域产业结构的升级路径如图1-1所示。

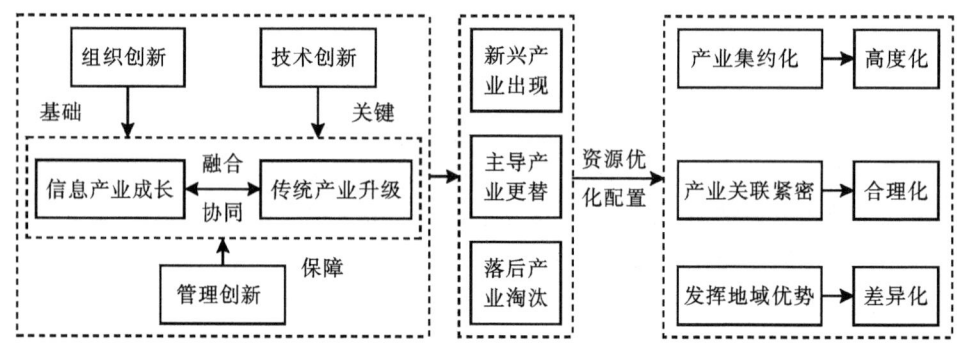

图1-1 区域产业结构的升级路径

本书根据信息化与工业化融合所涉及的各个方面，从微观、中观和宏观三个层面分别将融合分解为技术融合、产业融合和社会融合，但本书主要涉及微观和中观经济层面的融合。首先，根据融合与创新的相互关系，分析技术融合背景下IT企业技术创新模式，以及融合下技术创新与信息产业成长的协同机制，从而实现信息产业自组织成长。其次，在信息产业成长的基础上分析信息产业与传统产业、信息化与工业化的融合机制，从而实现信息产业与传统产业的协同发展。最后，从差异化、合理化和高度化三方面分析信息产业成长对区域产业结构升级的作用机制，最终达到资源优化配置的目的。

本书将从10个章节展开研究：第1章是绪论，阐述信息产业成长对区域产业结构升级的重要意义、研究内容和研究方法，对国内外相关文献进行跟踪和综述；第2章是理论基础，界定信息产业成长、信息产业与传统产业互动、区域产业结构升级的内涵和相关理论；第3章是信息产业成长的微观机理，分析融合背景下IT企业创新行为的市场选择机制、动态演化机制以及数值模拟；第4章是信息产业成长的宏观机理，分析融合背景下信息产业技术创新与产业组织演变、产业结构优化的协同机制；第5章是信息产业与传统产业的融合发展机制，分析信息化与工业化融合的运行机制、产业融合的形成条件，以及产业融合发展对区域产业结构的效应分析；第6章是信息产业成长与区域产业结构差异化，根据信息产业成长与区域主导产业选择的关系，理论结合实证分析信息产业成长对区域产业结构差异化的效应；第7章是信息产业成长与区域产业结构合理化，根据区域产业联动过程中的分工特征，理论结合实证分析信息产业成长对区域产业结构合理化的效应；第 8 章是信息产业成长与区域产业结构高度化，根据区域产业结构高度化的实现路径，理论结合实证分析信息产业成长对区域产业结构高度化的效应；第 9 章是信息产业成长视角下区域产业创新与产业结构优化的耦合机制；第 10 章是结论与建议，根据上述研究提出我国信息产业成长与区域产业结构升级的政策建议。

1.3.2 研究方法

本书综合采用文献追溯、数理建模与博弈分析、规范分析与实证研究和比较分析等方法开展研究。

（1）文献追溯。搜集整理国内外相关资料，界定信息产业成长和区域产业结构升级等概念的内涵以及实质，描述技术融合、产业融合和信息化与工业化融合之间的关系，为分析融合视角下信息产业成长促进区域产业结构升级的作用机制奠定了基础。

（2）数理建模与博弈分析。运用静态分析（演化稳定策略）和动态分析（动态复制方程）的研究方法，构建演化博弈模型，分析技术融合背景下 IT 企业技术创新模式选择行为的稳定状态与企业技术创新模式选择行为的初始状态、系统的演化路径的关系。利用 Bass 扩散模型建立技术融合产品的扩散模型，判断融合成功与否的条件，以研究在技术融合下 IT 企业技术创新的市场选择机制。只有被市场接受的技术融合才算是创新成功，以技术创新成熟度为状态变量建立 IT 企业技术创新的演化博弈模型，分析融合背景下 IT 企业技术创新的演化稳定策略、演化路径及趋势。建立自组织演化动力学模型，确定信息产业成长的序参量，从组织变革、结构软化、绩效提升三个维度分析产业融合背景下技术创新与信息产业系统成长的协同机制。并在信息产业成长的基础上，构建产业系统的演化模型分析产业融合的形成机制，从而根据信息产业与传统产业的融合发展促进区域产业结构升级。

（3）规范分析与实证研究。描述融合背景下信息产业技术创新对组织绩效提升和产业结构优化的影响，并在此基础上实证检验了融合背景下技术创新与信息产业成长的协同机制；分析信息产业自身的成长及与传统产业的融合发展对区域产业结构升级的影响，利用灰色关联度模型测度我国东部、中部、西部地区信息产业成长与产业结构差异化、合理化、高度化的关联程度。信息产业与传统产业的融合是一种新型产业组织形式，其实质是产业创新，因而，构建区域产业创新与产业结构优化的耦合系统，从整体上分析信息产业成长通过产业融合对区域产业结构合理化和高度化的影响，并基于市场的技术驱动机制、基于创新转化的技术传导机制和基于环境支撑的政府推动机制来研究区域产业耦合系统的运行机制。进而在此基础上构建了区域产业创新与产业结构优化的耦合度评价模型和指标评价体系，对2003~2011年我国珠三角地区及2011年我国10个主要省（市）的产业创新与产业结构优化的耦合关联度和耦合协调度情况进行了实证分析，为政府制定相应的政策建议解决我国区域产业结构升级过程中面临的问题提供可靠依据。

（4）比较分析。总结国外区域产业结构升级的成功经验，考察我国区域产业结构的形成条件、趋同的原因，以及区域产业结构合理化和高度化的实现途径，从区域发展的基础条件、产业发展特征及产业结构的目标定位等方面进行比较分析，选择合适的主导产业，推动区域产业结构的差异化。

1.4 本书的特色及创新之处

1.4.1 本书的特色

研究视角具有新颖性。以融合为出发点，沿着信息产业自组织成长—区域产业融合发展—区域产业结构升级的路径开展分析，并从空间维度分析产业结构的区域差异性，有效避免了区域产业结构非合意性趋同。因此，在信息产业与传统产业融合发展的基础上，分析如何通过信息产业成长促进区域产业结构差异化、合理化和高度化，这是本书的特色之处。

1.4.2 本书的创新之处

在上述研究视角下，本书在以下几个方面有所创新：

（1）技术融合背景下IT企业技术创新的动态演化机制。信息化时代，IT企业的技术创新是融合现象显著、外部效应强、要求更加广泛明确的合作与协调、高度的创新性、增值性和渗透性的一个持续的动态过程，因此，本书首次系统地研究技术融合下IT企业技术创新的动态演化机制，包括技术融合下IT企业技术创新模式演化机制分析、技术融合下IT企业技术创新的动态演化过程，并进行了模拟仿真。

（2）产业融合背景下技术创新与信息产业成长的协同机制。融合背景下信息产业技术创新对产业成长的作用主要体现在产业结构优化和产业组织演变。主要采用系统科学方法（协同学、耗散结构理论、自组织论等）探讨融合背景下技术创新与信息产业系统自组织演变的关系。并在建立相关的评价指标基础上，通过构建自组织演化模型、协同度模型深入剖析融合背景下我国信息产业结构优化的序参量,以及技术创新与信息产业组织演变的协同关系。进而在信息产业成长的基础上,构建系统演化模型分析信息产业与传统产业融合的形成机制,以及各子系统的共生性和稳定性的关系。

(3)区域产业结构升级的路径选择。为实现区域合理分工、产业协调发展与产业层次提升的目的,本书提出区域产业结构升级的三螺旋上升模式,从区域产业结构差异化评价、合理化趋势研究和高度化关联分析三个层面剖析信息产业成长促进区域产业结构升级的作用机制。并基于OWA算子的灰色关联模型群融合方法测度我国信息产业成长与区域产业结构差异化、合理化、高度化的关联程度,为加快我国区域产业结构升级和经济发展方式转变提供依据。

(4)区域产业创新与产业结构优化的耦合评价分析。根据融合下IT企业技术创新模式的分析、技术创新对信息产业成长的驱动和信息产业与传统产业的融合发展,全面考虑影响区域产业结构优化的因素,进而构建区域产业创新与产业结构优化的耦合系统。从基于市场的技术驱动、基于创新转化的技术传导和基于环境支撑的政府推动三方面深入研究区域产业创新与产业结构优化耦合系统的运作机制,并通过构建区域产业创新与产业结构优化耦合度评价模型揭示出我国区域产业创新与产业升级耦合关联度和耦合协调度情况。

2 理论基础

2.1 融合的相关理论

2.1.1 信息化与工业化融合的内涵

当前，从传统经济的角度看，我国经济发展主要依赖于劳动、资源的巨大投入，随着我国经济的持续发展与工业化的深入推进，所面临的劳动力、资源和环境制约也越发明显。如何打破工业化进程中的这些瓶颈，快速提升我国经济发展水平，成为众多学者研究的重点。20世纪以来，计算机技术、通信技术和网络技术快速发展，由信息产业所带来的工业变革，给我们带来了希望。2002年11月，我国在中共十六大会议上就提出了"以信息化带动工业化，以工业化促进信息化"的新型工业化指导思想，通过五年的完善与发展，中共十七大又提出了"发展现代产业体系，大力推进信息化与工业化融合"，进而到中共十八大我国又提出了"坚持走中国特色新型工业化、信息化、城镇化、农业现代化道路，推进信息化和工业化深度融合"。这深刻反映了我国政治决策高层已经意识到信息化推进对中国特色新型工业化推进所起的重要作用，也揭示了我国今后经济发展战略的制定方向。

信息化与工业化融合简称两化融合，是指信息化与工业化的相互交融互动。信息化是当今时代不可逆转的发展潮流，但信息化不能单独存在，只有将信息技术、信息资源等应用于其他产业才能发挥信息化的功效。信息化与工业化融合发展是全方位、多层次、跨领域、一体化的。信息化不只是与某个门类工业融合，而是与所有工业门类都融合。信息化不只是与工业企业的某个环节融合，而是与采购、设计、生产、销售及客服等多个环节融合。信息技术在生产环节中的深度应用，不是要信息技术成为企业生产的一个技术手段，而是要在生产、管理、规划、销售等各个环节成为企业经营管理的常规手段。随着社会经济的发展，两化的推进逐渐变成了"我中有你，你中有我"的状况，信息化与工业化不再作为各自独立的系统，不再仅仅是单方面信息化对工业化的带动和工业化对信息化的促进关系，而变成了两个系统的相互作用和相互交融。因此，从某种意义上说，两化融合实际上是信息化与工业化推进到一定深度后的自然产物。

本书认为，两化融合实际上是指通过信息化与工业化的深度发展、两化的充分交融互动完成科技含量高、经济效益好、资源消耗低、环境污染少及人力资源充分发挥的新型工业化道路。两化融合是利用信息技术支持，追求可持续发展模式的道路，是真正意义上实现以信息化带动工业化、以信息化促进工业化的道路。

赛迪顾问认为，信息化与工业化融合不仅体现在技术、产品层面，还体现在企业经营管理、催生新兴产业层面，即信息化与工业化融合包括技术融合、产品融合、业务融合和产业衍生四个方面。其中，技术融合是指工业技术与信息技术的融合，产生新的技术，推动技术创新。例如，机械技术和电子技术融合产生的机械电子技术，工业和计算机控制技术融合产生的工业控制技术。产品融合是指信息技术或产品融合到工业产品中，增加产品的信息技术含量。例如，普通机床加上数控系统之后就变成了数控机床，传统家电采用了智能化技术之后就变成了智能家电（如智能冰箱、变频空调等），普通飞机模型增加控制芯片之后就成了遥控飞机，增加汽车电子设备可以提高汽车档次。业务融合是指信息技术应用到企业生产、经营、管理的各个环节，促进业务创新和管理创新。例如，企业资源规划（ERP）、客户关系管理（CRM）、供应链管理（SCM）等管理软件的应用，极大地提高了企业管理效率和管理水平，通过网上订购系统，可以直接在网上下订单，电子商务为市场营销提供了新的途径，产品信息可以在网上发布并达成交易。产业衍生是指信息化与工业化融合可以催生出新产业，如汽车电子产业、工业软件产业、工业创意产业和企业信息化咨询业等。此外，信息化与工业化融合对电子信息产品制造业、软件产业、信息服务业及电信业等产生了大量市场需求，可以有效推动这些产业的发展壮大[1]。

2.1.2 产业融合的内涵

工业化与信息化是不同经济背景下两种不同的生产方式，信息化与工业化在产业层面的融合——产业融合是两化融合的重要依据。

产业融合不是一个新事物，从 20 世纪 90 年代中期以来，以电信、广播电视、出版三大产业融合为代表的产业融合现象就日益受到学术界和实业界的广泛

---

[1] http://www.hefei.gov.cn/n1070/n304559/n311446/n9059186/n9059472/9160627.html.

关注。产业融合作为产业新范式，是信息化发展到一定水平的产物，而且这一新变化的社会价值含量只有在信息化本身的历史意义中才得以体现。在信息化进程中，随着数字技术的发展，特别是计算机技术和网络技术发展殊途同归，使得图像、声音、文本和数据四种彼此分割的信息形式可以统一转换为数字形式，并通过同一终端和网络传递与显示，从而实现了信息通信领域的"数字融合"。在数字融合的基础上，传统电信、广播电视和出版业等产业逐步实现了技术融合、业务融合和市场融合，最后完成产业（企业）融合的整个过程。产业融合最先出现在信息产业内部，随后根据信息产业向传统产业的渗透性，产业融合现象出现在信息产业与传统产业之间。本书将从两个层面考虑产业融合的特点及其两者之间的联系，一是从产业层面，说明不同产业之间的融合是如何进行的；二是从企业层面，说明作为企业集合的产业行为是怎样形成的。

从产业层面来看，产业融合可以从两个方面来理解：从狭义角度讲，产业融合就是为了适应产业增长而发生的产业边界的收缩或消失，这个定义局限于以互联网为标志的计算机、通信和广播电视业的"三网融合"；从广义角度讲，产业融合是一个由信息技术革命引发的不同产业或同一产业内的不同行业通过相互交叉、相互渗透，逐渐融为一体，形成新产业属性或新型产业组织形态的动态发展过程。

从企业层面来看，就产业融合而言，它必定表现为某一产业内的企业集合，或者从事这一产业所属经济活动的大部分企业，集生产属性或功能于一体的融合型创新产品。企业融合也可以从两个方面理解：从狭义来说，企业融合是指两个或两个以上的企业通过企业扩张的方式，并借助一定的制度安排和设施，协调企业各部门，使之真正成为一个协调统一的整体；从广义来说，企业融合是指不同产业系统中的企业主体在采取并购或战略联盟等互动的过程中，逐步向对方领域扩散，使得不同产业企业的经营业务内容向同一个方面汇合，而形成的一种组织安排，可以达到资源配置最优状态，本质上是企业业务的交叉化与趋同化。我国计算机产业、通信设备产业与广播电视制造产业的企业融合就是一个典型的例子。

根据上面的分析可知，产业融合是企业融合的结果。在判定是否出现产业融合时，可以从两个方面入手：一是当不同产业的经济活动之间出现了相似性时，我们可以从产业角度去观察、把握出现这种现象的原因；二是当某一产业中一个具有较大产业影响力的企业或者相当数量的企业，生产集多个产品功能或属性于一体的新产品，我们也可以从企业的角度去考虑这种多元化经营的结果。

2.2 产业创新的相关理论

2.2.1 产业创新能力的构成要素

创新作为学术概念和理论体系是由美籍奥地利学者 Schumpeter 于 1911 年最早提出。熊彼特认为的创新，是指把一种从没有过的关于生产要素的新组合，引入生产体系，并进一步指出新组合包括：引进新产品、引进新技术、开辟新市场、开辟原材料新的供应来源以及实现工业新组织。在熊彼特的观念里，创新不仅包括技术创新，还包括市场创新、管理创新等。继熊彼特之后，许多学者对企业或产业的创新能力进行了深入的研究。柳卸林（2002）指出，创新能力是一家企业在给定的资源条件下，通过发现新的市场、利用新的资源，推出满足市场需求的新产品的能力。这种能力不仅取决于企业的技术能力，还与企业的学习能力密切相关，因为企业在发展过程中，总是由弱小到强大，因此企业原有的资源或禀赋并不能一直支撑企业的持续发展，企业的竞争力和创新力归根结底还是取决于企业的学习能力，这才是一个地区的企业获取竞争力的关键。魏江（1995）从技术创新过程的角度对创新能力体系进行探讨。他认为创新的过程可分为六个阶段，即确认机会、形成思想、求解问题、得解、开发及运用并扩散。从这一过程来看，前两个阶段，其实就是根据企业的创新战略作决策的过程，第三、第四、第五阶段就是研究开发过程，第六阶段生产和市场营销过程。这样就体现在四方面的能力，即创新决策能力、R&D 能力、生产能力和市场营销能力。另外在整个创新过程中，需要通过组织管理来实现，就需要组织能力。所以从这个角度来看，创新能力的结构要素是创新决策能力、R&D 能力、生产能力、市场营销能力及组织能力五个方面。弗里曼（1997）认为产业创新过程包括了技术创新、产品或流程创新、管理和市场创新等阶段。

从中可以看出，产业创新能力不仅仅是指技术创新，还包括如何将技术创新的成果转化为企业或产业核心竞争力的过程。也就是说，产业创新能力不仅仅是指研发新产品的能力，还包括对新产品的生产运营进行管理的能力，为适应新产品而进行组织结构调整的能力，建立规章制度来保障企业保持创新的能力以及为新产品创造新市场的能力。本书认为产业创新能力主要包括五个方面的内容，即技术创新、管理创新、组织创新、制度创新和市场创新。

技术创新是指改进现有或创造新的产品、生产过程或服务方式的技术活动，技术创新包括新产品和新工艺，以及原有产品和工艺的显著技术变化。在企业创新的内容中，技术创新始终处于显著的位置。这是因为，由技术创新所产生的新产品、新工艺，是企业管理创新、组织创新、制度创新和市场创新的物质基础，没有技术创新及其所取得的成果，其他创新就没有物质技术基础和推动力量。技术创新是产业创新能力的核心。

知识经济时代，没有创新就意味着即将消亡，在企业中创新已经成为一种常态，仅仅依靠自发的创新行为已经不能适应环境的要求，创新已经成为企业有组织、有目的、有计划的集体活动，需要企业有意识地管理与控制。没有较高的管理水平，企业大规模的技术创新是不可能实现的，而管理也要与时俱进，跟技术创新同步，需要不断地探索如何更好地为技术创新提供服务。企业制度创新的成果也需要管理来保证，如果没有管理创新作保证，再好的制度也不可能发挥效率。同样地，组织创新和市场创新都需要高水平的管理能力的支持。所以说，管理创新是产业创新能力的关键。

组织创新是指组织为了应对动态环境、提高组织绩效和维持竞争优势，而利用组织内外部资源和能力，通过调整组织内外部的资源、能力和结构，以创造、获取和应用新创意的过程以及这个过程中所采取的方式的总称。组织通过创新来增加营运效率、效能以及降低成本，从而提升组织的整体绩效。组织创新对于经营绩效的影响也在许多研究之中被加以证实两者密切的关系。当组织面临激烈竞争、科技日新月异的环境时，灵活、弹性、柔性的组织结构能成功地将技术创新或管理创新融入企业，进而提升企业绩效。所以，组织创新是产业创新能力的载体。

制度创新是指在人们现有的生产和生活环境条件下，通过创设新的、更能有效激励人们行为的制度、规范体系来实现社会的持续发展和变革的创新。所有创新活动都有赖于制度创新的积淀和持续激励，通过制度创新得以固化，并以制度化的方式持续发挥着自己的作用，这是制度创新的积极意义所在。无论是技术创新，还是管理创新和市场创新，都需要有效的激励和保障机制，而制度创新的目的正是为了激发人的潜能，保障创新的效果。所以，制度创新是产业创新能力的保障。

市场创新是企业通过实现各种新市场要素的商品化和市场化来开辟新的市场而进行的一系列创新活动。管理学大师彼得·德鲁克曾指出："创新的成功不取决于它的新颖度、它的科学内涵和它的灵巧性，而取决于它在市场上的成功。"在市场经济中，市场才是一切经济活动的中心，企业的所有创新活动最终都要通过市场的检验，不然毫无意义。可以说，市场创新是促进企业发展的根本途径，是企业创新的实现条件，如果没有市场创新，其他创新等于是无效劳动。所以，市场创新是产业创新能力的目标。

2.2.2 融合与产业创新的关系

产业创新是一个系统的概念,包括全方位多层面的创新。而产业融合这一新型范式的创新就是覆盖了技术、业务、市场、组织和制度等多方面的系统的创新。新技术革命促使产业边界发生收缩和模糊化,技术融合、业务融合和市场融合是产业融合形成的前提条件,这三大层面的融合将激发各种形式的创新。技术融合带来一种扩散性的技术创新,是科学技术体系一化发展的要求,是建立在技术革命之上的新型技术创新。创新技术的扩散又为更多的新产品的出现提供了可能,并促进了劳动生产率的提高和资源的节约。业务、管理(组织)和市场的融合催生了许多新产品和新服务,如数字电视、在线超市、互联网广播和网络游戏等,更多性能好、价格低的新产品的问世使消费者的福利水平得到了提高并开辟了新的市场,如企业利用互联网平台在各种可能的地方扩展业务、开辟新市场,电视、广播利用短信平台可制作更多的互动节目,增加了新的需求和市场。技术融合的创新成功与否,市场是起决定性作用的。对于企业管理和组织来说,企业间新型竞争合作关系的建立和战略联盟、虚拟组织等的重整融合给企业战略管理的稳定性带来了一定的挑战,但同时也促进了企业管理和组织上的创新[①]。因此,产业融合的实质就是产业创新。技术融合是产业融合的前提条件,技术创新是产业创新的核心,本书着重讲述技术融合与技术创新的关系。

技术融合首先是由技术进步引起的,没有技术的迅速发展,就根本谈不上技术融合。在各个时代,技术融合的发生都建立在一定的技术基础之上,并由于共同技术平台的建立才使得融合产业进入新的市场空间。例如,在电子时代,电子管、集成电路成为电子产业发展的技术基础,而芯片系统的存在将各种不同功能联结起来,形成功能更加强大的产业或产品,因而成为各种技术和各个产业得以联结和融合的技术平台;在后工业化时代,计算机技术的发展为技术融合提供了全新的思路,而只有当网络基础设施建立和发展后,革命性的技术融合才得以频繁发生。技术融合本质上是技术创新,是技术发展到一定阶段的产物。我们知道技术研究开发不外乎两种基本方式:一种是在现有的技术上寻求突破,产生新的技术替代原有的技术,称为"技术突破"方式;另一种是将多种现有技术或改良技术融合在一起,产生杂交技术,称为"技术融合"方式。而技术本身发展到一定程度,很难再有突破性进展,这时就需要引进别的技术,只能用技术融合的方式来取得突破。融合后的技术功能和优越性是单一技术无法比拟的。

技术创新在不同产业之间的扩散导致了技术融合,熊彼特所研究的创新扩散

---

① 吴颖,刘志迎.产业融合——突破传统范式的产业创新[J].科技管理研究,2005(2):67-69.

主要是局限于同一产业内同类企业间的技术扩散，而技术可以在不同类型产业和企业间扩散和创新，实现不同技术的融合创新，其中包括上、下游产业的创新、融合以及具有一定关联性产业间的技术扩散和融合。技术创新在不同产业之间扩散具有一定的溢出效应，不同产业之间的技术融合则是技术创新扩散溢出效应的主要表现之一。

技术融合作为一种扩散性的技术创新，能使引进技术或外溢的技术与企业现有技术结合产生"共振效应"，继而带来单一技术所无法实现的全新功能和优异特性，并能促进功能范围的多种变革。这种创新不是对单一技术提出要求，而是通过信息技术对其他技术的改造，从而把不同部门的技术有机结合起来，共同发挥作用。这种变革可以使单一产品通过融合而实现"创造共生"，克服它们在单独情况下的功能极限，并开始一个新的产品生命周期。

不同产业之间发生技术融合，使这些产品在极短时间内形成新的产品生命周期，而缩短产品生命周期又使现有技术和产品被取代的节奏越来越快。技术融合为新产品和新服务的出现提供机会，可以通过改进产品设计，使产品结构更趋于合理；技术融合可以改进生产技术和工艺流程，降低企业的成本、提高产品质量、降低价格，为消费者带来巨大的收益。技术融合改变了原有产业产品的特征和市场需求，导致企业之间的竞争合作关系发生改变，从而导致企业创新方式的改变。

随着信息技术的不断发展，信息技术之间的相互渗透融合趋势增加，单一的技术突破已难以适应IT企业发展。IT企业的技术融合要求IT企业自身的技术创新更多的是面向战略需要的技术集成创新。通过集成创新产生的新产品是多种技术和功能的综合体，更能满足消费者的综合性需求。集成不是简单的堆积、混合、叠加、捆绑和包装，是指各种创新要素创造性的融合过程，使各项创新要素之间互补匹配，从而使创新系统的整体功能发生质的跃变的一种自主创新过程，形成独特的创新能力和竞争优势。集成创新强调创新要素经过主动的优化、选择搭配，以最合理的结构形式形成相互优势互补、匹配的有机体，突出集成创新的自主创新性。IT企业的技术融合带来的合作性竞争组织结构给集成创新带来了分工基础，在技术的合作与共享过程中有利于技术的扩散、渗透，使得任何一种产品都是多种产品与技术的集成创新产物。这实际上就是技术融合的表现形式，并推动技术创新的实现。

由此可知，创新是融合的实质，融合是创新的表现形式。不同层面的融合将激发相应的创新，其中，技术融合本质上是一种技术创新，是一种由不同领域的技术融合而成新技术的创新。融合离不开创新的作用，同样融合也可以促进创新，创新与融合相互促进、密不可分。

2.3 信息产业成长理论

2.3.1 IT企业技术创新的特质

IT企业是信息产业的微观构成主体，信息产业具有网络效应、路径依赖、报酬递增和标准的重要性等显著特征。信息产业的这些特征使IT企业的技术创新过程具有与传统产业不同的特质，如下所示：

(1) IT企业的技术创新过程表现出高度的创新性、增值性和渗透性。这点与传统产业表现出明显不同，在传统产业部门，企业技术创新过程中的一个显著特征是基于有形的稀缺资源。IT市场技术创新竞赛异常激烈，拥有优势的大企业要保持竞争优势，必须要确保能及时获得新技术，因此大企业一般在自身进行技术创新的同时，都比较重视对拥有新技术专利的小企业的收购。另外，由于网络效应的存在，中小型IT企业缺乏用户规模，即使创新成功，也很难迅速占领市场，取得高额利润，所以在IT市场中许多参与技术创新竞赛的小企业的目的并不一定在于将获得的新技术投入生产，与大企业进行产品竞争，而是为了在获得技术创新的成功后能被大企业收购，利用大企业的用户规模和品牌优势来获得高额收益。例如，在计算机应用软件市场和互联网连接设备市场中，许多拥有新技术、新产品的小企业都非常希望被微软等大企业收购。因此，IT市场，小企业的技术创新活动相对活跃，同时，大企业以获得新技术为目的的收购活动异常重要。

(2) IT企业在技术创新过程中非常重视核心技术的培养。所谓企业核心竞争力是指企业开发独特产品、发展独特技术和发明独特营销手段的能力，是指企业竞争力中那些最基本的、最活跃的且能保持企业长期稳定的竞争优势，并获得稳定的超额利润的竞争力。它以企业的技术能力为核心，是企业在其发展过程中建立和发展起来的一种资产与知识的互补体系。因为IT企业的路径依赖性，为了避免技术锁定，所以企业必须依靠自身拥有的核心技术，培养自己独立的R&D能力，提高技术积累的整体水平。企业的核心技术是技术创新的结果。核心竞争力的形成是需要一个过程的。核心竞争力一旦形成，将对企业的市场竞争和竞争优势给予强大的支撑。企业持续竞争优势不会脱离企业通过长期积累形成的核心竞争力而存在，企业开发新产品、进入新市场、开辟未来商机，同样要依靠这些关键资源和能力，简而言之，依靠其核心竞争力。IT企业的核心能力是企业创新的源泉，也是企业持续发展的源泉。因此，核心能力具有一定的持久性，企业持续创新的过程实际上就是核心竞争力不断积累、吸纳和整合的过程。

（3）IT企业创新过程中要求更加广泛明确的合作与协调。由于网络外部性的存在，企业规模越大，产品价值越高。因此，在网络竞争中，厂商通过各种合作方式如长期合同、兼并扩大规模，就成为企业获得竞争优势的重要途径。然而，网络竞争中的合作行为也并不局限在生产替代性产品的同行业内的厂商之间，还存在于生产互补产品的上下游厂商之间、相关联的产业间。在间接网络外部性环境下，基础产品厂商的竞争优势在很大程度上取决于互补产品质量的优劣和种类的多少。因此，如果一个基础厂商能通过技术联盟、垂直兼并等行为有力地控制互补产品市场上的供给，将会获得巨大的竞争优势。这一点在IT企业中表现得相当明显。微软公司以DOS占领个人操作系统市场即是一例。先于DOS进入操作系统市场的CP/M、麦金托什都在DOS以前建立了各自的用户安装基础。针对这种竞争态势，微软采取了同硬件主导厂商IBM建立技术联盟的战略，为IBM个人电脑提供操作系统，这使DOS的用户安装基础不断增大，迅速占领了很大的市场份额，在个人操作系统市场上取得绝对的优势[①]。因此厂商间进行合作是IT企业技术创新的重要特征。

（4）IT企业创新的外部效应强。在IT企业中，创新每天发生，由于技术领先企业通过加强创新研发投入，产生核心技术或核心概念的突破，并在此基础上完成创新的后续环节，形成领先优势，从而对产业内部跟随厂商产生示范效应，同时由于积极创新也加大了同类企业的竞争压力，迫使跟随厂商模仿创新，提高技术水平，避免被逐出行业。模仿创新是指企业充分吸收率先创新者的核心技术和技术秘密，并在此基础上对率先创新进行改进和完善，从而形成进一步创新的活动。因此模仿创新就是技术外溢的一种途径。徐晔、陶长琪（2007）研究了两个寡头IT企业在同时进入和序贯进入情形下的技术溢出与技术研发机理。分析结论表明，在两个IT企业同时进入或序贯进入市场的情况下，不管双方在市场能力上的差距如何，均选择知识外溢将是占优战略。同时，在保证一定的投资效率下，双方都进行研发的不断投入也同样是双方的占优战略。由于IT技术的易扩散性和强渗透性，企业的吸收能力强，企业创新很容易被其他企业模仿、假冒而侵占。而IT企业大都是分工专业化、生产核心化，各个企业之间的技术差异化明显，而企业之间的合作又密切，从而在合作中由于技术差异性导致技术外溢现象更加突出。再加上IT企业有网络效应，由企业网络而形成的知识外溢与技术扩散效应降低了企业的搜寻成本和学习成本，使企业更容易通过学习和模仿获

---

① 翁轶丛等. 网络外部性与IT企业竞争[J]. 科技进步与对策，2002（3）：137-138.

得先进的知识与技术，从而进一步扩大了创新投资的风险性与创新产品的外部性，企业进行自主创新的动机进一步减弱，而跟随与模仿的动机进一步增强，进一步增强了技术外溢的效应[①]。

（5）IT企业的技术创新是一个持续的动态过程。IT企业不仅要有核心技术，更重要的是要有持续不断的技术创新能力。对处于成熟期的IT企业，在产品生命周期日益缩短和经营日益国际化的背景下，要想继续保持旺盛的生命力和高成长性，技术的持续创新是至关重要的。一旦企业技术创新取得成功，确立了竞争优势，其他竞争者也会进行创新，这样一来已创新的企业必须进行再创新，也就是进行持续性的技术创新，否则在激烈的市场竞争中会面临被淘汰的危险。市场经济条件下的企业要生存和发展，必须不断跟踪与发现新知识，包括信息和技术，应用新知识不断进行技术创新，以保持自身的竞争优势。这就要求企业就像对待技术成果那样对待知识，加强企业知识管理，方便企业的后续者轻松获取前人积累的知识，以此为基础不断创新，实现企业的可持续发展，保持企业的技术水平优势和强大核心竞争力。值得指出的是，虽然传统行业也伴随不间歇的技术创新活动，但是在IT企业中，网络效应、路径依赖和报酬递增等特点的存在，令传统行业中行之有效的"跟随领先者"战略越来越难以立足，促使更多的企业专注于技术创新和市场开创工作。换句话说，无论从广度、深度，还是速度去衡量，IT企业的技术创新都是传统行业所不能比拟的。相应地，与传统行业竞争中注重寻求合理竞争反应方式不同，IT企业的竞争更着重于对市场施加影响，以使动态地取得有利的竞争地位：由此形成了加速的行业创新格局，使IT企业的创新表现出与传统行业的明显差异，是持续的动态创新。

（6）融合现象显著是IT企业技术创新的一个重要特征。在IT企业中，技术不断创新，在特定技术轨道的发展进入"瓶颈"期，技术机会变得越来越小，然而，不同的技术领域相互融合却能带来全新的技术机会。在IT企业中，由于技术的易扩散性和渗透性强，某一家厂商技术创新成功后，其他厂商出于技术竞争的激发，往往模仿吸收创新技术，这就是所谓的"羊群效应"。模仿造成相同的技术创新在相关产业间扩散吸收和进一步融合创新，导致了技术融合（陈晓涛，2006）。技术融合是指伴随着新技术的出现，并结合已有不同产业的技术通过整合而促进一个新产业的出现。信息技术领域内部不同技术，如电信技术、数据通信技术、移动通信技术、有线电视技术及计算机技术之间的相互融合是现在比较热门的话题。三网融合即电信网、计算机网络和有线电视网三网的融合是技术融

[①] Gersbach H., Schmutzler A., External Spillovers. Internal Spillovers and the Geography of Production and Innovation [J]. Regional Science and Urban Economics, 1999, 29 (4): 679–696.

合最为典型的代表，3C融合是指计算机、消费类电子和通信等技术的一体化，目前一些高端的便携式产品虽然仍称作手机，但它们已经具有PDA、掌上电脑、照相机、MP3和蓝牙等功能。可以看出，技术融合已成为IT企业发展的重要趋势。

IT企业表现出以"融合"为导向，进行持续"技术创新"的发展特征。融合本身就是IT企业技术创新的主要特点之一，融合已深入技术创新内部，技术创新对产业结构的作用包含着融合的因素。IT企业的"融合"体现在产业链中不同主体的融合、硬件技术的融合发展、硬件技术与软件技术的融合发展、产品和内容的融合发展不同层面，其本质是需求层次不断升级，不同程度、不同组合方式、不同应用领域的融合都会催生出新的产品和新的应用，促进IT企业的进一步发展。

2.3.2 产业组织的演变

产业组织理论的创立可以追溯到20世纪30年代，张伯伦和琼·罗宾逊各自发表的垄断竞争理论和不完全竞争理论。1938年，梅森在哈佛大学建立了一个产业组织研究小组，开始对市场竞争过程的组织结构、竞争行为方式和市场竞争结果进行经验性研究。在继承张伯伦等的垄断竞争理论的基础上，梅森提出了产业组织的理论体系和研究方向，并于1939年出版了《大企业的生产价格政策》一书。1949年克拉克《论有效竞争的概念》一文的发表，对产业组织理论的发展和体系的建立产生了重大影响。梅森的弟子贝恩1959年出版的《产业组织》一书中，首次系统、完整地阐述了产业组织理论体系，其内容包括市场结构、市场行为和市场绩效等。它标志着产业组织理论体系的形成。

美国哈佛大学的梅森和他的弟子贝恩以哈佛大学为中心，联合一批青年经济学家成立了产业组织研究小组，创立了产业组织理论的哈佛学派。并以贝恩为主形成了产业组织理论的第一个理论范式——市场结构、市场行为和市场绩效间的关系，也叫"S—C—P框架"，SCP范式的形成标志着西方传统产业组织理论的完善与成熟。

在哈佛学派的S—C—P分析框架中，由市场结构、市场行为、市场绩效这三部分构成，其基本分析程序是按市场结构→市场行为→市场绩效进行的。在分析框架中，结构、行为和绩效之间存在着因果关系，即市场结构决定企业行为，而企业行为决定市场运行的经济绩效。因此，为了达到最优的市场绩效，就必须通过国家宏观调控和改善市场结构。

新产业组织理论借鉴了芝加哥学派、新制度学派及新奥地利学派等众多学派的观点，引入了博弈论、信息经济学、可竞争市场理论和激励机制设计理论等现代微观经济学的最新成果。在理论范式、研究方法和政策主张等几个方面对传统产业组织理论有所突破和创新。在理论范式上的创新表现在三个"突破"上：一是突破了传统产业组织理论只重视市场结构的分析框架，从重视市场结构的研究转向重视市场行为的研究，即由"结构主义"转向"厂商行为主义"；二是突破了传统产业组织理论单向、静态的研究范式，建立了双向、动态的研究框架；三是突破了传统产业组织理论的传统新古典假定，建立了不完全信息条件下市场行为的分析范式。在研究方法上发生了巨大变化，博弈论及与其相关的信息经济学、数理经济学、福利经济学等方法的应用。在政策主张方面，传统产业组织理论认为，寡头的市场结构会产生寡头的市场行为，进而导致不良的市场绩效，特别是资源配置的非效率，因而有效的产业组织政策，应该着眼于形成和维护有效竞争的市场结构，并对经济生活中的垄断和寡头采取管制政策。新产业组织理论更加注重产业组织理论政策含义的研究，追求公共政策的理论依据。相对于传统产业组织理论的反垄断政策而言，新产业组织理论的政策主张发生了较大变化。

信息产业组织是指信息产业内部各企业之间在资源占有、交易、利益和行为等方面的关系。本书利用 SCP 理论分析融合对信息产业组织的市场结构、市场行为和市场绩效的传导效应，进而推动信息产业组织的演变进程。

从市场结构来看，技术融合直接提升了企业的核心竞争能力。技术融合和业务融合不仅降低了生产成本，提高了传统业务的生产与服务效率，丰富了产品或服务的内容，使得产品或服务更具有差异化。由于融合的作用，加之信息产业的高固定成本和垄断性，这将有利于提高信息产业的市场集中度和规模经济水平，同时也为企业构筑了新的技术壁垒。而市场融合的结果则表现为市场边界的模糊或消失，这直接导致了信息产业市场结构的变化。

从市场行为来看，融合推动信息产业的组织行为由纵向一体化向横向一体化、非一体化和战略联盟演化，生产也由企业内部分工转向企业间分工、由垂直分工转向模块化分工演化。融合所产生的新产品或服务缺乏统一的标准，这引发了企业间的新一轮标准化竞争。不仅如此，标准化竞争已经成为企业迅速占据市场主导地位、一改市场格局的锋利武器。同时，融合的发展对产品或服务兼容性也提出了新的要求，要求不同企业之间或同一企业的产品或服务之间能够实现互联互通，这不仅是当今企业得以生存、扩大的根本条件，而且是提高产品或服务网络效应的重要途径。

从市场绩效来看，首先，企业融合本身作为优化资源配置的组织安排方式，最为直接地提高了信息产业的资源配置效率。其次，技术融合推动了技术创新，更新了产品功能和性质，从而改变了企业原有的业务范围、竞争合作关系。通过企业间资源共享，凭借其技术基础和优势资源，建立新型的竞争合作关系，可以有效地突破技术创新和分担技术创新中所承担的巨大风险。另外也有助于统一技术标准，降低市场融合的不确定风险。最后，通过企业集群实现相互间信息与技术的交流，获得企业之间专业分工和协作带来的外部经济，这将有利于提高规模结构效率。

2.3.3 信息产业结构的优化

随着经济的增长，不仅有"量"的增长，还有"质"的成长，并且"质"的成长有助于"量"增长。这个"质"就是结构，结构的提升有助于效益的提高，这就是所谓的"结构效益"。正是因为结构效益的存在，人们开始注重对产业结构的研究。产业结构就是指各类产业之间和产业内部各部门之间的经济联系和数量比例关系，它是一个国家的资源禀赋与现实经济实力之间的联结机制与转换器。产业结构是一个复杂的开放系统，它与生产力的发展，与社会再生产的其他环节，与国家都紧密相关。

根据产业结构的定义，信息产业的产业结构应该具有两层含义：一是信息产业外部的、与其他产业之间的结构关系；二是信息产业内部的结构关系。具体地说，外部结构是指信息产业与其他三个产业之间的相互联系和数量比例关系，主要包括产值结构、就业结构、消费结构、贸易结构、产业区域分布结构、自然资源结构和社会结构。内部结构是指信息产业内部各部门之间的相互联系和数量比例关系，主要包括产值结构、就业结构、部门结构、技术结构、市场结构、组织结构、产品结构、资金结构和管理结构等。在内外部的产业结构中，均以产值结构、技术结构和就业结构最为重要。本书中的信息产业结构指的是信息产业内部各子产业或行业之间在技术、就业、需求等方面的比例关系，是信息产业成长质量的表现形式。

信息产业技术结构的演进遵循瓶颈转化规律：技术结构的不平衡发展使得一个技术瓶颈出现后，技术结构在瓶颈解决和转换中得到动态协调，从而实现技术结构的合理化和高级化。作为信息产业技术结构中的主导技术大概沿着这样一条路径演进：信息处理技术—信息传输技术—信息获取技术—信息应用技术。要使信息处理技术、信息传输技术、信息获取技术真正转化为现实生产力，信息应用技术的发展至关重要。信息产业是以信息技术为支撑的高技术产业，在信息技术应用的变迁过程中，随着信息技术应用的不断深化或变迁，其应用的战略重要性大大增加，要求产业革命变革的范围不断扩大，复杂性在增强，在产业融合阶段更是如此。产业融合将导致产业革命影响企业组织的所有领域，并且与企业组织之外的顾客、供应商和其他企业伙伴有关，这就要求改变主要的业务流程和改变商业的本质，以及创造新业务。在信息技术应用引发产业融合的阶段，它将导致组织和职位的交叉，可能引起所有阶层发生变动和丧失工作，并对管理过程产生重大影响，形成对公司高层的挑战，且使所有人员都需要变革他们的思考、管理和行为的方式，要求进行复杂、持续的学习以改变其现有的能力。因此，当信息技术应用进入产业融合阶段，信息产业的发展已不再主要是技术问题，或信息技术应用本身的问题，而是整个产业体系全面、复杂的变革。

在产业融合的影响下，就业结构的演进体现在三个方面的转化：一是就业转移，计算机、通信技术等融合技术在信息制造业中的应用，使得制造业的自动化程度越来越高，机器设备对人的依赖程度相应降低，使得一部分人失业，另外产业融合催生出的新服务业却需要大量劳动力，因此，信息产业从业人员逐步从信息制造业向软件业和信息服务业转化，信息服务业的发展是信息产业中提供新就业机会最具有广泛前景的行业；二是就业的高技能化，由于信息应用技术的发展、融合的产生，某些工作对综合性及专业人员的需求越来越大，有需求就会有相应的供给，各级教育及员工再培训也变得更加重要，大大促进了就业高技能化的转化；三是就业总量的变化，就业总量短期来看无明显增长，甚至出现负增长，长期来看有就业增长效应。

从需求结构上看，产业融合催生了许多新产品和新服务，由于高新技术具有"供给产生新需求"的特征，信息技术研究开发上的突破、融合技术的运用都可能带来新需求的形成，改变信息产业的需求结构。因此，产业融合具有引领需求结构的功能。例如液晶显示技术的出现使多数用户的目光从传统的阴极射线管型显示屏转移到液晶显示器，从而使液晶显示产业迅速发展，传统显示器的比重逐步下滑。同时，巨大的需求又会引导和促进产业融合，预计在消费电子领域将会出现更多的创新产品，各种数字消费电子产品高度整合，计算机、通信设备、视听产品和家用电器等各种设备实现互相识别、资源共享，会为用户创造更为丰富的体验[①]。

2.4 区域产业结构升级理论

2.4.1 三螺旋理论与区域产业结构升级

在研究信息产业与区域产业结构升级的理论支撑方面，本书适当地引入三螺

---

① 丁宝兰. 基于融合的信息产业结构的演进研究 [D]. 江西财经大学硕士学位论文，2007.

旋理论。三螺旋理论的应用最早可以追溯到生物学领域，用来模式化基因、组织和环境之间的关系。该理论认为，这三种因素相互影响、互为因果，其中任一因素的变化都会受到另外两种因素的影响，就像缠在一起的三条螺旋带。20世纪90年代中后期，三螺旋理论被应用于创新结构理论，由纽约州立大学社会学系的亨利·埃兹科维奇首先提出，意在说明大学、企业和政府三者之间关系在知识经济时代的重新定位。之后，历届的三螺旋会议主题不断深化与细化。2009年在英国格拉斯哥召开的三螺旋国际学术会议主题为"三螺旋在创新、竞争和可持续发展中的作用"，2010年在西班牙马德里召开的三螺旋国际学术会议为"城市知识化、社区发展、区域联系中的三螺旋"，2011年在美国斯坦福召开的三螺旋国际学术会议为"硅谷：全球模式还是特有现象"。

区域产业结构理论指出，区域产业结构升级是指在区域产业结构优化过程中，区域产业结构从低级向高级状态逐渐演进的过程。这一过程表现为产业之间优势地位的连续不断的更迭，是在技术进步、知识与产品创新的推动下从低级形态向高级形态转变的过程，即区域产业结构的相对高度化，主要包括区域产业结构合理化和区域产业结构高度化两大目标。除此之外，为了改善区域产业结构趋同现象，本书认为区域产业结构升级目标还包含差异化。本书依据区域产业结构演进的目标，将三螺旋理论引入区域产业结构升级研究，信息产业通过影响区域产业结构的差异化、合理化、高度化三要素，实现促进效应。

信息产业对区域产业结构差异化趋势的影响作为第一因素，信息产业对区域产业结构合理化趋势的影响作为第二因素，信息产业对区域产业结构高度化趋势的影响作为第三因素。根据主导产业理论，信息产业的成长和发展通过扩散效应，发挥比较优势和区位优势，形成以知识创新和地区禀赋为特征的新兴主导产业，牵引区域产业结构升级。区域产业结构差异化是合理化和高度化的基础，信息产业对区域产业结构的差异化影响，无疑对信息产业促进区域产业结构合理化和高度化起到关键作用。同时，当信息产业促进区域产业结构达到合理化水平后，又对信息产业实现区域产业结构高度化提供了基础。同时，区域产业结构的高度化和合理化反过来又促使了差异化的进一步深化。由此可见，差异化、合理化、高度化三种因素互相影响，并互为因果关系，其中任一因素的变化均受到另外两种因素影响，就像缠在一起的三条螺旋带，形成了促进区域产业结构演进交叉扭合的三股力量。

2.4.2 区域产业结构差异化

探析区域产业结构差异化也就是分析区域产业结构是否趋同。区域产业结构趋同是一个相对概念，是指产业结构出现雷同的趋势。形成区域产业结构趋同的原因主要有两类观点：一是内在根源体制弊端，包括地方政府为追求地方利益而对产业发展干预和同构化战略、价格体系不合理和资产存量配置存在刚性等缺陷；二是体制外弊端，包括人口规模与分布、自然资源状况和交通运输状况等。韦智兰等（2006）认为，区域产业结构趋同的成因主要归结为体制弊端和非体制弊端，如人口规模、分布等客观原因。王文举（2008）、王燕武（2009）等基于动态博弈理论认为，受政治晋升制度驱使，一方面传统产业在地区间的分工协调会出现失灵，区域产业结构趋同现象很难纠正；另一方面新兴产业由于存在模仿的后发优势，集体思维导致新兴产业的趋同。区域产业结构趋同伴随产业分工而产生。我国东部、中部、西部地区的产业结构在产业构成和工业布局上有着明显的差异。这种差异受资源禀赋条件和产业政策的影响，形成了区域经济差距。鼓励区域产业结构差异化发展，就是协调区域产业布局、协调区域产业结构以及宏观产业结构的发展。

信息产业发展对区域产业结构发展差异（趋同）的影响还存在广泛的争议。"罗斯托基准"提出，选择具有扩散效应的部门作为主导产业部门，将主导产业的产业优势辐射并传递到产业关联链上的各产业中，从而促进区域经济的全面发展。根据主导产业理论，无论是从"赫希曼基准"、日本学者筱原三代平的收入弹性基准、生产率上升基准还是环境标准来看，以信息产业为主导产业，是实现我国工业化和信息化模式的必然选择。一方面，信息产业为各行业提供信息技术，对经济增长可持续性与规模性具有拉动力作用；另一方面，信息产业通过刺激产品更新换代，激发传统产业的自主创新能力，促进了区域产业结构的优化升级。从信息产业自身来看，无疑是为区域产业结构差异化带来正效应。

但是受地区利益影响，地方政府博弈过程反而给区域产业结构差异化带来负面的影响。由于主导产业带来的经济利益显著，不仅在于它自身的发展所引起的产值、收入和就业的增加，而且能通过产业关联效应带动其他相关部门的发展。可以说，主导产业是区域经济增长的动力，推动区域产业结构演化。基于信息产业优势考虑，在制定区域产业结构调整战略中，各地方政府均偏向于选择信息产业等相关产业作为主导产业。地方政府在与中央政府、其他地方政府之间的博弈中只追求地区的利益。尽管各个地方政府都明白自己的这种行为将导致地区区域产业结构的趋同和不合理，但都不愿意放弃自身的局部利益去维护整体利益。决策人（地方政府）知道：在中央政府没有对政府间利益关系做出合理的制度安排和采取有效的协调机制之前，一旦自身率先放弃局部利益的争取，就会丧失本地区经济发展的机会。因此，各地方政府的博弈行为使地区间的区域产业结构调整朝趋同方向发展，最终使得区域产业结构差异化调整的目标落空。

2.4.3 区域产业结构合理化

区域产业结构合理化是区域产业结构升级的主要内容，是指在产业发展过程中根据需求结构的变化，合理配置生产要素，协调各产业部门之间的比例关系，促进各种生产要素有效利用，促进区域产业结构的动态均衡和产业素质的提高，是实现经济持续高质量增长的基础。区域产业结构合理化的要求较多，不仅包括产业间的比例要保持协调、产出要适应市场需求的变化、要充分利用各种经济资源等表面现象，还包括产业结构要具有一定的自我调整、自我发展的能力，是产业快速地向经济资源得以最有效配置的最优化状态逼近的能力。特别是产业比例协调发展方面，苏东水认为产业协调性是产业结构合理化的中心内容。

区域产业结构合理化要考虑到两个方面的因素，即要从区域微观独立性出发又要从国家宏观层次出发。从区域独立性出发是要考虑到衡量区域经济状况，从国家宏观层面出发是考虑到区域利益与区域分工的协调，最终目的还是整个国民经济的整体利益。

总的来说，区域产业结构优化合理性应具有以下几个标准：①资源合理利用的标准；②充分发挥区域优势；③区域产业结构转换能力；④产业比例的协调性；⑤满足需求的程度；⑥可持续发展程度。

信息产业通过与传统产业的融合，促进包括农业、工业、服务业在内的产业优化升级，实现产业间的协调，结构整体能力提高，实现合理化。只有合理的产业结构才能保证产业结构的高度化，因此，区域产业结构合理化是区域产业结构高度化的基础。建立在合理化基础上的区域产业结构才能使区域产业结构快速而健康地向高度化方向发展。

2.4.4 区域产业结构高度化

区域产业结构的演进是持续地从低级到高级变化的过程。区域产业结构高度化主要是指区域产业结构随生产力发展、科学技术进步、自然环境变化、资源约束和需求结构变动，按照区域产业结构演进规律从低水平向更高层次演进的过程，其实质是区域产业结构的转换升级，着眼于结构发展的未来，资源在各产业间的配置趋于优化，产业总体经济效益不断提高。因此，产业结构高度化是针对社会生产力水平、科学技术的发展来说的。科学技术的发展能极大地提高社会生产水平、发掘人类需求，这二者相互促进使得产业结构迅速发展。

区域产业结构高度化有以下几个特征：①产业结构的发展是指占优行业由第一产业转向第二产业和第三产业；②产业结构发展是由劳动密集型转向资本密集型，再转向知识密集型产业；③产业结构发展是由低附加值产业转向高附加值产业。

从需求拉动角度而言，产业结构高度化与需求结构的变动是对应着的；从供给推动角度而言，产业结构的高度化与相对成本是相对应的，特别是与技术进步紧密相连的。因此，要实现这些高度化的产业结构，科技创新是最关键的因素。党的十八大明确提出："科技创新是提高社会生产力和综合国力的战略支撑，必须摆在国家发展全局的核心位置。"科技创新之所以能对产业结构产生巨大影响，是它直接或者间接地改变区域需求结构、供给结构和国际贸易结构，从而促进产业结构优化。主要表现在以下几个方面：①技术创新通过改变需求结构，促进产业升级；②技术创新通过促进产业劳动生产率提高，加快产业结构升级；③技术创新使传统产业得到改造，推动产业结构升级；④技术创新通过改变国际竞争格局，促进产业结构发生改变。

高技术产业的迅猛发展对工业内部技术结构、劳动结构以及资本结构等的优化升级有着明显的促进作用。随着信息区域产业结构的软化，必将使得知识资本和人力资本在一定区域聚集发展，并通过扩散、辐射效应，推动区域产业结构的高度化。

3 信息产业成长的微观机理

从微观角度来看，IT企业核心竞争力的提升是信息产业成长的微观表现形式，知识融合或技术融合是融合的微观层次。由于融合的本质是一种创新，融合下技术创新是IT企业核心竞争力提升的主要驱动力，本章将从微观角度通过分析技术融合下IT企业技术创新能力的动态演化来研究信息产业的成长。

3.1 IT企业核心竞争力与创新行为的动态演化

3.1.1 IT企业的创新模式特点

信息产业中不同领域技术相互交叉渗透，其结果是产业边界的破坏、模糊，技术融合日益成为一种不可忽视的潮流。产业之间、企业之间、部门之间的壁垒逐步消失，一体化、全球化、协同、网络、授权、合作、战略联盟、动态网络等日益成为IT企业经营中的普遍现象。

一般技术创新模式有自主创新、合作创新和模仿创新。而建立在技术融合基础上的技术创新，是企业自身核心技术和与之有技术差距的外来重大技术（其他企业的核心技术）的相互融合，所以有别于一般的技术创新。融合产品首先是融合的创新产品，是不同技术领域的混合型产品，是集成了原有多种产品的不同功能而成为一种具有新型功能的产品，融合产品一般是由消费者需求直接引致，功能比较明确。融合产品往往融合了不同技术领域的产品功能，再加上IT企业都实行核心经营、专业化分工经营，单个IT企业往往难以具备融合产品研发所需的知识和技术资源，所以必须根据IT企业的实际，针对不同类型的融合产品，选择不同的外来技术来源的研发策略。本书将技术融合下IT企业的技术创新模式界定为：核心技术共享联盟、技术并购以及技术许可。

核心技术共享联盟是指有一定互补性的技术的IT企业组成战略联盟，共享一方或者多方的核心能力，以此作为联盟的核心要素，并将这几种核心技术融合的一种创新方式。企业在进行技术融合时，在第一阶段仍然自主进行研究开发活动，但企业事先达成协议，共享研发活动的技术知识成果（这里是指融合产生的新技术）。核心能力是稀缺且难以模仿和替代的，而通过组建战略联盟，企业可以实现核心能力的互补、融合，进而创造新的技能。例如，IBM、东芝和西门子三大电子巨头为迅速占领信息技术产业发展的制高点而组成了电子工业领域前所未有的战略联盟共同开发电脑记忆芯片。然而，核心技术共享具有一定的风险，因为IT技术具有很强的外溢性，共享可能导致企业核心能力被模仿，从而造成核心能力的损失和贬值。

技术并购是指在进行技术融合时，具有互补技术的多家企业合并一家企业（实行并购的企业对其他企业实施以获取对方核心技术为目的的并购，合并后以实行并购企业的形态继续存在，并没有成立新的企业），由技术并购后的企业进行融合创新的管理。兼并和收购是企业直接获取外部资源和能力的方式。这种方式可以直接把被兼并收购企业或研究开发机构的所有资源纳入企业的组织体系，同时获得企业外部的核心技术知识和能力[①]。虽然技术并购的成本和风险较高，但却能使企业尽快获得技术融合所需要的资源和能力。另外，技术并购是将融合产品所需要的技术集中在一家企业内，有利于融合技术的研发。

技术许可也是IT企业引进技术再融合创新的重要方式。技术许可是一种契约式协议，通过技术许可可以使被许可的组织或个人获得使用许可组织或个人私有技术的权利。目前IT企业融合产品中包含的技术越来越多，进行产品创新，要求企业完成所有相关技术的开发，对企业的技术开发能力等提出了很高的要求，绝大多数分工专业化、经营核心化的IT企业无法达到这样的水平。这时，企业可以通过许可方式从其他企业购买融合产品所必需的其他技术。技术许可可以使企业迅速获取自己没有的技术或其他的资源或能力，快速拥有需要的技术，然后与自身技术融合，开发新的产品并占领市场。

技术融合已经成为信息产业的显著特征，融合产品往往融合了不同技术领域的产品功能，单个企业难以具备融合产品研发所需的知识和技术资源，必须通过合作和引进的方式获得融合产品所需的其他领域的技术资源。因此，技术融合下的技术创新方式与传统的创新方式是有差别的。

技术创新模式的选择是IT企业技术创新的重要内容，不同的技术创新模式反映了企业预期投资额、风险偏好及内在动机。然而，企业的技术创新决策并不是完全理性的，技术创新模式的选择是企业间竞争的动态反应，是企业为了适应市场竞争的自然选择行为，也是一种随着时间推移而动态变化的惯性企业行为。

---

① 胡宝民等.互补性技术创新扩散系统演化模型与仿真研究[J].河北工业大学学报，2000(1)：76-81.

而演化博弈理论作为演化经济理论的一个分支，通过对经典博弈理论行为假定的修正及其一系列方法的拓展，在分析技术创新过程中的选择行为具有优势。特别是通过演化博弈理论模型的构建，能有效地反映行为主体之间策略动态调整、学习和均衡选择过程（Nelson 和 Winter，1982）。因此，将演化博弈理论应用到融合了 IT 企业技术创新模式选择上来，既符合技术创新本身演化发展的特点，也具有较强的现实意义。

如果把信息产业中的 IT 企业视为一个种群，比较普遍的事实是这一种群中企业个体是有差异的，各个企业的市场份额、盈利能力与竞争力等不尽相同。在近似于自然选择的生存竞争中，企业个体对技术创新选择具有重要的决定性意义。在企业对技术创新模式选择行为的博弈中，企业究竟以何种机制进行动态调整将取决于内在条件与外部环境，其中学习能力具有关键的决定作用。如果行业中企业对外部作用与环境变化的适应性反应快，即使受到有限理性的限制，其选择性搜寻行为受过去惯例性经验的支配，达到"满意"结果的成本相对比较低，时间比较快。相反，如果企业的学习能力弱，则行为模式采取模仿的机制进行，这种"从众"的选择成本是相对比较低的，其行为模型化为一种群体中的惯例性机制。在融合下 IT 企业集群技术创新过程中，企业的技术创新决策并不是完全理性的。因此，IT 集群内技术创新行为的博弈，不是传统的完全理性博弈，而是一种生物学意义上的演化博弈，在 IT 企业创新行为的演化过程中，路径依赖和突变同时并存。

3.1.2 演化博弈模型的构建

企业进行技术创新方式的选择时，每个参与者的战略选择有一个固定的满意度，同时战略的选择是在一个不确定性和有界理性的空间中进行的。我们现在要建立一个演化博弈模型来反映技术融合下 IT 企业技术创新模式的演化过程。捕鹿模型能够满足我们的要求。捕鹿模型是基于 Rouseseau 的捕鹿故事提出来的，是一个介于"囚徒困境"和协调博弈之间的博弈（Ullmann-Margalit，1977），其基本含义是当猎手们捕鹿时，能单打独斗捉住鹿，但是假如他们一起合作，他们每个人的收获会更好一些。一般来说，捕鹿博弈可用图 3-1 所示的支付矩阵来表示（$u > 2$）。

	合作	不合作
合作	u, u	0, 2
不合作	2, 0	1, 1

图 3-1 捕鹿博弈支付矩阵

从图 3-1 所得益数值可以看出，这是一个 2×2 对称的捕鹿博弈模型。该模型展现了效率与安全之间潜在的冲突。该博弈存在两个可以排序的纳什均衡。其中，（合作，合作）是得益占优均衡，（不合作，不合作）是风险占优均衡。得益占优也叫帕累托占优，是各博弈方合作取得得益最大的策略，但由于不存在有约束力的协议的存在，即使有事先的交流，也不能保证达到帕累托占优均衡的状态。而风险占优策略是各方最可能取得的最终均衡状态，这一均衡状态是风险最小的情况下可以取得的有保证的得益。从中可以看出，捕鹿博弈模型亦存在效益低下的情况，类似于囚徒困境的结局。因此，这个博弈也被称为"Security Dilemma"。这样的决策过程逐渐演化为一个博弈模型，并大量运用到社会契约结构的分析中，下面就以这一模型来分析企业技术创新模式选择行为。

前文已经阐述过，在技术融合基础上的技术创新，是企业自身核心技术和与之有技术差距的外来重大技术（其他企业的核心技术）的相互融合，所以有别于一般的技术创新。融合下 IT 产业中技术创新是不同领域的技术相互交叉渗透而产生的新技术。因此，技术融合下的创新集成了多种原本不同技术，单个企业自身几乎不太可能拥有开发融合产品所需的众多产业（领域）的技术知识资源，常常需要通过跨技术领域合作和引进外来技术并与自身技术渗透与融合，才能实现融合技术的开发。根据外来技术来源可以分为技术购买、技术联盟和技术并购的方式，而技术共享联盟可以看成是企业之间的合作融合，而技术购买、技术并购可以看成企业自主融合创新，即引进融合所需的其他技术，然后自主融合。

本节有以下基本假定：

（1）集群企业的技术创新决策是有限理性的，为了简化模型，本书假设融合只需两种不同领域的技术，我们把整个 IT 企业群体按照其技术领域的不同分成两个有差别的有限理性博弈方群体：企业 1 和企业 2，在博弈的时候反复在两个群体各随机抽取一个成员配对进行博弈。

（2）每个群体的参与人中，有些是"合作"（技术共享）类型的，有些是"不合作"（技术购买）类型的，但这些类型是事先不知道的，而是随着参与人的学习过程与策略调整改变。

（3）技术实力较强的企业倾向于采取不合作的技术创新策略，而技术实力较弱的企业倾向于采取合作的技术创新策略。

来自不同群体的两家企业都在进行融合创新决策，每一家企业都有两种可供选择的策略：合作策略和不合作策略。合作策略是指如果对方愿意合作，就与对方合作共同开发，形成技术共享联盟进行技术融合，如果对方不合作，则自己就不进行融合投资。不合作策略主要是指无论对方采取何种策略，绝不妥协，独立承担技术融合项目，利用购买技术（技术并购、技术许可的方式）的方法获得外来技术，同时承担创新的风险和失败所带来的损失，但可以获得大部分的创新收益。

下面我们对博弈双方的收益情况进行详细的分析：①当企业1与企业2都采取合作策略时，这时候由于双方能够形成技术共享联盟，合作双方都能得到较高的创新收益，虽然合作双方的规模、技术实力、管理水平等都存在较大的差异，从创新活动中所获得的收益可能存在差异，但为分析方便，我们假设合作双方从创新中所得到的收益是相同的，此时企业1得到的收益为u，企业2得到的收益也为u。②当企业1采取合作策略而企业2采取不合作策略时，该种策略经常发生在企业1的技术实力与企业2的技术实力有较大的差距，这时候企业1将不参与项目的研究开发，而企业2独立承担项目的研究与开发，企业2向企业1购买融合所需的另一种技术，在这种情况下，创新收益大部分由企业2所得，同时其也要承担所有的融合成本及融合失败给企业带来的损失，而企业1获得企业2支付的许可费或购买费，但与承担该项技术创新的企业相比，其收益要少很多，假设不参与研究与开发的企业的收益为x，参与创新的企业的收益为v。在这种博弈情况下，企业1的收益为x，企业2的收益为v。③当企业1采取不合作策略而企业2采取合作策略时，与第二种情形比较类似，企业1的收益为v，企业2的收益为x。④当企业1与企业2都采取不合作策略时，该种情形经常发生在两家企业技术创新实力都很强时，在这种情况下，双方购买对方技术，独立进行融合产品的研究与开发，双方的人力资源、技术资源、资金就无法实现共享，所以竞争双方都要承担较高的研发成本及研发失败的风险，此时，双方所得到的收益要比在两方相互合作情况下要少，企业1得到的收益为w，企业2得到的收益也为w。根据以上分析还可知，u > v > w > x。因此，博弈双方的收益矩阵如图3-2所示：

		企业2	
		合作	不合作
企业1	合作	u, u	x, v
	不合作	v, x	w, w

图3-2 博弈的收益矩阵

为了求出模型的均衡解，我们假定，企业1博弈的群体中，采用"合作策略"类型的比例为p，则"竞争策略"类型的比例是1-p；同时假设在企业2博弈群体中，采用"合作策略"类型的比例是q，则"竞争策略"类型的比例是1-q。则企业1中"合作"类型参与人的期望收益为：

$$EU_{1c} = uq + x(1-q) \tag{3.1}$$

"不合作"(技术购买、并购)参与人的期望收益为：

$$EU_{1n} = vq + w(1-q) \tag{3.2}$$

企业 1 平均期望收益为：

$$\overline{U}_1 = pEU_{1c} + (1-p)EU_{1n} \tag{3.3}$$

综合方程（3.1）至方程（3.3），我们可以得到企业 1 采用"合作"类型的参与人比例的复制动态方程：

$$\frac{dp}{dt} = p(EU_{1c} - 8\overline{U}_1) = p(1-p)[x - w + (u - x - v + w)q] \tag{3.4}$$

企业 2 "合作"类型（技术共享联盟）的参与人的期望收益为：

$$EU_{2c} = up + x(1-p) \tag{3.5}$$

"不合作"(技术并购、购买)类型的参与人的期望收益为：

$$EU_{2n} = vp + w(1-p) \tag{3.6}$$

企业 2 平均期望收益为：

$$\overline{U}_2 = qEU_{2c} + (1-q)EU_{2n} \tag{3.7}$$

可以得到企业 2 采用"合作"类型参与人比例的复制动态方程：

$$\frac{dq}{dt} = q(EU_{2c} - U_2) = q(1-q)[x - w + (u + w - x - v)p] \tag{3.8}$$

3.1.3 演化稳定均衡

根据 Maynard Smith（1973）的定义，进化稳定策略（ESS）是这样一种策略，如果群体中所有成员都采取这种策略，而这种策略的好处为其他策略所不及，那么在自然选择的影响下，将没有突变策略能侵犯这个群体，一个进化博弈存在 ESS，则称该博弈存在进化稳定均衡[①]。而复制动态方程反映了博弈方学习的速度和方向，当其为 0 时，则表明学习的速度为 0，即此时该博弈已达到一种相对稳定的均衡状态。

令方程（3.4）为零，得到 $p = 0$，1 或 $q = \frac{w - x}{u + w - x - v}$。表明仅当 $p = 0$，1 或 $q = \frac{w - x}{u + w - x - v}$ 时，企业群体 1 中使用合作策略（这里是技术共享联盟）的比例是稳定的。方程（3.8）表明，仅当 $q = 0$，1 或 $p = \frac{w - x}{u + w - x - v}$ 时，企业群体 2 中的表示愿意合作的企业家的比例是稳定的。

按照 Friedman（1991）提出的想法，对于一个由微分方程系统描述的群体动

---

① Maynard, Smith J., Price G. R.. The Logic of Animal Conflict [J]. Nature, 1973, 246 (11): 15–18.

态，其均衡点的稳定性，是由这个系统得到的雅可比矩阵的局部均衡稳定分析得到的。

由方程（3.4）、方程（3.8）组成的系统的雅可比矩阵的行列式为：

$$\det J = (1-2p)(1-2q)[x-w+(u+w-x-v)q][x-w+(u+w-x-v)p]$$
$$= (u+w-x-v)^2(p-p^2)(q-q^2) \quad (3.9)$$

而雅可比矩阵的解为：

$$\mathrm{tr}J = (1-2p)[x-w+(u+w-x-v)q] + (1-2q)[x-w+(u+w-x-v)p] \quad (3.10)$$

使用雅可比（Jacobian）矩阵的局部稳定分析法对5个局部均衡点进行稳定性分析，其结果如表3-1所示。

表 3-1 博弈的均衡结果

均衡点	detJ		trJ		结果
$p=0, q=0$	$(x-w)^2$	+	$2(x-w)$	−	ESS
$p=0, q=1$	$(u-v)(w-x)$	+	$u+w-x-v$	+	不稳定
$p=1, q=0$	$(u-v)(w-x)$	+	$u+w-x-v$	+	不稳定
$p=1, q=1$	$(u-v)^2$	+	$-2(u-v)$	−	ESS
$p=\dfrac{w-x}{u+w-x-v}$, $q=\dfrac{w-x}{u+w-x-v}$	$-\dfrac{(w-x)^2(u-v)^2}{(u+w-x-v)^2}$	−	0		鞍点

由表3-1可知，系统的5个局部均衡点仅有两个是稳定的，是演化稳定战略（ESS），它们分别对应于企业1和企业2两种创新行为模式：企业1和企业2合作形成技术共享联盟来创新的模式与企业1和企业2各自利用技术购买、并购独立融合创新的模式。另外，由方程（3.4）和方程（3.8）组成的系统还有两个不稳定平衡点（p=0，q=1），（p=1，q=1）和一个鞍点（p=1/v，q=1/u）。

3.1.4 系统演化路径

把上述的均衡稳定策略用图来表示，如图3-3所示，从中可以看出，在这个对称复制动态进化博弈中，当初始落在A区域时，即博弈开始，如果企业2群体有多于$\dfrac{w-x}{u+w-x-v}$的企业选择合作策略和企业1群体有多于$\dfrac{w-x}{u+w-x-v}$的企业选择合作策略，则该博弈将收敛于进化稳定策略p=1和q=1，也就是企业1和企业2都将采取合作的技术创新策略，这时，企业1和企业2将通过技术共享联盟来技术融合，这反映到现实中，可能企业1的技术实力与企业2的技术实力相当，也都比较弱，没有实力去并购技术来内部独立融合，技术共享联盟均衡状态是他们的最佳选择；当初始状态落在 C 区域时，该博弈将收敛于进化稳定策略 $p=0$ 和 $q=0$，也就是说企业 1 和企业 2 采取不合作的技术创新策略，都通过购买对方技术而独自内部融合，这反映到现实中，可能这两家企业的实力都很强，怕自己核心技术在共享时被对方模仿，所以想单独完成融合创新项目；当初始状态落在 B 区域和 D 区域时，则最终的稳定状态取决于博弈双方的学习调整的速度，所以系统演化的方向是不确定的，有可能进入 A 区域而收敛到 (1, 1)，也有可能进入 C 区域而收敛到 (1, 0)，当初始状态在 B 区域时，如果企业 2 收敛到 $q=0$ 的速度高于企业 1 收敛到 $p=1$ 速度，也即企业 2 中选择不合作策略的比例的增长率大于企业 1 中选择合作策略的比例的增长率，则博弈就会进入 C 区域，最终的稳定策略将是 (0, 0)；反之，博弈就会进入 A 区域，最终的稳定策略将是 (1, 1)，IT 企业技术创新行为演化路径如图 3-4 所示。因此，在融合下，IT 企业集群内部的技术创新进化博弈中，企业在给定信息情况下并不一定选择最优行为，而是通过不断地学习、模仿、试验等活动来调整自己的决策，以达到较为满意的结果，其均衡结果依赖于博弈历史和博弈的初始状态。这说明企业技术创新模式选择行为受多方面因素的影响，IT 企业技术创新模式选择行为的稳定状态与企业技术创新模式选择行为的初始状态、系统的演化路径都有一定的关系，使技术创新行为的稳定状态呈多样性，体现了 IT 企业技术创新行为的非线性特征。

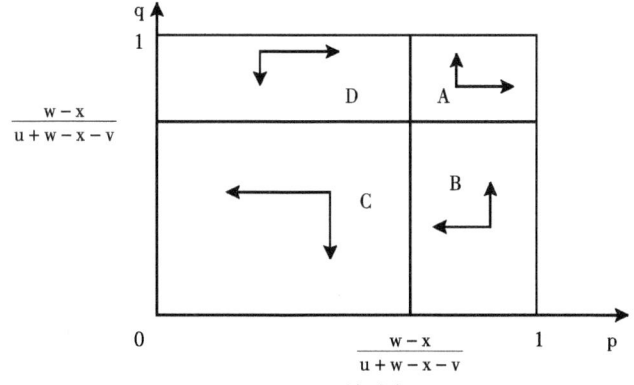

图 3-3 系统路径

3.1.5 技术创新模式演化的进一步讨论

IT 企业技术创新行为是内因和外因共同作用的结果，当企业所处的市场环境或竞争对手的策略发生改变时，企业必须调整自己的技术创新模式，在这个调整

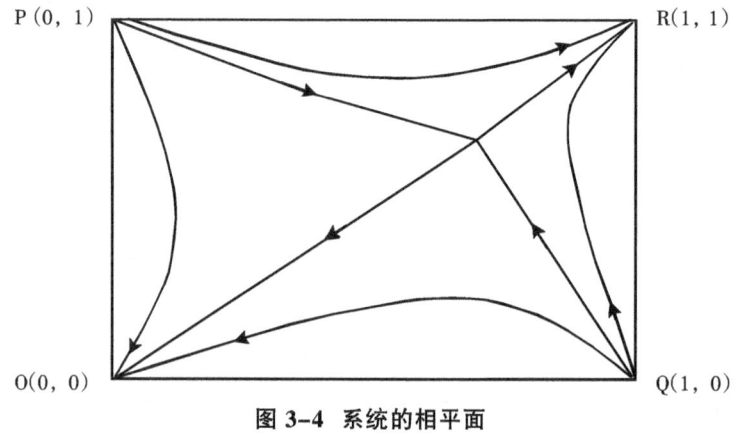

图 3-4 系统的相平面

过程中,学习和模仿是最主要的内容。模仿者动态是指使用某一纯策略的人数所占比例增长率等于使用该策略时所得支付与群体支付之差,或者与平均支付成正比例,它反映的是企业技术创新行为向均衡状态演化时调整的速度和方向。在这里我们给出企业 1 的复制动态方程:

$$\frac{dp}{dt} = p(EU_{1c} - \bar{U}_1) \tag{3.11}$$

其中,EU_{1c} 表示企业群体 1 中企业进行随机配对匿名博弈时,群体选择纯策略"合作"的企业所得的期望支付。$\bar{U}_1$ 表示企业群体 1 的平均期望支付。企业技术创新行为的演化过程是一个不断学习、模仿、试验、调整的过程,方程(3.11)表明,从某个技术领域的集群企业的技术创新过程来看,当某一家 IT 企业采取"合作"融合策略取得的收益大于整个群体的平均收益时,群体中的其他企业就会模仿该企业,所以采取"合作"(技术共享联盟)技术创新策略的企业的比例就会随着时间的演化而增加;当某一家 IT 企业采取"合作"(技术共享联盟)技术创新策略取得的收益小于整个群体的平均收益时,群体中选择该技术创新策略的企业的比例就会随着时间的演化而减少;而当某一家企业采取"合作"(技术共享联盟)技术创新策略取得的收益等于整个群体的平均收益时,群体中选择该技术创新策略的企业比例会保持不变,此时系统就会处于一种比较稳定的状态,也就是集群中的所有企业都没有动机去改变他们的技术创新策略,除非有比较大的外界冲击或企业自身状况发生重大的变化。从上述分析中,我们可以得出以下三个结论:

(1)当 x 增加时,即不参与创新融合企业的净收益增加时,技术并购、购买的费用增加,IT 企业独自融合创新成本太高,所以采取技术共享联盟的合作策略企业的比例就会增加,同时企业参与初始融合的动机就会减少,竞争对手突变的概率会变大。因为此时，企业倾向于采取合作策略，如果对方采取不合作的策略，企业就不参与融合，只出售技术给对方获得收益，使得企业参与初始融合的动机就会减弱。反之，当 x 的值减小时，也就是不参与研究与开发企业的净收益减小时，企业的技术并购、购买的费用增加，企业独自融合的成本降低，合作意愿就会降低，企业的技术创新意愿就会大大增强，整个社会的创新环境会得到较大的改善。

（2）企业的技术创新行为是一个不断学习、模仿和试验的过程，在这个过程中，初始状态的不同会对企业技术创新行为系统的稳态均衡及其演化路径产生重要的影响。当 IT 企业融合创新行为系统处于非平衡区时，在相同的外界条件下，系统可能具有几种不同的稳定状态，而每种可能出现的稳定状态又会顺着时间产生不同的演化分支，这使得创新系统处于一种高度不稳定的状态，不同的演化分支彼此间存在着激烈的竞争，它们最初可能同等机会被选择的，在不断的博弈过程中，就会有一种或少数几种分支占据上风，但最终获得统治地位并成为现实的稳态的只能有一种，系统一旦进入了某个分支，新的稳态就会形成。

（3）融合下 IT 企业技术创新行为系统也是一个充分开放的系统，总是在与外界进行物质、能量和信息的交换。环境的变化会影响到博弈双方的策略，进而影响最终的均衡结果和均衡路径。随着融合环境激励或竞争压力的增强，系统的结构发生了稳定的变化，出现了不稳定因素，如由于竞争对手的异军突起想并购其他企业；由于 IT 产业环境的变化，旧的技术体系或创新模式开始落伍，技术发展空间衰竭；市场上出现了新的技术和技术机会；由于市场需求的变化，技术或产品亟待更新等。当环境的激励或压力达到一定点时，系统的原有结构或原有创新模式已无法适应环境，需要一种全新的方式组织系统的要素。此时旧的稳态岌岌可危，在涨落的诱导下，博弈双方所采取的策略可能会发生逆转，系统走向远离了平衡区，进入了失稳状态。企业必须对技术融合行为系统进行变革，如加大融合研发投入，改善融合合作管理，激励企业知识技术共享，加强企业之间的合作力度，改变融合方法等。在经历一个过渡阶段之后，博弈双方会形成新的竞争与合作关系，企业技术创新、融合行为系统进入了新的稳定状态。

3.2 IT 企业技术创新行为的市场选择机制

在信息产业中，技术融合正成为一种普遍现象和重要发展趋势。然而，为什么有的技术融合成功了，而有的技术融合却失败了，其原因是什么？本节通过将市场潜量设定为产品价格和融合产品效用改进的函数,重新定义变量的意义和引进了原有技术之间共生性的性质来修正 Bass 扩散模型,建立技术融合产品的扩散模型,建立相应模型得到判断融合成功与否的条件,以研究在技术融合下 IT 企业技术创新的市场选择机制。

3.2.1 技术创新缘何成功——市场选择

技术创新理论是技术经济理论,并非单纯的技术理论。技术创新不仅注重技术的创造性及技术水平的提高,更注重技术在市场的成功、在经济活动中的应用。一项新产品开发出来以后,能否商业化的关键不是技术本身,而是产品之外的市场需求和人们能否支付得起的购买水平。也就是说,新产品投放市场以后,要经受人们的挑选,这就是市场选择或社会选择过程。现实的确如此,人们在开发新技术和创造新产品时,无数的变种(产品)投放市场后经受人们的选择,合适的留下来,不合适的慢慢被淘汰。所以技术创新成功的关键是看能否被市场所选择。创新后的新技术(新产品),要经历市场选择,如果其在价格、成本和功能等方面符合社会需求,即被消费者采纳,如若不然,则被淘汰。

技术创新由原来的技术经过突变或重组而引起变异,大量不同的变种被投放市场,在那里,它们受到了顾客和其他使用者的严格选择,幸存的实体通过种群复制、扩散,逐渐成为特优类型和品种。

新技术涌现并已成熟,却未必能被社会选择,如对人类的克隆技术、变性手术等,就因不符合人们的道德价值观而被否定,这种技术就很难得以保留以至扩散、传播。

技术创新是主动适应人们消费习惯的创造活动,好多技术创新是由市场需求引发的。新技术、新产品总是主动去适应市场的需要,不断优化和改进以更好地适应人们的偏好和需求。如电子产品随身听、复录机等总是做得越来越精致、灵巧,体积越来越小,用于摆放的电视显示屏做得越来越大、图像显示越来越清晰。人们根据市场需求,从市场调研开始,在调研时就要探讨新产品的功能、样式、结构以及设计出来的原型、产品价格等是否符合人们的消费习惯和购买水平。这种边设计边适应市场需求的方法已经普遍被采用,在这种新产品设计、开发模式下生产的新产品被市场选中的概率要比纯粹依靠技术带动的新产品开发模式高得多。

技术融合也是一种创新,融合产品也必须接受市场的选择。融合技术只有扩散出来才是成功。技术融合扩散对 IT 企业的成长具有重要作用。技术融合产品的创新扩散为企业带来了新的市场空间,较早实现技术融合的企业,不仅由于创新产品的垄断优势而获得了更大的利润空间,而且还可以在技术融合的过程中通过改造价值形成环节提高效率，从而使企业获得更快的增长速度。

美国铱星计划的失败为这一论断提供了典型的案例。铱星计划投资虽大，技术固然先进，但它却没有市场的支撑，违背了"投资对准市场"的基本原则，因而市场的竞争能力不够，失败也就在所难免了。它的失败表明，技术上的先进性并不能保证商业上的必然成功，其失败的原因正在于技术融合与其业务和市场的脱节，融合技术没有市场需求。

3.2.2 技术融合产品的需求分析

融合产品要经历市场选择，如果其在价格、成本、功能等方面符合社会需求，即被消费者采纳、扩散，逐渐成为特优类型和品种。如若不然，则被淘汰。因此，企业在进行技术融合时，要充分考虑产品的市场需求。技术融合形成的产品，是集成了不同技术领域原有多种产品的不同功能，但也有不同于原产品的新型功能。因此，融合产品的需求，除了要考虑融合产品替代原有产品的市场范围之外，还要考虑由于产品的性能、价格变化所导致的新的市场需求范围。理论界常运用扩散理论与模型来描述新产品在市场中的成长过程。技术融合产品，也面临着初生的市场需求，因而也遵循着新产品扩散的一般规律。同时，技术融合创新改变了市场的需求特征，给原有产业的产品带来了新的市场需求。

针对技术融合产品的特点，我们提出以下假设：

假设1：融合产品的消费分为两类：一类是替代型消费，即融合产品所替代的融合前原有产品的市场需求；另一类是创新型消费，即在原有产品市场需求范围之外所创造出的新的需求。

假设2：替代型消费由产品的外部易被识别的因素（如广告、外观、功能及其他外部性能等）和人类的模仿行为作用所引起；创新型消费仅由产品的价格和融合产品的效用变化所引起。

假设3：融合产品面临着线性的市场需求曲线，且市场需求量取决于价格和产品效用。

为了简化模型，我们这里假设融合技术由两种来自不同领域的技术融合而成。

（1）替代性消费。如前所述，融合技术是由两种来自不同领域的技术融合而成，融合产品集成了原有产品的功能，所以对这两种原产品都有一定的替代作用。我们先来分析融合产品在这两种产品市场的潜在市场规模。

在巴斯（1969）模型中，潜在市场规模是一个常量。Kalish和Sen（1986）指出价格应该是一个影响实际需求者总量的重要变量，但在巴斯的扩散模型中却予以忽略。之后在Jain和Rao（1990）的研究中，实际需求者总量虽设定为价格的函数，但在该函数中并未说明价格如何影响潜在需求者的选择行为。Xie和

Sirbu（1995）建立了一个整合价格和网络外部性于市场潜量中的动态模型。而Kalish（1985）的研究中即以愿付价格观点修正实际需求者总量，该研究假设市场为独占市场，并引入愿付价格的概念，即消费者只有在效用高于厂商定价的情况下才会成为实际需求者，定义的实际需求者模型如式（3.12）所示：

$$N(p) = N_0 \int_{\omega > p} g_\omega(\omega) dv \tag{3.12}$$

其中，N（p）为实际需求者总数，N_0为厂商价格等于零时的实际需求者总数（本书所谓的潜在需求者），p为厂商定价，ω为潜在需求者的效用，$g_\omega(\omega)$为潜在需求者的效用函数。潜在需求者的效用高于厂商定价时即为实际需求者。

在刘庆林（2004）模型中，进一步将实际需求者总量函数（市场规模）界定为：

$$\overline{N}(t) = (1 - p)m(t) \tag{3.13}$$

其中，m（t）为t时点潜在需求者总数，1 – p为实际需求者比率，潜在需求者总数乘以标准化后实际需求者比率即为实际需求者总数。因此，本书进一步将这个包含价格的动态效用函数改进，并将融合产品的效用改进量表现在研究模型中。

假设原技术产品1的功能效用为$f(x_1)$，则融合产品的功能为$f(x_1, x_2)$，其中x_1、x_2为原来产品1、产品2的技术含量。而产品的功能或技术含量越高，潜在需求者对该产品认知的效用水平随之越高。在愿付价格的概念下，给定厂商某一既定价格水平，若此时因产品的功能增加而造成潜在需求者效用上升，其在心里的感受亦等同于实际价格的下降即厂商虽然制定了一个名义价格，但是潜在需求者所真正面对的是在扣除产品功能增加带来的效用增加后的实际价格。

当出现技术融合产品时，在技术市场1，消费者放弃原来产品，购买技术融合产品，则潜在消费者保留效用将增加$f(x_1, x_2) - f(x_1)$，相当于价格降低了$\gamma[f(x_1, x_2) - f(x_1)]$，$\gamma$为功能隐含的折价因子。因此，修正后技术1的市场需求者总量函数为：

$$\overline{N}_1 = [1 - p + \gamma(f(x_1, x_2) - f(x_1))]m, \quad p \geq \gamma(f(x_1, x_2) - f(x_1)) \tag{3.14}$$

同理，在技术市场2，消费者放弃购买原来产品，而购买技术融合产品，则潜在消费者保留效用将增加$f(x_1, x_2) - f(x_2)$，相当于价格降低$\gamma[f(x_1, x_2) - f(x_2)]$。则技术2的市场需求总量函数为：

$$\overline{N}_2 = [1 - p + \gamma(f(x_1, x_2) - f(x_2))]m, \quad p \geq \gamma(f(x_1, x_2) - f(x_2)) \tag{3.15}$$

其中，p为外部影响系数，主要取决于融合产品的功能、外观、质量、广告等因素；q为模仿系数，主要取决于消费者受到模仿行为作用的影响程度。

（2）创新型消费。融合产品的消费除了对原来产品的替代消费，还有一个既不是技术产品市场1，也不是产品市场2的新市场的需求。因为根据技术融合的定义可知，融合产品是集成了原有多种产品的不同功能的一种具有新型功能的产品，所以根据前面假设，融合产品的需求曲线为：

$$Q(t) = a - bP + c\omega \tag{3.16}$$

创新型消费量与价格、产品效用之间的关系可表示为：

$$\Delta W_t = -m\Delta P_t + n\Delta\omega \tag{3.17}$$

$\omega = g(f(x_1, x_2))$，融合产品给消费者带来的效用可表示为：

$$\Delta Q(t) = -b\Delta p + c\Delta\omega \tag{3.18}$$

根据线性需求函数假设，这里引入创新 γ（$0 \leq \gamma \leq 1$），并令 $b = \dfrac{m}{\gamma}$，$c = \dfrac{n}{\gamma}$，则得到：

$$\Delta W_t = \gamma Q(t) \tag{3.19}$$

创新系数 γ 的含义可理解为：t 时期融合产品的创新型消费占 t 时期融合产品的新增消费的比例。由于创新型消费是由价格和收入变化引起的，因而创新系数 γ 的计量经济学含义为：价格和融合产品效用可以在多大程度上解释融合产品消费量的增加。

3.2.3 技术融合创新产品的扩散模型

一项技术创新只有在它被广泛使用和推广时，才能真正体现出它的经济价值和社会价值。技术创新的真正意义和实际价值，不在于创新本身，而在于这种创新的扩散。技术创新扩散是技术创新通过一定的渠道在潜在使用者之间传播采用的过程。通过扩散，技术创新逐渐被潜在使用者所采用，从而提高产业内各企业的技术水平，加快提高技术创新的经济效益。

Bass（1969）把一项创新产品的扩散速度归结为两个原因：一是创新的或外部影响（称为创新系数），通过大众媒体实现，主要体现创新产品中易于识别的性能；二是模仿的或内部影响（称为模仿系数），通过已采用者与潜在采用者口头交流产生，主要体现创新产品中难以识别的性能。据此建立如下模型：

$$\frac{f(t)}{[1 - F(t)]} = p + qF(t) \tag{3.20}$$

即 $Q(t) = \dfrac{dN(t)}{dt} = p[\bar{N}(t) - N(t-1)] + qN(t-1)[\bar{N}(t) - N(t-1)] \tag{3.21}$

据本书界定的技术融合特点，原有技术之间在融合环境下是共生的。共生本是生物学中的概念，是指共生单元之间在一定的共生环境中按照某种共生模式形成的关系。因此,在这里,共生体现为在原有两个市场的消费者之间的购买行为是相互影响的,所以在原有产品市场中,消费者对融合产品的消费不仅受本市场的消费者影响,也会受另一产品市场的影响。

根据以上分析,我们下面将对 Bass 模型进行重新定义和修正。

融合产品对产品 1 和产品 2 的替代消费分别为:

$$\Delta S_1 = [p + \frac{q}{\overline{N}_1}N_1(t)]\{[1 - p + \gamma(f(x_1, x_2) - f(x_1))]m - N_1(t)\} +$$

$$q_{21}N_2(t)\{[1 - p + \gamma(f(x_1, x_2) - f(x_1))]m - N_1(t)\} \tag{3.22}$$

$$\Delta S_2 = [p + \frac{q}{\overline{N}_2}qN_2(t)]\{[1 - p + \gamma(f(x_1, x_2) - f(x_1))]m - N_2(t)\} +$$

$$q_{12}N_1(t)\{[1 - p + \gamma(f(x_1, x_2) - f(x_1))]m - N_2(t)\} \tag{3.23}$$

其中,N(t) 为原有产品消费转移到融合产品消费的累积量,亦即原有产品市场需求减少的累积量。q_{21} 为产品 2 的消费者对产品 1 的消费影响系数,q_{12} 为产品 1 的消费者对产品 2 的消费影响系数。

根据前面假设可知,融合产品的总消费为:

$$\Delta Q(t) = \Delta S_t + \Delta W_t \tag{3.24}$$

$$\Delta Q(t) = [p + \frac{q}{\overline{N}_1}N_1(t) + q_{21}\frac{N_2(t)}{\overline{N}_2}][\overline{N}_1 - N_1(t)] +$$

$$[p + \frac{q}{\overline{N}_2}N_2(t) + q_{12}\frac{N_1(t)}{\overline{N}_1}][\overline{N}_2 - N_2(t)] + \gamma\Delta Q(t) \tag{3.25}$$

因此,融合产品的总扩散模型为:

$$\Delta Q(t) = \frac{1}{1 - \gamma}[p + \frac{q}{\overline{N}_1}N_1(t) + q_{12}\frac{N_2(t)}{\overline{N}_2}][\overline{N}_1 - N_1(t)] +$$

$$\frac{1}{1 - \gamma}[p + \frac{q}{\overline{N}_2}N_2(t) + q_{12}\frac{N_1(t)}{\overline{N}_1}][\overline{N}_2 - N_2(t)] \tag{3.26}$$

其中,$\overline{N}_1$、$\overline{N}_2$ 由式 (3.24)、式 (3.25) 决定。

对式 (3.25)、式 (3.26) 讨论如下:

①当 $\gamma = 0$ 时,融合产品的消费全部为替代型消费,说明由于融合产品就是原有产品的功能、性能或价值的提升,没有创造出新的功能,从而未开拓新的市场。

②当 $\gamma = 1$ 时,融合产品与原有产品不存在替代关系。其含义为:技术融合形成了与原有产品的功能、应用范围等完全不同的产品,因而技术融合开辟出了全新的市场需求。融合产品的市场需求以自身特有的规律获得增长,而不受其他

产品消费的干扰和影响。

3.2.4 技术融合创新成功与否的判断

技术融合创新成功不单是指这项新技术融合成功出来，还指融合扩散出来，被市场接受。当消费者（主要指受模仿行为影响的消费者）发现融合产品的性能、质量和使用范围等不能达到预期的要求，不能给他们带来更大的满足感，那么他们就会放弃对融合产品的消费，从而回到原来的消费上。我们提出以下假设：

假设 4：消费者对融合产品消费后，有可能回到原来的消费上。

假设 5：消费者对融合产品的消费，主要受到内部因素的影响，因而模仿行为在融合产品中起主要作用。

假设 6：从原来技术市场 1 和技术市场 2 转移到融合产品消费的人数与维持融合产品的消费者人数及原有市场的潜在市场容量成比例，称为模仿扩散系数 k；从融合产品消费回到原来消费的人数与维持原来消费的人数成比例，称为恢复系数 l。

以 $x(t)$ 表示 t 时期维持原来消费的消费者，$y_1(t)$ 表示从技术市场 1 消费转移到融合产品的消费者，$y_2(t)$ 表示从技术市场 2 消费转移到融合产品的消费者，$z(t)$ 表示从融合产品的消费回到原来消费的消费者。

$$x(t) + y_1(t) + y_2(t) + z(t) = Q \tag{3.27}$$

$$\begin{cases} \dfrac{dy_1(t)}{dt} = k[m_1 - y_1(t)]x(t) \\ \dfrac{dy_2(t)}{dt} = k[m_2 - y_2(t)]x(t) \\ \dfrac{dz(t)}{dt} = l \cdot x(t) \\ Q = x(t) + y_1(t) + y_2(t) + z(t) \\ z(0) = 0, \ y_1(0) = y_1, \ y_2(0) = y_2 \end{cases} \tag{3.28}$$

$$\dfrac{dy_1(t)}{dt} = \dfrac{k}{l}[m_1 - y_1(t)]\dfrac{dz(t)}{dt} \tag{3.29}$$

求其解得：$y_1(t) = m_1 - (m_1 - y_1)e^{-\frac{k}{l}z(t)}$ \tag{3.30}

同理可得：$y_2(t) = m_2 - (m_2 - y_2)e^{-\frac{k}{l}z(t)}$ \tag{3.31}

$$y_1(t) = m_1 - (m_1 - y_1)e^{-\frac{k}{l}z(t)} = m_1 - (m_1 - y_1)[1 - \dfrac{k}{l}z(t) + \dfrac{k^2}{2l^2}z^2(t)] \tag{3.32}$$

$$y_2(t) = m_2 - (m_2 - y_2)e^{-\frac{k}{l}z(t)} = m_2 - (m_2 - y_2)[1 - \frac{k}{l}z(t) + \frac{k^2}{2l^2}z^2(t)] \quad (3.33)$$

$$\frac{dz(t)}{dt} = l \cdot x(t) = l[Q - y_1(t) - y_2(t) - z(t)]$$

$$= l(Q - y_1 - y_2) - [(m_1 + m_2 - y_1 - y_2)k + 1]z(t) + \frac{1}{2}\frac{k^2}{l}[m_1 + m_2 - y_1 - y_2]z^2(t)$$

令 $a_1 = l(Q - y_1 - y_2)$, $a_2 = -(m_1 + m_2 - y_1 - y_2)k - 1$, $a_3 = \frac{1}{2}\frac{k^2}{l}(m_1 + m_2 - y_1 - y_2)$

则 $\frac{dz(t)}{dt} = a_1 + a_2 z(t) + a_3 z^2(t)$ \quad (3.34)

求解微分方程得：$z(t) = \frac{1}{-2a_3}[a_2 - n \operatorname{th}(-\frac{n}{2}t + b)]$ \quad (3.35)

其中，$n = \sqrt{a_2^2 - 4a_1 a_3}$，$\operatorname{thb} = \frac{a_2}{n}$，$\operatorname{thx} = \frac{e^x + e^{-x}}{e^x - e^{-x}}$。

由于 $Q - y_1 - y_2 = x(0)$，当 $x(0)$ 很小时，

$$4a_1 a_3 = 4l(Q - y_1 - y_2)\frac{1}{2}\frac{k^2}{l}(m_1 + m_2 - y_1 - y_2)$$

$$= 2k^2(Q - y_1 - y_2)(m_1 + m_2 - y_1 - y_2) = 2k^2 x(0)(m_1 + m_2 - y_1 - y_2)$$

$$\leq [(m_1 + m_2 - y_1 - y_2)k + 1]^2 = a_2^2 \quad (3.36)$$

所以 $n = \sqrt{a_2^2 + 4a_1 a_3} \approx a_2$

又由于 $\lim_{t \to \infty} \operatorname{th}(-\frac{n}{2}t + b) = -1$，因此

$$\lim_{t \to \infty} z(t) = \frac{a_2 + n}{-2a_3} \approx -\frac{a_2}{a_3} = \frac{2l}{k} + \frac{2l^2}{k^2}\frac{1}{m_1 + m_2 - y_1 - y_2} \quad (3.37)$$

由式（3.37）可知，如果 y_1、y_2 很小，即如果最初转移到融合产品的消费越小，从融合产品回到原产品的消费者就越多，当最初转移到融合产品的消费小于某一特征时，融合产品的需求根本扩散不开。

技术融合成功，必须满足的基本条件是：在技术融合的初始阶段，消费者对融合产品的接受程度必须达到一定的限度，否则，由于需求不扩散或需求的增长缓慢，技术融合就会难以扩散。其实践含义为：生产者或投资者进行技术融合投资时，必须首先考虑导入期融合产品的市场需求接受程度，如果在技术融合产品刚投入市场之初，融合产品难以被消费者接受，或者即使被消费者接受但大量的消费者又从融合产品的消费回到了原来的消费或转移到其他消费上，那么生产者或投资者就应考虑该融合环节中存在的问题，并判断该项技术融合是否可行。

可以看出，一项融合技术成功开发出来，并不就代表该融合项目成功了。只有当技术融合产品或技术的性能、质量和使用范围等达到消费者预期的要求，给他们带来更大的满足感，融合产品被市场选择接受，其需求得到扩散，这项技术融合才能算成功。因此，在 IT 企业中，根据技术融合产品的需求增长规律，应当通过创造市场的需求条件来决定是否技术融合。

3.3 IT 企业技术创新行为的动态演化模型

本章前两节分析了 IT 技术演化和技术创新的市场选择机制。只有被市场接受的技术融合才算是创新成功，本节以技术创新成熟度为状态变量建立 IT 企业技术创新的演化博弈模型，分析演化稳定均衡、演化路径及趋势。

3.3.1 IT 企业技术创新过程的自组织性

创新是"生产要素的重新组合"，其结果是企业建立起效能更强、效率更高和费用更低的生产经营系统。创新是知识的产生、创造和应用的进化过程，是对企业生产要素组合和创新系统结构的改进与变革。因此，从某种意义上说，创新过程就是一个动态的演变着的企业创新系统。这是一个从无序到有序，由旧结构向新结构的自组织演化过程。

（1）创新过程是开放的，具有自组织的前提条件。创新过程是创新活动、企业惯例和环境三者之间协同演化的过程，涉及创新构思的产生、设计制造和市场营销等诸多活动。因此，在创新过程中，企业内部职能部门之间，企业与消费者、供应商、上下游企业之间必然进行创新信息和知识的交流，创新系统与环境将不断地存在创新人才、资金和物质的输入与输出。具体到产业系统的环境是指一切与产业系统有关联的其他因素的集合，主要包括自然界、市场状况、科学技术和文化等因素。产业系统必须从环境中获取从事生产活动所必需的技术和生产要素，否则它就不可能生存下去。同时，产业系统也会不断地向外界反馈信息。开放产业系统对 IT 企业创新及产业发展有着重要的影响。在开放产业系统中，企业的自由进入与退出、竞争与协作，促进了 IT 同类企业、上下游相关联企业之间的技术、产品、企业、市场与制度等系统的交流。这一方面扩大了企业的搜寻范围，促进了先进技术、产品及模块从一个系统向另一个系统的扩散；另一方面不同系统的互动对知识的扩散与创新产生了积极的影响，促进了不同生产要素的整合，从而产生了融合多种功能的新技术，即技术融合经济现象的出现。

（2）创新过程是不可逆和非平衡的，这是创新过程有序演化之源。创新是逐步展开的，随时间而演变，并与环境协同演化。因此，创新过程的状态关于时间是非对称的，不能自发的反演，具有不可逆性。在创新过程中，各个创新者即企业是异质的，体现在：①知识的分布、创新物质的分布是有差异的、非平衡的；②创新信息与创新机会的发现是不同的；③创新思想和创新成果的形成在个体和职能部门间的分布也是非平衡的。而企业创新系统是远离平衡态的系统。远离平衡态对IT企业经营理念有着重要的影响。在封闭产业系统中，IT企业面临的外部环境相对比较稳定，IT企业通过增大自身产品的网络效应、与其他厂商IT产品的兼容性、减少产品的转换成本等方式增大市场占有率，这时候，竞争是企业的主要经营手段。基于竞争，劳动和资本总是从生产率、技术水平较低的产业部门或企业向生产率和技术水平较高的产业部门或企业转移。而在开放产业系统中，随着IT企业经营环境变得更加动荡与复杂，越来越多的企业转向专业化或模块化经营，促进了产业纵向一体化向横向一体化的转化。不同IT企业产品的异质性大大增加，不同企业具有不同的专业知识，这就在很大程度上降低了企业间的竞争程度，促进了企业间的合作程度。合作越来越成为企业主要经营理念之一。IT企业相互合作加快技术融合进程，融合创新型产品完善了产品性能，增强了不同要素间的互动，加大了对原有产品的替代效应和互补效应。融合型产品的产生是原有产业线性关系被打破的主要标志。可见非平衡是产业系统的常态，企业只有积极进行融合型产品创新，才能促使系统由平衡趋于非平衡。

（3）创新系统的基本要素、子系统间的作用是非线性的，存在正负反馈机制，这为创新过程的自组织提供了内在动因。技术创新的过程实质上就是将知识、技能、物质转化为市场接受或顾客满意的产品的过程。创新过程涉及许多组合程度和层次不同的单位，包括个人、企业和企业内部的职能部门，它们之间的相互作用既有合作又有竞争，是非线性的。创新成果不仅表现为创新生产者的产品，同时也表现为用户对产品的接受结果。这表明创新活动要受到来自企业和消费者两类主体的影响，创新是创新者与消费者之间交互作用的结果。创新者与用户的交互作用对技术创新过程的发展和创新的成效产生决定性的影响。在创新过程中，除了创新者与用户之间存在交互作用，创新者之间也存在交流、合作与竞争，以及用户之间存在交流。一项IT技术融合创新通常要经历研究、开发、制造、营销、扩散和融合的过程，并且在这一过程中逐步得到完善。任何一项技术创新的技术机会和市场机会会被相当多的创新者认识，因此在创新过程中，甚至是每个阶段一般会有许多创新生产者参与进来，并涉及多个用户。为了克服创新的种种难题，特别是融合创新，他们之间不得不进行信息交流，甚至是进行合作创新。同时，由于独占创新利润的驱动，他们还会在创新过程中展开竞争，努力率先完成创新。

以创新惯例不断搜寻和选择的活动能使创新得到不断加强,是创新过程的正反馈。市场需求、科技推动等引发创新活动的因素相互耦合,既能产生加强创新行为的正反馈倍增效应,又存在限制和削弱创新行为的负反馈,使创新演化出现饱和效应。因为市场需求的拉动、科技发展提供的技术机会开始时对创新行为的作用是强劲的,而当创新逐渐成熟,市场需求得到一定程度的满足,科技成果得到有效利用时,创新速度就会减缓甚至停滞。另外,IT企业中,由于网络效应的作用,导致子系统间形成一个合作性网络,淡化了产业、企业边界,从而对产业政策提出变革的要求,促使制度、企业子系统的融合。融合推动了原来不相关要素的重组,促进了不同企业主体之间非线性作用的产生与发展,并通过融合型产品的创新进一步加强这种非线性相互作用,促进产业系统向有序结构发展。

(4) 创新过程具有不稳定性,并通过随机"涨落"实现其自组织演化[①]。创新是生产要素的重组。新组合的产生就意味着旧组合的消亡和原有结构稳定性的丧失。融合使得创新的渗透性、替代性、互补性和结合性效应更明显。创新改变了技术扩散的进程,每一次创新都是市场均衡的打破,是对"锁定"(路径依赖状态)的打破,特别是突破性的创新成果,促使生产率迅速上升和新兴主导产业出现,而且主导产业在自主创新推动下依次更替。因此,不稳定性是创新系统演化的固有特征。创新是一种"创造性的破坏",经历的是从无序到有序、从旧结构到新结构的演化过程。旧结构失稳到新结构诞生存在临界状态。而在临界点上的创新行为对于系统失稳之后的演化方向至关重要,因为创新系统演化的路径不是唯一的,存在着多种可供选择的要素组合状态。创新过程受多种不确定性因素的影响,同时创新本身也是一个适应性"试错"过程,因此,创新过程不是确定性的,存在着随机"涨落"力的作用。在临界点上,随机"涨落"力的驱动,决定了创新系统在失稳之后的演化路径,即在多种可供选择的要素组合状态之间决定其中之一作为新的路径分支。然而,从局部看,产业内部经常出现波动:劳动力、资金等要素不断地在产业内的不同部门间流动,资源配置效率和技术水平也会不断地波动;IT企业也是有兴有落、有开有关,一方面有企业产生或扩大,另一方面又有企业关闭或缩小;企业间的组织形式也在发生些许变化。这些都是涨落的表现形式。IT产业系统具备自组织演化的条件。

3.3.2 IT企业技术创新的动态演化模型

以上关于技术创新过程自组织机制的讨论表明,技术创新过程的自组织演化

---

① 叶金国. 技术创新与产业系统的自组织演化及演化混沌 [D]. 天津大学博士学位论文, 2003.

模型的建立必须首先满足以下四个要求：

（1）反映创新生产者和用户学习、搜寻和选择活动的影响和交互作用的影响。

（2）创新产生的过程和创新扩散过程应统一于一个模型中，创新过程是不容分割的。

（3）反映技术融合的特点，不同领域的技术进步，渗透会促进融合创新。

（4）要考虑市场选择的作用。

只有这样，才能克服以往研究文献中模型对创新生产者和用户这两个贯穿于创新过程的主要作用因素缺乏考虑的缺点，克服技术创新扩散模型中关于创新过程的描述不完整的缺陷。创新扩散过程仅仅是整个技术创新过程中相对于创新产生后的一个后续子过程。

建立技术创新演化模型首先是要选取能够描述创新行为的状态变量。尽管创新过程中起作用的因素很多，但是根据自组织理论的支配原理，状态变量的数目不一定选取很多，抓住主要的状态变量既有利于简化问题又有利于将融合下IT企业技术创新过程中的本质特征表现出来。

创新是知识的创造、应用和进化的过程，是创新生产者将知识、技能和物质转化为让市场接受或顾客满意的产品的过程[1]。一项创新总是由不成熟，通过创新者与用户交互作用下的学习、搜寻和选择活动，不断改善，使之趋于成熟。在这一过程中的任一时刻，部分知识是已知的，部分是未知的或尚待发现。即创新从产生到成熟是一个逐步适应和满足市场要求的过程。融合下的创新也满足这一基本规律。我们把创新适应市场或满足顾客要求的程度，称为创新成熟度，记为 x，作为技术创新演化过程的状态变量。显然 x 是时间的函数，即：

$$x = x(t)$$

描述系统自组织演化的模型也称为该自组织系统的基本演化方程，通常为非线性动力学方程（在多个状态变量的情况下是微分方程组）。考虑创新成熟度的变化率 $\frac{dx}{dt}$。

根据前面的讨论，技术创新过程存在企业和消费者的交互作用，他们依惯例进行创新的学习、搜寻和选择活动对创新成熟度的变化起到加强作用。假设创新生产者和创新用户的学习、搜寻活动对创新成熟度变化率作用分别为 I_p 和 I_c，则它们交互作用的结果是 $I_p \times I_c$，对于特定的创新，学习活动总是依赖于原有的知识基础和技能积累，搜寻活动发现的新技术和改进的创新成果总是靠近现有的那些技术。因此，本书认为 I_p 和 I_c 的具体形式是线性的，并分别按 k_1、k_2 比例增

---

[1] 叶金国. 技术创新与产业系统的自组织演化及演化混沌 [D]. 天津大学博士学位论文，2003.

长。设 t 时刻技术创新成熟度为 x，则

$I_p = k_1 x$，$I_c = k_2 x$

它们交互作用的结果为

$I_p \times I_c = k_1 x \times k_2 x$

另外，随着产业的发展，产品的日新月异，IT 产业中，融合产品成为主要创新产品。由于融合产品集成了多种原本不同产品的功能，实现了与别的产品的使用界面（端口）的通用，所以，融合产品的开发具有与传统产品不同的特点，即单个企业自身几乎不太可能拥有开发融合产品所需的众多产业（领域）的技术知识资源，常常需要通过跨产业合作才能实现融合产品的开发。技术融合下的创新是多种来自不同领域的技术整合、渗透及吸收而成。参与融合的技术在融合这个环境下是共生的关系，技术之间会相互促进发展。因此，这些技术领域的技术进步，对融合技术的形成会有很大的促进作用，原技术的发展会影响创新成熟度。本书认为参与融合的原技术对创新成熟度的促进作用为 ax，a 反映了两种技术的互补性、两种技术的进步率。

对于特定的创新的发展总是有限度的，即一项技术创新，它的演化过程是有限的。当创新产品不断改进，并基本满足市场要求时，创新的学习和搜寻活动会减缓下来，故本书认为创新成熟度的变化受到减速因子 $(1-x)$ 的作用。这就是说，技术创新的发展存在着正负反馈机制，创新活动对于技术成熟度的变化，不仅具有正反馈的增强效应，同时也存在限制发展的饱和效应。

综上应有

$$\frac{dx}{dt} = m_1 k_1 \times k_2 x(1-x) + ax(1-x) + f_1(x, t) \tag{3.38}$$

其中，$m_1 k_1 k_2 > 0$，是创新过程非线性机制作用于创新成熟度变化率的比例系数，称为动力机制系数。

进一步考虑 $f_1(x, t)$。创新过程还存在阻碍创新成熟度变化发展的限制性因素作用，包括企业创新者认知能力的限制，创新者不能瞬间将物质要素转到创新过程的限制，创新主体间、创新主体与顾客间关于创新思想及创新价值在客观上存在的沟通障碍，创新要素的短缺等。用 $-nx$ 表示其降低创新成熟度变化的作用，称为阻尼项，n 称为阻尼系数，$n > 0$。

此外，创新过程还有随机"涨落"力的作用，用 $\Gamma_1(t)$ 表示。

$f_1(x, t) = -nx + \Gamma_1(t)$

令 $m = m_1 k_1 k_2$

$$\frac{dx}{dt} = mx^2(1-x) + ax - ax^2 - nx + \Gamma_1(t)$$

$$\frac{dx}{dt} = (m-a)x^2 - mx^3 + (a-n)x + \Gamma_1(t) \tag{3.39}$$

做变换 $x = \frac{1}{\sqrt{m}}q + \frac{m-a}{3m}$, $\frac{dx}{dt} = \frac{1}{\sqrt{m}}\frac{dq}{dt}$

代入式 (3.39) 整理得：

$$\frac{dq}{dt} = -q^3 + \left[\frac{(m-a)^2}{3m} + a - n\right]q + \left[\frac{2(m-a)^3}{27m^2} + \frac{(m-a)(a-n)}{3m}\right]\sqrt{m} + \Gamma_1(t)\sqrt{m} \tag{3.40}$$

令 $\alpha = \frac{(m-a)^2}{3m} + (a-n)$, $\beta = \frac{2(m-a)^3}{27m^2} + \frac{(m-a)(a-n)}{3m}$

$$\frac{dq}{dt} = -q^3 + \alpha q + \beta + \Gamma(t) \tag{3.41}$$

3.3.3 技术融合下IT企业技术创新的动态演化趋势

在3.3.2中，我们建立技术融合下IT企业创新模式的演化方程模型，本节讨论融合创新的动态演化趋势。

（1）稳定性。令方程（3.41）中的 $\beta = 0$，$\Gamma(t) = 0$，只考虑单个参数 α 的动力学分析：

$$\frac{dq}{dt} = -q^3 + \alpha q \tag{3.42}$$

由 $q = 0$ 得到方程（3.42）的三个定态解：$q_1 = 0$，$q_{2,3} = \pm\sqrt{\alpha}$。

因此，当 $\alpha < 0$ 时，$q_1 = 0$ 为技术创新系统稳定的定态解（此时 $q_{2,3}$ 为虚数，无实际意义）；当 $\alpha > 0$ 时，三个定态解均为实数解，此时 $q_1 = 0$ 为系统不稳定的定态解，$q_{2,3} = \pm\sqrt{\alpha}$ 是稳定的定态解。即 $\alpha = 0$ 为方程（3.42）的分岔点，当 α 从负值增大并跨越这一点时，创新系统既有新定态的产生和稳定态数目的增加，又有稳定性的交换，系统定性性质发生显著改变，表明企业通过强调创新、融合、鼓励知识共享促使企业整体发生质变，从而求得新的发展，是一个由旧结构稳定性丧失到新结构确立的有序演化过程。这个创新进程是非线性的，因此其演化路径受到 $mx^2(1-x)$、$ax(1-x)$ 的影响，而要实现自组织过后的新结构，增加创新正反馈系数或者减少创新阻尼项 n 是关键，这恰是前文所分析的自组织创新的必要条件和内部诱因。在实际IT产业技术创新过程中，我们经常可以看到这样的现象，创新难点在某一时点上顷刻间突破，创新技术成熟度骤然大幅度提高，从而满足市场需求。技术创新过程发生突变，创新会从一个阶段非常迅速地跃迁到另一个阶段（如研究开发或试制结束，商业化生产开始），或者从一种市场转变为另一种市场。这时，创新改变了技术扩散的进程，是对市场均衡的打破,是对"锁定"(路径依赖状态)的打破,特别是突破性的创新成果,促使了生产率的迅速上升和新兴主导产业的出现,而且主导产业在自主创新推动下依次更替。

(2) 演化过程的突变。创新系统具有从一种状态变化到另一种状态的能力,即创新系统是有势系统。由基本演化方程(3.41),有势函数$V(q) = -\int(-q^3 + \alpha q + \beta)dq$,即

$$V(q) = \frac{1}{4}q^4 - \frac{1}{2}\alpha q^2 - \beta q \tag{3.43}$$

这是突变论中的尖拐突变模型,即系统演化存在突变现象。

演化模型体现的不稳定性、分岔和突变等特征,证实了熊彼特关于创新是"创造性破坏"的论断。系统稳定性不断地丧失,从而使旧结构演进为一系列新的有序结构是创新过程的基本特征。

(3) 有序演化过程的临界涨落。根据前面分析,方程(3.42)中控制参数α从$\alpha < 0$到$\alpha > 0$,其解发生质的变化。$\alpha < 0$时,解$q = 0$稳定;$\alpha > 0$时,解$q = 0$不稳定。即参数变化越过临界点时,原来的稳定点变为新系统的不稳定点。

但方程(3.42)的演化过程有一个重要特征,初始处于定态的系统将永远停留在定态上。当初值$q_0 = 0$时,系统会永远处于这一定态上,即使初态变为不稳定定态。若给定初值$q_0 > 0$($q_0 < 0$),假定$\alpha > 0$,系统将趋向$x = \sqrt{\alpha}$或趋向$x = -\sqrt{\alpha}$的定态解。当$t \to \infty$时,系统无穷逼近该定态,而且再也不会离开该定态,不会发生$x = \sqrt{\alpha}$向$x = -\sqrt{\alpha}$的逾越。

现实中,技术融合创新过程确实存在其状态在控制参数的改变完成时,系统仍然处于原定态(新的不稳定态上)的现象。当各种因素的相互作用使控制参数改变的速度大大高于系统变量的弛豫速度时,创新要素的结构状态就难以迅速改变或调整。表现为技术创新过程不能及时地从一个阶段发展为另一个阶段(如不能从研究开发发展到产品试制,或新的产品不能投入商业化生产等),不能从适应旧市场需求转变到新的市场需求,不能被消费者接受。有的融合创新由于错失良机,其发展过程陷于停滞($t \to \infty$时,$q = 0$,停留在此状态上),最终导致技术创新、融合的失败。

现实中的技术创新过程大量存在从旧结构向新结构的跃迁现象,即从初始的定态($q = 0$)演化到新的稳定状态($q = \pm\sqrt{\alpha}$),甚至从一种稳定状态(如$q = -\sqrt{\alpha}$)演化到另一种稳定状态($q = \sqrt{\alpha}$)。耗散结构理论认为,决定和改变系统这种演化命运的是由于小的扰动,即随机涨落力。由于非线性机制的放大作

用，小扰动会发展为系统的"巨涨落"。这说明，确定性方程（3.42）不能对技术创新过程的演化进行十分合理的描述。

考虑含有随机力 $\Gamma(0)$ 的演化方程为：

$$\dot{q} = \alpha q - q^3 + \Gamma(t) \tag{3.44}$$

在考虑随机力的作用后，系统的内容将变得丰富起来，其性质也产生了质的变化。实际上，方程（3.44）是一个随机微分方程，状态变量 q 也已经变为随机变量。

在一般情况下，方程（3.44）不能精确求解，因为 $\Gamma(t)$ 的分布形式复杂多变。现考虑 $\Gamma(t)$ 的一种比较简单的形式。假定 $\Gamma(t)$ 为高斯分布形式的白噪声，即

$$<\Gamma(t_1)\Gamma(t_2)\cdots\Gamma(t_{2n-1})> = 0$$

$$<\Gamma(t_1)\Gamma(t_2)\cdots\Gamma(t_{2n-1})> = (2D)^n \sum [\delta(t_{i1} - t_{i2})]\delta(t_{i3} - t_{i4})\cdots\delta(t_{i2n-1} - t_{i2n})$$

其中，δ 为 δ 函数，D 为扩散系数。

通过近似求解方程（3.44）得知：①随机涨落力的作用使方程（3.44）实现由不稳定态向稳定态的演化成为可能；②系统的演化路径在分岔点上不能以确定的方式实现由旧结构向新结构的跃迁，而由 $\Gamma(t)$ 随机决定。在临界点上出现的小偏差将决定系统演化的命运。含有随机力的演化方程对创新过程的描述与解释更切合实际。

本节揭示了 IT 企业技术融合创新从一种状态结构转变为另一种状态结构的自组织机制及过程。技术融合活动既受到确定性因素的作用，又受到随机力因素的作用，其演化过程是确定性与随机性的统一。演化的根本原因是创新系统中存在非线性的作用机制，即技术创新的进化过程本质上是自组织的，在演化的分岔点上随机力具有决定性的作用。在融合创新过程中，技术创新成熟度可以有多种状态，进化过程存在渐进和突变两种方式。技术创新路径多样性，由于有随机力因素的影响，技术创新动态演化趋势不确定。

3.4 IT 企业技术创新行为的数值模拟

在前面章节已经通过理论和模型分析了融合下 IT 企业技术创新模式的动态演化机制、创新动态演化过程与趋势，本节将通过计算机仿真，更清晰、形象地了解融合下 IT 企业技术创新动态过程。

为了进一步分析融合下 IT 企业技术创新行为动态调整过程，本书将通过设置不同的参数水平，通过数值模拟的方法，检验企业技术创新模式选择行为的演

化过程、融合产品的扩散过程、融合产品的市场选择机制、融合创新的演化过程及趋势。在社会科学中,模拟的对象是能被观察的总系统的行为,其主要问题是设计一个展现总系统行为特征的工具,即通过一个模型将行为部分具体化,然后观察与分析行为模式的决定。从目前国外模拟与仿真的实验发展来看,动态演化模拟的方法很多,主要包括人工实验与利用计算机辅助下的人工选择决策,也包括利用具有演化计算功能的模拟软件在没有人工干预状态下的仿真实验。前者主要是通过在特定主体与特定假设条件下进行的。后者主要通过运行相关软件,设置具体的参数值的情况下进行的。本书主要是利用后者方法,通过 MATLAB 软件来对技术融合下 IT 企业技术创新动态行为进行数值模拟。

3.4.1 技术融合下 IT 企业技术创新模式演化趋势的模拟

本书提出了融合背景下 IT 企业技术创新的主要表现形式:核心技术共享联盟、技术并购和技术许可。IT 企业选择何种创新模式来技术融合,与企业的规模、资金状况、自有的知识水平、自身的研发能力以及对外来技术的吸收能力等有关。而大多时候 IT 企业的技术创新决策并不是完全理性的,技术创新模式的选择是企业间竞争的动态反应,是企业为了适应市场竞争的自然选择行为,也是一种随着时间推移而动态变化的惯例性企业行为。

技术融合下 IT 企业的技术创新模式的动态演化趋势,可以用前文微分方程方程 (3.4) 和方程 (3.8) 组成的系统来表示:

$$\begin{cases} \dfrac{dp}{dt} = p(1-p)[x - \omega + (u + \omega - x - v)q] = p(1-p)(r_1 + r_2 q) \\ \dfrac{dq}{dt} = q(1-q)[x - \omega + (u + \omega - x - v)p] = q(1-q)(r_1 + r_2 p) \end{cases} \quad (3.45)$$

对于上述分析所用的演化博弈模型,通过比较不同的初始状态水平、使用得益占优策略比例及不同的配比协议和推断选择原则,得出了不同的均衡选择结论。总体而言,这种试验方法在检验博弈理论命题上比实证方法更有优势。现在通过对系统中参数进行一定合理的假设,运用数值模拟,描绘融合下 IT 企业的创新模式选择的动态演化行为。

例 1: 假设方程 (3.45) 中的参数值分别为:$u = 6$,$v = 4$,$\omega = 2$,$x = 1$。可得 $r_1 = -1$,$r_2 = 3$。再假设:①初值 $p(0) = 0.1$,$q(0) = 0.2$;②$p(0) = 0.2$,$q(0) = 0.5$;③$p(0) = 0.6$,$q(0) = 0.2$;④$p(0) = 0.6$,$q(0) = 0.5$,可以得到数值模拟图 3-5、图 3-6、图 3-7、图 3-8,其中,横坐标为时期 t,纵坐标为群体中选择策略的概率 y,实线代表企业群体 1 的概率的动态变化趋势 p(t),虚线代表企业群体 2 的概率的动态变化趋势 q(t)。

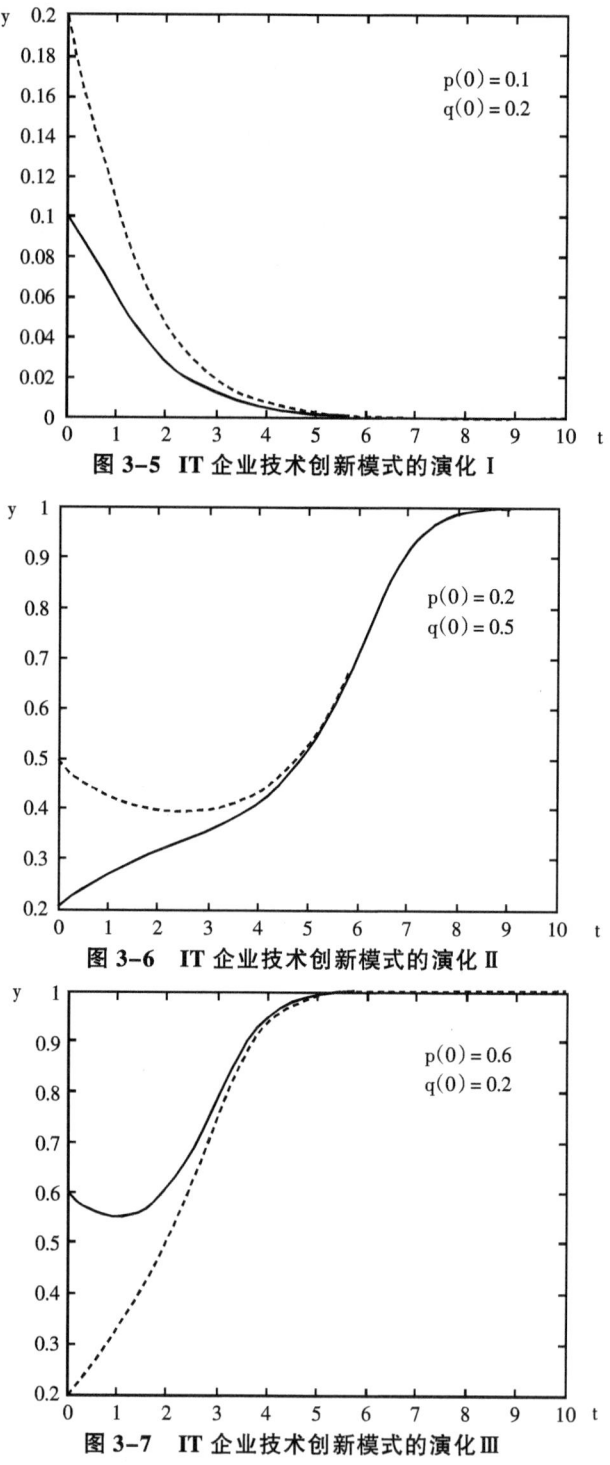

图 3-5 IT 企业技术创新模式的演化 I

图 3-6 IT 企业技术创新模式的演化 II

图 3-7 IT 企业技术创新模式的演化 III

3 信息产业成长的微观机理

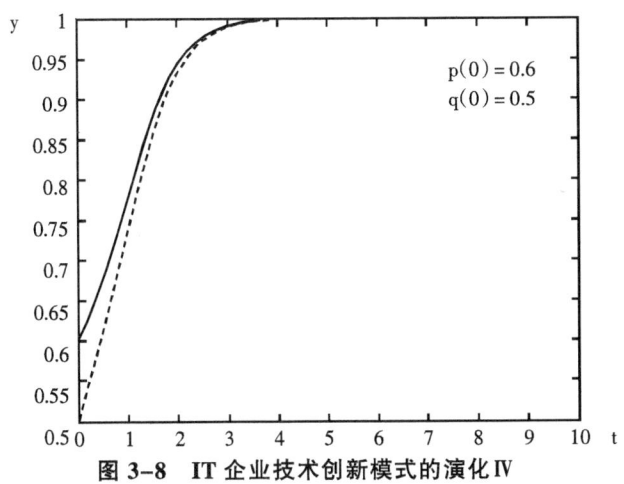

图3-8 IT企业技术创新模式的演化Ⅳ

从图3-5至图3-8可以看出，当系统的当前状态$p=0.1<-\frac{r_1}{r_2}=\frac{1}{3}$，$q=0.2<-\frac{r_1}{r_2}=\frac{1}{3}$时，系统（3.45）演化稳定于均衡点（0，0）；当$p=0.2<\frac{1}{3}$，$q=0.5>\frac{1}{3}$时，系统（3.45）演化稳定于均衡点（1，1）；当$p=0.6>\frac{1}{3}$，$q=0.2<\frac{1}{3}$时，系统（3.45）演化稳定于均衡点（1，1）；当$p=0.6>\frac{1}{3}$，$q=0.5>\frac{1}{3}$时，系统（3.45）演化稳定于均衡点（1，1）。

这说明在一定的支付条件下，u＞v＞w＞x，当前企业群体1、2中选择合作策略的概率都小于$\frac{1}{3}$时，技术共享联盟策略将最终消失，所以企业都选择竞争策略，即通过技术购买、并购的方式引进技术来技术融合。此时由于市场中存在的企业大都是实力较强的企业，都有自行融合研发的实力，然而却担心技术共享会导致自己核心技术的丢失，所以采取自行研发的策略，其他想要合作的企业看到别的企业采取竞争策略，纷纷模仿，最终市场中所有企业都采取竞争策略。当初始时企业群体1中少于$\frac{1}{3}$的成员选择合作策略，而企业群体2中有多于$\frac{1}{3}$的成员选择合作策略时，最终市场的稳定结果不确定，而在本例中，在$-\frac{r_1}{r_2}=\frac{1}{3}$时，选择合作策略的企业带动了更多企业来选择合作策略，最终融合市场的稳定结果是所有企业都选择技术共享联盟的合作策略，这是个好的趋势，所有企业在融合中都达到双赢了。因为本博弈是对称的，同理，当初始时刻企业群体2中有少于$\frac{1}{3}$

的成员选择合作策略,而企业群体 1 中有多于 $\frac{1}{3}$ 的成员选择合作策略时,最终市场中所有企业也将通过技术共享联盟策略来技术融合。当前企业群体 1、2 中选择合作策略的概率都大于 $\frac{1}{3}$ 时,那么最终所有企业参与融合的方式将为技术贡献联盟策略。结果还表明初始状态的不同会对 IT 企业融合行为系统的稳态均衡及其演化路径有着重要的影响。

例 2:假设系统(3.45)中的参数值分别为:u = 6,v = 5,ω = 2,x = 1。可得 r_1 = -1,r_2 = 2。再假设:①初值 p(0) = 0.1,q(0) = 0.2;②p(0) = 0.8,q(0)=0.1;③p(0)=0.8,q(0) = 0.2;④p(0) = 0.8,q(0) = 0.3;⑤p(0) = 0.6,q(0) = 0.7,我们可以得到数值模拟图 3-9、图 3-10、图 3-11、图 3-12、图 3-13,

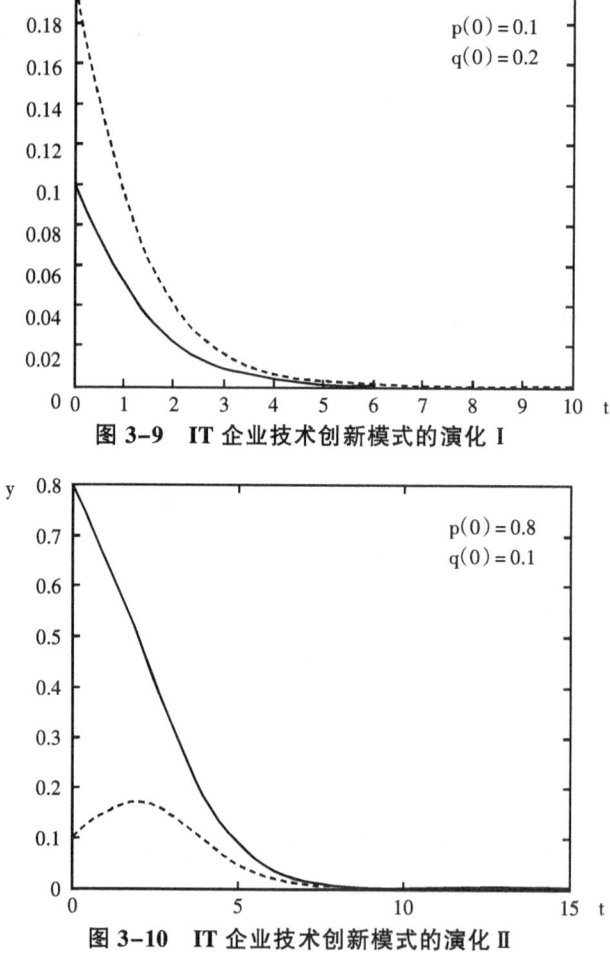

图 3-9　IT 企业技术创新模式的演化 I

图 3-10　IT 企业技术创新模式的演化 II

3 信息产业成长的微观机理

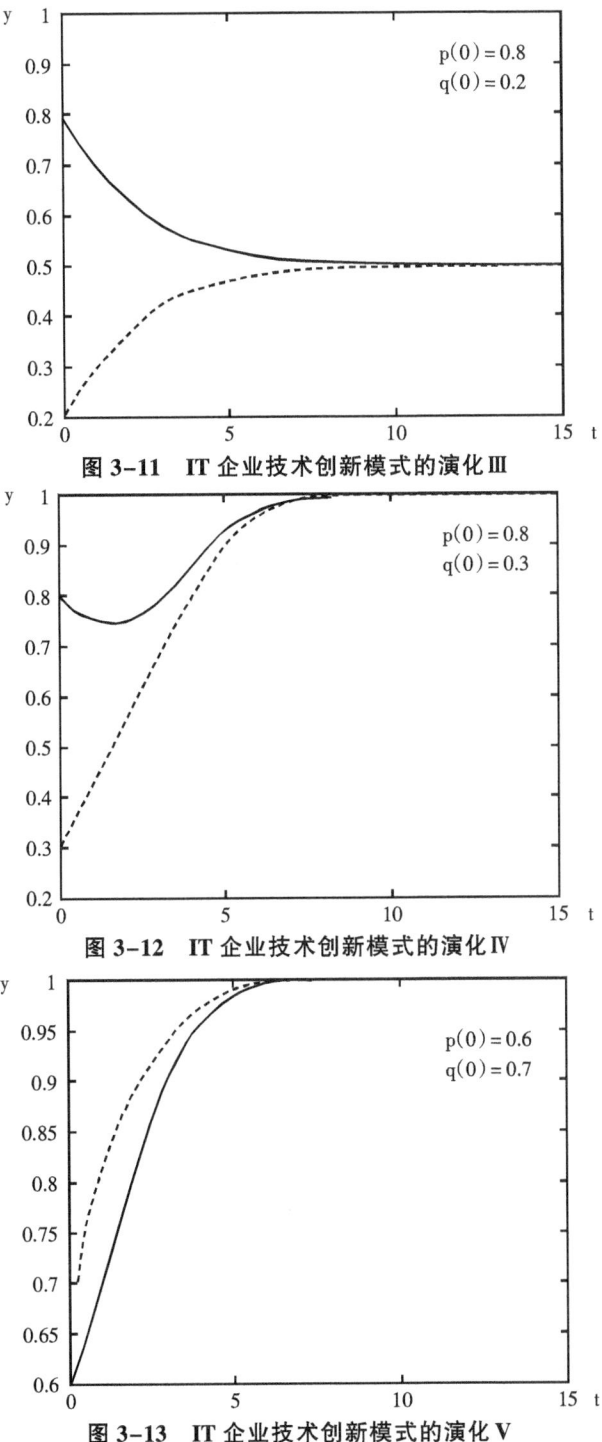

图 3-11 IT 企业技术创新模式的演化 III

图 3-12 IT 企业技术创新模式的演化 IV

图 3-13 IT 企业技术创新模式的演化 V

其中，横坐标为时期t，纵坐标为群体中选择策略的概率y，实线代表企业群体1的概率的动态变化趋势p(t)，虚线代表企业群体2的概率的动态变化趋势q(t)。

从上述模拟图可以看出，当系统的当前状态 $p = 0.1 < -\frac{r_1}{r_2} = \frac{1}{2}$，$q = 0.2 < -\frac{r_1}{r_2} = \frac{1}{2}$ 时系统（3.45）演化稳定于均衡点（0，0）；当 $p = 0.6 > \frac{1}{2}$，$q = 0.7 > \frac{1}{2}$ 时，系统（3.45）演化稳定于均衡点（1，1）。该结果和例1一样，这说明无论其他条件如何，当初始状态两个群体中选择合作策略的概率都小于0.5时，两个群体受大众的相互影响，最终都会选择竞争策略；而当两个群体中选择合作策略的概率都大于0.5时，群体中选择竞争策略的企业在群体的相互影响下，最终也会选择合作策略。当 $p_0 = 0.8 > 0.5$，$q_0 = 0.1 < 0.5$ 时，系统（3.45）演化稳定于均衡点（0，0）；当 $p_0 = 0.2 < 0.5$，$q_0 = 0.8 > 0.5$ 时，系统（3.45）演化稳定于均衡点（0.5，0.5）；当 $p_0 = 0.8 > 0.5$，$q_0 = 0.3 < 0.5$ 时，系统（3.45）演化稳定于均衡点（1，1），这说明在区域 $\{0 < p_0 < 0.5, 0.5 < q_0 < 1\} \cup \{0.5 < p_0 < 1, 0 < q_0 < 0.5\}$ 中，则最终的稳定状态取决于博弈双方的学习调整的速度，所以系统演化的方向是不确定的，有可能收敛到（0，0），也有可能收敛到（0.5，0.5），还有可能收敛到（1，1）。从上述图3-10、图3-11、图3-12中可以看出，当p初始值固定在0.8，q的初始值从0到0.5之间逐渐增大时，稳定状态分别为（0，0）、（0.5，0.5）、（1，1）。这说明企业技术创新模式选择行为受多方面因素的影响，IT企业技术创新模式选择行为的稳定状态与企业技术创新模式选择行为的初始状态有密切关系。

同时，与例1比较可知，IT企业技术创新模式选择行为的稳定状态还与系统的演化路径、各个策略下的企业的支付都有一定的关系，在例2中当 $-\frac{r_1}{r_2} = 0.5$ 时，在某些区域的稳定状态就多样化，而在例1中，在四个区域的稳定状态都是唯一的。

IT企业技术创新行为是内因和外因共同作用的结果，也是企业根据企业所处的市场环境或竞争对手的策略不断调整自己的技术创新模式，以及学习和模仿其他成功企业的结果。总之，IT企业的技术创新行为是一个不断学习、模仿和试验的过程，在这个过程中，初始状态的不同会对企业融合创新行为系统的稳态均衡及其演化路径有着重要的影响。

3.4.2 技术融合下IT企业技术创新市场选择机制的仿真

IT产业的发展离不开技术创新，更需要有效的技术创新扩散，包括产品创新的有效扩散。一项新的技术或新产品，除非得到广泛的应用和推广，否则它不以任何物质形式影响经济，难以显示其应有的生命力。因此，IT企业技术创新的最终目的是IT技术的商业应用和创新产品的市场成功。无论是新产品，还是新技术的扩散都是市场运行的结果。在前文描述了融合产品的扩散模型和市场选择机制的理论模型，现在对IT企业的融合产品的扩散和融合成功的判断模型进行数值模拟分析。

（1）对IT融合产品扩散的模拟。理论界常运用扩散理论与模型来描述新产品在市场中的成长过程。技术融合形成的创新性产品，也面临着初生的市场需求，因而也遵循着新产品扩散的一般规律。技术融合过程形成新的融合产品，这些融合产品与原有产业产品的功能和特征相异，所以其扩散也有自己的特色。

前文建立的融合创新产品的扩散系统演化模型为三个变量的非线性微分方程组。这样一类微分方程组可用一些数学方法讨论扩散系统的一些性质。但具体分析时，变量数目过多会使计算复杂，甚至不可能求解。对于这样多变量的扩散系统，常常采取数值计算（即计算机仿真）的方法，直接算出扩散系统在给定一组参数条件下的演化轨迹。有了演化轨迹，就可以了解融合下IT产品的扩散系统的性质，能够看到扩散系统的演化趋势，解释IT融合产品的市场选择行为机制，为实现对IT企业是否进行融合的某种管理目的，提供决策分析的依据。

前文建立的技术融合IT创新产品的扩散模型为：

$$\begin{cases} \Delta S_1 = \dfrac{dN_1(t)}{dt} = \left[p + \dfrac{q}{\overline{N_1}}N_1(t) + \dfrac{q_{21}}{\overline{N_2}}N_2(t)\right]\left[\overline{N_1} - N_1(t)\right] \\ \Delta S_2 = \dfrac{dN_2(t)}{dt} = \left[p + \dfrac{q}{\overline{N_2}}N_2(t) + \dfrac{q_{12}}{\overline{N_1}}N_1(t)\right]\left[\overline{N_2} - N_2(t)\right] \\ \Delta Q(t) = \dfrac{1}{1-\gamma}(\Delta S_1 + \Delta S_2) \end{cases} \quad (3.46)$$

先对模型中的参数进行假定。根据Bass（1969）对消费电子产品的p和q进行的估计，Sultan、Farly和Lehmann（1990）建议对于消费电子产品的p取平均值0.03、q取平均值0.38，这里也采用这两个平均值。

进行扩散系统（3.46）计算机仿真，还需要四个方面的数据：①扩散系统内各技术创新间互补作用系数 q_{12}、q_{21}；②扩散系统的初始状态 $p(t=0)$，$q(t=0)$；③原有产品1、产品2的市场潜量 $\overline{N_1}$，$\overline{N_2}$；④融合产品的创新系数 γ（t时期融合产品的创新型消费占t时期融合产品的新增消费的比例）。

例1： $p = 0.03$，$q = 0.38$，$q_{12} = q_{21} = 0.1$，$N_1(0) = 0.013$，$N_2(0) = 0.024$，$Q(0) = 0.05$。再分别假设：①产品的市场容量为 $\overline{N_1} = 0.5$，$\overline{N_2} = 0.7$，$\gamma = 0.4$；②产品的市场容量为 $\overline{N_1} = 0.8$，$\overline{N_2} = 1.0$，$\gamma = 0.7$，从而可以分别得到融合产品扩散的模拟图3-14、图3-15。其中，横坐标为时期t，纵坐标为产品覆盖率y，下方曲线是融合产品在原产品市场1中的扩散函数，中间曲线是融合产品在原产品市场2中的扩散函数，上方曲线是融合产品总的扩散趋势。

从图 3-14 与图 3-15 可以看出，融合产品在市场 1 和市场 2 的扩散趋势是相同的，虽然原有产品 1、产品 2 的市场潜量不同，但由于技术创新互补作用产生的协同作用，扩散系统经过一段时间的演化后，其扩散率分布形状与前面两种情况相似，但市场潜量越大，市场的扩散速度越快。图形还说明创新系数的大小影响融合产品的总扩散曲线，创新系数越大，融合产品最终的市场占有量将更大，融合产品的总扩散速度更快。

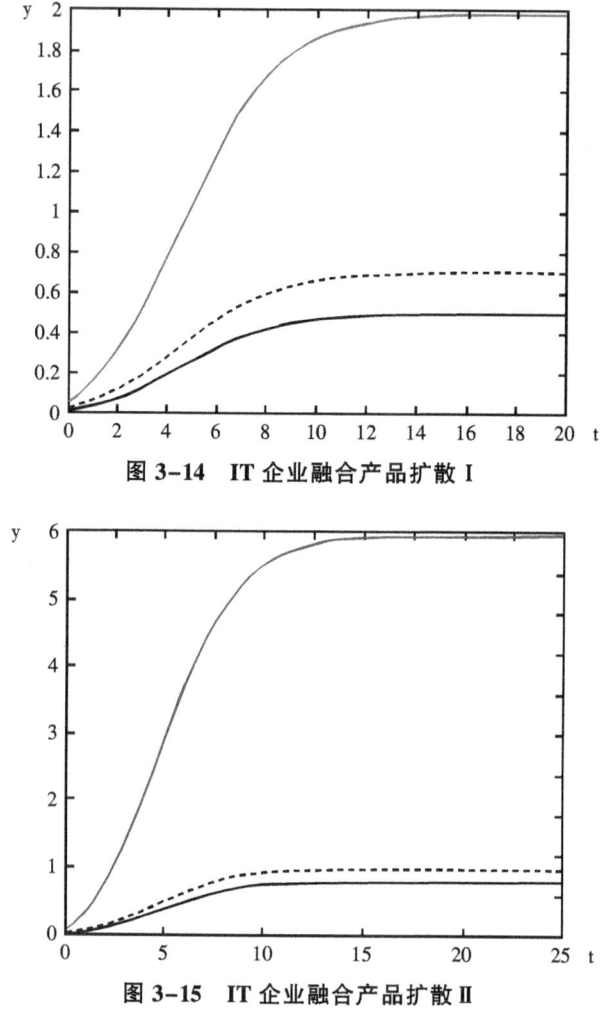

图 3-14 IT 企业融合产品扩散 I

图 3-15 IT 企业融合产品扩散 II

例 2：为了考察初始状态值对扩散系统演化行为的影响，令 $P = 0.03$，$q = 0.38$，$q_{12} = q_{21} = 0.1$，$N_1(0) = 0.2$，$N_2(0) = 0.5$，$Q(0) = 0.9$，产品的市场容量为 $\overline{N_1} = 0.5$，$\overline{N_2} = 0.7$，$\gamma = 0.4$。从而得到融合产品扩散的模型图，如图 3-16 所示。

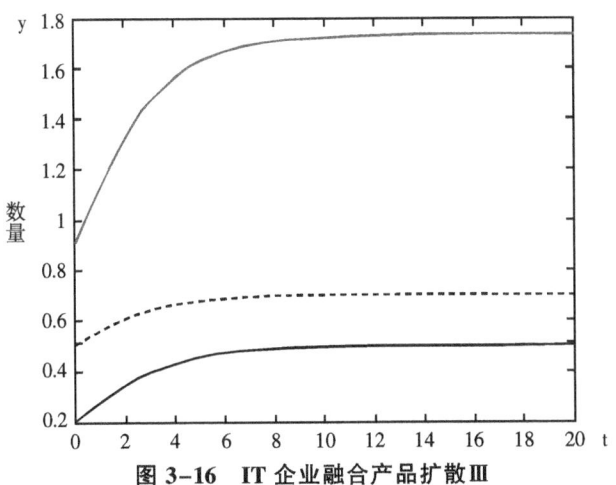

图 3-16 IT 企业融合产品扩散Ⅲ

分析图 3-16 可知，虽然初始值不同，但由于技术创新之间互补作用产生的协同作用，扩散系统经过一段时间的演化后，其扩散率分布形状与前面例 1 情况相似（见图 3-14）。

例 3： 为了研究技术创新间互补作用对扩散系统演化行为的影响，令 $p = 0.03$，$q = 0.38$，$q_{12} = q_{21} = 0.3$，$N_1(0) = 0.013$，$N_2(0) = 0.024$，$Q(0) = 0.05$，产品的市场容量为 $\overline{N_1} = 0.5$，$\overline{N_2} = 0.7$，$\gamma = 0.4$。从而得到融合产品扩散的模型图，如图 3-17 所示。

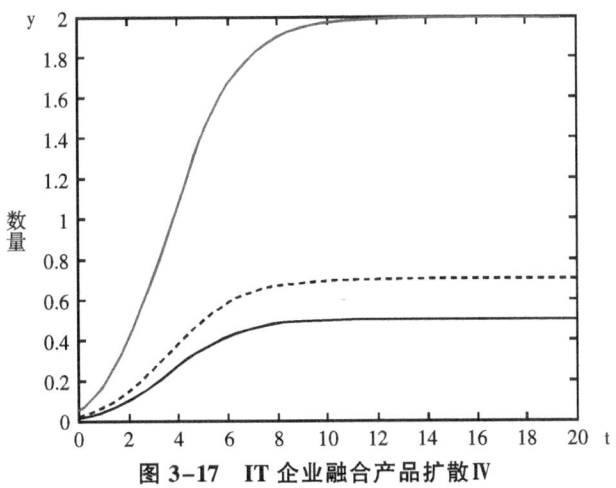

图 3-17 IT 企业融合产品扩散Ⅳ

比较分析图 3-17 与图 3-14 可知，扩散系统内各技术创新扩散虽然具有相同的初始值和相同的市场潜量，但由于它们之间的非线性作用使得各自扩散轨迹产生了不同，可以看出相互作用系数增加，导致扩散速度增加。因此，技术创新间相互作用系数对扩散系统内各技术创新扩散过程有影响。

从中可得到有价值的研究结论：扩散系统内各技术创新之间的互补作用关系及程度，对扩散系统演化行为有着重要影响。它使扩散系统内各项技术创新扩散间产生协同作用，不管初始状态如何，通过自组织过程都使该扩散系统朝着一种相对稳定的宏观有序结构演化。

（2）融合成功与否的判断。融合失败的原因是多方面的，但其根本的原因在于融合过程与市场环节脱节，导致融合产品的需求难以在市场上得到扩散，从而得不到市场需求支持的融合变成了"死尸的融合"。

从需求角度来说，在技术融合的初始阶段，由于人类模仿行为的作用，融合产品的需求增长是通过消费者的示范、模仿过程而逐渐得到扩散的。然而，如果需求扩散的条件不能满足，融合产品的需求就不会得到增长。鉴于融合产品需求增长的这些特点，本节借助医学上传染病扩散的理论模型，描述由于条件不具备所导致的融合产品需求不扩散的情况。我们在前文描述技术融合成功与否的方程（3.28）基础上，增加一项融合产品的新增需求 r(t)，得到以下方程组：

$$\begin{cases} \dfrac{dy_1(t)}{dt} = k[m_1 - y_1(t)]x(t) \\ \dfrac{dy_2(t)}{dt} = k[m_2 - y_2(t)]x(t) \\ \dfrac{dz(t)}{dt} = l \cdot x(t) \\ Q = x(t) + y_1(t) + y_2(t) + z(t) \\ r(t) = y_1(t) + y_2(t) - z(t) \\ z(0) = 0, \ y_1(0) = y_1, \ y_2(0) = y_2 \end{cases} \quad (3.47)$$

例1： 假设上述系统中的参数 $k = 0.2$，$m_1 = 1.8$，$m_2 = 1.2$，$l = 0.4$，$Q = 5$，初始值为：①$y_1(0) = 0.1$，$y_2(0) = 0.07$，$z(0) = 0$；②$y_1(0) = 0.8$，$y_2(0) = 0.7$，$z(0) = 0$。我们可以做出数值模拟图 3-18、图 3-19。

我们从图 3-18、图 3-19 可以看出，在其他参数值相同的情况下，初始值不同会导致融合产品的扩散结果不同。从图 3-18（a）可以看出，从技术市场1、技术市场2消费转移到融合产品的消费者 $y_1(t)$、$y_2(t)$，从融合产品的消费回到原来消费的消费者人数 $z(t)$，在融合产品扩散之初都有增加趋势，但到一定时间后将稳定一定值，但回到原来消费的人数却增加的更快。从图 3-19（b）可以看出，当初始值太小时，融合产品扩散不开，融合产品的新增消费者人数一直在减少，随着到一定时间后，新增消费者人数为负数，即融合产品的消费者开始减少，更多的消费退出消费融合产品，最终将没有一个消费者购买融合产品。从图 3-19 可

3 信息产业成长的微观机理

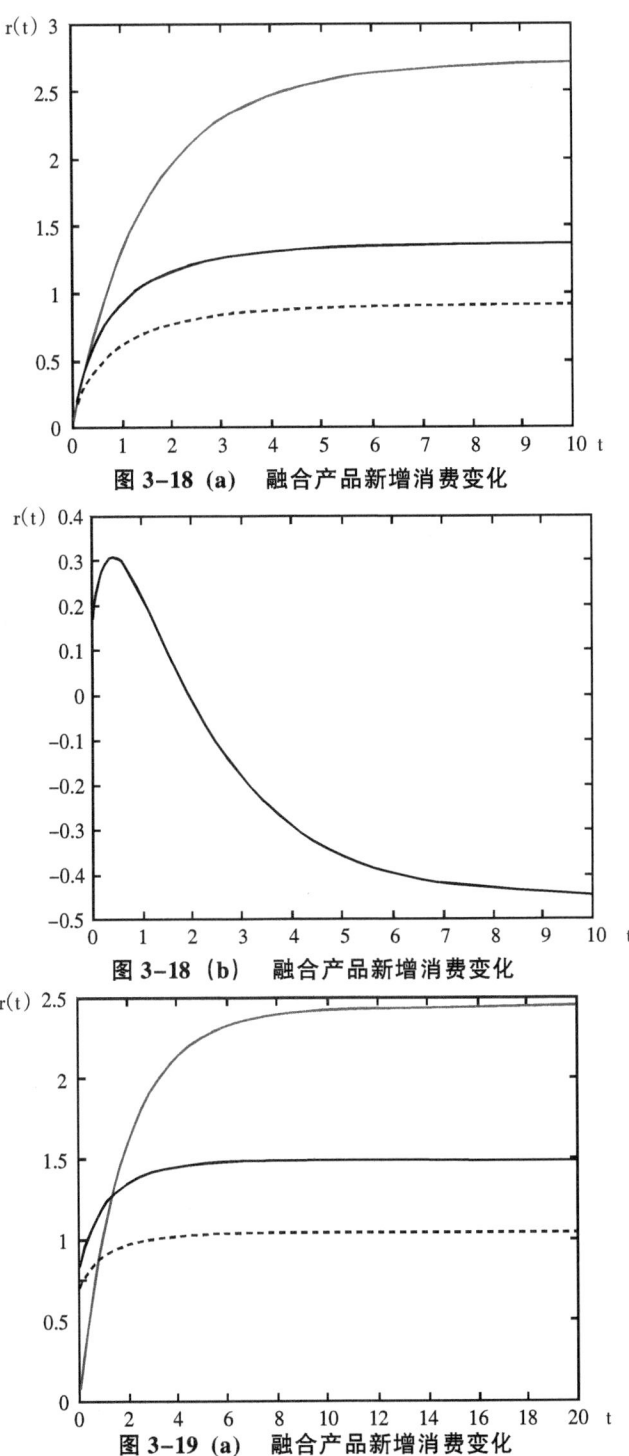

图 3-18（a） 融合产品新增消费变化

图 3-18（b） 融合产品新增消费变化

图 3-19（a） 融合产品新增消费变化

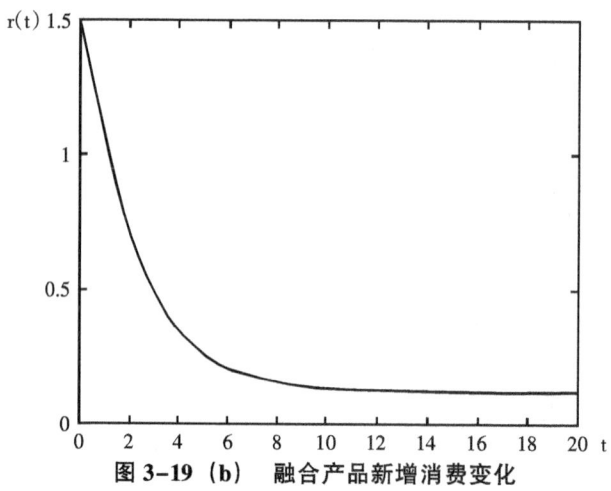

图3-19（b） 融合产品新增消费变化

以看出，当融合产品的初始消费者人数足够大时，虽然融合产品的新增消费者人数在不断地减少，但最终融合产品消费者在稳定的增加，也就是融合产品可以扩散开来。

这个例子说明，融合产品必须接受消费者检验。产品的性能、质量、使用范围等要达到消费者预期的要求，给他们带来更大的满足感，否则，他们就会放弃对融合产品的消费，从而回到原来的消费上。而一项技术融合产品开发出来，需要一开始就有足够多的消费者接受，否则，由于需求减少或增长缓慢，融合产品就难以扩散，会最终退出市场。因此，在进行融合产品的开发时，得调查融合开始时的产品的接受度，再考虑融合过程是否值得进行。

例2： 假设上述系统中的参数 $k=0.2$，$m_1=1.8$，$m_2=1.2$，$Q=5$，初始值为 $y_1(0)=0.2$，$y_2(0)=0.1$，$z(0)=0$。而①$l=0.1$；②$l=0.6$。我们可以做出数值模拟图3-20、图3-21。

从图3-20与图3-21可以看出，当其他参数值和初始值相同时，恢复系数对融合产品的扩散结果也有显著影响。恢复系数越大，从融合产品消费回到原来消费的人数与维持原来消费的人数的比例就越大，融合产品越难扩散开来。图3-20中恢复系数为0.1，融合产品的新增消费者先增加，到一定点后又逐渐减少，最终稳定于一定值1，也就是说最终融合产品的消费者以稳定的速度增加，融合产品可以占领市场。而图3-21中因为恢复系数比较大，融合产品的消费者人数先增加，但增加的速度在减小，然后消费者人数开始减少，最终融合产品的消费者以恒定的速度减少，融合产品没有市场，扩散不开，预示着融合失败。

例2说明，融合产品需求能否扩散开来不仅与初始时刻消费者对融合产品的接受程度有关，还与从融合产品消费回到原来消费的人数与维持原来消费者的比

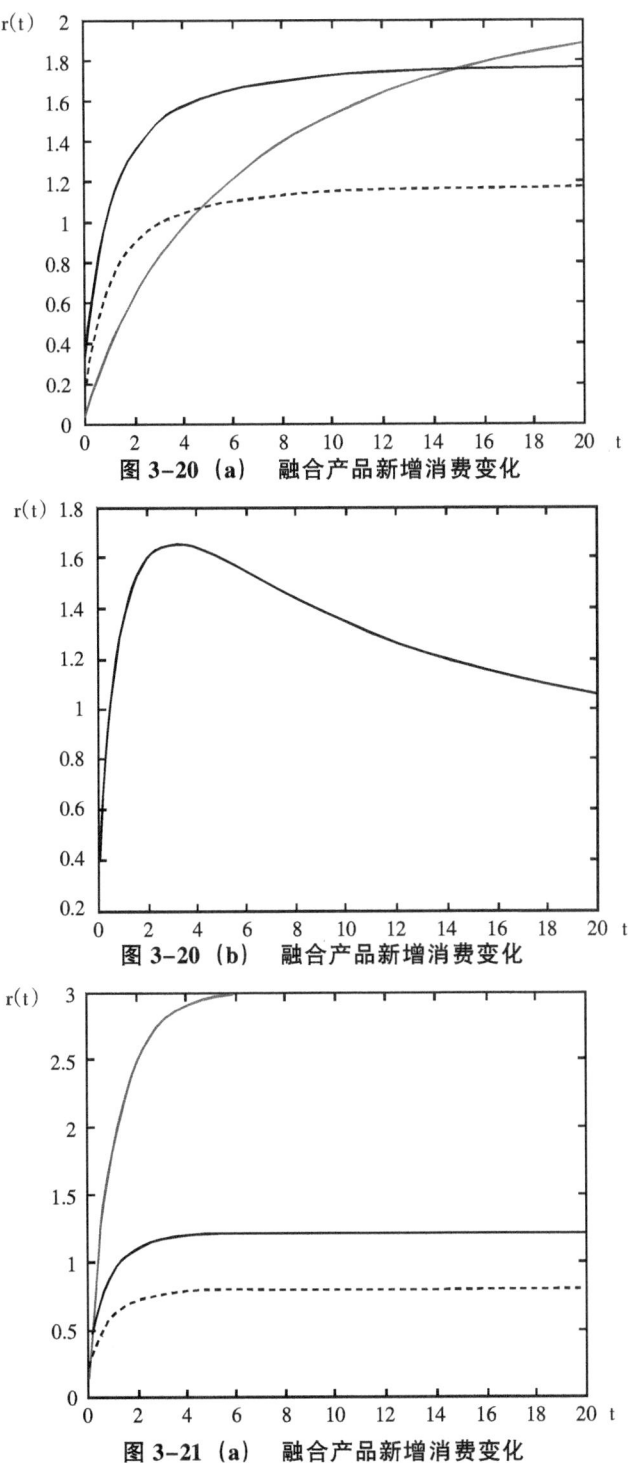

图 3-20 (a) 融合产品新增消费变化

图 3-20 (b) 融合产品新增消费变化

图 3-21 (a) 融合产品新增消费变化

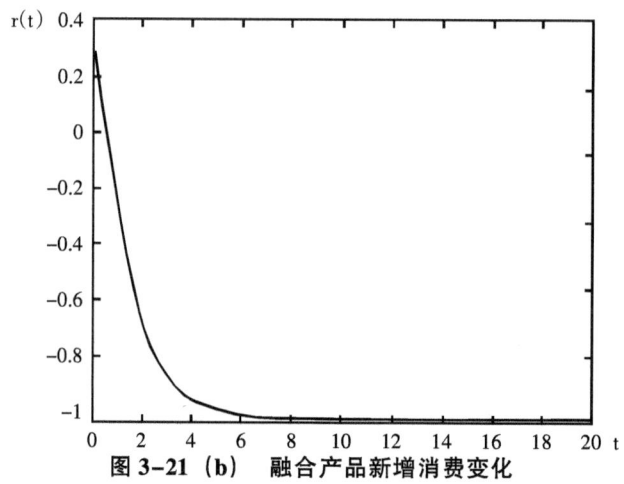

图 3-21（b） 融合产品新增消费变化

例有关，即与受其他消费者的影响系数有关。恢复系数越大，在相同的维持原来消费的人数相同情况下，从融合产品的消费回到原来消费的消费者速度越快，就有越多的消费者回到原来的消费上去，导致需求增长减缓或者需求减小，最终有融合产品的需求根本扩散不开，此时技术融合得不到市场需求增长的支持而无法进行，因而新的融合就无法形成，技术融合失败。

3.4.3 技术融合下 IT 企业技术创新动态演化过程的仿真

一项创新总是由刚出来时的不成熟，通过创新者与用户交互作用下的学习、搜寻和选择活动，不断改善，慢慢趋于成熟。在这一过程中的任一时刻，部分知识是已知的，部分是未知的或尚待未来发现的。即创新从产生到成熟是一个逐步适应和满足市场要求的过程。按照前文分析可知，IT 企业融合创新的成熟度变化率（技术创新演化过程的模型）为：

$$\frac{dx}{dt} = (m-a)x^2 - mx^3 + (a-n)x + \Gamma_1(t) \tag{3.48}$$

不考虑随机因素时，得到：

$$\frac{dx}{dt} = (m-a)x^2 - mx^3 + (a-n)x \tag{3.49}$$

取 $m = 0.6$，$a = 0.2$，$n = 0.1$，利用 MATLAB 软件进行模拟，得到图 3-22。因为不考虑随机力因素，技术创新成熟度就比较稳定地增长，演化路径单一，演化状态唯一。

再考虑随机因素的影响，取 $m = 0.6$，$a = 0.2$，$n = 0.1$，利用 MATLAB 软件对系统（3.48）进行模拟，得到融合下 IT 企业的技术成熟度动态演化结果，如图 3-23 所示。图形表明，融合下 IT 企业的技术创新也受随机涨落力的影响，因为

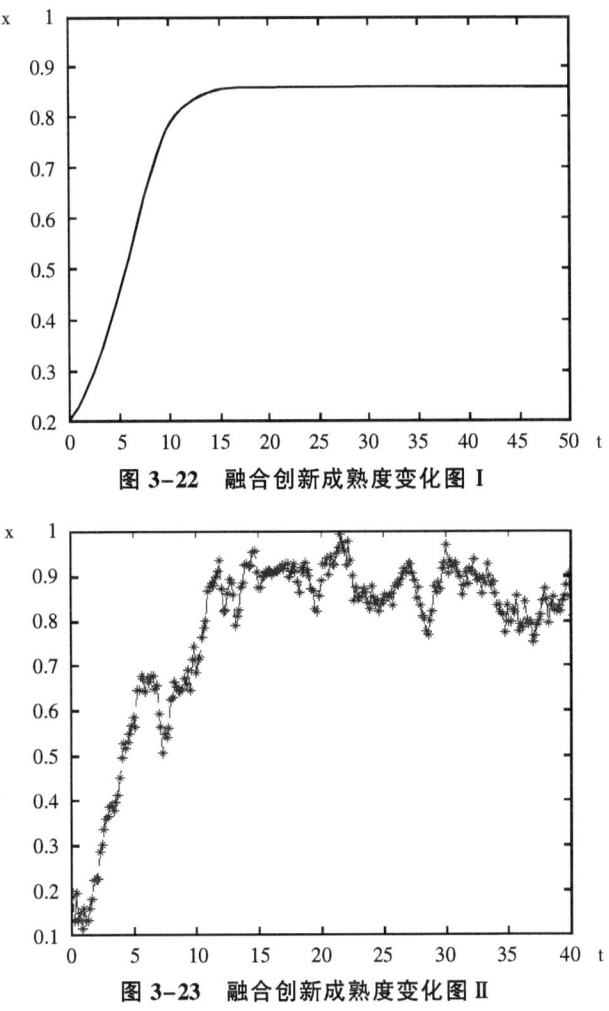

图 3-22 融合创新成熟度变化图 I

图 3-23 融合创新成熟度变化图 II

有随机涨落力的存在,融合创新的成熟度并不能一直稳定地趋于 1,但融合创新的成熟度总体趋势是增加的,说明在消费者和生产者产生的相互作用的动力机制系数为 0.6、融合的原技术的进步率为 0.2、阻尼系数为 0.1 的情况下,这项融合技术是成功的,产品正逐渐完善,成熟度趋于 1,消费者对融合产品很满意。

假设 m = 2,a = 0.2,n = 0.1,即动力系数增加,其他条件不变,利用 MATLAB 软件对系统(3.48)进行模拟,得到图 3-24。仿真结果表明,动力机制系数越大时,即企业按照消费者要求不断地改进融合技术付出的努力更多,虽然仍然存在随机涨落力,但融合创新的成熟度会更稳定地增加,演化路径大致上确定,演化状态唯一,创新成熟度并最终比较平稳地趋于 1,即融合达到完全成熟。

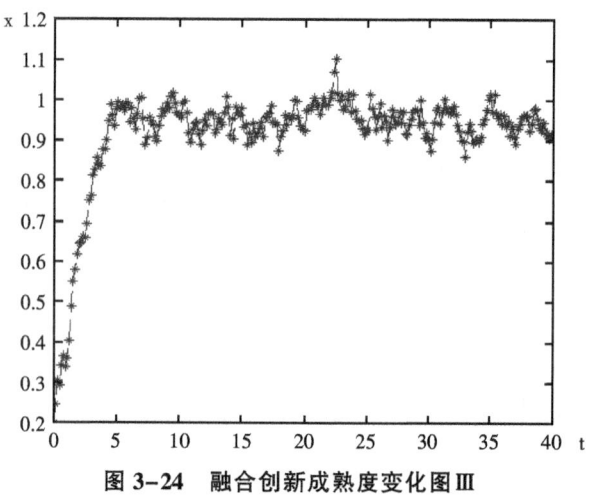

图 3-24 融合创新成熟度变化图Ⅲ

假设 m = 0.2，a = 0.2，n = 0.1，动力系数减少，其他条件不变，利用 MATLAB 软件对系统（3.48）进行模拟，得到图 3-25、图 3-26（随机变量是不定的，仿真不同时间运行的结果不同）。仿真结果表明，当动力机制系数减小，即创新生产者和创新用户依惯例进行创新的学习、搜寻和选择活动对创新成熟度的变化起到加强作用减小，则融合过程受到随机因素影响更大，创新过程不稳定，融合技术成熟度变化方向不稳定，融合创新的演化路径也呈现多样性。从两个图的比较可知，在演化的分岔点上随机力具有决定性的作用，图 3-25 显示融合成熟度最终为负值，即创新的原有结构被破坏，得到一个新的结构，而图 3-26 显示融合成熟度总体上会不断增加到一个比较高的值，消费者比较满意融合产品。

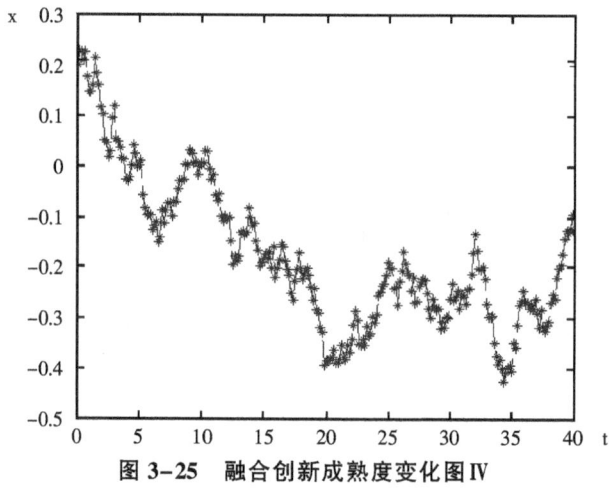

图 3-25 融合创新成熟度变化图Ⅳ

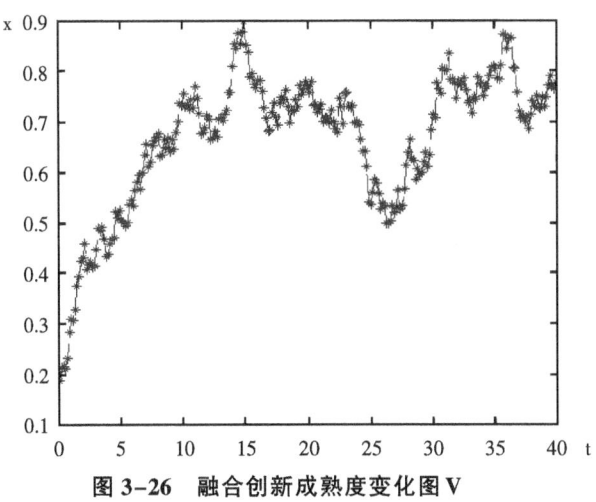

图 3-26 融合创新成熟度变化图 V

假设 m = 0.6，a = 0.6，n = 0.1，即参与融合的技术之间相互作用及它们的技术进步，对融合产品的促进作用系数增加，其他条件不变，利用 MATLAB 软件对系统（3.48）进行模拟，得到技术成熟度变化趋势如图 3-27 所示。仿真结果表明，原有技术进步变快，对融合创新的有力促进作用影响力增加，融合创新过程变化更稳定，创新演化路径确定，演化状态唯一，技术成熟度总体上不断增加，最终消费者对融合产品的满意程度较高。

假设 m = 0.6，a = 0.2，n = 1，即阻尼系数增加，其他条件不变，利用 MATLAB 软件对系统（3.48）进行模拟，得到融合下 IT 企业的技术成熟度动态演化结果如图 3-28、图 3-29（仿真两次得到的结果）所示。仿真结果表明，当阻尼系数增加时，IT 企业技术融合创新的不利因素增加，相对来说融合创新受随机扰动影响增加，技术创新过程更显现出无序性，技术成熟度变化方向不确定，最终融合不容易被市场选择，消费者对融合产品满意程度不高，并且最终成熟度总体是多少是不确定的。

从仿真图形可以得出，当动力系数、技术进步推动系数增大或阻尼系数减小，即技术融合有利因素增加或不利因素减小达到一定程度（越过临界点时），原来的生产要素组合和知识结构就变为不稳定的结构。这时创新过程有分岔现象，即创新成熟度存在多种状态，演化状态也不止一个，创新过程可以在多种状态之间重复变换。实际上，技术融合下 IT 企业的创新总是面临多种技术机会和市场机会，并在其中进行选择，一旦某种技术的改进与某类市场匹配，即创新者为某类顾客创造了使之满意的新产品，增加创新系统的有序度，技术创新演化到新的阶段。

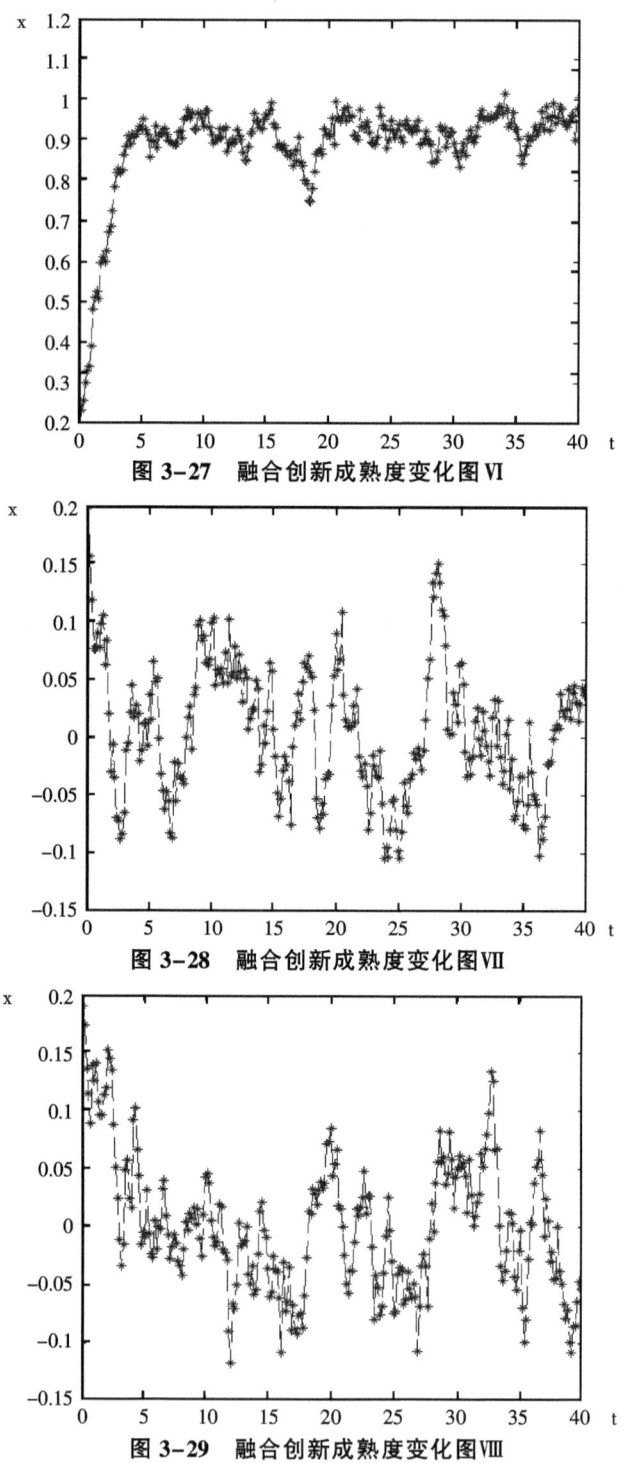

图 3-27 融合创新成熟度变化图Ⅵ

图 3-28 融合创新成熟度变化图Ⅶ

图 3-29 融合创新成熟度变化图Ⅷ

IT企业融合创新过程就是一个动态的演变着的企业创新系统。这是一个从无序到有序，由旧结构向新结构的自组织演化过程。创新生产者和用户学习、搜寻和选择活动的影响和交互作用对IT企业创新有影响，参与融合的技术进步和渗透也会促进融合创新。技术创新活动既受到确定性因素作用，又受到随机力因素的作用，其演化过程是确定性与随机性的统一。演化的根本原因是创新系统中存在非线性的作用机制，即技术创新的进化过程本质上是自组织的，在演化的分岔点上随机力具有决定性的作用。

创新过程不是确定性的，存在着随机涨落力的作用。在临界点上，随机涨落力的驱动，决定了创新系统在失稳之后的演化路径，即在多种可供选择的要素组合状态之间决定其中之一作为新的路径分支。

系统的演化路径在分岔点上不能以确定的方式实现由旧结构向新结构的跃迁，而由 $\Gamma(t)$ 随机决定。在临界点上出现的小偏差将决定系统演化的命运。因此，含有随机力的演化方程（3.48）对创新过程的描述与解释更切合实际。

在实际技术创新过程中，我们经常可以看到这样的现象，融合难点在某一时点上顷刻间突破，创新技术成熟度骤然大幅度提高，从而满足市场需求。IT企业技术创新过程发生突变，创新会从一个阶段非常迅速地跃迁到另一个阶段（如研究开发或试制结束，商业化生产开始），或者从一种市场转变为另一种市场。IT企业融合创新的演化模型体现的分岔与突变特征证实了熊彼特关于创新是"创造性破坏"的论断。

4 信息产业成长的宏观机理

4.1 融合下信息产业成长的创新动力机制

从宏观的角度来看，产业成长一般体现在"质"和"量"上，从量上表现为产业组织绩效的提高，从质上表现为产业结构的优化，二者之间存在着极为密切的关系。熊彼特的创新理论指出，企业和产业的成长与发展都源于以技术创新为主体的产业创新体系，尤其是由信息技术创新和市场创新所发展起来的信息产业具有高技术、高效率和高效益等特点，产业创新对信息产业成长的作用更为突出。本章将站在宏观的角度，从信息产业结构优化与产业组织演变两方面分析融合背景下产业创新对信息产业成长的作用机制。

一项成功的技术创新通过技术扩散势必影响产品结构、市场结构以及产业结构的调整。而新的市场结构与产业结构的调整则会给信息产业带来巨大的机会。因此，在信息产业的成长过程中，信息产业结构更多地表现为信息产业质的提升，而信息产业组织更多地表现为信息产业量的扩张。另外，其发展模式突破了原有传统工业单纯依靠资源投入换取产出增加的模式，通过利用快速发展的信息产业与传统工业进行融合，可以推动传统产业快速发展。

4.1.1 融合下技术创新与信息产业结构优化的关系

通过技术创新、技术变革等技术进步而直接实现的对原有产业部门的改造和新兴产业部门的建立是导致产业结构变化的主要动因。首先分析融合下技术创新对整体产业结构的作用和影响。

技术创新引致的融合型产品不断出现，产品功能不断集成，改变了人们的消费结构，引导人们由单一需求向综合需求转变。消费结构的变化必然带来收入支出结构的变化和社会投资结构的变化。融合下技术创新提高了产品质量，丰富了产品或服务内容，提高了需求层次。需求层次的变化即人们生活范围的扩大和新的需要和爱好的发展，必然导致服务部门的发展。生产要素向需求弹性高的产业部门转移，逐步调整产业结构。融合下技术创新使企业不断地由单一业务向复合业务转变，逐渐扩大融合产品的规模，产业结构升级趋势明显。融合使得信息产业内企业的技术关联性更强，技术交流和扩散的障碍减小，技术进步与创新提高劳动力的生产率，劳动力在企业间流畅的转移和沟通，使产业结构发生变化。技术创新产生新兴产业，产业融合就是一类新兴产业，改造或替代原有产业，改变了产业结构。融合下技术创新带来了新的技术范式和革命性创新，提高了创新速度，提升了国家的国际竞争能力，促进贸易，带来产业结构的变化。所有这些作用和影响都会导致产业结构向知识技术密集化、集约化方向发展，使产业的生产要素构成不断高级化，使产业结构不断高级化。

具体到信息产业，它是由信息工业、信息服务业和知识产业组成。整个信息产业表现出以"融合"为导向，进行持续"技术创新"的发展特征。融合本身就是信息产业技术创新的主要特点之一，融合已深入技术创新内部，技术创新对产业结构的作用包含着融合的因素。信息产业的"融合"体现在产业链不同主体的融合、硬件技术的融合发展、硬件技术与软件技术的融合发展以及产品和内容的融合发展不同层面，其本质是需求层次不断升级，不同程度、不同组合方式、不同应用领域的融合都会催生出新的产品和新的应用，推动信息产业的成长遵循由以信息工业为主阶段逐步向以知识产业为主阶段发展的规律。

信息产业具有网络效应、路径依赖、报酬递增及标准必要性等不同于传统产业的演变规律。融合创新导致产业的兴起或衰亡，使新兴产业具备报酬递增的特点，再加上融合产品的网络效应和技术创新的路径依赖性，融合产业获得形式上高度垄断的市场地位，产业间市场势力的重新划分导致产业结构的变化。

融合下信息产业要注重技术标准的制定和实施，融合促使信息产业由产品竞争转向品牌、技术标准竞争。标准化有助于减少研发费用，缩短研发周期，提高产业化产品的安全性、通用性和可靠性，更重要的是能通过控制标准来赢得市场份额。技术标准推动技术结构的演进，技术结构是导致产业结构向高度化演进的重要因素。标准化竞争推动产业结构的演进。

融合使得技术创新的渗透性、替代性、互补性和结合性效应更明显。创新改变了技术扩散的进程，每一次创新都是市场均衡的打破，是对"锁定"（路径依赖状态）的打破，特别是突破性的创新成果，促使生产率迅速上升和新兴主导产业出现，而且主导产业在自主创新推动下依次更替。这是产业结构演变的显著标志和基本特征。

4.1.2 融合下技术创新与信息产业组织演进的关系

产业组织包括三个基本范畴：市场结构、市场行为与市场绩效。由于信息产业是知识经济下的一种产业，不完全等同于传统产业，所以信息产业组织有其本身的一些特征：

（1）IT企业的规模经济与有效竞争能力更多依赖其技术创新与知识创新的能力。

（2）虚拟组织大量出现，企业的平均寿命呈现下降趋势。

（3）企业之间的兼并重组越来越广泛，越来越多的知识创新基地或技术创新基地承担着创新的主要任务。

下面着重从以上几个角度分析融合下自主创新与信息产业组织的关系。

市场结构变化主要表现在市场集中度降低。在产业融合创新过程中，随着产业边界的模糊和产业壁垒的消除，原来不同产业的企业相互进入对方的市场，导致原产业内的企业数量迅速增加，并不断有新的进入者参与到竞争中来，从而打破信息产业自然垄断，促进了更大范围的竞争，降低了市场集中度。

产业融合打破了产业边界，导致不同行业相互交叉和渗透。这实际上意味着新的市场机会的出现和进入壁垒的降低，原有企业的竞争优势和市场支配力量有可能被迅速消融。无论是技术创新企业还是原有企业，都会试图借此融入新的市场，扩张自己的事业领域和市场势力，从而引发大规模并购和重组。例如，在欧洲，许多IT公司正朝着普遍应用的软件开发和多媒体内容发布的方向发展，将大量投资引向光缆等信息基础设施和电视业，充当数字化电视实验的集成者，其目的是想进入新的领域，成为这一新的服务市场的参与者。

在融合环境下，随着市场边界的变化和市场结构的调整，企业的战略和行为也会发生很多改变，以适应新的竞争规则，获取新的竞争优势。最重要的一个特点，就是企业间合作的大量涌现，无论是原来处于同一个产业内的企业，还是发生融合的不同产业间的企业，都展开了广泛的合作，通过企业整合引导建立大企业为龙头的行业创新联盟。信息技术和网络技术的发展使得企业间联盟组织形式由纵向一体化向横向一体化、虚拟一体化发展，有效解决行业内各领域中单个企业资源配置能力不足、竞争力不强的问题，促进资源配置的优化。

融合创新改变了信息产业经济增长方式。技术创新不断开发出新产品、新应用，改变单纯依靠大规模、低价格取胜的市场竞争方式，逐渐扩大高利润、高附加值产品的比重，从以资本、劳动力为主的粗放型增长方式向以知识技术为主的集约型增长方式转变。因此，政府和企业要加大对自主创新知识的扶持力度，提高竞争能力。加强自主创新能力，形成一系列以自主知识产权为基础的标准。尽快把这些成果应用到数字电视、手机电视等融合产品中,以打破国外专利垄断,避免知识产权纠纷,为国内 IT 企业发展创造更大的空间。

融合前,IT 企业具有显著的规模经济效应,在融合背景下,产业的进入壁垒降低,技术创新给小企业创造了进入机会,导致信息产业内企业规模呈现多样化。并不总是规模大的企业有利于推动技术创新,小企业同样有创新的动力。在融合下,产业间企业通过横向、虚拟联合的形式取得协同效应和规模效应。因此,应积极推动企业协同发展,打造大产业链条。随着 3C 融合和三网融合的进程加快,要进一步完善产业环境,推动大产业链各方面的协同发展,积极为制造业、软件业、运营业、内容服务提供等行业的融合互动创造条件,进一步协调技术、标准、应用、配套及市场等环节的互动和促进,推动制造业、软件业、运营业、内容服务提供的行业互动,为企业创造良好的发展环境。通过政策协调和引导,加强行业间在技术研发、行业标准、业务创新以及服务贸易上的协作,打造健康协调的大产业链条。

4.2 产业创新与信息产业结构优化的协同机制

4.2.1 信息产业结构优化的动力机制

从信息产业成长的动力构成看,本书把动力分为产业成长的自动力和他动力。自动力是指存在于信息产业系统内部的引发产业发展行为的驱动因素;他动力是指来自产业外部的诱发产业成长活动的引致因素。作为一个以不断创新尖端技术为先导的行业,信息技术的创新决定了信息产业演进方向。融合是由技术创新引起不同系统主体相互作用而使得不同系统向同一方向运动或汇合的过程与结果。相互作用的过程是技术扩散过程中,产业或企业共同利用同一个技术基础或引进要素(如技术等)且对其进行重新组合的过程,因此,融合与产业创新在本质上是一样的。同时,在融合背景下,产业创新速度加快,创新成功概率加大,产业创新与融合是相互促进的。因此,本书认为产业创新和融合是信息产业成长的主要自动力。

融合本质上是结构性的,与融合相关的最显著变化是产业结构的变化。产业结构的演化主要体现在信息产业内部产业结构的合理化和高度化。产业结构转换的动力也主要来自科技进步和技术创新形成的比较生产率的差异。从产业融合的自组织演化过程可知,融合下信息产业创新表现为突变的、跃迁的和非连续性的过程，对应根本性创新。这种创新改变了技术扩散的过程，每一次创新都是对"锁定"的打破，促使产生率迅速上升和新主导产业的出现，这是产业结构演化的显著标志和基本特征。

产业融合和创新对产业结构提升主要体现在以下方面：在产业融合过程中，信息技术的不断创新和扩散、数字化信息的灵活性不仅使传统服务变得更丰富多彩，在原有基础上能够提供更加完美的服务，如数字电视和数字收音机，以及更高质量的移动通信设备，而且还可以产生许多全新的服务和运作程序。这些全新的服务是多种多样的，如电子报刊、在线超市、家庭银行以及用于内部通信和商业运作的多媒体网站等。即产业融合和创新导致了信息产品和服务都增添了新特点，引导新需求结构的产生。随着新产品市场容量的扩大，往往围绕新产品和服务逐步形成了新的产业。新产业的形成必然促成各个时期主导产业的变化，使各产业在产业结构中的地位发生变动。技术创新是企业竞争力的根本所在，企业为在激烈的竞争中取胜，就会促使劳动力、资本等生产要素向生产效率更高的主导产业转移，从而引起劳动力的就业结构和资本投资结构的调整。知识技术创新是自主创新的基础和源泉，融合下自主创新成果大多集中在知识技术密集的行业，然后通过技术扩散和产业间技术关联提高其他产业的技术水平，导致产业技术结构的调整。具体到信息产业，产业结构是由信息工业向信息服务业，再向知识经济占主导地位转化。

本书依据产业融合和创新对产业结构的推动机制，结合信息产业的特点，描述信息产业结构的演化路径。融合下，产业进入壁垒降低，新的厂商不断进入，导致产业竞争激励。竞争的压力促使某企业致力于自主创新，使得信息产品不断更新换代，形成产品差异化的来源。创新成果通过技术扩散，在整个产业形成共同的技术基础，促使技术融合的产生，再加上产业管制政策的放松，促使产业融合的实现。产业融合下，创新企业可以凭借领先优势，利用规模效应、协作效应和垄断效应，实现信息产业的路径依赖，从而影响下一个状态的出现，即导致信息产业网络效应和规模报酬递增机制更强，促进信息产业的发展。在自主创新的下一个阶段，创新厂商竞争的最大目标是扩大用户规模，从网络效应和报酬递增中获取最大利益，力图成为融合行业或融合创新产品类的标准确定者，当达到临界的市场份额时，创新企业所在的行业成为新的主导行业。新行业的形成和生产率的提高使得生产要素从低生产效率的部门或行业向主导行业转移，促使原有行业产品淘汰或新行业产品的更新换代。路径如图4-1所示。

4.2.2 信息产业结构优化的动力协同模型

根据产业系统演化机制，系统有序结构出现的关键并不在于系统是否处于非

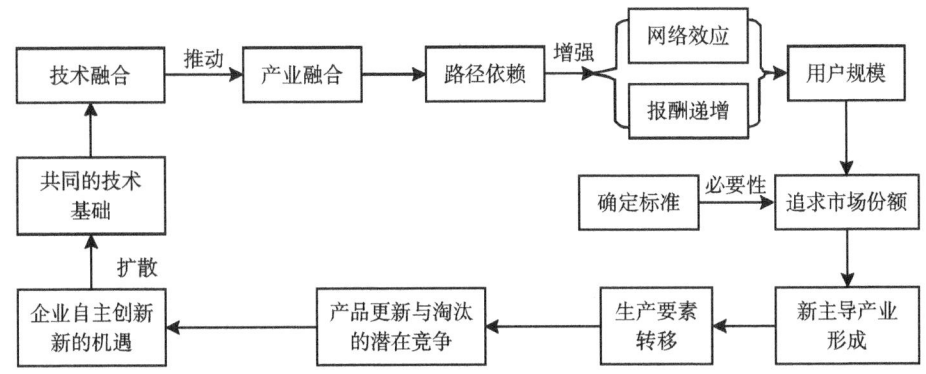

图 4-1 融合下信息产业结构的演化路径

平衡态,也不在于是否远离平衡态,而恰恰在于系统内部的各种子系统、要素或模式的性质和对系统的影响是有差距的、不平衡的。在一定外部条件下,当序参量的改变把系统推过临界失稳点时,系统演化成为新的有序结构。由于序参量是系统演化的内生动力,本节运用协同学原理,着重分析信息产业结构的优化升级,以中国数据为例,构建信息产业技术创新与产业结构优化的协同模型,确定信息产业结构动力系统的序参量方程,研究信息产业结构的自组织演化过程。

朱永达(2001)运用自组织理论的哈肯模型对区域产业系统的演化机制和优化机制进行研究,建立了产业系统演化方程,并通过以郑州为例的实证分析,定量地论证了反映创新和科技进步的劳动生产率是产业系统演化的序参量。魏芳(2006)在对有关自组织演化的逻辑斯谛方程和哈肯模型进行评价的基础上,构建了高技术产业系统的自组织演化模型,用来揭示其自组织演化机制,并以中国 29 个省市高技术产业相关数据为样本进行定量化的实证研究,由模型分析和实证研究结果得出,研究开发投入强度是主宰高技术产业系统演化的序参量。

在前人工作基础上,考虑信息产业结构动力系统是由一个作用力和一个子系统组成的简单情形。在一定外部条件下由系统内部不同组分相互作用使系统发生演化的过程用数学形式进行描述,形式如下所示:

$$\dot{q}_1 = -\lambda_1 q_1 - aq_1q_2 \tag{4.1}$$

$$\dot{q}_2 = -\lambda_2 q_2 + bq_1q_1 \tag{4.2}$$

式(4.1)、式(4.2)中,q_1 表示子系统的状态变量,用另一个状态变量 q_2 表示作用力。λ_1、λ_2、a、b 为控制参数,此时不考虑随机涨落项。式(4.1)、式(4.2)反映两个子系统的相互作用关系。系统的一个定态解是 $q_1 = q_2 = 0$。如果子系统(4.1)不存在,则子系统(4.2)是阻尼的,即有 $\lambda_2 > 0$。根据绝热近似条件,即 $\lambda_2 \gg |\lambda_1|$,可采用绝热消去法令 $\dot{q}_2 = 0$,根据式(4.2)可得:

$$q_2 \approx \frac{b}{\lambda_2} q_1^2 \tag{4.3}$$

式（4.3）表示 q_1 决定了 q_2，即后者随前者的变化而变化。可见，q_1 是系统的序参量，它通过支配子系统协同运动，从而促使系统的演化。

将式（4.3）代入式（4.1），得到序参量方程为：

$$\dot{q}_1 = -\lambda_1 q_1 - \frac{ab}{\lambda_2} q_1^3 \tag{4.4}$$

对式（4.4）的作用力项的相反数积分，得到势函数：

$$V(q_1) = \int \left(-\lambda_1 q_1 - \frac{ab}{\lambda_2} q_1^3 \right) dq_1$$

即：$V(q_1) = \frac{\lambda_1 q_1^2}{2} + \frac{ab}{4\lambda_2} q_1^4$

实际中，一般将协同模型离散化为：

$$q_1(k+1) = (1-\lambda_1) q_1(k) - a q_1(k) q_2(k)$$
$$q_2(k+1) = (1-\lambda_2) q_2(k) + b q_1(k) q_1(k)$$

利用系统模型描述信息产业结构系统的演化过程时，首先利用协同学的微观方法，从系统中找到两个状态变量用来表示子系统的指标序列，并通过计算区分快、慢两类状态变量，消去快变量，得到序参量方程，从而研究信息产业系统有序结构的自发形成和演化过程。

4.3 信息产业融合创新与产业结构协同演化的实证分析

根据产业融合的效应分析和信息产业成长的内涵可知，产业融合不仅有利于信息产业结构的优化，还能提升产业组织绩效。因此，拟选择融合和信息产业结构作为信息产业成长系统中的两个子系统，融合有利于信息产业内各行业协同创新，从而促进信息产业的发展。产业结构的优化升级是产业成长的重要标志。并以中国信息产业数据为例进行产业融合与信息产业结构优化复合系统协同演进的实证分析，求解得出决定信息产业结构演化中的序参量。

信息产业是一个比较模糊的产业，在进行实证分析时，我们以电子信息制造业作为信息产业的典型代表。这是因为电子信息制造业是信息产业发展的基础和重要组成部分，再加上电子和计算机产品关联性较大，融合程度较高，用它代表信息产业具有典型性和可行性。文中数据来源于《中国电子信息产业统计年鉴》和《中国高技术产业统计年鉴》，选取中国 2005 年和 2006 年 30 个省市（除西藏自治区外）的融合数据和电子信息产业结构数据进行实证检验。

以前学者在研究系统自组织演化时，总是选择两个主要变量来表示产业系统中的子系统。但本书认为一个变量不足以全面表征一个子系统的本质特征，尤其是在本书，融合是一个具有多层次含义的变量，一个单独的指标不能诠释融合这个子系统的行为特征，因此，本书采用多个指标度量融合系统和信息产业结构系统，然后利用主成分分析方法对不同的指标设定不同的权重，从而求出对子系统的综合表征量。

4.3.1 信息产业融合系统的指标选择

根据对产业融合内涵的分析，产业融合必须经过技术融合、业务融合和市场融合，才能逐步最终达到整个产业融合的境界，即技术融合、业务融合、市场融合是产业融合系统的基础。

在产业融合环境下，由于产业的界限模糊不清，"产业"这个概念本身就难以进行准确定位，因而很难找到一种统一的衡量产业融合程度的方法。然而，产业融合过程中的技术融合、业务融合、市场融合等各个阶段具有特定的属性和包含着确定的内涵，因此可以分别对产业融合各个阶段的状况进行衡量，然后通过对各个分阶段指标的整体考察来综合衡量信息产业的融合程度（马健，2006）。

技术融合的度量。盖蒙巴德拉和托里斯（1998）、费和唐泽曼（2001）都利用了产业内各个行业的专利数据来测算产业间的技术融合程度，他们最主要的贡献就是将赫芬达尔指数引入到产业融合的度量中。本书同样用赫芬达尔指数 HT 衡量技术融合程度。即

$$HI = \sum (x_i/x)^2 \tag{4.5}$$

其中，x_i 表示某地区电子信息制造业在各个行业的技术专利申请数，x 表示电子信息制造业的技术专利申请数，不同技术的行业数为 i。HI 越小，表明技术融合程度越高；反之，HI 越大，表明技术融合程度越低。在这里，不同技术的行业数设为 2，分别是电子计算机及办公设备制造业和电子及通信设备制造业。

业务融合的度量。同样采用赫芬达尔指数来衡量电子信息制造业不同业务的融合程度。在式（4.5）中，将 x_i 换成电子信息产业对某行业的投资额，x 换成电子信息产业对所有行业的投资总额，那么 HI 就表示了信息产业的业务融合程度。

市场融合的度量。市场融合表示对各行业产品的需求产生重叠，用业务收入表示对行业产品的需求。因此，将 x_i 换成电子信息产业中某行业的主营业务收入，x 换成电子信息产业所有行业的主营业务收入，那么 HI 就表示了信息产业的市场融合程度。

为了避免融合程度的衡量方法不够合理，在此还增添两个补充变量：研发人员融合和研发经费融合。

技术创新和技术融合需要大量的研发经费，用来支付机器设备、研发人员报酬和促进科研成果转化等。研发经费在行业间的支出状况势必影响产业融合程度是否均匀，同理，本书用研发经费内部支出的赫芬达尔指数补充反映产业融合状况。

人力资本不仅是技术创新的源泉，还是技术扩散与吸收的必要条件。R&D人员是技术创新和技术融合的中坚力量，人才间的交流能够促使技术在不同行业或不同企业间扩散，推动技术融合进程，扩大融合产品需求的扩散。而且融合的趋势也意味着未来对跨行业复合型人才的更多需求。可见，R&D人员对促进产业融合发展有重要作用。因此用R&D人员在行业间的分布状况反映R&D人员的流通和交流，同样是采用赫芬达尔指数来衡量这种状况。即在式（4.5）中，将x_i换成电子信息产业中某行业R&D人员数，x换成电子信息产业R&D人员总量。

本书将技术融合、业务融合、市场融合、研发经费融合和研发人员融合分别设为c_1、c_2、c_3、c_4、c_5。

4.3.2 信息产业结构系统的指标选取

产业结构是一个比较抽象的概念，库兹涅茨、刘易斯、钱纳里对人类社会整体产业结构做了经典论述，对产业结构对经济发展的影响以及产业结构演变的动因进行了分析。大致认为：①产业结构变动的主要表现是三次产业结构的变动和三次产业的内部升级、调整；②产业结构演变的实质是一个不断趋于高级化的进程，具有较强的阶段性和有序性，主要体现在技术水平提升、劳动力转移和总量产值的增加；③技术结构、消费结构、贸易结构是产业结构变动的原因，也是产业结构演变的表现形式。

纵观各国经济发展史，产业结构演变大致可分为农业化、工业化和信息化（后工业化）三个阶段。其中，以电子技术、信息技术、光电子工业和办公自动化设备等为代表的新兴产业在信息化时期得到迅猛发展，产业结构趋向高级化。三次产业结构的变动已形成相当完善的体系，本书主要研究的是信息产业内部产业结构的升级、优化。选取技术结构、需求结构、就业结构、贸易结构和产值结构表示信息产业内部结构演变的本质特征。

技术结构的度量。信息产业内的结构升级主要体现在技术进步。技术的创新与进步深化拓展了信息产业的功能和内涵，使信息产业对传统产业的带动性更强，各产业具有竞争力和长足的发展后劲。技术进步主要指创造、吸收和采用新技术的能力，在生产力上就指劳动力的生产效率。劳动力生产率上升快意味着投入减少、成本减少、收益增加的速度加快、产业结构向高层次发展。在本书，劳动生产率即电子信息产业工业增加值除以从业人数，设为 s_1。

需求结构的度量。信息产业融合过程中产生的新产品在客观上提高了消费者的需求层次，改变了传统产业的生产与服务方式，造成传统行业市场需求不断萎缩，并形成新的行业。这些都导致新需求的产生、对旧需求的更替以及总体需求规模的增加，拉动并持续影响信息产业的需求结构。需求结构的变化促使信息产业生产结构和供给结构发生相应变化，从而促使信息产业结构的调整。需求结构指标用产品的销售率表示，即电子信息产品销售产值与工业总产值之比，研究信息产品对社会需求的满足程度，设为 s_2。

就业结构的度量。劳动力是产业结构变动的必要条件。如果从劳动力的角度考虑产业结构的变动规律，就是劳动力从农业向工业、服务业转移，第三产业成为劳动力的蓄水池。信息产业融合使得信息技术、网络技术、数字技术相继融入各个行业，深刻改变了传统产业的产业属性，导致产业由生产性向服务性转变，引发服务经济、服务管理、服务工程等新的增长方式。服务化趋势通过改变就业结构加快产业结构升级的步伐。在本书，就业结构用电子信息产业平均从业人数占总从业人员的比例表示，设为 s_3。

贸易结构的度量。信息产业融合产品的技术含量较高，能增大信息产品的出口值和技术水平，提高在国际市场上的竞争能力。随着国外市场的形成，再进一步推动技术出口，刺激国内信息产业的发展。贸易结构用电子信息产品出口交货值在电子信息产业工业总产值中所占的比重衡量，设为 s_4。

产值结构的度量。产业的产出变动是衡量产业结构变动的重要指标。对于三次产业来说，产业结构演变的规律是：第一产业在社会生产总量中的比重会不断下降，第二产业、第三产业的比重则会不断上升；主导产业逐渐从低附加值的农业向高附加值的新兴产业发展。产业融合使原本分立的产业价值链部分或全部实现融合，与原有产业相比，融合型产业具有更高的附加值与更大的利润空间，增强了产业的竞争力，相应地，提升了融合型信息产业在产业结构中的地位。以电子信息产业工业增加值占总体工业增加值的比重表示产值结构，设为 s_5。

4.3.3 指标数据的处理

由于多个指标之间处在一定的相关性，且协同模型中每个子系统只需要一个变量来表征各自的本质特征，因此本书利用统计上的主成分分析，将子系统中的多个指标作线性组合，作为新的综合指标。以下数据处理均采用 SPSS 统计软件得到。

首先对 2005 年产业融合子系统的数据进行主成分分析。根据方差分解主成分提取分析表可知,对应特征值①大于1的主成分个数是两个,因而在5个指标中选取两个主成分。从表4-1中可知,研发经费、人员融合和市场融合在第一主成分上有较高载荷,说明第一主成分基本反映了这些指标的信息;技术融合和业务融合指标在第二主成分上有较高载荷,说明第二主成分基本反映了基础融合指标的信息。提取两个主成分可以基本反映全部指标的信息。

表4-1 初始载荷矩阵

产业融合	主成分	
	1	2
技术融合	0.446	0.475
业务融合	0.371	0.746
市场融合	0.779	0.192
经费融合	0.905	−0.338
研发人员融合	0.895	−0.371

用初始载荷矩阵中的数据除以主成分相对应的特征值的平方根便得到两个主成分中每个指标所对应的权重(特征向量)。将得到的特征向量与标准化后的数据相乘,就可以得出主成分表达式。

$C_1 = 0.28zc_1+0.23zc_2+0.49zc_3+0.57zc_4+0.56zc_5$

$C_2 = 0.46zc_1+0.72zc_2+0.19zc_3-0.33zc_4-0.36zc_5$

其中,zc_i($i = 1, 2, 3, 4, 5$)表示各个指标的标准化数据。

以每个主成分所对应的特征值占所提取主成分总的特征值之和的比例作为权重,可计算主成分综合模型:$C_{05} = \frac{\lambda_1}{\lambda_1+\lambda_2}C_1 + \frac{\lambda_2}{\lambda_1+\lambda_2}C_2$

即 $C_{05} = 0.33zc_1 + 0.38zc_2 + 0.4zc_3 + 0.3zc_4 + 0.29zc_5$

从上式融合指标前的权重可知,技术融合是产业融合的基础,市场融合是实现产业融合的关键,仅仅技术层面的融合很难达到产业层面的真正融合。将标准化数据代入,即可求得产业融合体系的综合评价值。还可对其进行排序,比较中国各地区产业融合程度。结果如表4-2所示。

表4-2 2005年电子信息产业融合程度综合评价值

省份	评价值	排名	省份	评价值	排名	省份	评价值	排名
江苏	−2.04	1	山西	−0.7	11	吉林	0.56	21
浙江	−1.94	2	湖北	−0.51	12	广西	0.75	22

---

① 特征值在某种程度上可以被看成是表示主成分影响力度大小的指标,如果特征值小于1,说明该主成分的解释力度还不如直接引入一个原变量的平均解释力度大,因此一般可以用特征值大于1作为纳入标准。

续表

省份	评价值	排名	省份	评价值	排名	省份	评价值	排名
福建	−1.87	3	重庆	−0.02	13	陕西	0.87	23
山东	−1.35	4	黑龙江	0.03	14	河北	1.14	24
北京	−1.32	5	河南	0.08	15	甘肃	1.19	25
云南	−1.26	6	辽宁	0.38	16	宁夏	1.33	26
上海	−1.24	7	江西	0.42	17	海南	1.43	27
湖南	−1.01	8	天津	0.45	18	内蒙古	1.61	28
贵州	−0.9	9	安徽	0.47	19	青海	1.86	29
广东	−0.73	10	四川	0.47	20	新疆	1.86	30

从表 4-2 中可看出，产业融合正负值基本各占一半，在绝对数方面，负值明显大于正值，正负差距较大。这说明序参量涨落较为明显，微小通过系统协同效应迅速放大，促使产生整体上的巨涨落，使产业融合完成跨越式跳跃，有序度递增，从而形成新的有序状态。融合程度的大小跟电子行业与计算机行业的协调发展有很大关系。江苏、浙江、福建、山东、北京、上海、广东本身电子行业或计算机行业较为发达，因此，利用电子行业或计算机行业的关联性强、技术扩散明显等特征促进两个行业的融合进程，使得电子信息产业的融合程度较大。云南、湖南、贵州虽然电子行业或计算机行业都不是很发达，但两者通过制定共同的技术基础协调发展，并没有出现较大的差别，所以融合程度也较大。

同理，可以分别得到 2006 年产业融合系统、2005 年和 2006 年信息产业结构系统的综合值 C_{06}、S_{05}、S_{06}。

4.3.4 序参量方程与势函数求解

根据融合和信息产业结构演化的机制，本书猜想信息产业融合是信息产业发展系统动力的序参量。

为证明这一点，先取信息产业结构为序参量，即 S 为 q_1，信息产业融合 C 为 q_2，按照式（4.1）和式（4.2）可得信息产业结构升级系统的序参量演化方程。

$$\dot{S}_{06} = (1 - \lambda_1)S_{05} - aC_{05}S_{05}$$

$$\dot{C}_{06} = (1 - \lambda_2)C_{05} + bS_{05}S_{05}$$

将处理过的数据分别代入上式，得到：

$$\dot{S}_{06} = 0.73S_{05} - 0.025C_{05}S_{05}$$
（2042）（−0.83）

$R^2 = 0.94$ (4.6)

$\dot{C}_{06} = 0.86C_{05} - 0.008S_{05}S_{05}$

　　　(9.95)　　(−0.67)

$R^2 = 0.79$ (4.7)

从方程组的系数和 F 检验值来看，信息产业融合与产业结构协同演化的回归方程拟合度较好。括号内的数字为 t 检验值（下同），a、b 的 t 检验值都没有通过 10% 的显著性检验，只能说明基期（2005）的 $S \times C$ 或 S^2 对报告期（2006）的 S 或 C 没有显著的影响，这与 C 为慢变量的假设一致；综合考虑到式（4.6）和式（4.7）这两个回归方程反映的是两个变量 S 与 C 变化的相对快慢，因此它们仍然具有一定的意义。

此时，$1 - \lambda_1 = 0.73$，$\lambda_1 = 0.27$；$1 - \lambda_2 = 0.86$，$\lambda_2 = 0.14$。$\lambda_1 \gg \lambda_2$，表明 S 比 C 变化快得多，所以信息产业结构 S 是快变量。

再假设信息产业融合 C 是阻尼小、衰减慢的序参量，按下式重新计算：

$\dot{C}_{06} = (1 - \lambda_1)C_{05} - aC_{05}S_{05}$

$\dot{S}_{06} = (1 - \lambda_2)S_{05} + bC_{05}C_{05}$

将数据分别代入上式，得到

$\dot{C}_{06} = 0.86C_{05} + 0.008C_{05}S_{05}$

　　　(10.07)　　(0.17)

$R^2 = 0.79$

$\dot{S}_{06} = 0.74S_{05} + 0.02C_{05}C_{05}$

　　　(21.95)　　(0.61)

$R^2 = 0.94$

此时，$1 - \lambda_1 = 0.86$，$\lambda_1 = 0.14$；$1 - \lambda_2 = 0.74$，$\lambda_2 = 0.26$。$\lambda_1 \ll \lambda_2$，表明信息产业融合程度是阻尼小、衰减慢的序参量。$a = -0.008$，$b = 0.0195$。

反映信息产业融合和产业结构升级协同作用的方程为

$\dot{C}_{06} = 0.14C_{05} + 0.008C_{05}S_{05}$ (4.8)

$\dot{S}_{06} = 0.26S_{05} + 0.0195C_{05}C_{05}$ (4.9)

根据式（4.9），可得

$S = \dfrac{b}{\lambda_2}C^2 = \dfrac{0.0195}{0.26}C^2 = 0.075C^2$ (4.10)

式（4.10）表明信息产业结构随着产业融合的变化而变化。将式（4.10）代入式（4.8），得到序参量方程为：

$\dot{C} = -\lambda_1 C - \dfrac{ab}{\lambda_2}C^3 = -0.14C + 0.00062C^3$

从而得到势函数为:
$$V(C) = 0.07C^2 - 0.00016C^4$$

令 $\dot{C} = 0$,求出序参量方程的两个定态解为:
$$C = \pm\sqrt{\frac{\lambda_1\lambda_2}{|ab|}} = \pm 15.03$$

势函数的二阶导数为:
$$\frac{d^2V}{dC^2} = 0.14 - 0.324C^2$$

将定态解 C = ±15.03 代入上式,得到势函数的二阶导数小于 0,这说明在定态解处势函数有极大值,势函数的形状如图 4-2 所示。势函数的结构特性反映了信息产业结构的演化机制,也就是当状态参量 (S,C) 和控制参数 (a,b,λ_1,λ_2) 发生变化时,系统的势函数也会相应发生变化,由原来的稳定态变为不稳定态。

从势函数的图形可以看到,在适当的控制变量下,信息产业成长系统内部的产业融合和产业结构两个变量会发生非零作用,形成新的稳定定态解 C = ±15.03。也就是说,在稳定定态解处系统产生了新的有序结构。

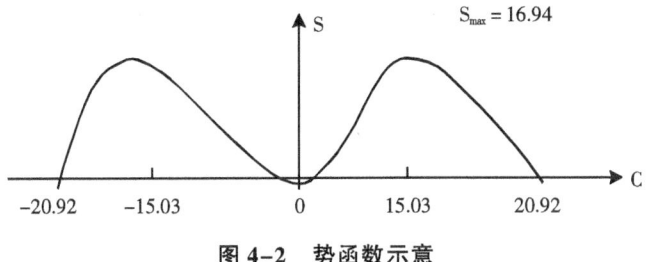

图 4-2 势函数示意

4.4 融合下产业创新与信息产业组织演变的协同机制

4.4.1 融合对信息产业组织演变的 SCP 传导效应

融合分为多个层次,产业融合或企业融合是最终形式。本节以企业融合为视角,分别从信息产业的市场结构(Structure)演变、市场行为(Conduct)演变和市场绩效(Performance)演变三个层面剖析融合对信息产业组织演变的传导效应。

企业融合一般经过技术融合、业务融合和市场融合三个阶段。在这三个阶段中，技术融合通过共同的技术基础将产业之间各自独立的功能和产品联结起来，打开了产业之间紧密联结的通道，因而处于企业融合的核心地位。企业融合本质上是一种创新，它以技术融合为先导，以业务融合为依托，以市场融合为载体，成为当今IT企业迅速成长的新途径、新模式。同时，企业以融合方式成长对信息产业组织演变产生了积极的传导效应，如图4-3所示。

图4-3　企业融合对信息产业组织演变的传导效应

技术融合是企业融合的最直接条件，它推动了技术革新，不仅更新了原有的技术路线，而且生产要素和产品性质也发生了质变，从而改变了企业原有的业务范围和竞争合作关系，由此引发了企业间的业务融合和企业内部的组织结构调整。

随着数字通信网络的发展及个人电脑所带来的互联网的广泛应用，最终在信息产业内部，信息、通信和媒体业务被打乱，行业相互替代又相互整合，产生了业务融合。业务融合使得企业出现范围经济效应和规模经济效应，产生增值服务。业务融合既是整个企业融合的关键环节，又是技术融合得以实现的内在要求。首先，企业的信息业务融合产生的范围经济效应可能成为业务成本降低的重要因素；其次，信息技术与传统业务的渗透与融合，极大地提高了传统业务的生产与服务效率，从而降低了产品与服务的单位成本；再次，企业网络融合化极大地改善了企业的生产与交易方式，从而可能降低企业的交易成本；最后，由于企业通过技术与业务的融合获得了质量更高、内容更丰富的产品或服务，因而企业可以依靠产品或服务的创新和差别化来提高产品或服务的相对价格[①]。技术的革新、业务的丰富使得企业通过组织调整和管理模式的改变来降低组织的成本和提高管理的效率。

市场是产品或服务价值实现的纽带。因此，技术融合和业务融合的实现应以市场融合为导向，迎合市场的新需求，以完成企业的最终融合。市场融合赋予新的服务内容，改变了服务方式，提高了服务质量，带来了增值机会。市场融合使得企业、市场边界发生变化，信息行业界限不断淡化，随着融合产品的替代性和互补性大大增强，企业不再局限于封闭的业务，而是通过交叉并购和联合来突破自身的边界。

---

① 马健.产业融合论[M].南京：南京大学出版社，2006.

以企业融合为基础的联合企业可以通过成本交叉转移，达到各项业务的平衡发展，实现"双赢"。企业融合过程中，由于市场环境的多变性，新产业的形成容易受到市场不确定因素的干扰，而联合企业通过成本交叉转移可以增强新产业抵御环境的能力和竞争能力，以确保产业成长目标的实现。

通过对融合过程的分析可知，融合确实导致信息产业结构、企业市场行为以及组织形式等发生相应的变化，进而影响着市场绩效，推动着信息产业组织的演化。

市场结构是指特定的市场中企业在数量、市场份额、规模上的关系，以及由此对市场内竞争程度及价格形成等产生影响的产业组织特征。技术融合提升了企业的核心竞争力。融合型产品提高了企业的产生和服务效率，丰富了产业或服务的内容，导致差异化的产生，缓解了企业的恶性竞争。业务融合和市场融合导致企业间竞争格局发生变化，产生市场冲击效应、新市场开辟效应和市场并购效应。网络型组织的特征使之成为与融合相适应的组织结构形式，降低了企业的市场集中度。融合形成了新的价值链，重塑了市场结构，改变了市场边界。

所谓市场行为，是指企业在充分考虑市场的供求条件和其他企业关系的基础上，为了赢得更大的利润和市场占有率所采取的战略性行为。企业融合的技术复杂性和业务融合的难度促使企业通过企业集团、战略联盟或合资企业等组织形式实现联合。组织服务于战略，一定的组织应以战略的形成为主要目标。随着企业经营环境变化的日益激烈和环境的易变性与不可预测性，企业战略理念发生了重大转折，形成了从竞争和竞争优势转向超越竞争而重视企业的生态演化和各种战略协同的趋势（武亚军，2000）。在信息化日益加深和产业融合的环境下，企业除考虑企业间的竞争外，还应考虑产业和企业合作演进的方向，以求得企业生态系统的平衡。企业的产业融合战略要以企业生态系统理论为基础，将企业战略建立在网络经济和信息技术发展的基础上而不是传统的规模经济和范围经济的基础上。融合促使企业生产战略从垂直分工转向模块化分工。融合推动新的统一标准的产生。在标准化下，融合的发展对产品或服务的兼容性提出了新的要求，要求不同企业或同一企业的产品或服务能够实现互联互通。

市场绩效是在给定的市场结构中，由一定的市场行为导致的最终经济成果，反映了市场运行效率。企业融合本身作为优化资源配置的组织安排形式，提高了资源配置效率。企业间的联合有利于技术创新，分担了技术创新中的风险。融合型产品丰富了消费者的需求，增进了社会福利。

由上可知，融合的发展不仅对产业结构的调整起到推动作用，而且对信息产业的市场结构、市场行为和市场绩效产生了积极而深远的影响。

4.4.2 融合下信息产业组织演变的自组织机理

根据融合背景下信息产业组织演变的 SCP 分析框架可知，融合的发展使得企业通过业务重组和组织结构调整以应对不确定性显著增加的外部环境，从而引起了企业网络化趋势，同时，引发了信息产业组织的一系列演化，结果是企业市场边界模糊，信息产业组织由纵向一体化向横向一体化、非一体化和战略联盟演化，生产也由企业内部分工转向企业间分工、由垂直分工转向模块化分工演化，资源配置由低效率向高效率演进，企业集群将以卫星式和网状式的形式存在，并将由中小企业向大企业单向演进方式过渡到中小企业与大企业双向演进方式，对技术研发将呈现以战略联盟为主要形式的趋势，对技术创新的依赖度也将进一步提高。根据系统理论，信息产业组织是一个系统，是一个动态不断演变的过程，当满足外界输入达到一定阈值时，系统可能打破原有的平衡，推动系统走向远离平衡态，在随机涨落作用下形成新的、更加有序的结构，即系统向更高层次演进。企业融合作为一种新型企业关系，在企业融合的推动下，信息产业组织演变呈现出从简单到复杂、从无序到有序、从低级到高级的演进过程，符合系统演变领域中的自组织理论。因此，林龙辉（2007）认为企业融合背景下信息产业组织系统演变的过程实质是一个"动态循环"的自组织过程，并把自组织过程分为三个阶段：第一阶段，耗散结构阶段。它使信息产业组织系统满足系统自组织的三个基础条件，即系统的开放性、远离平衡态和非线性。第二阶段，协同机制阶段。通过协同方式使得信息产业组织系统内各企业或要素之间相互配合、协调一致，产生支配整个系统发展的序参量，从而形成新的有序状态。第三阶段，协同竞争机制阶段。该机制使得系统内企业或要素通过协同合作的方式参与竞争，它既能促使信息产业组织变革，又能促使系统有序化的发展，并向高级的有序化程度演进。

自组织理论，尤其是协同学理论，是指在没有外界干预下，仅仅只有控制参量的变化，通过子系统间的合作，能够形成宏观有序机构的现象。自组织理论以探寻结构有序演化规律为出发点考虑问题，关注的是原有状态的丧失和新的有序状态的形成。协同机制是指在系统处于变革或临界状态下，通过协同方式使得系统内部各子系统或要素之间相互配合、协调一致，产生支配整个系统发展的序参量，从而形成新的有序状态的内在机理。企业融合是协同机制的实现形式，因此，本节将利用企业融合的思想，借鉴潘开灵关于管理协同机制分析的架构与思路，[①]并加以合理的修改，分别从协同形成机制、协同实现机制和协同竞争机制对信息产业组织演变的协同机制进行分析，具体运作如图4-4所示。

---

① 潘开灵等. 管理协同机制研究［J］. 系统科学学报，2006（1）：45-48。

4 信息产业成长的宏观机理

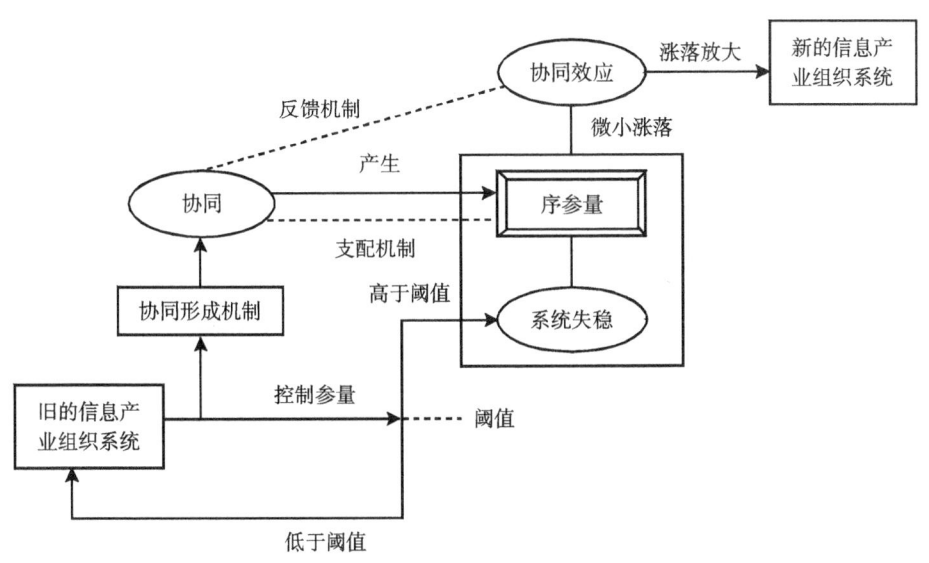

图 4-4 信息产业组织系统的协同机制运作

(1) 协同形成机制。环境是企业生存和发展的空间,要素不仅是企业进行经济活动的物质基础,更是企业竞争优势的源泉,企业作为产业组织的主体,它的目标不仅决定了企业的行为,还将影响到产业组织的变化。注意到它们的相互关系,本节在分析信息产业组织的协同机制如何形成时,将从环境、要素和目标三方面进行考察。

随着知识扩张和信息时代的到来,企业的环境发生了巨大的变化。其一,企业中知识型员工逐步取代体力工人成为中坚力量,企业从以依赖场地、原材料和机器设备等硬资源为主转向以依赖知识、智能、信息和技术等软资源为主,导致企业的运作从有边界趋于无边界;其二,企业在经营和交易中产生"外部效应",这将会为其他企业提供便利或收益;其三,技术革新改变了产品的消费特征、生产成本函数和市场的需求特征;其四,技术创新推动了管制的放松,促进了产业之间的融合;其五,信息网络化改变了经济与社会以往的运行方式以及人们的工作方式、生活方式;其六,生产的专业化分工不断加深,必然导致企业之间的分工联网。这一系列的变化为协同机制的形成奠定了基础。

要素是企业进行经济活动的物质基础,它包括人力、生产资料、资本、技术和信息等。信息产业是当今大多数国家的支柱产业,信息企业的发展对国家经济起着带动性作用。很长一段时间的垂直一体化和垄断经营,导致了资源配置的扭曲、低效经营,伴随经济全球化和信息技术的快速发展,为了防止恶性竞争,充分发挥优势资源,提高运营效率,获得竞争优势,信息企业通过各要素之间的合理配置，不仅可以实现资源的优化配置，企业运转顺畅，还能实现优势互补，产生整体效应。

企业从事经济活动以追求利润为根本目的。对信息企业而言，它们大都具有垄断性质，以往通过垄断来获得高额的利润和市场份额，随着环境的变化，高成本和低效率的运作模式显现出极大的弊端，严重阻碍了企业的发展。为了适应新的环境，企业以降低成本、提高竞争优势、保持或扩大占有市场份额作为目标。考虑到研发方面所存在的巨大风险投资，为了避免恶性竞争，充分发挥竞争优势，促使企业间为了完成某个特定的目标，将以优势互补、共同发展为目标，通过采取一系列的协同措施或行为方式以达到资源配置最优状态。

由上可以得出，环境变化是协同形成的根本性因素，要素是协同形成的条件性因素，企业目标是协同形成的决定性因素。因此，只有环境和要素共同作用企业目标，才能产生协同合作，形成协同机制。

(2) 协同实现机制。当系统具备产生自组织的三个基础条件和协同形成机制后，还必须通过涨落才能达到有序状态，涨落是形成有序结构和系统自组织的动力学条件。而序参量是引起涨落的根本性因素。因此，序参量是剖析自组织现象中不可缺少的一部分。信息产业组织系统和其他系统一样，也存在两种序参量，即快驰豫参量和慢驰豫参量。快驰豫参量是阻碍信息产业组织演变的参量，它具体包括旧的生产和经营模式、落后的技术、过度竞争和市场内部化等参量。而慢驰豫参量则是信息产业组织系统有序度的参量，它是决定信息产业组织演变的关键因素。

鉴于此，下面将重点分析慢驰豫参量，在没有特殊说明的情况下，序参量即指慢驰豫参量。在企业融合的协同合作过程中将产生系统由无序向有序过渡的序参量，融合下信息产业组织演变的序参量如下：

第一，专业化分工。20世纪相当长的一段时间，垂直一体化成为西方发达国家信息产业的主要产业组织形式。当产品或服务的需求随市场范围的扩大增长到一定程度时，垂直一体化所表现出的许多弊端已不能适应市场范围迅速扩大的需要，企业为了充分发挥自己的竞争优势，降低生产成本，实现规模效益，进而呈现出垂直一体化的逐步瓦解，取而代之的是专业化分工。

专业化分工作为序参数的理由如下：①使企业能充分发挥比较优势，提高竞争力，形成规模效应，降低边际成本；②有利于提高市场集中度，从而改变市场结构；③有利于模块化的形成，从而改变市场行为；④有利于优化资源配置，形成企业集群，提高规模结构效率，从而改变市场绩效；⑤推动着企业融合的发展，从而导致了企业市场边界和信息产业边界的模糊。

第二，内部市场化。20世纪90年代以前，信息产业市场内部化的组织方式维持了相当长的一段时间。伴随全球经济的迅速增长,一方面,企业规模得到了迅速扩大,而组织费用超过交易费用,传统的经营管理模式已显现出许多弊端。另一方面,供求关系发生了根本性变化,产品或服务由短缺向相对过剩过渡,市场由卖方向买方过渡,消费者需求多样化。这两方面的因素决定了节约成本、适应市场新变化的途径就是改变旧的市场内部化模式。

企业融合加深企业之间的联系,将"市场进入企业"落到实处,企业由市场内部化转向内部市场化,市场机制代替企业组织。内部市场化作为序参数主要表现为:①提高内部管理效率,降低组织管理成本,提升企业竞争力;②打破内部市场化所形成的垄断局面,从而改变市场结构;③企业的内部市场化代替市场内部化的组织变革,会进一步影响市场行为;④有利于市场机制的形成,进一步优化资源配置,提高规模结构效率,从而提高市场绩效;⑤内部市场化同样也有利于推动企业融合的发展,改变企业的组织安排。

第三,信息网络化。技术融合推动了信息技术的快速发展,导致了信息网络化的出现。信息网络化是以互联网为媒介,在一切社会活动中通过利用信息与通信技术来传递各种信息的方式。信息产业是以信息技术为手段,生产信息化商品和提供信息服务为特征的产业。需要注意的是,信息产业还具有一般产业的特征,即信息能给企业带来经济效益,它作为一种战略性资源,是企业竞争优势的重要源泉。

鉴于此,信息网络化会对信息产业组织演变产生巨大的影响:①打破了传统的生产经营方式,实现了网络化经营;②改进了传统的管理方式,使得企业获得传播信息的新途径;③特别是在软件行业,企业可以凭借信息网络化的优势来发展壮大自己,从而影响市场结构的变化;④降低交易成本,丰富了企业参与市场的方式,为企业之间的交流提供了便捷的平台,从而改变了市场行为;⑤扩大了资源配置的范围,优化了资源配置,从而提高了市场绩效。由上可知,信息网络化能使整个信息产业动态、有机地协调企业在产业组织演变过程中的行为。

第四,产业创新。技术融合缩短了技术研发的周期,推动了技术创新的发展。产业创新是经济增长的主要推动力。纵观产业的发展史,任何一次技术革命的爆发,必然带动产业的跨越式发展,这也说明了产业创新对产业演变起着关键性作用。随着信息产业创新成果的不断增加,对生产率产生了积极的影响,信息技术作为网络经济中最活跃、最具渗透力的技术之一,是当今信息工具和信息力的集中体现,信息产业创新成为信息产业组织演变的基本动力。

产业创新作为序参数主要表现为:①提高了技术水平,节约了成本,增强了企业竞争力;②改造了技术路线,丰富了产品或服务的内容,改变了产品的消费特征和需求特征,从而影响市场结构的变化;③提升了进入壁垒,限制新企业的进入,有利于形成技术垄断,从而影响市场行为;④有利于优化资源配置,提高规模结构效率,推动技术的进步,从而提高市场绩效。而对信息产业而言,信息产业创新对产业组织的作用尤为明显,它能提高处理、加工和传递的能力,改善企业的管理体系,调整生产或服务供应的过程,增强信息企业的竞争力,有利于促进企业融合。因此,产业创新是信息产业演变进程中不可缺少的力量。

(3)协同竞争机制。协同竞争机制是系统自组织过程中的重要机制之一,具体来说,是指在系统内诸多子系统或要素通过协同合作的方式参与竞争时,协同与竞争矛盾双方所表现出的相互作用、相互依赖的内在机制。

当两家企业在某些活动中合作,而又在其他活动中相互竞争时,所呈现出一种对立统一的关系,这种关系就是协同竞争[①]。Barry 和 Adam 认为,博弈论具有将合作与竞争有机地整合到一起的能力,并首次提出合作竞争(Co-opetition)这一表述,通过博弈论来描述包含竞争与合作两个组成部分的现象。鉴于此,下文将对协同竞争机制中协同与竞争的关系展开博弈分析。为了简化分析的复杂性,本书仅从价格和资源两方面展开协同竞争分析。

假设 1:企业以追求利润最大化为目的,且处于不完全信息状态。

假设 2:在产品市场上存在两家企业 A 和 B,分别生产具有外观和消费者偏好差异的替代性产品。

假设 3:由于资源(如技术等)的增加,导致企业单位成本降低,因此,资源也与单位成本呈反比关系。

假设 4:由于资源(如信息等)的增加,导致企业销售量递增,因此,资源与销售量呈正比关系。

基本模型构建如下:

企业的产品单位成本函数:$C = a - \lambda K$ (4.11)

企业的产品销售量函数:$Q = b - \alpha P + \beta K$ (4.12)

企业的产品利润函数:$\pi = (P - C) \cdot Q(P, K)$ (4.13)

其中,a、b、λ、α、β 系数均大于零,C 表示产品的单位成本,π 表示企业的利润额,P 表示产品的销售价格,Q 表示产品的销售量,K 表示资源的量化。

协同前的情况:

企业 A:$\pi_A^0 = (P_A^0 - C_A^0) \cdot Q(P_A^0, K_A)$

企业 B:$\pi_B^0 = (P_B^0 - C_B^0) \cdot Q(P_B^0, K_B)$

其中,π_A^0、P_A^0 和 C_A^0 分别表示企业 A 协同前的利润额、产品的销售价格和单

[①] Maria Bengtsson, Soren Kock. Competition in Business Networks: To Cooperate and Compete Simultaneously [J]. Industrial Marketing Management, 2000 (5): 411-426.

位成本，π_B^0、P_B^0 和 C_B^0 分别表示企业 B 协同前的利润额、产品的销售价格和单位成本，K_A 和 K_B 分别表示企业 A 和企业 B 的自有资源量。

协同后的情况：

第一种情况：企业 A 和企业 B 仅采取价格协同。

企业 A：$\pi_A^1 = (P_{AB}^1 - C_A^0) \cdot Q(P_{AB}^1, K_A)$

企业 B：$\pi_B^1 = (P_{AB}^1 - C_B^0) \cdot Q(P_{AB}^1, K_B)$

其中，π_A^1 和 π_B^1 分别表示采取价格协同时企业 A 和企业 B 的利润额，P_{AB}^1 表示企业 A 和企业 B 共同协商制定的销售价格（协商价格）。

当两家企业采取价格协同时，企业可利用的资源保持不变，因此，把资源 K 看作常量，销售价格 P 看作自变量来处理，通过对式（4.13）求导找出销售价格变化对企业利润额的影响，求导结果为：

$\pi' = (b - \alpha P + \beta K) - \alpha (P - a + \lambda K)$

从结果可以看出，由于 $P - a + \lambda K = C \geq 0$ 和 $b - \alpha P + \beta K = Q \geq 0$，因此，$P_{AB}^1$ 对企业利润额的影响取决于它们各自 a、b、λ、α、β 系数和资源量 K，这也是由企业自身条件所决定的。

第二种情况：企业 A 和企业 B 仅采取资源协同。

企业 A：$\pi_A^2 = (P_A^2 - C_A^2) \cdot Q[P_A^2, (K_A + \overline{K}_B)]$

企业 B：$\pi_B^2 = (P_B^2 - C_B^2) \cdot Q[P_B^2, (\overline{K}_A + K_B)]$

其中，π_A^2、P_A^2 和 C_A^2 分别表示采取资源协同时企业 A 的利润额、产品的销售价格和单位成本，π_B^2、P_B^2 和 C_B^2 分别表示采取资源协同时企业 B 的利润额、产品的销售价格和单位成本，$\overline{K}_A$ 是企业 A 采取资源协同所共享的资源，$\overline{K}_A \in [0, K_A]$，$\overline{K}_B$ 是企业 B 采取资源协同所共享的资源，$\overline{K}_B \in [0, K_B]$。

当两家企业采取资源协同时，企业可利用资源的增加，一方面，将导致产品的单位成本降低，进而影响产品的销售价格；另一方面，将提高产品的销售量。因此，把销售价格 P 和资源 K 看作自变量来处理，通过对式（4.13）求微分，找出销售价格和资源的变化对企业利润额的影响，求微分结果为：

$d\pi = [(b - \alpha P + \beta K) - \alpha (P - a + \lambda K)] dP + [\lambda (b - \alpha P + \beta K) + \beta (P - a + \lambda K)] dK$

从结果可以看出，采取资源协同对企业利润额的影响取决于它们各自 a、b、λ、α、β 系数以及可利用资源量 K 和销售价格 P，这也是由企业的自身条件和价格策略以及对方企业的共享资源共同决定。若 $P_i^2 = P_i^0$, $(i = A, B)$，由于战略协同后的销售价格维持不变，从而微分结果可以改写成 $\pi' = \lambda (b - \alpha P + \beta K) + \beta (P - a +$

λK），其中 λ、β、(P − a + λK)、(b − αP + βK) 均不小于零，因此，企业获得对方企业的共享资源将导致其利润额的增加。

第三种情况：企业 A 和企业 B 既采取战略协同，又采取资源协同。

企业 A：$\pi_A^3 = (P_{AB}^3 - C_A^3) \cdot Q[P_{AB}^3, (K_A + \overline{K}_B)]$

企业 B：$\pi_B^3 = (P_{AB}^3 - C_B^3) \cdot Q[P_{AB}^3, (\overline{K}_A + K_B)]$

当两家企业既采取价格协同又采取资源协同时，价格和资源的共同作用，一方面，价格将导致单位产品利润和销售量的不确定性；另一方面，资源协同将导致产品的单位成本降低，提高产品的销售量。因此，把销售价格 P 和资源 K 看作自变量来处理，通过对式（4.11）求微分，找出协商价格和资源的变化对企业利润额的影响，求微分结果为：

$$d\pi = [(b - \alpha P + \beta K) - \alpha(P - a + \lambda K)]dP + [\lambda(b - \alpha P + \beta K) + \beta(P - a + \lambda K)]dK$$

从结果可以看出，既采取价格协同又采取资源协同对企业利润额的影响取决于它们各自 a、b、λ、α、β 系数以及资源量 K 和协商价格 P_{AB}，这也是由企业的自身条件以及对方企业的共享资源和协商价格共同决定。

通过对企业的价格协同和资源协同分析，不难发现，企业在协同的过程中既存在合作又存在竞争。企业 A 和企业 B 进行协同竞争主要是围绕价格和共享资源展开的。为了解析协同竞争的全过程，通过绘制过程图来阐述，如图 4-5 所示：

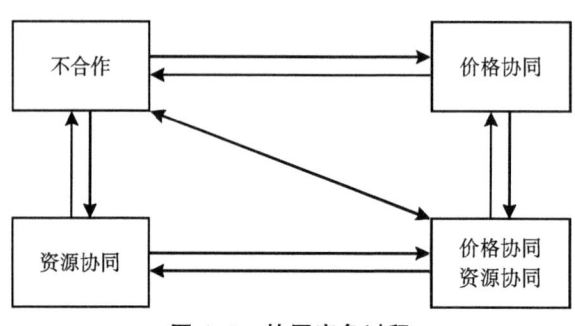

图 4-5　协同竞争过程

当企业双方能够通过协商来制定对彼此都有利的销售价格时，将由"不合作"转化为"价格协同"或由"资源协同"转化为"价格资源协同"。随着市场的变化和时间的推移，a、b、λ、α、β 系数将发生变化，旧的协商价格已不再满足企业双方都获利，因此，企业双方必须对协商价格进行调整。若存在新的协商价格，则企业双方继续采取价格协同；若不存在新的协商价格，则企业双方将由"价格协同"转化为"不合作"或"价格资源协同"转化为"资源协同"。

当企业双方共享自身的部分或全部资源时，将导致产品单位成本降低，相对固定销售价格而言，企业的销售量和利润都将增加，企业双方将由"不合作"转化为"资源协同"或"价格协同"转化为"价格资源协同"。一方面，在不完全信息条件下，鉴于资源的度量和使用效率以及价格对利润的影响，企业双方将很难判别对方企业如何调整其共享资源。另一方面，"资源协同"降低产品单位成本，使得企业的销售价格有下降的可能性，若企业双方未采取协商价格，由于企业 A 和企业 B 在市场中的竞争关系，将必然导致它们之间的价格竞争，以占领市场份额。这两方面将促使企业双方在保持资源协同的同时，不断地对共享资源进行调整以提高自身的竞争力，这就形成了协同竞争重复博弈。另外，企业双方为了维持资源协同关系，它们对共享资源的调整一定会限定在一个范围，否则会破坏企业之间的协同关系，企业双方将由"资源协同"转化为"不合作"或"价格资源协同"转化为"价格协同"或"价格资源协同"转化为"不合作"。

总而言之，协同竞争是系统演变的真正动力源泉。协同机制运作是以竞争为基础，在协同与竞争的作用中优化自身的有序化过程。实质上，协同与竞争是对立统一的过程。一方面，竞争导致协同。系统在临界点时的无序竞争造成了非平衡现象和系统发展演进的不确定性、动态性和分散性，导致系统中诸多子系统或要素发生非线性作用，从而产生协同。另一方面，协同引导竞争。当系统与外界进行交换时，系统各要素会进行耦合和互补，利用协同的放大功效在整个系统内把效应扩大，它造成了系统内部事物之间发展的确定性、整体性与目的性的因素，使有序竞争在既定的方向、趋势上发展，通过开辟新的方式、途径及状态的可能空间，从而优化新的有序结构。

协同竞争机制具有两方面的作用。从自组织角度看，它与协同机制相互制约、相互作用，不仅有利于系统有序化的出现，还有利于系统向高级的有序化程度发展。从产业角度看，它能提高信息产业专业化水平和技术创新水平，有利于分散风险，提升企业竞争优势，整合各种资源，实现规模经济。

4.5 信息产业系统成长机制的协同模型

4.5.1 信息产业系统的构成子机制

产业融合是社会生产力进步和产业结构高度化的必然趋势，而技术创新和技术融合则是当今产业融合化发展的催化剂。在这一轮新技术革命中，技术进步与传播的速度明显加快,技术应用的范围显著扩大,技术融合的程度不断加深,这些特征在宏观上导致了经济结构的加速重组和整合,在产业层面上导致了产业的快速发展,在微观层面上则导致企业绩效和竞争力的增强。因此,信息产业成长机制连接信息产业系统内各种要素,促使技术进步、结构升级和组织绩效改善。通过企业融合对信息产业系统的效应分析认为,信息产业成长机制是由融合机制、技术创新机制、结构调整机制以及组织机制构成的。作为名词的组织,是基于共同规则与利益预期的某种联合体或一套规则系统本身;但此时,组织作为动词,特指信息系统组织形式的演变及组织绩效改善的运动过程。

(1) 融合机制。融合是信息产业成长的序参量之一。融合重新塑造了市场结构,IT企业间的竞争性合作节约了竞争成本,提升企业的业务价值;企业间竞争性合作必然催生更多种类的融合新产品,提高了产品间的差异化程度,赋予消费者更多的选择,增加社会福利;产业融合通过信息业务的交叉融合和业务的重新调整改善企业和整个融合产业的绩效。信息产业向其他夕阳产业的渗透性融合,使得夕阳产业借助信息产业的高成长性,重新恢复生机。例如,传媒企业借助互联网这一媒介,开展网上音乐、书籍、接入服务等业务,通过网络融合化企业开始了由出售产品为主导向提供服务为主导的转变,使得传统媒体从低成长的夕阳产业过渡到高成长性的网络产业。融合机制主要从市场融合、产品融合、市场拓展及内部市场化的角度分析。

(2) 技术创新机制。技术创新是产业融合、企业发展、产业成长的根本保障。技术创新与产业融合相互促进,两者不断破坏旧结构并创造新结构,实现产业突变或形成一种新的产业组织。信息技术属于典型的高新技术,其强大的渗透性能够改造传统产业,促进传统产业的升级。对信息产业自身而言,信息产品生命周期较短,需要不断的升级改造,对技术创新的要求相对较高。技术进步提升了技术路线,使得技术在信息产业不同企业间扩散和创新,促进了技术融合的发展,丰富了融合型产品或服务的内容,从而改变了产品的消费特征。技术创新的高投入、高风险使得企业采取联合创新方式,改变了企业研发的组织形式,这一方面降低投入、风险,提高研发成功率;另一方面,促进技术融合进程。技术创新增强了企业或产业的竞争力,促进企业或产业的发展。技术研发成功后,技术扩散扩大了技术的应用范围,使得企业具有共同的技术基础,便于企业的横向合作和进一步技术创新,提升整个产业的技术水平,促使信息产业的演化。

(3) 结构调整机制。产业系统的演化主要体现在组织形式的演变上,但同时也影响了产业结构。郭克莎(1996)将产业结构升级概括为四个方面:产值结构升级、资产结构升级、技术结构升级和劳动力结构升级;刘志彪(2000)认为,产业升级就是产业由低技术水平、低附加价值状态向高新技术、高附加价值状态演变的趋势。对产业发展和经济增长产生最直接、最重要影响的是产业结构的变化,产业结构的演变是产业系统演化的重要组成部分。

(4)组织机制。组织结构决定了企业内部不同部门的连接方式,组织内各种资源的配置途径,直接影响了企业的绩效水平,是系统成长的主要表现。企业向网络化组织形式转变,有利于信息、知识、技术的传递,资源要素的共享,降低了交易成本。组织的应变能力体现了组织的柔性。扁平化的组织形式便于企业对消费者的需求做出快速反应,及时满足消费者的个性化需求,适应瞬息万变的市场环境,提高企业的生产和服务效率,对产品周期较短的信息产业尤其重要。企业加大信息化建设,纷纷借助企业资源管理(ERP)、客户资源管理(SCM)等新型管理模式提升企业竞争力。

4.5.2 信息产业系统成长机制的整合模式

根据前面的研究,本书认为信息产业成长机制由融合机制、技术创新机制、结构调整机制和组织机制构成,如图4-6所示。融合机制影响市场结构,技术创新机制对应于企业的市场行为,调整机制对应于企业层面的产业结构升级,组织机制对应于企业市场绩效改善。这个整合模式表明,信息产业成长与融合机制之间存在着激励与约束的相互影响。子机制间也存在相互作用。融合机制为创新机制提供创新的方向,同时促进产业结构升级和组织机制的优化;创新机制为融合机制提供动力,支持产业结构调整机制,保障产业组织的改善;组织机制和结构机制则为融合机制和创新机制的进一步发展提供了基础条件。各个子机制的相互作用表现为子机制间的协同和竞争,协同和竞争效应使得信息产业成长系统成为一个有机整体。信息产业成长是四个子机制非线性协同作用的结果。单个子机制的有序度增加并不是信息产业成长的有效充分条件,子机制的协同度增加才是信息产业持续发展之源。

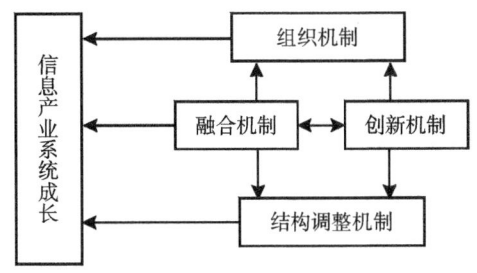

图4-6 信息产业成长机制的整合模式

综上所述，子系统的协调程度越大，越能实现"1+1>2"的整体效应。近年来国内外学者从多个角度对复杂系统的协同度进行了研究，提出了不同的协同度评价方法。孟庆松、韩文秀（1999）依据协同学的序参量原理，研究了复合系统的协同度，提出了复合系统的整体协调度模型，实证研究了"科技—经济—教育"复合系统的协调度。张妍等（2005）应用因子分析法、层次分析法研究了城市复合生态系统，从发展度、协调度、循环度三个方面分析了城市可持续发展度。郗英（2005）利用模糊综合评判法从内部核心能力与外部环境两个子系统出发，建立了企业生存系统协调度模型。陶长琪等（2007）通过建立信息产业组织演变的协同度模型，研究了企业绩效和企业融合之间的协同关系。借鉴学者的做法，本书将采用序参量法计算复合系统的协调度，将信息产业成长系统分为融合系统、技术创新系统、产业结构系统和产业组织系统，通过信息产业成长系统的机制协同度测度模型，评价信息产业成长系统机制的协同程度。

信息产业成长机制的协同度模型可以描述为：信息产业成长整体机制为一个由4个子机制构成的复杂系统 $S = (S_1, S_2, S_3, S_4)$，其中 S_j 为第 j 个子机制或系统，每一个子机制可用一组状态变量即序参量描述，即 $S_j = (S_{j1}, S_{j2}, \cdots, S_{jm})$。$S_j$ 的相互作用及其相互关系形成 S 的复合机制。子系统 S_j 的状态和结构均由构成它的序参量协同作用变化所决定。S_{jm} 的值越大，说明子系统的有序程度越高，对整个复合系统的贡献也就越大。子机制的和谐程度决定了整体机制的协同度：$S = f(S_1, S_2, S_3, S_4)$，这里称 S 为信息产业成长系统机制的复合因子。

4.5.3 信息产业系统子机制的有序度模型

假设信息产业成长机制中的子机制 S_j 的序参量变量为 $e_j = (e_{j1}, e_{j2}, \cdots, e_{jn})$，其中 $n \geq 1$，$\beta_{jk} \leq e_{jk} \leq \alpha_{jk}$，$k \in [1, n]$。这里 β、α 为系统稳定临界点上序参量的 e_{jk} 上限和下限。不失一般性，假定 $e_{j1}, e_{j2}, \cdots, e_{ji}$ 为慢弛豫产量，其取值越大，系统的有序程度越高，其取值越小，系统的有序程度越低；假定 $e_{j,i+1}, e_{j,i+2}, \cdots, e_{j,i+n}$ 为快弛豫产量，其取值越大，系统的有序程度越低，其取值越小，系统的有序程度越高。因此，有下述定义：

定义1：定义式（4.14）为子机制 S_j 的序参量分量 e_{jk} 的系统有序度。

$$u_j(e_{jk}) = \begin{cases} \dfrac{e_{jk} - \beta_{jk}}{\alpha_{jk} - \beta_{jk}} & k \in [1, i] \\ \dfrac{\alpha_{jk} - e_{jk}}{\alpha_{jk} - \beta_{jk}} & k \in [i+1, n] \end{cases} \quad (4.14)$$

由以上定义可知，$u_j(e_{jk}) \in [0, 1]$，$u_j(e_{jk})$ 值越大，e_{jk} 对系统有序的"贡献"越大。需要注意的是，在实际的系统中，还会有若干 e_{jk}，其取值过大或过小都不好，而是集中在某一特定点周围最好，对于这类 e_{jk}，总可以通过调整其取值区间 $[\beta, \alpha]$，使其有序度定义满足式（4.14）的定义。

从总体上看，序参量变量 e_{jk} 对子机制 S_j 有序程度的"总贡献"可通过 $u_j(e_{jk})$ 的集成来实现。集成形式不仅取决于各序参量数值的大小，更取决于子机制之间的组合形式。在实际应用中，一般常采用几何平均法或线性加权求和法。

$$u_j(e_j) = \sqrt[n]{\prod_{k=1}^{n} u_j(e_{jk})}$$

$$\text{或 } u_j(e_j) = \sum_{k=1}^{n} \omega_k u_j(e_{jk}) \quad \omega_k \geq 0, \quad \sum_{k=1}^{n} \omega_k = 1 \tag{4.15}$$

本书采用线性加权求和法处理数据。

定义2：定义式（4.15）中的 $u_j(e_j)$ 为序参量变量 e_j 的系统有序度。

由式（4.15）可知，$u_j(e_{jk}) \in [0, 1]$，$u_j(e_{jk})$ 越大，e_j 对系统有序的"贡献"越大，系统有序的程度就越高，反之则越低。在线性加权求和法中，权系数的确定既应考虑到系统的现实运行状态，又应能够反映系统在一定时期的发展目标，其含义是 e_{jk} 在保持系统有序运行中所起的作用或所处的地位。

4.5.4 信息产业系统子机制的协同测度模型

信息产业成长机制中子机制的协同度决定了信息产业由无序走向有序的趋势与程度。

定义3：假定在给定的初始时刻 t_0，设各子机制序参量的系统有序度为 $u_j^0(e_j)(j = 1, 2, \cdots, m)$，则对于整体系统在发展演变过程中的时刻 t_1 而言，如果此时各个子机制序参量的系统有序度为 $u_j^1(e_j)(j = 1, 2, \cdots, m)$，定义 SIM 为信息产业成长系统机制协同度（Synergy of Innovation Mechanism），简称 SIM 模型。

$$SIM = \eta \sum_{j=1}^{m} \delta_j |u_j^1(e_j) - u_j^0(e_j)| \tag{4.16}$$

$$\text{其中，} \eta = \frac{\min[u_j^1(e_j) - u_j^0(e_j) \neq 0]}{|\min[u_j^1(e_j) - u_j^0(e_j) \neq 0]|} \quad j = 1, 2, \cdots, m, \quad \delta_j \geq 0, \quad \sum_{j=1}^{m} \delta_j = 1$$

关于定义3的几点说明：

（1）信息产业成长系统的机制协同度 $SIM \in [0, 1]$，其值越大，系统全面协同的程度越高，反之则越低。

（2）参数 η 的作用在于：当且仅当所有的 $u_j^1(e_j) - u_j^0(e_j) > 0$ 成立时，系统机制才有正的协同度，任何一个 $u_j^1(e_j) - u_j^0(e_j) \leq 0$，协同度 SIM 表现为子机制之间反方向发展的程度或根本不协调。

（3）式中 $u_j^1(e_j) - u_j^0(e_j)$ 为子机制 S_j 从 $t_0 - t_1$ 时段序参量的系统有序度的变化

幅度，它刻画了子机制 S_j 从 $t_0 - t_1$ 时段中"在多大程度上变得更加有序"。

（4）定义 3 综合考虑了所有子机制的情况，如果一个子机制的有序程度提高幅度较大，而另一些子机制的有序程度提高幅度较小或下降，则整个系统机制不能处于较好的协调状态或根本不协调，其体现为 SIM $\in [-1, 0]$。

（5）利用定义 3 可以验证信息产业成长系统机制在考察期间，其协同程度的特征与变化趋势。该定义是从子系统的序参量系统有序度的变化中把握整体系统的协调状况，是一种动态分析的过程。

4.6 信息产业系统协同演化的实证分析
——以我国 IT 企业为例

4.6.1 信息产业成长的评价指标

信息产业是我国经济发展的支柱产业，它成长的协同程度直接影响到其他产业发展和经济增长。但不论是复合系统还是子系统都是一个非线性的复杂系统，我们采用序参量的方法，用不同方面、不同性质的多个指标来度量系统的性质。本书用中国 GICS 行业分类中的信息技术类上市公司作为研究对象，考虑到数据的可得性，并结合信息产业成长中的结构升级和组织绩效改善特点，建立了信息产业成长机制协同度评价指标体系，如表 4-3 所示。

表 4-3 信息产业成长机制协同度评价指标体系

子机制	序参量	评价指标
融合机制	企业融合	产品融合
		市场融合
	内部市场化	组织费用向交易费用的转化程度
	市场拓展	市场人员占比
产业创新机制	研发投入	技术人员占比
		科技活动经费筹集总额
	创新绩效	企业无形资产
结构调整机制	资本结构	固定资产占总资产的比例
	劳动力结构	企业职工占总职工的比例
	技术结构	企业劳动力生产率
	消费结构	产品销售率

续表

子机制	序参量	评价指标
组织机制	盈利能力	净资产平均收益率（ROE）
	资产运营	流动资产周转率
	偿债能力	资产负债率
		有形资产与净负债的比例
	组织绩效	企业托宾 Q 值
		成本费用利润率
	成长能力	营业收入增长率

下面分别介绍子机制中各指标的含义。

(1) 融合机制评价指标。

1) 企业融合。①产品融合。产品融合是指不同产业产品通过模块整合或替代等设计活动而引起的产品功能的统一。产品融合的结果是导致融合型产品的产生，随着信息产业不同行业系统相互作用的增强，融合型产品越来越多。如互动电视节目、网络电话业务、网络电视服务、手机电视业务以及掌上电脑、PDA 及手机等融合型终端设备产品等。融合型产品并未消除原有产品的独立性，而是形成替代关系或互补关系，并将提供不同产品的 IT 企业联系起来，有利于企业融合和企业组织形式的演化。因此，产品融合可看作是企业融合产生的重要标志之一。用 IT 企业按产品划分营业收入的 N 指数表示。N 指数是赫芬达尔指数的倒数，有较为直观的理解，约等于企业内主导产品数目。本书为了使子机制中的指标都是正相关的，以便判断指标对子机制的综合影响，因此将赫芬达尔指数转化为 N 指数。②市场融合。判断企业融合是否完成的标准只能是市场融合，因为市场融合才是融合产业得以生存下去的基础。融合技术再先进，如果企业生产的产品或提供的服务并不符合市场的需求，最终将被市场淘汰。IT 企业如果单纯地认为：在软件行业插入硬件设施，计算机行业需要通信行业的辅助，通信行业需要计算机行业的摄入，这样就可以达到企业融合的目的。事实证明这样是错误的。如消费电子产品制造商索尼曾经试图兼营信息内容业务，但招致巨额失败。只有考察融合企业的市场状况和市场规模，才能判断融合的真实存在。本书用 IT 企业按行业划分营业收入的 N 指数表示市场融合程度。

2) 内部市场化。企业融合改变了企业组织形式，大量企业以战略联盟的合作形式出现，实现了企业内部市场化，并相应地采用电子商务等先进的管理模式武装自己。内部市场化降低了企业间的交易成本，同时伴随着管理费用中的组织费用向营业费用的转移，因此，用企业的营业费用与管理费用的比值表示企业内部市场化程度。

3) 市场拓展。融合型新产品能否被消费者接受，它的市场范围有多大决定了企业融合能否成功，也反映了融合型产品所蕴含的技术扩散程度和范围。可用市场人员占企业从业人员的比例衡量市场拓展能力。市场人员是改变人们当前消费观念和内容，迎合新市场需求的组织者。因此，将市场人员比例作为企业融合的评价指标。

（2）产业创新机制评价指标。

1) 研发投入。①技术人员占比。由于在IT企业成长中，人力资本起到特别重要的作用，人力资本（包括技术知识和管理知识）不但是实现技术创新、技术融合的决定性因素，人力资本所具有的外溢性也是技术创新溢出的源泉、市场融合的前提。另外，人力资本也有助于解释IT企业所呈现的规模报酬递增的发展态势，因此人力资本对IT企业成长和企业融合具有决定性的影响。用企业的技术人员占总人员的比例作为技术创新体系的一个评价指标。②科技活动经费筹集总额。它反映了企业科技活动经费投入状态。经费投入越多，越能推动企业的技术创新活动。

3) 创新绩效。IT企业作为技术密集型企业，技术、商标等无形资产是其重要组成部分。由于IT企业无形资产主要由自创或购入专利、技术等构成，是企业创新能力和发展能力的核心力量和重要体现。因此将企业拥有的无形资产作为技术创新机制的一个评价指标。指标数值越大，表明IT企业技术创新能力越强，企业获取超额利润的机会越大。

（3）结构调整机制评价指标。

1) 资本结构。本书用固定资产占总资产的比值表示企业的资本结构。固定资产在生产和使用过程中会逐渐消耗而丧失效用，必须通过产业投资形成新的固定资产来补偿、替代被消耗的固定资产，这样才能保证原有的产出能力或进一步扩大产出能力。融合初期，用于企业各项业务的投资对企业融合和产业成长有较大的拉动作用，但信息产业融合促使企业更多的是倾向于通过提高服务质量来获得企业竞争力，而不必通过增加大量的固定资产投资来扩大企业的产出能力。

2) 劳动力结构。在融合条件下，企业对规模经济的追求逐渐让位于范围经济性和联结经济性目标。融合使得企业通过信息网络相互联结，建立起一种新型的竞争协同关系，弱化了企业追求规格单一、大规模生产的理由。本书用单个IT企业职工占IT企业总职工的比例表示IT企业的人员规模。

3) 技术结构。一般用企业全员劳动生产率表示企业的技术水平。全员劳动生产率是考核企业经济活动的重要指标，是企业生产技术水平、经营管理水平、职工技术熟练程度和劳动积极性的综合表现。本书全员劳动生产率是将IT企业的营业收入除以同一时期全部职工的平均人数来计算的。

4) 消费结构。用一定时期企业销售商品提供劳务收到的现金与营业收入的比例表示企业的消费结构,它反映了企业产品(实物产品或服务)已实现销售的程度。一个产业能否成长起来,成长空间有多大,取决于社会对其产品的需求规模和潜力有多大。需求状况及其变化是产业融合的指示器,消费结构、收入结构的变化导致消费需求由低层次向融合型产品或服务高层次转移,为产业融合产生的新产品、新产业提供了市场基础,因此,需求结构对产业融合和信息产业成长有直接的拉动作用。

(4) 组织机制评价指标。

1) 盈利能力。用净资产收益率ROE衡量,即剔除非经常损益后的净利润与平均净资产的百分比。它反映了企业净资产的收益水平。计算公式为:

ROE = [扣除非经常损益后的净利润÷(期初的净资产+期末的净资产)÷2]×100%

2) 资产运营。流动资产周转率。它反映了流动资产的周转速度,周转速度快,会相对节约流动资产,等于相对扩大资产投入。其计算公式为:

流动资产周转率 = [营业总收入÷(期初流动资产+期末流动资产)÷2]×100%

3) 偿债能力。①用资产负债率来衡量。它是负债总额除以资产总额的百分比,一方面,反映了在总资产中有多大比例是通过借债在筹资的,衡量企业在清算时保护债权人利益的程度和企业的风险程度。另一方面,负债水平在一定程度上也体现了企业的发展状况。②用有形资产与净负债的比例来衡量(有形资产÷净负债)。有形资产占净债务的比例是衡量债务安全性的指标之一。如果企业濒于破产,其无形资产通常不具备变现价值,实际可用来偿债的往往只是有形资产。其中净负债等于带息债务减去货币现金。

4) 组织绩效。①托宾Q值。基于IT企业成长性的考虑,本书用托宾Q值衡量一个IT企业组织绩效的大小。企业托宾Q值是一家公司的市场价值与公司资产重置价值的比值。如果Q值大于1,则表明企业创造的价值大于投入的资产(权益加负债)的成本,表明企业为社会创造了价值,是"财富创造者";反之,则浪费了社会资源,是"财富毁灭者"。同时,Q值大于1,也表明投资者看好企业的未来发展前景,愿意支付高于企业资产价值的价格购买企业(资产升水);相反,Q值小于1,则表明投资者对现有管理层控制下的企业资产给予贴水处置,投资者不看好企业的未来发展前景。其计算公式为:公司总市值除以资产重置成本。其中公司总市值为流通股市值、非流通股价值与公司负债市值之和。由于直接用股票价格计算非流通股的价值存在问题,因此,本书用每股净资产代替非流通股的价格,负债的市值用负债的账面值代替,资产重置成本用公司总资产的账面值代替。②成本费用利润率。它是指在一定时期企业实现的利润与营业成本之比，是反映企业成本及费用投入的经济效益指标，同时也是反映降低成本的经济效益的指标。

5) 成长能力。用营业收入增长率来衡量，反映了企业销售业绩的增减幅度，因而选取它来反映企业发展能力状况的基本指标。其计算公式为：

营业收入增长率 = (本期营业总收入 – 上期营业总收入) ÷ 上期营业总收入 × 100%

4.6.2 数据处理

采用 GICS 行业分类法，对我国信息技术类的 152 家上市公司 2001~2007 年的数据进行了整理，所需的数据来源于 Wind 金融数据库和相应上市公司的年度报告，剔除缺损数值，计算出 2001~2007 年各项评价指标的累计值，通过对各项评价指标的累计值求均值，得到信息产业成长机制的评价体系。具体数据如表 4-4、表 4-5、表 4-6 所示。

表 4-4 融合机制和技术创新机制的指标数据

年份	融合机制				技术创新机制		
	市场融合	产品融合	内部市场化	市场拓展力	技术人员比率	科技经费	无形资产
2001	1.88423	2.44240	69.34664	16.16	26.67	8634763	39450329
2002	1.50261	2.24693	69.02561	16.61	27.02	12065074	33464615
2003	1.65936	2.28349	70.62116	16.89	29.78	16884648	35097954
2004	1.73497	2.29179	70.71408	17.70	27.75	14773396	34218055
2005	1.73025	2.33580	71.71408	16.77	26.90	17162921	35127364
2006	1.63356	2.26972	73.15001	13.81	30.07	19374549	46219391
2007	1.58960	2.45430	69.78953	12.49	31.32	14874353	52754653

表 4-5 结构调整机制的指标数据

年份	资本结构	劳动力结构	技术结构	消费结构
2001	19.75095	1.075269	1914944	113.8075
2002	19.23202	0.970874	1350537	111.3032
2003	19.87040	0.877193	1770750	111.5125
2004	21.97110	0.862069	1635086	112.8135
2005	22.90616	0.787402	1436415	107.6835
2006	21.44339	0.684932	1408895	104.6770
2007	20.15258	0.680272	1348246	103.8267

表 4-6 组织机制的指标数据

年份	托宾 Q 值	净资产收益率	流动资产周转率	资产负债率	成本费用率	营业收入增长率	流动资产偿债率
2001	1.259487	12.419100	1.114115	42.58187	18.72093	25.61970	1.92902
2002	1.075319	11.184600	1.212916	43.41108	14.94499	28.64622	1.585093
2003	0.890988	6.314947	1.179828	44.32864	11.47146	24.52298	1.523108
2004	0.734606	9.205989	1.189759	49.45237	13.43498	26.01417	1.345873
2005	0.642377	9.587279	1.150752	55.99373	10.76987	13.40277	1.246536
2006	0.836035	11.870420	1.253030	51.71041	15.42022	22.64269	1.413215
2007	2.118546	8.793539	1.153129	47.50790	12.45985	12.26703	1.638174

由于子机制分析的角度和深度不同，序参量的参数选择也不同，各指标原始数据的量纲不同，因而指标的测量值相差较大。故此需要对原始数据进行数据标准化处理，即数据无量纲化。数据标准化处理采用均值——标准差法。如式（4.17）所示。

$$X'_{ij} = \frac{X_{ij} - \overline{X}_j}{S_j} \quad i = 1, 2, \cdots, n \quad j = 1, 2, \cdots, k \quad (4.17)$$

其中，X'_{ij} 为标准化数据，$\overline{X}_j = \frac{1}{n}\sum_{i=1}^{n} X_{ij}$ 表示变量 X_{ij} 的均值，S_j 表示变量 X_{ij} 的标准差，则

$$S_j = \frac{1}{n-1} \sum_{i=1}^{n} (X_{ij} - \overline{X}_j)^2$$

按式（4.17）用 SPSS 软件计算得到各子机制评价指标的标准化处理结果，如表 4-7、表 4-8、表 4-9 所示。

表 4-7 融合机制和技术创新机制标准化指标数据

年份	市场融合	产品融合	内部市场化	市场拓展力	技术人员比率	科技经费	无形资产
2001	1.70300	1.31501	−0.88572	0.20331	−0.98559	−1.73513	−0.00350
2002	−1.42370	−1.01456	−1.10849	0.44138	−0.79724	−0.77349	−0.81849
2003	−0.13942	−0.57881	−0.00129	0.58951	0.68807	0.57760	−0.59610
2004	0.48009	−0.47991	0.06319	1.01804	−0.40438	−0.01425	−0.71590
2005	0.44145	0.04453	0.75713	0.52603	−0.86182	0.65561	−0.59209
2006	−0.35078	−0.74298	1.75356	−1.03996	0.84413	1.27561	0.91814
2007	−0.71064	1.45673	−0.57838	−1.73830	1.51683	0.01405	1.80795

表 4-8 组织机制标准化指标数据

年份	托宾 Q 值	净资产收益率	流动资产周转率	资产负债率	成本费用率	营业收入增长率	流动资产偿债率
2001	0.35772	1.19274	−1.42753	−1.07728	1.77172	0.58185	1.79768
2002	−0.00856	0.60571	0.74366	−0.90788	0.38723	1.05194	0.26412
2003	−0.37517	−1.70994	0.01653	−0.72043	−0.88638	0.41151	−0.01227
2004	−0.68618	−0.33517	0.23477	0.32630	−0.16644	0.64312	−0.80256
2005	−0.86962	−0.15386	−0.62242	1.66264	−1.14363	−1.31573	−1.24549
2006	−0.48446	0.93183	1.62518	0.78760	0.56148	0.11945	−0.50228
2007	2.06626	−0.53130	−0.57019	−0.07094	−0.52398	−1.49214	0.50081

表 4-9 结构调整机制标准化指标数据

年份	资本结构	劳动力结构	技术结构	消费结构
2001	−0.74414	1.56511	1.61606	1.11122
2002	−1.12648	0.84528	−0.89791	0.48343
2003	−0.65613	0.19932	0.97379	0.53588
2004	0.89161	0.09503	0.36952	0.86203
2005	1.58054	−0.41983	−0.51539	−0.42401
2006	0.50281	−1.12639	−0.63797	−1.17769
2007	−0.44822	−1.15852	−0.90811	−1.39086

评价模型中不同指标需要赋予一定的权重，反映其对系统的影响程度。本书采用相关矩阵赋权法，其基本思想是：指标间的相关系数反映了指标间相互影响的程度，相关系数的绝对值越大，说明指标间相互影响的程度越高；反之，说明指标间相互影响的程度越低。如果某指标与指标体系中其他所有指标的相关程度较高，说明该指标对其他指标的影响较大，而且影响较大的指标在指标体系中的作用也较大，理应赋予其相对较大的权数；反之，如果某指标与指标体系中其他所有指标的相关程度较低，说明该指标对其他指标的影响较小，即它在指标体系中的作用较小，从而应该赋予其相对较小的权数。基于这种思想，相关矩阵赋权法的基本步骤可具体表述如下：

设指标体系中包含 n 个指标，它们的相关矩阵为 R。

$$R = \begin{bmatrix} r_{11} & \cdots & r_{1n} \\ \vdots & \ddots & \vdots \\ r_{n1} & \cdots & r_{nn} \end{bmatrix}, \text{其中 } r_{ii} = 1 \ (i = 1, 2, \cdots, n)$$

令 $R_i = \sum_{i=1}^{n} |r_{ij}| - 1 (i = 1, 2, \cdots, n)$，则 R_i 表示第 i 个指标对其他 (n-1) 个指标的总影响。R_i 较大，说明第 i 个指标在指标体系中的影响较大，即其作用较大，故其权重也应较大。因此，将 R_i 归一化即可得到相应各指标的权数为：

$$\omega_i = \frac{R_i}{\sum R_i}。$$

根据各子机制相关矩阵得到评价指标的权重，见表4-10、表4-11、表4-12。

表4-10 融合机制和技术创新机制的指标权重

融合机制评价指标权重				技术创新机制评价指标权重		
ω_1	ω_2	ω_3	ω_4	ω_1	ω_2	ω_3
0.227403	0.352888	0.157398	0.262311	0.437722	0.244786	0.317492

表4-11 组织机制评价指标权重

ω_1	ω_2	ω_3	ω_4	ω_5	ω_6	ω_7
0.117158	0.097664	0.095216	0.161037	0.174789	0.151576	0.20256

表4-12 结构调整机制评价指标权重

ω_1	ω_2	ω_3	ω_4
0.145525	0.314579	0.246566	0.29333

4.6.3 我国信息产业系统成长的协同度评价

根据式（4.14）分别计算得到各子系统的序参量分量有序度，结果如表4-13、表4-14、表4-15所示。

表4-13 融合机制和技术创新机制序参量分量有序度计算结果

融合机制序参量分量的有序度				技术创新机制序参量分量的有序度		
1	0.942653	0.077836	0.704416	0	0	0.310302
0	0	0	0.790788	0.075267	0.319403	0
0.410746	0.176325	0.386856	0.844529	0.668817	0.76816	0.084674
0.608882	0.216345	0.409385	1	0.232259	0.57158	0.03906
0.596523	0.428558	0.651847	0.821499	0.04946	0.794071	0.0862
0.343148	0.109894	1	0.253358	0.73118	1	0.661211
0.228055	1	0.18522	0	1	0.58098	1

表 4-14 组织机制序参量分量有序度计算结果

0.418048	1	0	0	1	0.815222	1
0.293289	0.797763	0.711234	0.061827	0.525103	1	0.496065
0.168416	0	0.473042	0.130241	0.08824	0.748267	0.405242
0.062482	0.473621	0.544533	0.51227	0.335188	0.839305	0.145549
0	0.536084	0.263736	1	0	0.069341	0
0.131191	0.910114	1	0.680633	0.584873	0.633467	0.244222
1	0.406052	0.280846	0.367288	0.212547	0	0.573842

表 4-15 结构调整机制序参量分量有序度计算结果

0.14124	1	1	1
0	0.735709	0.004041	0.749093
0.173752	0.498541	0.745552	0.770055
0.745502	0.46025	0.506158	0.900407
1	0.271215	0.155584	0.386418
0.601876	0.011797	0.107021	0.085197
0.250556	0	0	0

根据式（4.15）和式（4.16）计算出各系统的协同度，其中计算信息产业成长系统的协同度时，四个子系统的权重均设为 0.25。计算结果见表 4-16。

表 4-16 信息产业成长系统的有序度和协同度

年份	融合系统有序度	技术创新系统有序度	结构调整机制有序度	组织机制有序度	信息产业成长系统协同度
2001	0.757081	0.098518	0.875029	0.647559	—
2002	0.207433	0.111131	0.452166	0.533793	−0.274723
2003	0.438048	0.507674	0.591824	0.296675	−0.250983
2004	0.541554	0.253981	0.642192	0.403207	−0.128525
2005	0.604972	0.243395	0.382554	0.249015	−0.121958
2006	0.340669	0.774769	0.142678	0.556796	−0.335833
2007	0.433902	0.897430	0.036462	0.396091	−0.120704

从信息产业成长系统的协同度来看，中国目前信息产业并不能协调发展，但这种不协调发展的程度呈逐步缩小趋势。这是因为中国的 IT 企业融合状态进入 21 世纪后才开始显现，公司的技术、体制和消费观念等都制约着产业融合效应

的出现，且效应存在滞后性。国外学者对 IT 企业产业融合对公司绩效的实证分析也发现，产业融合对于公司长期绩效的改善比短期绩效的改善更为明显，这表明企业的产业融合状况依赖于产业融合环境的成熟和公司的组织调整、管理改善以及由此形成的资源整合能力等综合因素。2001 年加入世界贸易组织（以下简称"WTO"）、2003 年国企改革引发的并购重组热、2005 年 3C 改革都导致子系统的有序度出现反复，IT 企业外界环境的变化导致信息产业不能协调发展。

总体来看，中国目前的信息产业用"大而不强"来形容并不为过，产业成长的任务相当繁重。产业系统不能协调有序发展的矛盾主要表现在以下几个方面：

从技术上看，关键性基础技术和应用水平落后，核心技术和具有自主知识产权的产品较少，关键技术受制于人；企业开发和创新能力不足，以企业为主体的产业技术创新体系尚未真正建立起来。虽技术创新系统的有序度基本趋于上升，但还没有对其他系统形成推动力和整合力。

从企业结构上看，硬件制造规模比较庞大，软性及信息服务业规模偏小；一般消费类产品供大于求、价格战不断，科技含量高的高端产品主要依赖进口；单体产品多，系统集成能力弱；产业比较分散，生产能力重复，集中度不高，产业链不够完善。产业融合还处在初级阶段，没有上升到自发自觉的高度。

从市场上看，在国内市场开拓上，仍然把重点放在争夺热门产品上，甚至出现恶性竞争，而对改造传统产业、各领域信息化建设等方面的市场开发不足，还没有形成强大的凝聚力促使各系统协调发展。

1998 年政府机构改革的时候，中国才正式组建信息产业部，作为主管全国电子信息产品制造业、通信业和软件业，推进国民经济和社会服务信息化的国务院组成部门。1998~2008 年信息产业部存在的这十年，是中国信息产业高速发展、不断刷新历史、持续创造辉煌的十年，也是国家电信体制改革取得阶段性成就的十年，同时也是传统电子制造、电信网络技术与系统集成技术、信息通信技术不断融合发展的十年。自 20 世纪 90 年代，我国开始实行以"打破垄断、引入竞争"为指导思路的电信业改革。1997 年，电信和邮政分开，1998 年，电信业实行政企分开，新成立信息产业部作为在法制上独立的监管机构。1999 年 2 月，中国电信重组，分别组建中国移动、中国电信和中国联通。2000 年 12 月，铁通成立。2002 年 5 月，中国电信集团公司和中国网络通信集团公司挂牌成立。2003 年，我国电信市场竞争格局已从一家运营商独占走向六家运营商并存，准确地说，形成"两大两中带两小"的电信运营市场格局。2001 年中国加入 WTO，开放国内电信服务市场，企业增加人才资源迎接跨国公司的冲击，导致 2002 年除技术创新机制的有序度增加外，其他子系统在强大的冲击下有序度有较大幅度的下降。2005年是信息产业改革年，信息产业部工作会议确定了2005年的3项重点改革工作：第一，建议启动3G牌照发放；第二，邮政实行政企分开；第三，《电信法》送审国务院。相应地引起IT企业运营模式和企业结构的改革。直接导致融合系统和产业结构系统的有序度下降。电信业采取种种措施，如捆绑，导致资费体系实际上并没有下降，再加上传导的时效性，组织绩效的有序度短时间内并没有下降，但使得产业系统的协同度明显下降。

随着数字技术带来的"三网合一"，以及WTO的推动，信息产业的格局会以更快的速度演变。但是，在信息业快速发展的同时，随着信息技术的不断进步和市场竞争的日趋激烈，信息产业结构性矛盾也随之产生，其结构性矛盾表现在四个方面：市场结构性矛盾、业务结构性矛盾、技术结构性矛盾和电信监管与运营之间的矛盾。

市场结构性矛盾：虽然用户规模在不断扩大，业务量在不断增加，但新增用户日益低端化，市场过度竞争造成价格下降，从而使信息产业"增量不增收"更加突出。

业务结构性矛盾：随着IP技术、宽带技术的不断进步、互联网与电信网融合的加速，信息业务结构的移动化、宽带化、数据化特征愈来愈凸显，移动业务、互联网业务和数据业务等新业务的发展速度快于传统业务，但新业务的发展又难以支撑整个产业的发展。以电信业来看，固网运营商在所经营的传统业务被移动业务、IP电话业务、数据业务和宽带业务所分流或替代的夹缝中求发展，面临着巨大的生存压力，电信业务结构性矛盾日趋显现。为了促进不同业务的协调发展，运营商应根据融合技术的发展趋势，完成向信息服务商的转变，创造新的盈利模式，寻找能共同创造商业价值的整个产业链模式。

技术结构性矛盾：整个信息网络面临技术转型的挑战。随着语音、数据、视频三种业务的融合，IP技术和宽带技术的迅速发展，这要求下一代网络必须具有以下特征：有多种业务、宽带化、分组化、开放性、移动性、兼容性、安全性、可管理性，并能提供一揽子解决方案。但运营商对其战略重要性和革命化认识还不够；体制、机制、观念、理念上存在差距；转型任务本身的艰巨（技术、资金和质量）都使得新一代网络在短时间内不能形成，从而不能实现产业的全面融合、信息产业结构的升级。

电信监管与运营之间的矛盾：监管的非对称管制和信息业的分业经营，已越来越不适应我国信息市场竞争和融合发展的趋势。

综观当前国内信息市场的竞争格局，IT企业之间的横向资源整合不尽如人意，市场上缺乏有效的合作共赢机制，企业为了提高自己的经济利益大多忙于各自的网络建设与用户规模的扩张，再加上监管的非对称管制，导致有效市场竞争格局尚未形成。而要解决结构性矛盾这一难题,我国信息产业改革的当务之急就是实现全业务经营,让市场机制在资源的有效配置中发挥重要作用,取消非对称管制,建立公平、有效、有序和平等的市场竞争机制,以促进信息产业内部及信息产业与社会的协调发展。

5 信息产业与传统产业的融合发展机制

以上章节的产业融合特指信息产业内部的产业融合，作为一种突破传统范式的产业创新，对 IT 企业核心竞争力提升和信息产业成长具有重要的驱动作用。但单靠信息产业成长并不能完全促进区域产业结构升级，只有通过信息化与工业化融合，实现信息产业与传统产业协同发展，才能更好地促进区域产业结构升级。本章根据信息化与工业化融合的内容分析信息产业与传统产业的融合发展对区域产业结构升级的效应。

5.1 信息化与工业化相互作用及其与产业融合的联系

5.1.1 工业化时代信息产业影响区域产业结构的路径

信息产业在国民经济中的比重决定着产业结构高度化水平，信息产业与传统产业比例的协调影响着产业结构合理化水平，信息产业的空间布局和地域分工影响着区域产业结构的差异化，因此，单纯发展信息产业是很难实现产业结构升级的，必须关注信息产业与其他产业的关系。信息产业是伴随着工业化进程发展起来的，而不同工业化时期，信息产业的发展影响区域产业结构优化的途径是不一样的，因此需要做出区分。工业化初期信息产业发展处于被动局面，信息产业对产业结构的影响效果微弱；工业化中期国家信息产业对其产业结构的影响是准确全面的；工业化后期信息产业对其产业结构的作用是深入的、全面的变革。由于我国的梯度发展战略以及各个区域资源禀赋、工业发展基础差异等原因，中国工业化进程形成了不同区域处于不同工业化时期的状况，但整体全面进入了工业化中期阶段，因此本书分别分析信息产业在工业化中期和工业化后期对区域产业结构的影响路径。

（1）工业化中期信息产业影响区域产业结构的路径。工业化中期区域，工业部门技术含量还普遍较低，资金密集型产业占主导地位，信息产业的成长主要还是以技术引进为主。信息产业的影响主要作用于区域传统主导产业，影响面主要包括生产管理决策的各个环节，企业信息化使得企业管理更加扁平化，最终使得生产成本降低，企业对市场反应能力加强。一般来说，信息产业通过提供信息产品和服务、信息技术和设备以及良好的管理环境来影响传统产业，使得产业融合现象日渐凸显，传统产业得到结构升级，并加强了传统产业之间的联系，推动产业结构向合理化和高度化演进。

（2）工业化后期信息产业影响区域产业结构的路径。随着工业化的进一步发展，分工更加细致，不仅劳动者的熟练程度得到提高，更重要的是科技创新得以增加，技术含量得以提升，科学技术在工业化发展中的作用日益凸显，产业结构随之表现出技术集约化的趋势。随着工业化的发展，产业之间的联系更加紧密，一个关联体系迫切需要得到建立，而信息产业在这里扮演了一个关联体系的角色。

信息产业是工业化后期区域的主导产业，它改变的不仅是发源它的第二产业，还促使第一产业和第三产业得以改变，但对第一、第二、第三产业快速发展的改变程度是不同的。对于第一产业而言，技术进步对它的改变相对来说较小，信息产业的发展为它的发展带来的改变较小。在第二产业中，信息技术的产生和应用能够为第二产业带来新一轮的发展，使得第二产业的种类多样化，同时还能促进第二产业内部其他产业的发展。对于第三产业来说，信息产业的发展使得第三产业处于支配地位，因为随着服务业的信息收集、处理、传递等方法的完善和改进，服务效率将得到极大的提高，这极大地促进了服务业的发展。信息产业的成长不仅促进第一产业和第二产业的信息化进程，同时本身也逐渐发展成为一个独立的产业，促进整个产业系统的运行。同时信息产业也不断地与其他新兴产业结合，形成以信息技术为核心的高新技术产业群，推动产业结构向高度化方向演进。总而言之，在工业化后期，信息产业的发展通过增强产业关联和技术含量成为推动区域产业结构优化的动力。

综上所述，不同的工业化阶段，信息产业对区域产业结构优化的影响是不同的，越到工业化后期，信息产业对区域产业结构优化的推动作用越显著。这表明加强信息化与工业化的互动才是区域产业结构升级的关键。

5.1.2 信息化与工业化的相互作用

工业化是一个国家迈向富强所难以逾越的一个阶段，而信息化则是世界经济社会发展的大趋势所在。《国民经济和社会发展第十个五年计划纲要》提出："要按着应用主导、面向市场、网络共建、资源共享、技术创新、竞争开放的发展思路，努力实现我国信息产业的跨越式发展，加速推进信息化，提高信息产业在国民经济中的比重。"信息化的发展必须以一定的工业化作为基础,但其并不能完全越过工业化阶段而独立存在。两者相辅相成,相互依赖,工业化的推进给信息化的建设搭建了技术和应用平台,为信息技术的发展创建了环境,并将对信息产业的发展和信息化建设产生强大的需求。反过来,信息化通过发展信息产业和推动信息技术渗透、扩散,对工业化有反向技术支持,对推动工业的改造升级和工业化进程又有积极影响。具体如图5-1所示。

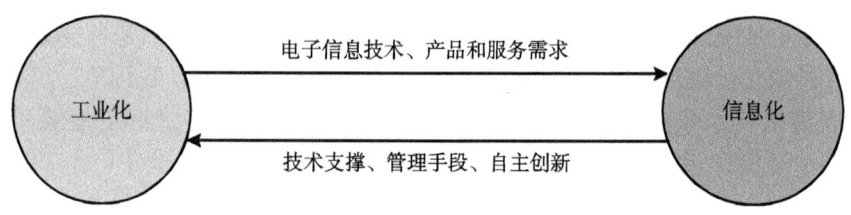

图5-1 两化互动图

资料来源:金江军.两化融合的理论体系[J].信息化建设,2009(4).

信息化是全球发展趋势,对人类社会产生深远影响。当前,我国工业化已出现了明显的信息特征,信息产业在国民经济中的比重逐年加大,成为我国国民经济不可或缺的一部分。但是,信息化并不是独立存在的,其作用表现在为各行业的服务之中,信息化的发展打破了工业经济时代的市场分立状态,出现以融合为主要特征的市场演进范式。信息化与工业化融合成了我国今后发展的必然趋势。信息化是"倍增器"和"催化剂",只有走融合发展的道路,信息化才能长久存在,并发挥出强大的威力。国家已认识到工业化和信息化互动发展的必要性和重要性。2000年,中共十五届五中全会就提出,中国要走新型工业化道路,其核心思想是"以信息化带动工业化,以工业化促进信息化",发挥后发优势,实现社会生产力的跨越式发展,其实质就是在信息产业内部各行业相互融合的基础上,实现信息技术产业对传统产业的渗透和创造新兴产业,以此推动产业结构升级,从而改进经济增长的质量。2002年中共十六大首次提出坚持以信息化带动工业化,以工业化促进信息化,走出一条科技含量高、经济效益好、资源消耗低、环境污染少、人力资源优势得到充分发挥的新型工业化道路。2005年中共十六届五中全会再次对信息化带动战略和转变经济增长方式进行了强调。中共十七大又提出了"五化"的概念,即工业化、信息化、城镇化、市场化、国际化,并提出要"大力推进信息化与工业化融合"。2008年政府机构改革中,组建工业和信息化部,成立工业和信息化部有利于促进工业化和信息化的融合。中国整体经济已经发展到了工业化中期,必须正视"工业化、信息化、城镇化、市场化、国际化"的要求,正视严重的资源、环境、人口和可持续发展压力,我们不能不

5 信息产业与传统产业的融合发展机制

走工业化和信息化融合的新型工业化道路。工业和信息化部可谓应时而生,工业和信息化部就是要引领新型工业化道路,大力推进信息化,将信息化技术运用到工业改造中,微观上可以加强企业内部绩效管理,宏观上可以加快由粗放型向集约型的转变。十七届五中全会上提出了推动工业化与信息化深度融合,积极发展结构优化、技术先进、清洁安全、附加值高、吸纳就业能力强的现代产业体系。中共十八大提出:"坚持走中国特色新型工业化、信息化、城镇化、农业现代化道路,推动信息化和工业化深度融合、工业化和城镇化良性互动、城镇化和农业现代化相互协调,促进工业化、信息化、城镇化、农业现代化同步发展。"在信息化带动下,与工业相关的生产型服务业如物流、研发、技术服务、品牌服务、咨询等行业,也将随着工业化与信息化的进一步融合,获得更多地渗透进传统产业体系的机会。

由于我国工业化尚未完成,部分学者对我国能否顺利实现工业化与信息化两化融合叠加这一步骤有所担忧。根据日本、韩国的信息化推进经验,信息化的发展并非必须以工业化完成为前提,只要工业化推进达到了一定程度,能顺利为信息化的推进搭建平台,就可以走两化融合与两化并列发展的道路,进而实现工业化与信息化的跨越式发展。中国学者叶帆认为通过两化融合可以形成一种有别于单一工业化或者信息化所不能产生的作用力,正是这种在两化融合互动中产生的合力将大大推动两化各自的推进,进而促进整个区域经济的快速发展。其两化作用形式可以用函数表示为:$E = F(G, X)$。在该公式中 E 可以理解为两化融合的一个合力,G 可以认为是工业化对经济产生的推动力,而 X 则可以看作是由信息化产生的推动力。如图 5-2 所示。

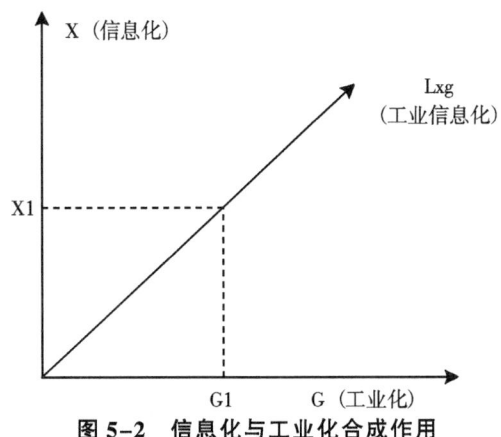

图 5-2 信息化与工业化合成作用

资料来源:胥军. 中国信息化与工业化融合的影响因素及策略研究 [D]. 华中科技大学学位论文,2008.

由图 5-2 可以看出，工业化与信息化合力实际上是存在于整个推进的过程中，而非必须要等工业化完成或者信息化完成。当前，我国工业化的推进已完全具备为信息化搭建平台的能力，信息技术在工业生产的设计、制造、管理、物流等各个环节都有了深入的应用。因此，通过两化融合来获取更为强大的区域产业结构推动力成为一种必然的选择。

5.1.3 两化融合与产业融合的联系

两化融合是一个复杂、全方位、立体和领域的系统。其在融合过程中涉及多个不同层面。为全面理解其实质含义，本书拟从三个角度进行分析，分别为微观、中观和宏观。

从微观层面上看，企业为了追求规模经济效益，其先决性条件就是在现有产业或新的产业领域中具有领先的技术，拥有自主知识产权，有发展的后劲。因此，企业必然利用信息技术的高渗透性，对企业生产领域进行信息化"武装"，使得企业核心生产业务"数字化"、"智能化"。信息技术有效地打破了传统工业生产技术的技术壁垒，不仅使得工业化技术与信息化技术之间获得了有效嫁接，同时也有效促进了原有工业化与工业化之间的技术进行嫁接，使得各种技术进行了有效融合。企业不仅可以通过信息技术直接对生产技术进行改造，还可以通过信息产业的产品，对企业生产产品进行功能模块化的改进，这又促进了传统工业化产品与信息化产品之间的对接。信息化与工业化融合使企业生产、经营、管理与服务实现信息化，核心业务实现数字化、网络化、自动化、智能化。

从中观层面上看，信息化与工业化的融合必然涉及产业层次上的融合。企业运用信息技术对整个产业生产、管理、销售链条进行数字化的改进，提升企业运作效率。多个企业共同运用信息技术的改进，必然导致整个产业乃至整个区域的信息运用热潮，使得在某一特定产业或特定区域内，融合进程大大加快。尤其是信息技术与传统生产技术的融合，可以促进生产效率的提升，也可以衍生出新的产业，进而成为产业衍生或产业融合的原动力。产业融合将导致产业之间形成新的竞争与合作关系，既克服产业内在的惯性与僵化，又加快竞争要素的创新，将目标集中在科技投资、信息、基础设施和人力资源的开发上，带来整个产业及区域的更大经济收益。中观层面上的信息化与工业化融合使产业结构、行业结构升级换代，形成以高新技术产业为先导，基础产业和传统产业为支撑，服务业全面发展的新局面，促使经济增长方式由粗放式向集约式转变，推进工业经济向信息经济过渡。

从宏观层面上看，推进信息化与工业化在宏观社会层面的融合，可以促进信息技术与传统生活模式融合，产生新的生活模式，进而有效提升人们的生活品质；可以促进信息文明最大程度的传播，促使人们转变原有的生产生活观念与思维模式，促进社会和谐；使社会经济基础、结构、生产力与生产关系从工业社会向信息社会过渡，确保实现社会经济信息化[①]。

综上所述，在两化融合的层次上看，可以分为技术融合、产业融合、社会融合，且融合是逐层递进实现的。本书主要讲述技术融合和产业融合，技术融合、产品融合和业务融合是实现产业融合的基础。信息化和工业化都是社会生产形态演进过程，其中蕴含生产方式的具体表达，内容包括发展理念、发展方式和动力、产业内容和管理模式等方面。产业内容则是对应生产方式的重要组成部分和基础，没有产业内容的生产是不存在的。工业化是要用工业主导型经济代替农业主导型经济，信息化是以信息为载体，通过信息技术创新和渗透促进自身产业的成长和带动工业改造升级，用知识经济代替工业主导型经济。信息产业成长代表着信息化发展水平，传统产业尤其是工业发展代表着工业化水平，因此推进信息化与工业化的融合应首先促进信息产业与其他产业融合，用信息化的先进技术、理念和管理模式推动传统产业分解和重构，实现新的市场、业务和产业发展，所以产业融合应是信息化与工业化融合的重要依据和出发点[②]。

5.2 基于信息化的产业融合形成条件

20世纪90年代，信息技术、互联网技术与通信技术的出现与扩散使得产业融合首先发生在信息产业内部，并且推动信息产业系统的自组织演变。信息技术和产业成长是信息化发展水平提升的重要标志，信息技术的创新以及信息产业向传统产业的渗透导致信息产业与传统产业之间、传统产业与传统产业之间也出现融合迹象。而且信息产业与传统产业融合既是信息化与工业化融合的重要依据，又可看作是信息化与工业化融合在产业层面的融合形式。本节基于信息化分析产业融合的形成条件和类型，为实现信息化与工业化融合发展以及推动区域产业结构升级奠定基础。

5.2.1 基于逻辑斯蒂方程的产业成长模型

根据系统动力学方程式，产业系统的演化过程可以一般性地表示为：

---

① http://www.ciotimes.com/information/topic/topic20090816/200908171556.html.
② 李林. 产业融合——信息化与工业化融合的基础及其实践[J]. 上海经济研究，2008 (6)：90-95.

$$\frac{dX}{dt} = f_i(X_1, X_2, \cdots, X_n) \tag{5.1}$$

其中，$X_i(i=1, 2, \cdots, n)$ 为产业系统演化过程中的状态变量，t 为时间变量。

当产业系统处于平衡静止状态时，表示与外界没有任何物质、能量与信息等方面的交换。可用数学表达式：

$$\frac{dX}{dt} = 0$$

即 $f_1 = f_2 = \cdots = f_n = 0$

由此得到方程组的解为：

$X_1 = X_1^*$

$X_2 = X_2^*$

$\vdots$

$X_n = X_n^*$

产业系统是一个复杂的系统，由产品系统、企业系统、技术系统等组成。产业是生产具有同类属性的企业的集合，企业主要通过产品或服务来实现其目标，因此，从产品视角来研究产业发展是一种最常见的方法。由产品子系统构成的产业系统的演化轨迹，可用式（5.2）来表示：

$$\frac{dX}{dt} = f(X) \tag{5.2}$$

展开为泰勒级数：

$$\frac{dX}{dt} = aX + bX^2 + \cdots \tag{5.3}$$

通过对经济系统中各类产业发展过程的经济观察发现，产业系统演化的过程遵循一定的规律：在演化的初期，成长速度较慢，中期阶段成长速度最快，后期成长速度趋于平缓。演化的总过程呈现 S 形曲线。为体现产业的 S 形成长特征，取式（5.3）的前二项，即：

$$\frac{dX}{dt} = aX + bX^2 \tag{5.4}$$

进一步转换可得：

$$\frac{dX}{dt} = \alpha X(N - X) \tag{5.5}$$

式（5.5）就是逻辑斯蒂方程的转换形式，式（5.5）反映了封闭信息产业系统的动力演化情况：产业的成长速度与其演化过程中的状态变量 X 成正比，但到一定阶段后受到自身成长能力和资源有限等因素的制约，成长速度又会减弱，并趋于 0。

式（5.5）中α为产业成长速度系数，它与信息产业的要素投入结构、技术创新扩散与吸收等因素有关。当α>0时表示信息产业是不断发展的，α值较大，表示产业成长越快，α值较小表示产业发展比较慢；当α<0时表示产业成长速度是递减的，如产量不断缩减，由正值变为负值时，产业不复存在。因此，一般在α>0，N>0的情况下来考虑产业发展问题。当α值由负值或零变成正值时，则表示出现了新的产品。因此，通过α值的突变来反映产业融合情况。

N是产业产品增长的极限值，或者说，该参数表示的是该产业产品市场需求量的极限值；X为动态因子，(N-X)为减速因子，它的量随时间的推移而减少，说明产业系统的演化机制是非线性的，存在正负反馈机制。

式（5.5）的解为：

$$X = \frac{N}{1 + ce^{-\alpha Nt}}$$

其中c表示积分常数。

可见，状态变量产品产量X与初始值c、需求极限值N和产量增长速率α三个变量有关。

当$t \rightarrow +\infty$时，$X_t = N$，即当时间无限长，产品需求倾向于饱和。

进一步对上式求二阶导数，可得拐点$t^* = \frac{\ln c}{\alpha}$。从中看出，当c不变，如果α越大，则$t^*$越小。即技术创新、扩散或吸收速度越快，产业融合程度越高。

一般情况下，产业系统的演化过程包括产品的生产和被消费淘汰（或报废）两个方面。产业系统产品的生产、淘汰相当于生态系统中生物的"生灭"过程。当产品被消耗掉后，自然就需要有更多的产品用于更新。对式（5.5）进行如下修改：

$$\frac{dX}{dt} = \alpha X(N - X) - MX \tag{5.6}$$

新添的项MX代表产品的耗费量。参数M是产业系统产品的平均消耗率，$\frac{1}{M}$即产品使用寿命周期。M是表示该产业产品使用时间长短的参数，产品使用时间越短，就要有更多的产品用于更新，以补偿被消耗的产品。

显然，这时系统产品数量增长的极限值不再是N，令$\frac{dX}{dt} = 0$，解得：

$$X_1 = 0, \quad X_2 = N - \frac{M}{\alpha}$$

容易证明，在α>0，$N - \frac{M}{\alpha} > 0$的条件下，$X_1 = 0$是不稳定的，$X_2 = N -$

$\frac{M}{\alpha}$ 是渐进稳定的,即此时整个产业向稳定状态 $X_2 = N - \frac{M}{\alpha}$ 移动。这种状态代表着正在生产出来的和正在被消耗掉的 X 之间的一个动态平衡。

进一步分析,若 $\alpha > 0$,$N - \frac{M}{\alpha} < 0$,则式 (5.6) 在 $X_1 = 0$ 是稳定的,在 $X_2 = N - \frac{M}{\alpha}$ 是不稳定的,这时产业必然消亡。

记 $P = N - \frac{M}{\alpha}$,则演化方程 (5.6) 转变为:

$$\frac{dX}{dt} = \alpha X(P - X) \tag{5.7}$$

当 P > 0 时,系统稳定于 P 点,产业能够生存和发展;当 P < 0 时,系统稳定于 0 点,产业将消亡。即参数 P 是式 (5.7) 的分岔点,参数 P = 0 是产业系统生存和成长的临界条件。

5.2.2 产业融合产生的条件和融合类型

产业系统处于平衡态时,在外界环境的激发下,如技术创新,导致产业系统向新的有序态演化,产业融合就是产业在相互关联的作用下演化的新趋势。Malhotra (2001) 将产业融合定义为"两个或两个以上过去各自独立的产业,当它们的企业成为直接竞争对手时就发生了融合",并认为这种融合的发生是经由两个相互关联的过程来进行的,即来自需求方的功能融合和来自供给方的机构融合。当顾客认为两个产业的产品具有替代性或互补性时即发生了功能融合;而当企业认为两个产业的产品之间存在联系而生产或销售这两个产业的产品(作为独立的两个产品或作为产品包)时即发生了机构融合。某一个厂商技术创新成功后,其他厂商出于技术竞争的激发,往往模仿吸收创新技术,这就是所谓的"羊群效应"。模仿造成相同的技术创新在相关产业间扩散吸收和进一步融合创新,导致了技术融合。Sahal (1985) 和 Dosi (1988) 指出某些技术在一系列产业中的广泛应用和扩散,并导致创新活动发生的过程,可被视为技术融合。在技术融合向产业融合发展过程中,决定产业之间相互依存关系的是产业之间的技术联系,产业之间的这种投入产出联系使得上下游产业之间形成互为创新的关系,一个产业的技术创新依次向其前向联系产业或后向联系产业扩散,促使其发生新的技术创新,使整个产业结构建立在新的技术基础之上,促进产业新一轮的成长。但技术创新、技术融合并不一定导致产业融合。失败的原因是多方面的,但最根本的在于融合过程与市场环节的脱节,导致融合产品难以在市场上得到扩散,从而得不到市场需求支持的融合变成"死尸的融合"。技术创新成功后只有在相关产业间扩散和吸收才导致技术融合的产生。融合产品的需求增长也是通过消费者的示范—模仿过程而逐渐得到扩散的。

Gaines（2001）揭示了信息技术融合的技术基础，认为信息技术融合存在替代和不断学习的过程，数字技术的出现是产业融合的重要驱动力。数字技术是通用技术，对它的学习和应用使得产业间具有技术关联性。技术关联的强弱是产业融合程度和技术扩散吸收的决定因素，某产业的创新技术与其他产业的关联度越大，发生产业融合的程度就越大。技术创新产生的新兴产业（信息技术、生物工程等）由于具有广泛的关联性和较强的技术渗透性，通过部门之间的技术联系（投入—产出关系）发生前向关联和后向关联的扩散，与其关联性较强的其他产业（机械、石油化工、钢铁等产业）发生融合，提高了这些关联产业的技术水平和生产效率。在示范作用下，其他相关联的产业部门也会模仿、学习，分别与新兴产业发生融合，使得整个社会产业的技术水平和生产效率得到提高。

从中看到，不论是技术融合还是产业融合，技术扩散、渗透、模仿与吸收是成功的关键。产业融合取决于产业对某项创新技术的采用，新技术的采用取决于新技术的扩散和企业对新技术的吸收，而扩散和吸收需要一个开放的环境。

在开放产业系统中，不同产业间的关系基本上分为竞争、协作与不相关三种。①两个产业间没有相关性。一个产业的发展并不影响另一产业的发展，即两个产业间的相关系数为零。在这种情况下，可以把产业看作是封闭产业系统，相互之间没有物质、能量与信息交流。②协作关系。如果一个产业系统中所包含的若干个产业形成了一个投入产出链条，那么这些产业就是连锁互补关系，即产业的协作。如计算机硬件与软件、计算机与电子行业等。在计算机产业发展初期，计算机产业与通信产业是互补关系，消费者把计算机与通信产业中的固定电话联结起来共同使用以实现互联网的功能。③竞争关系。一个产业的发展会减少或占用另一个产业的资源。如随着产业融合的发展，邮政与电信、计算机产业与通信产业由原来的互补变成竞争关系，计算机产业的发展会导致邮电通信产业市场容量的降低。

美国学者 Greenstein 和 Khanna（1997）指出"产业融合作为一种经济现象，是指为了适应产业增长而发生的产业边界的收缩或消失"，并将产业融合区分为"替代性融合"和"互补性融合"。Stieglitz（2002）综合前人的研究指出，市场（产业）既可以用需求因素也可以用供给因素来定义，因而市场（产业）融合就可以区分为供给方技术融合和需求方产品融合。用相似的技术能力生产不同的产品和服务即为技术融合，而通过使用不同的技术提供替代性或互补性产品即为产品融合，这两种类型的融合又分别可进一步分为替代性和互补性融合。本章将从产业间相关关系出发，在分析产业经济系统演化过程中，将产业相关关系和产业融合类型联系在一起。将产业竞争关系形成的产业融合叫作替代型融合,产业间因协作关系形成的产业融合类型是互补性融合。

替代型产品融合是指一个产业的产品通过整合具有相似特征的另一产业中的产品,使得这两种产品具有越来越多相似的特征而引起的融合;从消费者角度看,固定数量的用户愿意把两个产业的产品作为替代品应用于越来越多的任务中或越来越多的用户在完成特定的任务中,把不同产业的两种产品作为替代品。如大型机与微机产业的融合。

互补性融合是指在技术进步和同一标准化界面的推动下,两个不相关的产品形成互补性产品来获取更大的功能而引起的融合。从用户角度看,是指固定数量的用户把两种产品联合起来一起使用更好地完成一个更大的任务或越来越多的用户发现为完全特定的目标,两种产品是互补的。

互补性融合与替代型融合的不同之处在于产品替代型产业融合通常会伴随着技术为基础的融合,而互补型融合则不一定会导致技术为基础的融合,但技术和标准等对互补性融合有着非常重要的影响,特别是标准的出现是互补型融合产生的前提。

在开放的产业环境下,假设信息产业经济系统由两个子产业系统 F_1、F_2 构成,且 F_1、F_2 的演化符合逻辑斯蒂方程[①]。技术扩散前的模型为:

$$\frac{dX_1}{dt} = f_1(X_1, X_2) = \alpha_1 X_1(N_1 - X_1 - \beta_{12} X_2) - M_1 X_1$$

$$\frac{dX_2}{dt} = f_2(X_1, X_2) = \alpha_2 X_2(N_2 - X_2 - \beta_{21} X_1) - M_2 X_2 \tag{5.8}$$

其中,X_1、X_2 分别表示子产业 F_1、F_2 的产品数量;α_1、α_2 分别表示 F_1、F_2 的成长速率(生产率),与技术创新有很大关系。N_1、N_2 分别代表 F_1、F_2 市场需求的最大规模;M_1、M_2 分别代表 F_1、F_2 产品的平均消耗率;$\beta_{ij}(i, j = 1, 2, i \neq j)$ 表示子产业系统 j 对 i 的影响系数,其值可正可负。当影响系数为负时,表示两个产业的互补关系,可称为"协同系数",通过协同系数可以反映出产业的协同效应;当影响系数为正时,表示两个产业的替代关系,可称为"替代系数",通过替代系数可以反映出产业的替代效应。$\beta_{ij} = 0$ 表示子系统间没有相关性,可看作是在封闭的产业环境中。$\beta_{ij} = 1$ 表示 F_j 的演化对产业系统 F_i 产品数量增长的影响,与 F_i 本身产品数量的增长具有同样的影响力度;$|\beta_{ij}| < 1$ 表示 F_j 对产业系统演化的影响力不超过 F_i 本身。

根据上面的讨论,可将模型(5.8)转化为:

[①] 齐亚伟,陶长琪. 共生视角下的产业融合 [J]. 徐州工程学院学报,2010(6):8–12.

$$\frac{dX_1}{dt} = f_1(X_1, X_2) = \alpha_1 X_1(P_1 - X_1 - \beta_{12}X_2)$$

$$\frac{dX_2}{dt} = f_2(X_1, X_2) = \alpha_2 X_2(P_2 - X_2 - \beta_{21}X_1) \tag{5.9}$$

式（5.9）中，$P_1 = N_1 - \frac{M_1}{\alpha_1}$，$P_2 = N_2 - \frac{M_2}{\alpha_2}$。式（5.9）表示产业系统 F_j 对产业系统 F_i 演化的影响是通过系数 β_{ij} 对 F_i 用户市场 N_i 的争夺实现的。

在封闭产业环境下，不同产业的发展分别受到自身因素的影响，不同产业间不会进行技术、产品、制度等方面的知识或信息交换、扩散，产业之间不会发生产业融合现象。因此，可得结论在封闭产业系统中或产业之间存在着非相关性时，不同产业的发展不会发生产业融合现象。

产业融合，无论是技术融合还是产品融合，都是一个包含三个具体阶段的动态化过程。第一阶段存在两个从供给到需求都不相关的产业，融合的过程由外部因素（如新的技术发明、政策管制放松）所激发；第二阶段意味着市场结构和公司行为在外部因素的冲击下开始变化，主要体现在向外部延展，促进融合的产生；当进入第三阶段时，这两个产业从技术或产品市场的角度看都具有相关性，并且市场发展趋于稳定化。

以下分析：当产业经济系统受到外部因素激发，子产业之间具有相关关系（协作或竞争）时，即进入第二和第三阶段时，对应互补型融合和竞争型融合的产生过程。

令：$\frac{dX_1}{dt} = f_1(X_1, X_2) = 0$

$\frac{dX_2}{dt} = f_2(X_1, X_2) = 0$

得到信息产业系统的四个定态点：

$B_1(0, 0)$，$B_2(0, P_2)$，$B_3(P_1, 0)$，$B_4(\frac{P_1 - \beta_{12}P_2}{1 - \beta_{12}\beta_{21}}, \frac{P_2 - \beta_{21}P_1}{1 - \beta_{12}\beta_{21}})$（当 $\beta_{12}\beta_{21} \neq 1$ 时）或 $B_4(X_1^0, X_2^0)$（当 $\beta_{12}\beta_{21}=1$ 时，$X_1^0 + X_2^0 = N_1 - \frac{M_1}{\alpha_1} = N_2 - \frac{M_2}{\alpha_2}$）

对于任一定态点，信息产业演化方程组的特征矩阵 B 为：

$$B = \begin{bmatrix} \frac{\partial f_1}{\partial X_1} & \frac{\partial f_1}{\partial X_2} \\ \frac{\partial f_2}{\partial X_1} & \frac{\partial f_2}{\partial X_2} \end{bmatrix} = \begin{bmatrix} \alpha_1(P_1 - 2X_1 - \beta_{12}X_2) & -\alpha_1\beta_{12}X_1 \\ -\alpha_2\beta_{21}X_2 & \alpha_2(P_2 - 2X_2 - \beta_{21}X_1) \end{bmatrix} \tag{5.10}$$

定态点 B_1 意味着两个产业经过激烈的竞争共同灭亡；定态点 B_2 和 B_3 意味着

两个产业或经过竞争作用或经过渗透、协作作用融合成一个产业；定态点 B_4 意味着两个产业相互影响共同发展。

5.3 产业相关性与融合的产生过程

5.3.1 竞争性产业系统的演化与融合的产生

产业间处于竞争关系时，$\beta_{ij} > 0$。产业间采用的技术、使用的资源、生产的产品相互竞争，促使不同产业构成要素之间的互动，积极创新，当其中一个厂商技术创新成功后，降低了本行业的生产成本，增强了资产的通用性，提高了市场的竞争力。通过创新技术的扩散渗透与企业间的相互学习，导致融合型产品和新产业的产生，替代原有产品与传统产业或推动产业共同发展。

定态点 B_1 说明信息产业没有经受竞争的考验，不会导致产业融合的实现，因此，不考虑 B_1，只考虑其他三个定态点。

把 $B_2(0, P_2)$ 代入式 (5.10) 中有：

对应的特征方程：$\det|\lambda E - B(B_2)| = [\lambda - (\alpha_1 P_1 - \alpha_1 \beta_{12} P_2)](\lambda + \alpha_2 P_2) = 0$ 有解

特征根：$\lambda_1 = \alpha_1 P_1 - \alpha_1 \beta_{12} P_2$，$\lambda_2 = -\alpha_2 P_2$

把 $B_3(P_1, 0)$ 代入式 (5.10) 中有：

对应的特征方程：$\det|\lambda E - B(B_3)| = (\lambda + \alpha_1 P_1)[\lambda - (\alpha_2 P_2 - \alpha_2 \beta_{21} P_1)] = 0$ 有解

特征根：$\lambda_1 = -\alpha_1 P_1$，$\lambda_2 = \alpha_2 P_2 - \alpha_2 \beta_{21} P_1$

对于 $B_4 \left(\dfrac{P_1 - \beta_{12} P_2}{1 - \beta_{12} \beta_{21}}, \dfrac{P_2 - \beta_{21} P_1}{1 - \beta_{12} \beta_{21}} \right)$（当 $\beta_{12}\beta_{21} \neq 1$ 时），对应的特征方程为：

$\lambda^2 + b\lambda + c = 0$

其中，$b = \dfrac{\alpha_1(P_1 + \beta_{12} P_2) + \alpha_2(P_2 + \beta_{21} P_1)}{1 - \beta_{12}\beta_{21}}$，

$c = \dfrac{\alpha_1 \alpha_2 [(P_1 + \beta_{12} P_2)(P_2 + \beta_{21} P_1) - \beta_{12}\beta_{21}(P_1 - \beta_{12} P_2)(P_2 - \beta_{21} P_1)]}{1 - \beta_{12}\beta_{21}}$。

特征根：$\lambda_1 = \dfrac{-b + \sqrt{b^2 - 4c}}{2} < 0$，$\lambda_2 = \dfrac{-b - \sqrt{b^2 - 4c}}{2} < 0$

而当 $\beta_{12}\beta_{21} = 1$ 时，定态点 $X_1^0 + X_2^0 = N_1 - \dfrac{M_1}{\alpha_1} = N_2 - \dfrac{M_2}{\alpha_2}$ 变成一条直线。

特征方程 $\det|\lambda E - B(B_4)| = \lambda(\lambda + \alpha_1 X_1^0 + \alpha_2 X_2^0) = 0$ 有解。

特征根：$\lambda_1 = 0$，$\lambda_2 = -(\alpha_1 X_1^0 + \alpha_2 X_2^0)$

下面进一步讨论定态点 B_2、B_3、B_4 的稳定性。

5.3.1.1 $\beta_{12}\beta_{21} \neq 1$ 的情况下产业的演化

（1）若模型参数满足 $P_1 > \beta_{12}P_2$，$P_2 > \beta_{21}P_1$，即：

$$N_1 - \frac{M_1}{\alpha_1} > \beta_{12}(N_2 - \frac{M_2}{\alpha_2}),\ N_2 - \frac{M_2}{\alpha_2} > \beta_{21}(N_1 - \frac{M_1}{\alpha_1})$$

这意味着产业系统 F_i 产品产量大于产业系统 F_j 对 F_i 的替代量，在这种情况下，对于 B_2、B_3，产业间是部分竞争替代，对于 B_4，产业系统结构属于部分竞争共存。

则定态点 B_2 的特征根 $\lambda_1 > 0$，$\lambda_2 < 0$；B_3 的特征根 $\lambda_1 < 0$，$\lambda_2 > 0$，B_2、B_3 两点是鞍点，不稳定，即不能产生产业融合现象。

在此条件下，由于 $(P_1 + \beta_{12}P_2)(P_2 + \beta_{21}P_1) > (P_1 - \beta_{12}P_2)(P_2 - \beta_{21}P_1)$，即 $\alpha_1\alpha_2[(P_1 + \beta_{12}P_2)(P_2 + \beta_{21}P_1) - \beta_{12}\beta_{21}(P_1 - \beta_{12}P_2)(P_2 - \beta_{21}P_1)] > 0$，即 $c > 0$。

又因为此时：$b = \dfrac{\alpha_1(P_1 + \beta_{12}P_2) + \alpha_2(P_2 + \beta_{21}P_1)}{1 - \beta_{12}\beta_{21}} > 0$

所以：$b^2 > b^2 - 4c$

如果：$b^2 - 4c \geq 0$

则：$b > \sqrt{b^2 - 4c}$

因此 B_4 的特征根 $\lambda_1 = \dfrac{-b + \sqrt{b^2 - 4c}}{2} < 0$，$\lambda_2 = \dfrac{-b - \sqrt{b^2 - 4c}}{2} < 0$。

定态点 B_4 是稳定的节点。

反之，若 $b^2 - 4c < 0$，则 λ_1、λ_2 的实部为负数，定态点 B_4 亦是稳定的节点。

总之，在产业部分竞争替代的情况下，B_1、B_2 不是稳定的节点，在产业部分竞争共存的情况下，B_4 是稳定的节点。产业系统 F 在四个定态点围成的封闭区域内有意义，并朝着 B_4 所在的状态演化，图 5-3 给出了几种可能的相轨道。

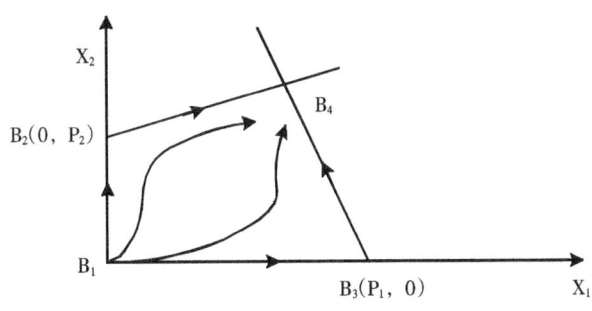

图 5-3　相轨道示意图

两个产业因竞争相互创新，丰富产品内容和质量，推动两个产业共同发展。两个产业演化趋向的稳态是：$X_1^0 = \dfrac{P_1 - \beta_{12}P_2}{1 - \beta_{12}\beta_{21}}$；$X_2^0 = \dfrac{P_2 - \beta_{21}P_1}{1 - \beta_{12}\beta_{21}}$。这时，总产品数量为 $X^0 = X_1^0 + X_2^0$。很容易证明，X^0 大于 P_1 或 P_2。如果将 F_2 看作是因技术融合而形成的新兴产业，则它的产生并没有使原有产业消失，反而使原有产业和新兴产业组成的产业经济系统较之原来的产业系统 F_1 生存和发展空间扩大了。这是因为通过技术关联、扩散，在更大范围内更加有效地开发和利用了环境资源，生产出形式和内容更加多样化的融合型产品和服务，促进原有产业的发展。

（2）随着数字技术等通用技术、信息技术、网络技术等渗透技术的发展，当其中一个行业率先进行技术改造和融合创新，生产出的融合产品不仅具有原有的功能和用途，而且具备新的功能和用途，对另一个产业市场需求的替代效应也就更强。即如果模型参数满足 $P_1 < \beta_{12}P_2$，$P_2 > \beta_{21}P_1$，此时，定态点 $B_2(0, P_2)$ 的特征根 $\lambda_1 < 0$，$\lambda_2 < 0$，B_2 成为稳定点；B_3 的特征根 $\lambda_1 < 0$，$\lambda_2 > 0$，B_3 仍是鞍点；B_4 位于 $X_1 - X_2$ 平面的第二象限，$X_1 < 0$，这意味着融合产品完全替代了相关产业的市场需求，产业系统 F_1 灭亡，产业融合形成。

产业系统的这种演化过程表明，当两个产业存在竞争关系时，并且使用的经济资源只是部分相互重合的情况下（$0 < \beta_{ij} < 1$），如果满足一定的条件，这两个产业相互融合成一个产业，或推动产业系统向一个稳态点演化。竞争驱动的创新活动及其在一系列产业中的广泛应用和扩散会激活那些原本死气沉沉的市场，推动某些产业的发展，就如数字技术对计算机和通信业所产生的影响那样。数字技术属于通用技术，通用技术能使不同产业原本无关的企业产生相互依赖性，使相互关联的产业关联性更大，数字技术跨产业（如计算机和通信等）的扩散，使这些隶属不同产业的企业因为产业间供需双方的联结而成为直接的竞争对手，隶属同一产业的企业竞争效应更强。两者对利润空间的追逐，对市场需求的替代驱动产业融合的产生。

5.3.1.2 $\beta_{12}\beta_{21} = 1$ 的情况下产业的演化

当 $\beta_{12}\beta_{21} = 1$ 时，则 $\beta_{12} = \beta_{21} = 1$，演化方程为：

$$\dfrac{dX_1}{dt} = \alpha_1 X_1(P_1 - X_1 - X_2)$$

$$\dfrac{dX_2}{dt} = \alpha_2 X_2(P_2 - X_2 - X_1)$$

该模型表明，产业系统中其他产业对本产业的影响力跟自身的影响力相同，两个产业是完全竞争替代的。竞争将促使产业系统的选择机制，物竞天择，适者生存。这时，根据前面的计算方法，可以判定点 $B_1(0, 0)$ 是不稳定点。若 $P_2 > P_1$，

点 $B_2(0,P_2)$ 稳定，点 $B_3(P_1,0)$ 是鞍点，不稳定；若 $P_2 < P_1$，点 $B_2(0,P_2)$ 是鞍点，不稳定；点 $B_3(P_1,0)$ 稳定；对于点 B_4，由于 $\lambda_1 = 0$，$\lambda_2 = -(\alpha_1 X_1^0 + \alpha_2 X_2^0) < 0$，它是临界稳定的，即有可能是 F_1 也有可能是 F_2 生存下来，结果取决于系统的初始状态。

如果 $P_2 < P_1$，即 F_1 比 F_2 有更大的产品需求空间时，这意味着 F_1 有更大的发展潜力，在外界的冲击下，如技术创新、技术融合，生产资源将从 F_2 向 F_1 转移，从而两个产业融合成一个产业，导致替代性产品融合的形成。

同理，$P_2 > P_1$ 时，两个产业也融合成一个更具发展潜力的产业。

总之，在生存空间、生产要素等完全竞争、产品完全替代的状态下，技术创新提高生产率，降低生产成本，生产要素从生产率低的产业向生产率高的产业过渡，导致替代性产业融合的实现。如移动技术的发展导致了移动手机和寻呼机之间发生了替代性产品融合。

通过由两个竞争性产业构成的产业经济系统结构演化模型的分析表明，系统结构分为 3 种情况：完全竞争替代、部分竞争替代、部分竞争共存。完全竞争替代时，根据产业发展潜力的不同两个产业有可能融合成一个产业；部分竞争替代时，产业竞争不能促使产业融合的实现；部分竞争共存时，产业竞争导致竞争性产业融合的实现。产业或企业的竞争关系使资源得到更加有效的利用，产品数量增加，分工发展，促使融合型新兴产业的出现，促使原有产业焕发新的生机。

模型的讨论还表明，除了系统内产业的竞争关系对系统的演化方向和融合的产生具有决定性影响外，模型中的参数、产业发展潜力也对融合的产生具有一定的影响。例如，技术扩散、吸收速度通过参数 α_1、α_2 对各自产业 F_1、F_2 的成长速度产生影响，因而影响融合程度和速度。α_1、α_2 的不同组合产生各种形状不同的演化轨道，同样影响融合的发展趋势和状态。另外，从完全替代竞争中可知，产业的发展潜力、需求空间也对融合的发展方向产生影响。模型中的参数有可控和不可控之分，α_1、α_2 主要反映产业的生产率，人们可以采用一定的措施，如加大研发投入、加强企业间交流、调节投资比例等，改变 α_1、α_2 的值，从而控制产业间相对成长速度，即 α_1、α_2 具有可控性。而参数 β，即产业间的相关性系数，是不以人的主观意志为转移的客观存在，因此 β 通常是不可控的，这也是产业系统自组织演化的一个重要因素。

5.3.2 协作性产业系统的演化与融合的产生

产业经济系统中产业之间的相互关系除了竞争外，还有一种重要方式，那就是产业之间的连锁互补，即产业的协作。不同产业或企业之间的协同最初主要是通过市场竞争来进行的。随着竞争越来越激烈，企业所面临的外部环境变得相对复杂与动荡，单靠企业自身难以对市场做出快速的反应，从而促进了协同方式的变革，即由市场协同向价值链或供应链协同发展。处于产业链不同环节的企业通过价值链或供应链而建立起密切的联系。产业间协同、竞争关系交叉存在。

随着外部环境越来越复杂，企业所拥有的资源异质性越来越大，协同对企业及产业发展越来越重要。产业的协同发展促进了类似于自然界中的"共生"现象的发展。产业的连锁互补是产业经济系统中产业分工协作的表现，协同与分工有着密切的联系。马克思在对分工进行分析的同时，对协作进行了深入的研究，提出了协作是许多人在同一生产过程中，或在不同的但相互联系的生产过程中，有计划地一起协同劳动。随着分工的演化，结合信息产业的特点，推动了模块化分工的兴起与扩散，越来越多的企业开始采取专业化经营，从事模块的研发与生产，从而对模块协同提出了更多的需求，提高模块的兼容性和资产的共用性，使得越来越多的协同建立在模块基础上。模块化分工是一种"并联"的分工方式，它把整个产品系统分成多个独立的模块，不同模块在共同的设计规则协同下自我演进，从而大大缩短了产品创新的时间。另外，在开放系统中，不同产业企业间的互动增强了不同产业间的共同技术基础，促进了企业对不同产业模块的整合，从而促进融合型产品的出现。如 PDA 产品的创新就是企业整合计算机硬件、软件、消费电子与通信产业中的不同模块而产生的。融合型产品的产生打破市场边界，推动市场融合的实现，对产业发展产生了深远的影响。

根据协同主体的不同，可以把协同分为内部协同与外部协同（芮明杰、屈路、胡金星，2005）。但随着实践的发展，越来越多的企业开始追求内部协同向外部协同的转变，即企业通过价值链或供应链向前或向后与其他企业合作。一个主要原因在于产品兼容性或产品替代性的提升，如许多产品之间的相互替代性导致供应商之间采取联盟而不是并购来协同（Wegberg, 1994）。竞争促使产业或企业协作。对于两个协作性产业系统而言，一个产业的发展会促进另一个产业的发展，反之亦然。但因协作而推动产品、市场融合产生后，随着融合进程的发展，企业生产要素、产品市场的重叠使得企业由协作关系转变为竞争关系，即融合改变了产业间的相互关系，因竞争而产生的替代性促进产业向融合演化。如在计算机产业发展早期，计算机的主要功能是信息处理，而电话的功能主要在于信息的传递，两者结合起来，可以实现计算机的信息处理与传输功能，计算机产业与电信产业是互补共存关系，计算产业发展会促进电信产业的发展，同样电信的发展会促进计算机产业的发展。但随着光传输技术、无线传输等技术的变革与发展，计算机与电信产业间由互补共存向竞争共存转变。计算机与宽带传输技术、光传输技术的互补而产生的通信功能对传统的固定电话业务产生竞争关系，并逐渐形成强大的替代效应，替代传统的固定电话业务，缩小了固定电话业务的市场规模。

协作性产业系统中出现的融合称为互补型融合，本书将互补型融合分为三种表现形式：组合型融合、兼容型融合和渗透型融合。

组合型融合是通过对相关产品的组合、包装等，满足消费者个性化、多样化需求来实现业务融合的一种方式。这种融合主要发生在技术相关性和需求差异性都较低的不同产业之间。组合型融合是一种需求导向的产业融合形式。

兼容型融合是通过兼容不同产品的功能、形式和用途等来实现产业融合的表现形式。这种融合通常发生在技术相关性和需求差异性较高的相关市场之间。产生兼容型融合的主要原因：不同产品具有共同的技术基础，容易发生产品融合和业务融合，驱动产业融合实现。

渗透型融合是通过技术或业务的相互交叉、渗透首先实现技术融合，从而逐步实现产业融合。这种融合主要发生在技术相关性较低、需求差异性较高的不同市场之间。产生渗透型融合有两个方面的主要原因：一是专业化分工发展的结果。专业化分工的发展导致企业业务流程重组，促使服务业向第二产业和第一产业渗透，形成包括产前服务、产中服务、平行服务和产后服务等规模巨大的生产者服务市场。二是新技术扩散的结果。技术扩散是产业融合的前提。

协作性产业系统意味着 $-1 \leq \beta_{ij} < 0$。同样只考虑定态点 B_2、B_3、B_4 的稳定性。根据上一节的计算方法，将 B_2、B_3、B_4 代入特征方程，求出各自的特征根。

（1）对于 B_2：特征根 $\lambda_1 = -\alpha_1 P_1 - \alpha_1\beta_{12}P_2 > 0$，$\lambda_2 = -\alpha_2 P_2 < 0$

所以 B_2 是个鞍点，不稳定节点。

（2）对于 B_3：特征根 $\lambda_1 = \alpha_1 P_1 < 0$，$\lambda_2 = \alpha_2 P_2 - \alpha_2\beta_{21}P_1 > 0$

所以 B_3 是个鞍点，不稳定节点。

（3）对于 B_4：

(a) 当 $\beta_{12}\beta_{21} \neq 1$ 时。

对于系统 F_1 来说，$(P_1 + \beta_{12}P_2)$ 是市场上 F_1 产品自身的实际销售量，$(P_1 - \beta_{12}P_2)$ 是市场上 F_1 产品的饱和量，两者的比值 γ_1 看作 F_1 产品的销售率，同理，将 $\gamma_2 = \dfrac{P_2 + \beta_{21}P_1}{P_2 - \beta_{21}P_1}$ 看作 F_2 产品的销售率。当产品各自销售率大于其他产品对其互补系数，即 $\gamma_1 > -\beta_{12}$，$\gamma_2 > -\beta_{21}$ 时，亦即 $\dfrac{(P_1 + \beta_{12}P_2)(P_2 + \beta_{21}P_1)}{(P_1 - \beta_{12}P_2)(P_2 - \beta_{21}P_1)} > \beta_{12}\beta_{21}$。

推导出 $c > 0$。

若再加上 $P_1 > -\beta_{12}P_2$，$P_2 > -\beta_{21}P_1$，即 $b > 0$。

如果 $b^2 - 4c \geq 0$，则 $b > \sqrt{b^2 - 4c}$。

因此 $\lambda_1 = \dfrac{-b + \sqrt{b^2 - 4c}}{2} < 0$，$\lambda_2 = \dfrac{-b - \sqrt{b^2 - 4c}}{2} < 0$。

定态点 B_4 是稳定的节点。

反之，若 $b^2 - 4c < 0$，则 λ_1、λ_2 的实部为负数，定态点 B_4 亦是稳定的节点。

此时，系统内的产量 $X^0 = \dfrac{P_1 - \beta_{12}P_2}{1 - \beta_{12}\beta_{21}} + \dfrac{P_2 - \beta_{21}P_1}{1 - \beta_{12}\beta_{21}}$，原系统内的产量为 ($P_1$ + P_2)，很容易证明，产品需求空间增大了，增量为 $-\beta_{21}P_1(1 - \beta_{12}) - \beta_{12}P_2(1 - \beta_{21})$。这可看作是组合型融合的结果。例如，传统旅游业主要提供观光、交通、餐饮和住宿等服务内容。现代旅游业根据旅游消费的变化，增添了购物、娱乐和文化等新的服务内容，从而融合了原先独立的旅游、商业、娱乐、文化等市场，提高了旅游服务的质量，扩大了旅游市场的规模。

总之，在某产业产品存量大于另一个产业对其的互补量，且产品各自销售率大于其他产品对其的互补系数的条件下，即 $P_1 > -\beta_{12}P_2$，$P_2 > -\beta_{21}P_1$，且 $\gamma_1 > -\beta_{12}$，$\gamma_2 > -\beta_{21}$，两个产业相互促进，互补性产业系统可以稳定发展，出现组合型融合。在其他条件下，两个产业不能协同成长。

(b) 当 $\beta_{12}\beta_{21} = 1$ 时：

此时 $\beta_{12} = \beta_{21} = -1$，产业间是完全互补的，一个产业的生存发展与另一个产业息息相关。此时，定态点 B_2、B_3 是不稳定的节点。

B_4 对应的特征根 $\lambda_1 = 0$，$\lambda_2 = -(\alpha_1 X_1^0 + \alpha_2 X_2^0) < 0$，它是临界稳定的，即初始市场竞争力的不同造成产业向外延展能力不同，原有产业中生存下来的有可能是 F_1 也有可能是 F_2，结果取决于系统的初始状态。

从协作性产业系统的演化可知，一些产业的生存发展受到另外一些产业发展的影响，一些产业拉动了另外一些产业的增长，同时，它本身也会由于后向推动而得到进一步发展，两者共同发展并倾向于一个结构稳定的节点，在发展过程中出现组合型融合形态，扩大了产业系统的需求空间，增大了产品和服务需求差异性。

下面考察在技术创新的推动下，新产业的出现改变产业间相互关系的条件下，协作性产业融合的形成过程。

不妨设两个产业成长系数 $\alpha_2 > \alpha_1$，$\alpha_1 = kA_1$，$\alpha_2 = kA_2$，A_1、A_2 代表技术进步因子，k 为固定比例系数。技术创新成功、技术水平高的产业 F_2 进行技术扩散，产业 F_1 吸收扩散来的技术，设吸收系数为 ρ。产业 F_1 经过技术扩散和吸收后，技术水平为：$A_1' = A_1 + (A_2 - A_1)e^{-\rho t}$。其中 ρ 反映了产业对技术吸收、消化能力和再创新的组织实施能力，ρ 越大，产业吸收能力越强，吸收转化新技术所需时间越短。一般来说，技术水平高的企业，消化吸收能力强。新旧技术之间的水平差距越小，吸收转化新技术所需时间就越短，产业就能够迅速地模仿、消化和吸收新技术，并在此基础上进行创新。因此，两个产业之间的技术水平越高，相互之间的技术差距越小,技术关联性越大,形成产业融合的趋势就越大。技术差距太大时,或者技术完全不相关（ρ 很小）时,产业之间的消化吸收能力就很低,从而无法学习和模仿,无法达到技术融合。

可见,一个产业的技术创新扩散到其协作产业,并对协作产业已有技术进行改造,使得不同产业具有相同的技术基础,产业间的关联性提高,促使产业融合的实现。此外,创新技术扩散使得相关产业的技术水平得到提高,通过与这些相关产业的原有技术相融合而产生了新技术,就为相关产业创造了新的技术升级机会。

原有产业系统内产业通过技术创新,增强两者之间技术、资产的通用性,形成一个新兴产业 F_2' 替代原有产业 F_2。F_2' 系统中的融合型产品能够兼容原有产业系统 F 中产品的所有用途和功能,所以 F_2' 与原有产业 F_1 组成的新产业系统 F' 竞争关系占据主要地位,产业由协同共存转变为竞争共存时,这是兼容型融合的表现形式,是以产品融合驱动产业融合。新产业系统成长演化模型为:

$$\frac{dX_1}{dt} = \alpha_1(P_1 - X_1 + \beta_{12}'X_2')$$

$$\frac{dX_2}{dt} = \alpha_2'(P_2' - X_2' + \beta_{21}'X_1)$$

同理,分析在 $\beta_{12}'\beta_{21}' \neq 1$ 的情况下产业融合的产生过程。

消费者的消费惯性、消费偏好或新融合型产品的性价比都会影响到融合产品与原有产品之间替代效应的大小,如果 $P_1 > -\beta_{12}'P_2'$,$P_2' > -\beta_{21}'P_1$,B_2、B_3 不是稳定的节点,新产业系统向新的稳定态 $(\frac{P_1 + \beta_{12}'P_2'}{1 - \beta_{12}'\beta_{21}'}, \frac{P_2' + \beta_{21}'P_1}{1 - \beta_{12}'\beta_{21}'})$ 演化,融合产品和原有产品共存。如果 $P_1 < -\beta_{12}'P_2'$,$P_2' > -\beta_{21}'P_1$,B_2 是稳定点,新兴产业 F_2' 取代原有产业 F_1,产业融合形成。即 F_1、F_2 的技术融合首先使产业系统 F_2 产生突变,形成技术更加先进的新兴产业 F_2',新兴产业创造了新的产品用途和功能,产生替代性需求,吸引消费者从 F_1 行业转移,而且创造了创新型需求,增加了原有产业系统需求范围之外的新需求,使产品产量增加到某一个有限值 $-\beta_{21}'P_1$,在系统中占据一个小的生存环境,最终使自己的成长空间大于原来产业 F_1 的空间,使得环境资源得到更充分的利用,从而取代了原有的产业 F_1。如果 $P_1 > -\beta_{12}'P_2'$,$P_2' < -\beta_{21}'P_1$,B_3 是稳定点。因消费产品的"锁定效应"或融合产品的性价比过高,消费者对融合产品的接受程度不大,造成需求不扩散或需求的增长缓慢,新兴产业的成长空间小于原来 F_1 的空间,新兴产业将受到抑制,并最终消亡,产业融合过程中断。即突变体引起的"微涨落"达不到融合演变的临界值,原有产业 F_1

的稳定态得到恢复。

原有产业系统技术融合后,对原有产业 F_1 来说,在饱和时产量为 $P_1 - \beta'_{12} P'_2$,融合前后产量的增量为:$(P_1 + \beta'_{12} P'_2) - (P_1 - \beta_{12} P_2) = \beta'_{12} P'_2 + \beta_{12} P_2 < 0$。

对新兴产业 F'_2 来说,在饱和时产量为 $P'_2 + \beta'_{21} P_1$,融合前后产量的增量亦为 $P'_2 + \beta'_{21} P_1$,新兴产业可能生存发展起来,也可能被扼杀在摇篮当中,这取决于替代性融合程度的大小。

总之,在一定条件下,新兴产业和原有产业可以共存,但随着产品融合程度的加大,新兴产业对原有产业的替代程度加大,而原有产业对新兴产业的替代性减小,原有产业会慢慢萎缩,从而融合产业占据主导地位。

在协作性产业融合产生过程中,还有一种形式的融合——渗透型融合,这是在协作性产业系统中通过技术或业务的相互交叉、渗透来实现融合的一种方式,是高技术扩散与其他产业技术融合驱动的结果。一定时间后,高技术产业 F_1 中的创新性技术通过扩散、渗透提升传统产业 F_2 的技术水平,促使 F_2 结构升级焕发新的生机,转变为新产业 F'_2。这是将没落产业进行技术改造升级,产业 F_1 的发展推动新产业 F'_2 的发展,F'_2 为 F_1 进一步发展提供物质基础,两者的关联程度更大,F'_2 与 F_1 的协同程度更大。成长演化模型为:

$$\frac{dX_1}{dt} = \alpha_1 (P_1 - X_1 - \beta'_{12} X'_2)$$

$$\frac{dX_2}{dt} = \alpha'_2 (P'_2 - X'_2 - \beta'_{21} X_1)$$

新产业系统的均衡态为:$\left(\dfrac{P_1 - \beta'_{12} P'_2}{1 - \beta'_{12} \beta'_{21}}, \dfrac{P'_2 - \beta'_{21} P_1}{1 - \beta'_{12} \beta'_{21}} \right)$

新产业与高技术产业间的协作性程度提高,$-\beta'_{21} > -\beta_{21}$,$-\beta'_{12} > -\beta_{12}$。所以 $\beta'_{12} \beta'_{21} > \beta_{12} \beta_{21}$,$1 - \beta'_{12} \beta'_{21} < 1 - \beta_{12} \beta_{21}$。因为 $\alpha'_2 = kA'_2 > kA_2 = \alpha_2$,所以 $N_2 - \dfrac{M_2}{\alpha_2} < N_2 - \dfrac{M_2}{\alpha'_2}$,即 $P'_2 > P_2$。又可知,$P_1 - \beta'_{12} P'_2 > P_1 - \beta_{12} P_2$,$P'_2 - \beta'_{21} P_1 > P_2 - \beta_{21} P_1$。所以 $\dfrac{P_1 - \beta'_{12} P'_2}{1 - \beta'_{12} \beta'_{21}} > \dfrac{P_1 - \beta_{12} P_2}{1 - \beta_{12} \beta_{21}}$,$\dfrac{P'_2 - \beta'_{21} P_1}{1 - \beta'_{12} \beta'_{21}} > \dfrac{P_2 - \beta_{21} P_1}{1 - \beta_{12} \beta_{21}}$。这表明通过创新技术在协作性产业系统的扩散、吸收和融合,推动高技术产业与传统产业互补性融合的实现,使社会资源和生产要素在产业之间各个部门实现优化配置,增加了系统的经济产量。产业融合通过产业间的协同效应,使产业经济系统朝着结构有序度增加的方向自组织演化。

对新产业 F_2' 来说，在饱和时产量为 $P_2' - \beta_{21}' P_1$，融合前后产量的增量为：

$$(P_2' - \beta_{21}' P_1) - (P_2 - \beta_{21} P_1) = (\frac{M_2}{\alpha_2} - \frac{M_2}{\alpha_2'}) + (\beta_{21} - \beta_{21}') P_1 > 0$$

经分析可知，协作性产业融合后新产业 F_2' 的饱和产量增加，也就是市场需求量扩大。

互补性产业融合后，对原有产业 F_1 来说，在饱和时产量为 $P_1 - \beta_{12}' P_2'$，融合前后产量的增量为：$(P_1 - \beta_{12}' P_2') - (P_1 - \beta_{12} P_2) = -\beta_{12}' P_2' - (-\beta_{12} P_2) > 0$。

通过协作性产业融合，产业关联性加强，不但融合后的新产业技术含量和产量增加，也促进了原有产业 F_1 的产量增加。

渗透型融合形式的典型案例就是信息产业与传统工农业的融合。在信息化时代，信息技术使得技术创新步伐加快，出现了产品服务化和服务内容产品化的趋势，信息产业与其他产业协同互补，加快了互补性融合的步伐。而这种融合更多地表现为信息产业向其他产业的渗透。例如，信息技术对其他市场的渗透形成了诸如电子广告、电子图书、远程教育、远程医疗和网上销售等融合市场。同时，信息产业具有广泛的技术关联性和较高的产业成长性，信息产业融入到传统产业中，可以使传统产业重新焕发青春，使传统产业从低成长性、低附加值状态过渡到高成长性、高附加值状态，从而实现产业结构的调整与升级。

5.4 信息化与工业化融合的动力与运行机制

5.4.1 两化融合的动力机制研究

两化融合是个复杂的系统工程，诸多因素都交织在这个系统之中，并对该系统产生影响，如政府的规划、政策的制定、产业技术的发展状况、第三方的中介机构信息顺畅交互、公共信息平台以及专业人才等。总体而言，对两化融合的影响主要来自四个大的方面：第一方面是对系统有方向把控的因素，包括国家宏观调控政策，政府的产业指导、企业自身对政策的把控等；第二方面是对整个系统有拉动作用的因素，如市场需求、技术需求、产业发展需求等；第三方面是对系统起着推动力作用的因素，如市场竞争、产业链协同发展、IT 技术进步等；第四方面就是对整个系统起着支撑作用的因素，如第三方中介的发展、专业人才队伍的建设、ASP公共平台等①。下面进行详细剖析。

（1）对系统具有导向的因素。在此种因素中，政府机构因素占据大部分，宏观、中观上都有其影响。在宏观上，政府对经济形势把控、政府对产业发展方向的指导、政府对进出口产品的导向型筛选等都具有一定影响能力。在中观上，主要涉及地方政府对区域产业的发展规划、地方政府对区域内产业的政策扶持、行业内发展规划等。在微观上，主要由各企业自我控制，主要表现在企业基于对国家宏观政策、区域、行业中观政策的理解基础上，自我设定的企业内部政策以及产品发展规划目标。因此，对于此类因素而言，实际上可以分为三个维度，即宏观维度、中观维度、微观维度。通过三个维度不同参与主体的相互作用，使得政策效果相互叠加，产生合力，最终对"两化融合"进行导向。

（2）对系统具有拉动力的因素。在此类因素中，主要包括市场需求、技术需求、产业发展需求等。随着产品在市场的推广应用，市场对产品的"量"与"质"的要求逐渐提高。企业为满足市场对产品的各项需求，在既定的条件下，就必须提高自身的产出效率，加大资本投入与加强技术改造。信息技术具有周期短、渗透性强、效益好等优点，利用信息技术在制造业中应用，提升企业在设计、制造、管理、物流等环节的运营能力，促进企业经济效益的提升，成为众多企业的首选。因此产品市场的需求对企业信息化应用具有拉动作用。同时，由产品生产技术升级带来的技术变革也深深影响着企业运作，促进企业对信息化的需求。信息技术的日新月异，为各种工业化进程中所需的技术支持提供了可行性。产品的功能性拓展也对信息技术在产品生产设计中的应用提供了动力。信息技术在传统工业产品功能模块添加过程中起着非常重要的作用。随着科技的发展，人们对日常生活、学习、生产中产品的功能提出了新的需求，而在新功能模块中信息技术的运用，往往能满足人们快捷、方便的应用需求，因此这也间接地促进了信息技术在传统工业中的应用。

（3）对系统具有推动力的因素。在此方面因素中，主要包括市场竞争，工业企业产业链的整合、IT技术的快速发展、第三方中介机构的交互通畅。经济社会的发展，不仅带来了信息资源的通畅，同时也使市场细分日渐明显、市场竞争日益激烈。为保持企业生产优势，扩大企业市场占有率，企业不得不对生产进行改进，对产品功能进行挖掘。在此过程中，信息技术的应用至关重要。通过信息、通信、网络技术的应用，可以迅速提升产品的适用性，对扩大产品销售目标与范围具有显著的作用。产业链的整合对信息技术在产业链条上下游传递具有积极作用，扩大了信息技术的应用范围，深化了信息技术的应用程度。第三方中介，是

---

① 陈伟. 江西省两化融合状况的实证分析 [D]. 江西财经大学硕士学位论文，2013.

信息技术从信息产业到工业生产中的纽带,它的快速发展,为信息技术大规模的传递做出了最好的铺垫。中介的发展,不仅可以促进信息技术从信息产业到传统产业的流入,也可以及时反馈传统产业中信息技术的需求方向,修正信息技术的发展方向。

(4)对系统具有支撑作用的因素。在此方面因素中,主要包括以下几个方面:政府的治理、咨询企业的产生、ASP公共服务平台、专业人才、资金支持、标准化建设等。此方面的因素主要构成两化融合的大环境平台。政府作为两化融合的提出者、规划者、治理者,其对两化融合系统的整体影响毋庸置疑。良好的政府治理将成为两化融合这个大系统的有力推进器。咨询企业是培育市场活跃程度的一个良好润滑剂,它可以保持整个两化融合大系统内部信息交互的顺畅。ASP平台则提供了简单、易用、实用的应用系统,为中小企业的信息技术应用提供了低成本的平台。众多支撑要素对两化融合的作用如图5-4所示。

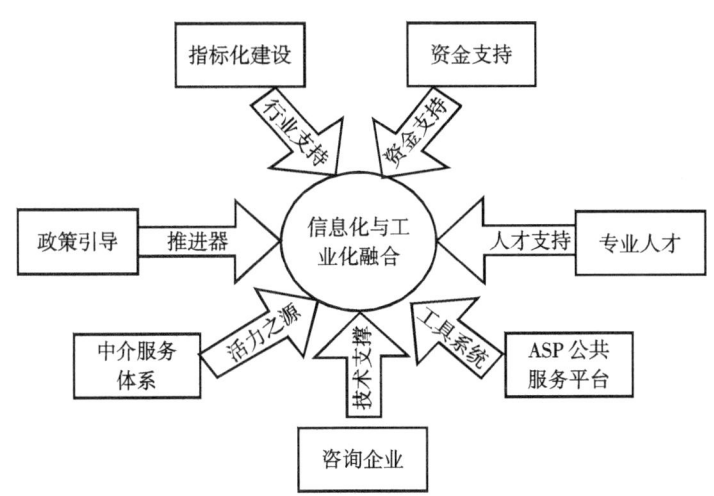

图 5-4 两化融合支撑因素

资料来源:王晰巍,靖继鹏等.信息化与工业化融合的关键要素及实证研究[J].图书情报工作,2010(8).

由上述分析可知,在整个两化融合系统的运作中,包含了很多影响因素,正是这些因素的交互融合、相互作用,才使得两化融合这个大的系统良好运行。本书将四个方面因素综合,得到两化融合的动力模型,如图5-5所示。

5.4.2 两化融合的运行机制分析

本文将我国两化融合作用形式用函数表示为:

$E = F(G, X)$

信息产业成长促进区域产业结构升级的作用机制

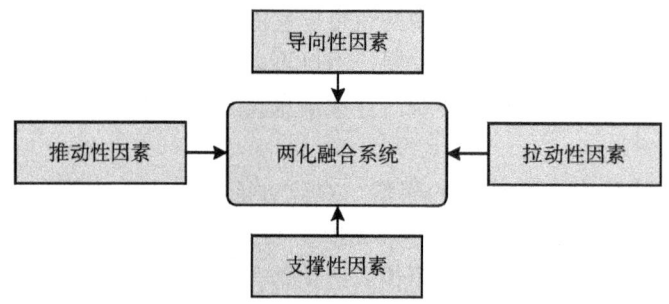

图 5-5　两化融合动力因素作用

在该公式中 E 可以理解为两化融合的一个合力，G 可以认为是工业化对经济产生的推动力，而 X 则可以看作是由信息化产生的推动力。两化融合与信息化、工业化的发展密不可分。将上述式子扩展后可以得到以下式子：

$$E = W\{G[F(MT, IT), X(B)], X[F(MT, IT), G(A)]\}$$

其中，E 表示两化融合水平，MT 表示传统工业技术能力，IT 表示信息产业技术能力，G(A) 表示工业化进程函数，X(B) 表示信息化进程函数，F(MT, IT) 表示两化技术融合的函数，G[F(MT, IT), X(B)] 表示工业化水平，X[F(MT, IT), G(A)] 表示信息化水平。其中 MT，IT≥0，表明必须具备工业化技术和信息化技术才能进行融合。G(A)，X(B)≥N 表明两化融合的程度必须达到一定程度后才可以融合。

由上述公式可知，两化融合的水平受到多种因素影响，如两化技术融合的水平、信息化程度、工业化程度等。传统工业制造技术与信息化技术通过函数 F 进行有机融合，然后通过与信息化进程共同作用对工业化发展水平产生影响。同理，两化技术融合的程度也能促进信息技术的创新，其与工业化进程共同作用可以影响信息化的水平，工业化水平与信息化水平通过融合函数 W 完成两化融合水平的提升。

所以，我们可以看到，两化融合的作用过程实际上是"我中有你，你中有我"的共同演进过程，相互制约、协同发展。该过程类似于生物学中蝴蝶—植物进化理论，即协同进化理论所描述的演进过程。加文·里德将上述过程描述如下，如图 5-6 所示。

假设，有三个时间点，即 t_0、$t_0 + \Delta t_0$、$t_0 + \Delta t_0 + \Delta t_1$。分别对应的状态为初始状态、中间状态、最终状态。$\Delta t_0$ 与 Δt_1 分别表示初始状态到中间状态、从中间状态到最终状态的持续时间。实际上，两化融合会有一个初始状态点，但没有一个最终状态点，为方便说明，此处给出一个可以和初始状态对比的点，即最终状态点。在图 5-6 中我们可以看到在初始状态的 α 点，运动到中间状态的 β，进而到

5 信息产业与传统产业的融合发展机制

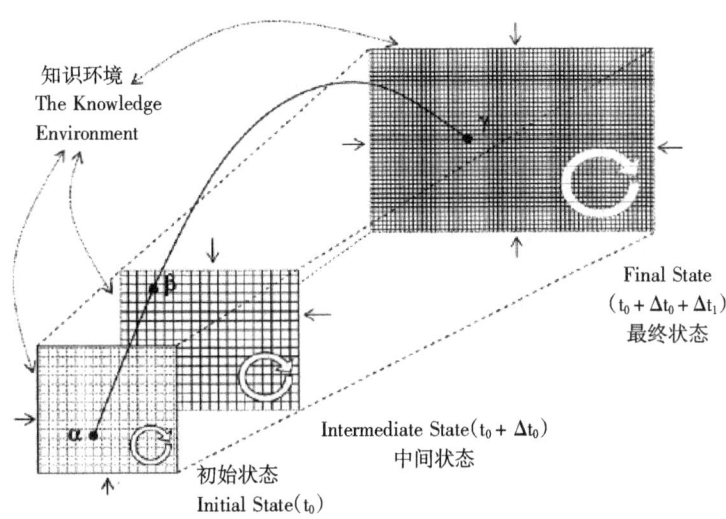

图 5-6 两化融合作用机理

资料来源：加文·里德组织机构过程的协同进化分析。

最终状态的 γ，这个轨迹说明，该点的空间位置随着两化融合状态的推进而进行了移动，因此，在两化融合过程中，某一层面的目标可以成为各个不一样阶段的不一样目标。

我们将工业化进程记为 A，信息化进程记为 C，两化融合的历程我们可以用序列（A_t，C_t）表示，这些元素促进了两化协同进化发展。如果工业化 t 时刻后，对应于此时的信息化，如果允许信息化在 Δt 时间后状态由初始状态 C_t 变为 $C_{t+\Delta t}$，并且其无逆向过程发生，说明工业化是信息化变化的先决条件。图 5-7 说明了信息化与工业化进程的推进时间走向，上面的时间轴表示工业化推进的走向，下面的时间轴为信息化的推进走向。两者对应同步按照一个方向进化。

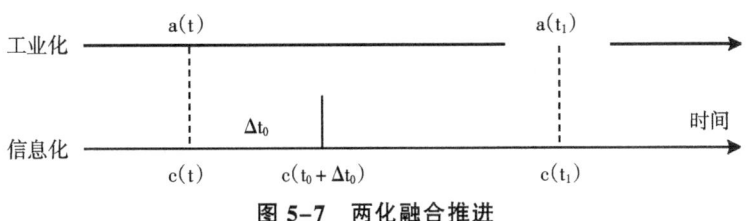

图 5-7 两化融合推进

5.5 信息化与工业化融合的实证研究

根据信息化与工业化的相互作用及其融合对区域产业结构升级的效应分析可知,信息化与工业化融合水平或信息产业与传统产业的融合水平是区域产业结构升级的主要驱动力。为明晰我国两化融合水平和区域产业结构升级潜力,建立简明快捷的模型测度两化融合程度则十分重要。

5.5.1 两化融合的复合协同模型

我国在十六大上明确指出新型工业化的含义,新型工业化发展道路就是通过信息化与工业化的融合而实现的科技含量高、经济效益好、资源消耗低、环境污染少、人力资源优势得到充分发挥的工业化发展道路。信息化则是一个复杂的演化过程,其可以从多个维度、多个视角进行理解,从技术层面看信息化就是信息技术在非信息产业中的推广应用;从知识层次看信息化可以理解为信息资源的开发利用;从产业层面看则是信息产业的成长发展过程;从宏观角度看是信息产业对国民经济贡献的程度与就业人数占比增长的过程。所以信息化实质上是工业经济向信息经济、工业社会向信息社会动态演化的过程。因此,结合两者的内涵,在新型工业化推进中需考虑工业发展的科技含量、经济效益、资源状况、人力资源利用等特点,而信息化则从资源利用、网络建设、技术推广、发展状况、人才建设等方面予以度量。

新型工业化与信息化融合是一个极其复杂的过程,其主要通过两化正向与逆向相互作用使得两化渐进融合,共同发展。一方面,信息产业的高度发展,由其催生的新兴技术通过技术融合、产品融合、业务融合等方式渗透到传统产业的生产、管理、销售、物流等领域促进传统产业发展;另一方面,传统产业作为信息化的应用对象,其对信息技术的发展具有反馈作用,进而影响信息技术发展方向。因此,在一定程度上,两化可以看成是一个更大的演化系统的两个分支,通过相互交错影响,调整系统协同程度进而促进整个演化系统发展。

通过上述分析,本书认为两化融合可以从协同理论角度加以分析。协同理论由德国著名物理学家哈肯提出,其主要研究由相互作用的子系统构成的复杂系统的演化过程。本书基于此理论并结合陶长琪和齐亚伟(2009)在产业技术创新与产业系统成长协同研究中运用的协同模型,将新型工业化与信息化两化互动视作一个复合系统,并将整个新型工业化与信息化融合的复合系统分为新型工业化子系统和信息化子系统。根据新型工业化内涵，对新型工业化子系统的度量指标进行了选取。对于信息化子系统，根据国家信息化指标体系与沙利杰、赵国杰等（2009），张学刚、付帅雄（2011）提出的区域信息化指标评价体系，主要从信息资源开发利用、信息网络建设、信息技术应用、信息产业发展、信息化人才建设方面进行评判。

"两化融合"复合系统子系统相互作用如图5-8所示。

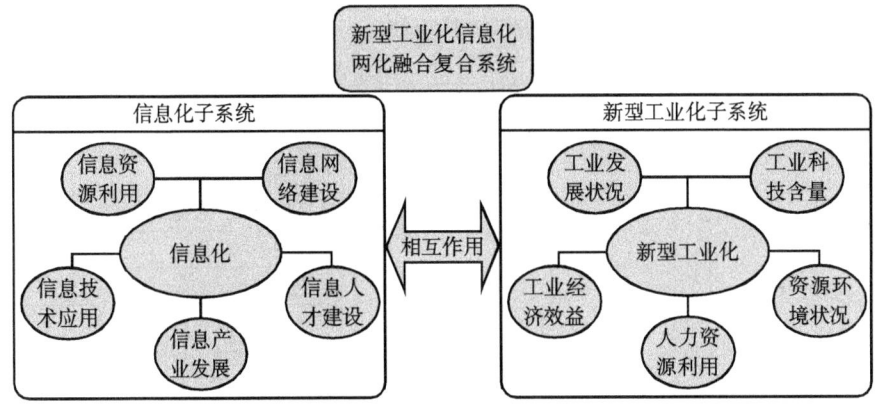

图5-8 两化融合复合系统

子系统有序度模型如前文所示。目前，国内关于两化评价指标体系构建的研究较多，对信息化与工业化提出的评价标准也不尽相同。本书在两化融合评价指标体系构建的原则与思想指导之下，依据两化融合内涵、信息化、新型工业化定义，在国内学者沙利杰、赵国杰等（2009），张学刚、付帅雄（2011）对于信息化与工业化融合评价指标体系研究的基础上，用不同方面、不同性质的指标度量整个系统，建立了两化融合评价指标体系，具体如表5-1所示。

表5-1 新型工业化与信息化复合协同系统指标体系

系统	子系统	一级指标	二级指标
新型工业化与信息化复合协同系统	新型工业化子系统	工业化运行状况	国内生产总值
			人均国内生产总值
			工业增加值
		工业化科技含量	全年R&D经费支出
			专利授权数
		工业化经济效益	工业企业利润总数
			工业企业总资产贡献率
			企业成本费用利用率

续表

系统	子系统	一级指标	二级指标
新型工业化与信息化复合协同系统	新型工业化子系统	人力资源利用	第二产业年末就业人数
			工业企业全部就业人数
		资源环境状况	工业废水排放量
			工业二氧化硫排放量
			全年能源消耗总量
	信息化子系统	信息资源利用状况	移动电话交换机容量
			局用电话交换机容量
			长途电话交换机容量
		信息网络建设状况	广播人口覆盖率
			电视人口覆盖率
			长途光缆线路长度
		信息技术应用状况	本地电话用户数量
			互联网上网人数
		信息产业发展状况	邮电业务量
			邮电通信业固定资产投资额
			信息、计算机、软件业投资额
		信息人才建设状况	计算机及电子行业从业人数
			电信和其他通信业从业人数

为明晰各个指标内在含义，下面分别对已建立的指标体系中各指标含义做简单介绍，具体如表 5-2 所示。

表 5-2 指标体系中各指标解释

指标	解释
国内生产总值	指在一定时期内某个地区经济中所生产的全部最终产品和劳务价值，用来衡量地区整体经济状况
人均国内生产总值	将本地区国内生产总值与本地区常住人口相比得出，主要衡量区域内人民生活水平
工业增加值	指工业企业在报告期内以货币形式表现的工业生产活动的最终成果。主要用以衡量生产单位对国内生产总值的贡献
工业全年科研经费	反映区域工业对 R&D 投入水平，衡量区域科技实力与核心竞争力
授权专利数	国家在一定时期内授予科技发明者或者专利继受者独占或者使用其发明的数目，用以衡量区域在一定时期内科技研发所取得的成果
工业企业利润总额	指一定时期内工业企业生产价值减去生产成本后留存利润，反映区域内工业企业盈利能力
企业总资产贡献率	企业全部资产的获利能力、评价企业盈利能力的核心指标。是企业经营业绩和管理水平的集中体现
工业企业成本费用利润率	成本费用利润率是企业一定期间的利润总额与成本、费用总额的比率，体现了经营耗费所带来的经营成果

续表

指 标	解 释
工业废水排放量	指报告期内经过企业厂区所有排放口排到企业外部的工业废水量
工业二氧化硫排放量	指报告期内企业二氧化硫的排放量，衡量工业企业对大气污染程度
全年能源消耗总量	主要折合成煤炭消耗总量，反映工业化进程中消耗资源量
第二产业从业人员	全部第二产业报告期内从业人数，数值越大表明对人力资源的吸收程度越大，利用程度也越高
工业企业从业人员	报告期内工业企业从业人员，数值表明本地区工业化推进过程中对人力资源的利用程度
移动电话交换机容量	指移动电话交换机背板带宽或交换带宽，是交换机接口处理器所能吞吐的最大数据量
局用电话交换机容量	指邮电局用于接续本地电话的交换机容量，体现本地区内部信息资源开发程度
长途电话交换机容量	指本地邮电局用于接续外地电话的交换机容量，体现本地与外地信息交互能力
广播人口覆盖率	指用普通的收音机在中午能正常收听广播节目的人数与全市总人口数之比。此指标可在一定程度上反映信息在本地区的传递能力及信息网络建设程度
电视人口覆盖率	指用普通的电视接收机，室外天线在晚上正常收看电视节目的人数与全市总人口数之比
长途光缆线路长度	光缆用于传播通信信号，地区内的长途光缆线路长度最容易和直接反映本地区信息网络建设情况
本地电话用户数量	本地电话用户数量可反映通信技术在人们日常生活中的应用普及程度
互联网上网人数	互联网作为一种主要的交流方式，上网人数反映了互联网技术在报告期内地区的应用能力
邮电业务量	以价值量形式表现的邮电通信企业为社会提供各类邮电通信服务的总数量
邮电通信业全社会固定资产投资额	指全社会对邮电通信产业的固定投资，是对邮电通信产业再生产的重要手段，反映报告期内本地区邮电通信产业发展状况
信息业全社会固定资产投资额	反映信息业固定资产再生产能力，表明本地信息业发展状况
邮政业从业人员	指本地区从事邮政服务业人员数量，反映邮政业人力资源状况
电信和其他信息传输业从业人员数量	指本地区电信与其他信息传输业从业人数，属于信息业从业人员范畴，侧面反映报告期内信息产业人才建设状况

本书以江西省和全国总体为研究对象，对2001~2010年相关指标数据进行了收集整理，以测定江西省以及全国两化融合水平。各项数据来源于《中国统计年鉴》、中经数据库、《中国科技统计年鉴》、各省《国民经济和社会发展统计公报》。

模型中各项指标的权重表示该项权重对整个系统的影响程度，当前对指标权重的赋权方法有很多种，如基于信息熵赋权、经验值赋权、利用隶属度函数赋权等。本书拟采用相关矩阵赋权法进行运算。其基本步骤可表述如下：

设指标体系中包含 n 个指标，它们的相关矩阵为 R。$R = \begin{bmatrix} r_{11} & \cdots & r_{n1} \\ \vdots & \vdots & \vdots \\ r_{n1} & \cdots & r_{nn} \end{bmatrix}$，其中主对角线元素为 1，即 $r_{11} = r_{22} = \cdots = r_{ii} = r_{nn} = 1$，i 为 1~n 的正整数。

$$\diamondsuit R_i = \sum_{i=1}^{n} |r_{ij}| - 1 \quad (i = 1, 2, \cdots, n) \tag{5.11}$$

R_i 表示第 i 个指标对其他指标的影响。若该数值较大，则表明其对其他指标的影响程度较大，需要赋予较大权重。利用归一化方法对其进行归一化可得相应各指标权重为：

$$\omega_i = \frac{R_i}{\sum_{i=1}^{n} R_i} \quad (i = 1, 2, \cdots, n) \tag{5.12}$$

由于对子系统各自分析的角度、深度不一，数据采集的单位也各不一致，故采取标准化方法对数据进行处理。数据标准化的处理采用均值—标准差法。

利用收集到的数据同时结合式（5.11）和式（5.12）得出全国新型工业化指标和江西省新型工业化指标相应权值，如表 5-3、表 5-4 所示。

表 5-3　全国新型工业化指标权重

指标	1	2	3	4	5	6	7
权重	0.0809	0.0809	0.0810	0.0810	0.0780	0.0802	0.0744
指标	8	9	10	11	12	13	
权重	0.0606	0.0798	0.0800	0.0611	0.0817	0.0805	

表 5-4　全国新型工业化指标权重

指标	1	2	3	4	5	6	7
权重	0.0805	0.0806	0.0798	0.0794	0.0768	0.0807	0.0790
指标	8	9	10	11	12	13	
权重	0.0805	0.0803	0.0803	0.0766	0.0508	0.0808	

同理，得知全国和江西省信息化指标相关权重分别如表 5-5、表 5-6 所示。

5.5.2　两化融合的复合协同度结果分析

根据前文的有序度和协同度公式，分别对全国和江西省的新型工业化和信息化各项指标进行计算，得出 2001~2010 年全国和江西省新型工业化、信息化有序度以及以 2001 年为基期的两化融合协同度，结果如表 5-7、表 5-8 所示。

表 5-5 全国信息化指标权重

指标	1	2	3	4	5	6	7
权重	0.0811	0.0707	0.7910	0.0843	0.0843	0.0788	0.0532
指标	8	9	10	11	12	13	
权重	0.0796	0.0830	0.0775	0.0769	0.0687	0.0828	

表 5-6 江西省信息化指标权重

指标	1	2	3	4	5	6	7
权重	0.0853	0.0872	0.09	0.0927	0.0937	0.0912	0.0709
指标	8	9	10	11	12	13	
权重	0.0839	0.0896	0.0858	0.0041	0.0320	0.0935	

表 5-7 全国两化有序度及融合协同度结果

年份	新型工业化有序度	信息化有序度	两化融合协同度
2001	0.2305	0.0011	—
2002	0.2467	0.0879	0.0376
2003	0.3007	0.2049	0.1197
2004	0.3472	0.3184	0.1924
2005	0.3621	0.4058	0.2308
2006	0.4627	0.5176	0.3463
2007	0.5119	0.6265	0.4195
2008	0.5484	0.6949	0.5090
2009	0.6203	0.9055	0.5937
2010	0.7896	0.9387	0.7241

表 5-8 全国两化有序度及融合协同度结果

年份	新型工业化有序度	信息化有序度	两化融合协同度
2001	0.2066	0.0062	—
2002	0.2288	0.1542	0.0573
2003	0.2560	0.2387	0.1072
2004	0.2784	0.3202	0.1512
2005	0.3145	0.4709	0.2239
2006	0.3609	0.6194	0.3076
2007	0.4445	0.6826	0.4011
2008	0.5794	0.7388	0.5226
2009	0.6288	0.8605	0.6005
2010	0.8073	0.9298	0.7448

通过对上述结论分析可知，相比于全国两化融合平均水平，江西省两化协同程度稍显落后，在以 2001 年为基期的 2001~2010 年两化协同程度对比中可以看出，其中有 6 年全国两化协同程度高于江西省，1 年基本持平。对新型工业化子系统与信息化子系统有序度的对比分析可以看出，2001~2010 年江西省新型工业化子系统的有序度在 2007 年以前基本都落后于全国同期水平，自 2007 年以后，江西省新型工业化子系统有序度增速加快，并逐渐接近全国平均水平。相比于新型工业化水平，江西省信息化子系统的有序程度略高于全国平均水平，表明江西省信息化水平在全国相对靠前，保持一定优势。但是，全国信息化子系统有序度平均水平增速较快，江西省相比全国平均水平的优势在逐步缩减。

上述结果的出现，是由诸多原因造成的。江西省现代工业底子薄弱、发展较为缓慢。直到 2001 年末，江西省确立"江西省在中部地区崛起"的战略目标，提出"三个基地、一个后花园"的战略思路，充分发挥"长珠闽"三个经济区毗邻的区位优势，形成以工业为核心的发展思路，逐渐实现传统农业大省向工业大省转变，拉近了与全国工业化平均发展水平的距离。2006 年，江西省又提出工业"三年强攻计划"，举全省之力，大力发展新型工业，这使得全省工业经济总体面貌发生深刻变化，工业化水平从 2007 年开始陡然发力，同比增速快速提升。2009 年，江西省在全国率先提出培育发展十大战略性新兴产业，由于掌握了发展先机，新型工业化推进速度进一步加快。江西省对信息化的认识较早，也是较早实现政务信息化的省份。信息化对地区经济具有强大的促进作用，在这点上，江西省认识较为充分，因此自 2003 年以来逐渐加大信息产业投入，其投资额占全部支出比高于全国平均水平，使得江西省信息化推进取得良好成绩。

江西省复合协同程度与各子系统协同程度同全国平均水平的对比分析结果如图 5-9、图 5-10、图 5-11 所示。

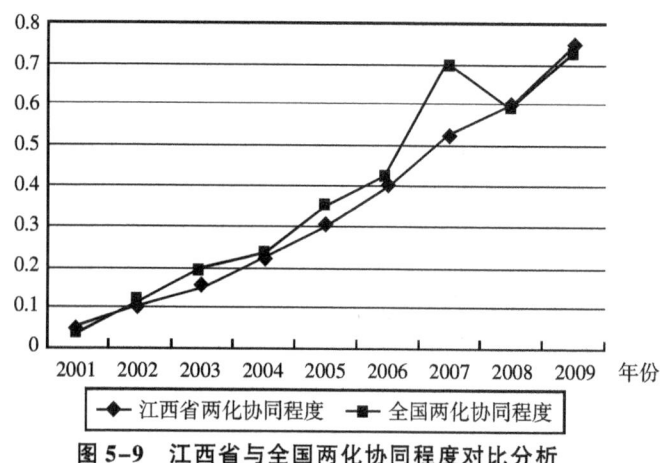

图 5-9　江西省与全国两化协同程度对比分析

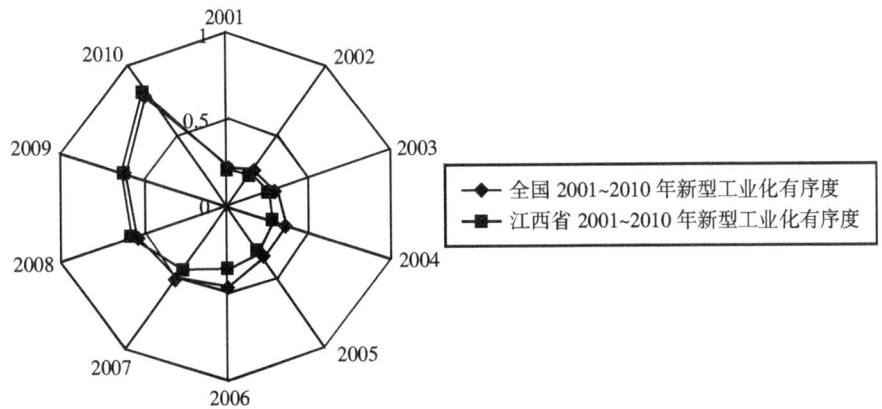

图 5-10 江西省与全国新型工业化有序度对比

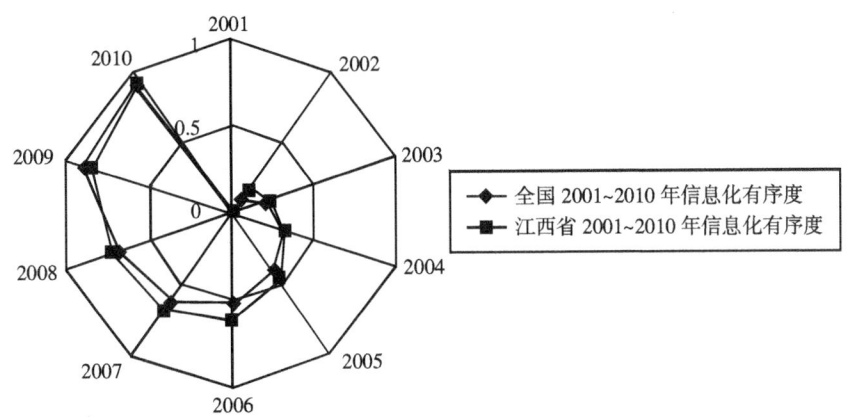

图 5-11 江西省与全国信息化有序度对比

5.5.3 中部省份与全国两化融合水平的对比分析

中部地区经济的快速发展,对我国实现中华民族的伟大复兴具有重大意义。为促进中部地区的快速发展,中央提出了与"西部大开发"并举的"中部崛起"发展战略。中部六省(山西、河南、湖南、湖北、江西、安徽)对"中部崛起"战略非常拥护,并希望利用此次发展契机,大力促进本地区内经济发展、人民生活水平的快速提高。两化融合水平的高低则决定了各省能在中部崛起战略这个大背景、大平台支持的情况下走多远,明确江西省目前两化融合水平在中部省份中所处位置,通过与周边省份的对比找出自我优缺点,对江西省今后利用中部崛起战略促进区域内经济发展具有重大意义。

本书拟利用收集到的山西省、安徽省、河南省、湖北省、湖南省、江西省

2001~2010年数据，对中部各省的两化融合程度进行计算可以得到表5-9中的结论。

表5-9 中部省市两化有序度及融合协同度结果

年份	山西省两化协同程度	安徽省两化协同程度	河南省两化协同程度	湖北省两化协同程度	湖南省两化协同程度	江西省两化协同程度
2001	—	—	—	—	—	—
2002	0.0358	0.0521	0.0388	0.0384	0.0478	0.0573
2003	0.1211	0.1249	0.1027	0.1192	0.1086	0.1072
2004	0.2038	0.2090	0.1573	0.1876	0.1675	0.1512
2005	0.2680	0.2602	0.2092	0.2109	0.2301	0.2239
2006	0.3615	0.2917	0.2891	0.3218	0.3622	0.3076
2007	0.4227	0.3516	0.3674	0.3909	0.4420	0.4011
2008	0.4698	0.5540	0.5098	0.5187	0.5570	0.5226
2009	0.5947	0.5876	0.5129	0.6001	0.6621	0.6005
2010	0.7860	0.7287	0.6879	0.7189	0.7582	0.7448

将上述结果用折线图表示，如图5-12所示。

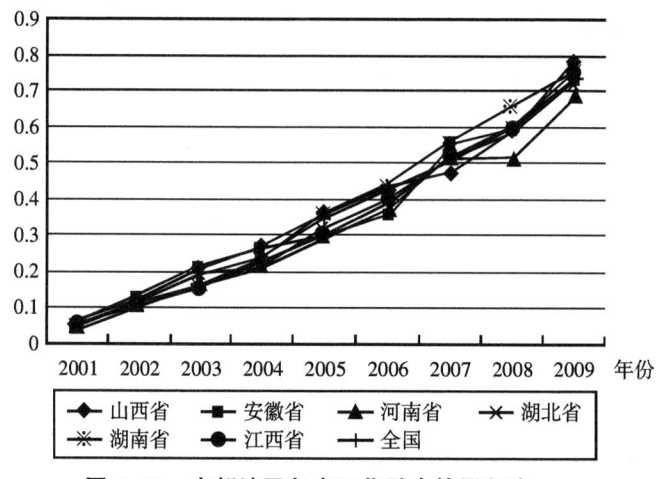

图5-12 中部地区各省两化融合协同程度

由图5-12可知，中部各省份的两化融合程度大都略低于全国的平均水平，但湖南省、江西省、安徽省在后期明显发力，两化融合水平增速高于全国平均水平，融合程度基本与全国水平持平或略高于全国平均水平。为探究上述现象成因，本书分别对各省新型工业化有序程度、信息化有序程度与全国进行对比分析。由于前文已经将江西省两化有序程度分别与全国平均水平进行对比分析，此处略去相关分析，剔除江西省数据进行分析。

通过收集中部省份与全国 2000~2012 年新型工业化数据与信息化数据进行分析计算后，将结果分别绘制成折线图，如图 5-13、图 5-14 所示。

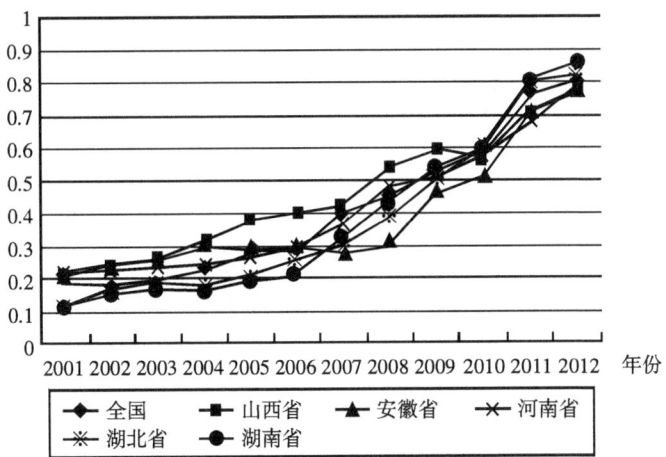

图 5-13　中部各省及全国水平的新型工业化有序程度

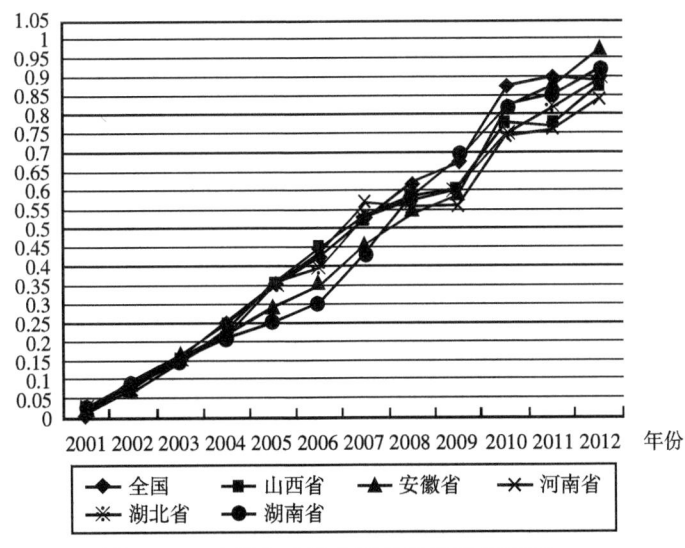

图 5-14　中部各省及全国信息化有序程度

由上述分析可知，中部地区不管是信息化水平还是新型工业化推进水平都与全国平均水平有一定差距，尽管这一差距不是很大。湖南省、安徽省、江西省能在两化融合程度上略高于全国平均水平，其各自原因不一。湖南省主要得益于其新型工业化有序程度较高，而江西和安徽主要得益于较高的信息化有序程度。江西、安徽以较高的信息化推进程度推进了整个两化融合的程度，可以得知信息化对于两化融合的带动力较工业化对两化融合的带动力强。这与谢康、俞利平等研究得出的信息化对两化融合的促进作用大于工业化对两化融合促进作用的结论相吻合。

因此，中部地区为了能真正实现中部崛起战略，必须强化对信息化产业的发展，坚持以信息化带动工业化，突出信息化对两化融合带动力强的特点，为区域产业结构升级谋求新路。

5.6 融合对区域产业结构升级的效应分析

融合发展是工业化的生命力所在，也是信息化的本质要求。信息化与工业化融合或信息产业与传统产业的融合过程，在整体上看，是技术、信息、思想、品牌等知识资产在有关产业资产结构中的比例不断上升的过程。换一个角度看，它体现了经济中资源禀赋结构的变化。正如林毅夫等所言："产业结构和技术结构的升级，都是经济发展过程中内生的变量，即它们仅仅是发展的结果，或者说是一个经济中资源禀赋结构变化的结果。"有什么样的资源禀赋结构，就会有什么样的产业结构。两化融合或信息产业与传统产业的渗透型融合现象使得资金、劳动力、产品等传统生产要素向技术、信息、服务等资源转移，导致经济中资源禀赋结构发生改变，从粗放型增长方式向集约型增长方式转变，促进区域产业结构的整体升级。

5.6.1 融合促使区域产业结构向服务化方向发展

服务化是指由制造业为主导转向以服务业为主导的产业结构变动过程。在欧美发达国家，服务业在 GDP 中的比重已超过 75%，而且这一趋势还在继续，传统以产品为主的制造业比例正在逐步压缩，而且产品的服务化趋势也十分明显，这是产业结构调整升级的方向，同时也是信息产业内部融合以及信息产业向其他产业渗透融合的推动所致。我国"十一五"规划也指出，推进产业结构的优化升级，提高服务业比重是产业结构调整的重要任务之一。五年来，不仅软件及信息服务业自身得到较快发展，还带动现代服务的兴起和发展，现代物流、金融服务、信息服务、商务服务、商贸服务、网络服务等发展加快，服务业的比重和水平不断提高。再以搜索服务为例，如今的搜索服务甚至已经连门面（物理空间）

都不需要，几乎是100%的IT支持；这些新兴服务的发展是IT技术与其他技术融合催生的，并使产品生产分工、服务外包不受地域的限制，扩展了其空间领域。另外，企业最新推出的产品几乎无一不包含服务的内容，老的产品和服务的划分，已被产品与服务融合体所取代。如软件业正在向服务业明显转轨，除了上面提到的SaaS，还有发展IT外包业（ITO）和流程服务外包（BPO）等；在通信行业中，过去通信服务提供的产品是电话，传播的是声音，但如今通信服务的本质已经是IT服务了，彩信、短信、彩铃等就是例证，甚至连后端的计费系统都已经信息化了；IBM曾是一个计算机制造商巨人，但现在已明显转向服务供应商，提供商务解决服务，成为新的服务业巨人。可见，今天，IT已经快速发展成为集产品和巨大的服务内容为一体的产业，成为支撑所有行业服务的重要一环。也就是说，服务行业里还存在服务的服务，服务业已经发展成为很深入的产业。这都是技术融合创新的结果，产业融合的表现形式。在融合经济时代，产业的重构已不可避免，大力发展以信息产业为主的现代服务业就是充分发挥信息产业规模报酬递增的特点，实现传统产业升级、新兴产业和经济的可持续发展。服务经济正成为21世纪人类社会发展的一种新趋势。

新兴服务是一种服务创新，需要服务创新人才的支持。2005年5月24日，IBM宣布与高校合作，为大学提供一门新的课程——服务科学SSME（Services Sciences，Management and Engineering），该课程的宗旨是培养面对服务产业具有管理、人文和技术综合能力的人才。IBM认为，服务科学将渗入各行各业的不同领域，IT技术发展将成为服务科学的引领力量和基础；同时，服务科学对中国的发展具有重大的意义，是中国由世界工厂向世界技术服务中心转型，取得在国际市场中的高价值突破的契机。并在2005年9月和2006年11月，IBM分别与北京大学和清华大学联合举办"2005服务科学、管理与工程大会"和"2006亚太地区服务科学、管理与工程大会"。与来自高校的学者共同探讨在服务型经济的大趋势下如何通过吸纳全球服务科学建设的资源与经验，完善亚太和中国地区"服务科学"的教学、研究体系，提升和推动中国服务经济和产业的生动蓝图。今天的"服务科学、管理与工程"也是一个交叉、融合科系，是有科学、有管理、有工程、有章法的服务创新。服务创新是一种技术创新、业务模式创新、社会组织创新和需求、客户创新的综合。服务创新最有意义的是来自对客户深入的了解，这个深入比一般的产品创新要深入得多，更能提高消费者的满意度。

融合背景下，从产业结构演进的大趋势和中国所处的发展阶段来看，中国已经开始由工业化中期向中后期转变，以制造业为主导的产业结构已经开始向以服务业为主导的产业结构演进，经济服务化也是区域产业结构优化升级的重要任务和新的调整方向。

5.6.2 融合促使产业结构向生态化方向调整

产业结构生态化是指按照生态经济原理和生态规律，构造高效、和谐的产业结构，使多个生产体系或环节之间通过系统的耦合和物质、能量的多级利用，实现高效的产出和资源环境的持续利用。不仅有利于节约资源，实现经济可持续发展，也对保护自然环境、建设社会主义生态文明起着重要作用。中共十八大提出，将生态文明建设与经济建设、政治建设、文化建设、社会建设并列，"五位一体"地建设中国特色社会主义。建设生态文明，是关系人民福祉、关乎民族未来的长远大计，要着力推进绿色发展、循环发展、低碳发展，形成节约资源和保护环境的空间格局、产业结构、生产方式、生活方式。可见，当前产业结构的调整已不同于传统工业化发展的路径选择，生态化已成为产业结构优化升级的重要方向。

数字技术、网络技术的发展促使融合型产品的诞生。数字化产品以及信息家电等融合型产品正在快速发展；计算机、移动通信、软件、集成电路、网络产品、数字化终端产品成为新的发展热点。从总体上看，我国新一代的电子信息产品正向高技术、高品质和高附加值方向发展，产业的总体水平不断提高。高耗能、高污染和资源性产品正在逐渐被这些融合型产品所替代。融合过程中，部分产能过剩的信息行业也将被淘汰。融合导致服务经济、产品与服务融合的发展，使人力资本优势得到充分发挥。调整国民经济发展结构，对工业进行改造、大力发展融合服务业也是为了应对我国当前减少资源消耗、减轻环境污染和实现可持续发展等重大课题。融合产品、融合服务形成的融合经济，促使产业经济向绿色化、生态化方向发展。

融合经济发展与资源改善同步。农业经济时代，经济增长的主要来源是土地要素。工业经济时代，经济增长的主要来源是资本要素。我们知道，物质是有限的，因此依靠土地和资本要素增长的农业经济和工业经济增长也将是有限的，不能面对无限的经济增长。相比之下，融合经济增长的主要来源是劳动要素，人口资源是可再生的，人口素质是持续提高的，劳动要素也将是逐渐优化的，依靠劳动要素的融合经济也将是可持续的。融合导致可持续增长方式的实现。

融合经济与社会发展同步。农业经济按土地要素分配，工业经济按资本要素分配，加上市场竞争，其结果是贫富差距不断扩大。相反，在融合经济下，按人力资本进行分配，尽管由于能力差异导致的分配差距仍然存在，但贫富差距在缩小，穷人的数量在减少。不仅如此，随着融合经济发展，教育、医疗、社会保障问题也会同步改善，社会更加和谐，经济更加持续，区域结构更加合理。

5.6.3 融合促使产业结构向开放性方向调整

融合的实质是创新。事实上，很多创新不是单一层面的创新，而是很多创新的交叉点，融合就多发生在各个行业的交叉点上，如在计算机、通信、媒体的交叉点上产生了所谓的"三网融合"。此外，本书认为创新有很多条件，而首要条件就是开放。开放对于融合非常重要。在封闭的产业系统中，不同产业构成要素之间不会发生相互作用，因此，不会导致产业融合的产生。譬如，移动网上支付平台，绝对是一项融合服务创新，该项服务正是很多行业的综合。只有综合各行业的支付服务创新才能够超越地域的限制，为客户提供随时随地的服务。总之，在很多行业的交叉点可以产生创新，产生新事物、新服务。但是如果没有开放，如果除了银行以外不允许任何机构进行金融转账服务的话，这些新生事物都不会产生。所以开放是创新的重要一环。开放要求信息产业放松管制，消除垄断经营，实现市场竞争有效化，打破时间和地域的限制。知识技术具有良好的流动性，融合产品或服务只有经过扩散才能最终实现企业融合、产业融合，产业融合的过程就是要素在开放中重新组合、资源重新配置的过程，信息产业与传统产业的融合促使区域产业结构向差异化、合理化和高度化方向调整。

总之，信息产业与传统产业的融合促使区域产业结构向开放性、服务化和生态化方向调整，这个过程是区域产业结构升级的过程，同时也是产业融合深化的过程，通过信息产业与传统产业的融合发展可促进区域产业结构升级。

6 信息产业成长与区域产业结构差异化

产业的重复建设、区域产业结构的非合意性趋同是我国市场经济发展过程中面临的一个老大难问题。区域产业结构非合意性趋同本质上是各地方违背比较优势，产业布局不合理，不利于区域产业结构升级。本书将区域产业结构差异化同区域产业结构非合意性趋同联系在一起，即区域产业结构差异化意味着区域产业结构非合意性趋同现象的缓解。

6.1 中国区域产业结构的形成条件

区域经济活动的自然要素（土地资源、气候资源以及不同类型工业生产的各种矿产资源、其他原料、燃料、地理位置等）和非自然因素（需求、供给、市场制度等）的地域特点是区域产业结构形成的基础和必要条件。在计划经济体制下，自然要素对区域产业结构形成的影响占据主导地位。随着市场经济的发展，非自然因素对区域产业结构形成的影响逐渐凸显出来。本书将自然要素看作是影响区域产业结构形成的自然条件，需求结构看作是区域产业结构形成的市场条件。

6.1.1 区域产业结构形成的自然条件

自然资源是资源或要素禀赋形成的基本条件，区域拥有的能源、土地等自然资源和劳动力、资本、技术等生产要素是形成区域产业结构的决定性因素，区域资源或要素禀赋的不同决定了不同区域之间产业结构的不同。要素禀赋对区域产业结构的影响主要通过如下几个步骤来实现的：要素分工影响地域分工；地域分工影响地域产业特点；地域产业特点决定区域产业结构特点。

劳动者、劳动资源和劳动对象是生产力的构成三要素，自然资源构成区域经济发展的直接或间接的劳动对象，而能源作为最重要的自然资源，是区域产业发展最重要的动力来源。作为掌握生产工具作用于劳动对象上的劳动者也是自然界的产物。因此，自然资源和自然条件是生产力的重要组成部分，是区域产业发展不可缺少的自然物质基础和内在因素。某种自然资源的数量越多，利用该自然资源发展起来的生产部门的规模就有可能越大。某地区拥有的自然资源种类越多，自然条件越好，这些不同种类自然资源的组合就可能导致以这些资源为利用对象的不同产业部门的发展。因此，区域资源的类型往往直接影响和决定某一产业的发展，从而影响该区域的产业结构。自然资源丰富的地区其产业结构或多或少具有资源开发型的特性，如矿产资源较丰富的区域有利于发展资源型产业，形成以资源型产业为主导的区域产业结构；劳动力资源丰富的区域有利于发展劳动密集型产业，形成以劳动密集型产业为主的区域产业结构；劳动力素质较高的区域有利于发展技术密集型或知识密集型产业，形成以技术密集型或知识密集型产业为主导的区域产业结构；资金较丰富的区域有利于形成以资金密集型产业为主导的区域产业结构。区域拥有的劳动力、资金、技术和资源等生产要素是形成区域产业结构的决定性因素。发展区域经济一定要根据区域要素禀赋条件，区域产业结构的现实水平脱离不了区域生产要素供给的状况，进行区域产业结构的优化也必须从区域生产要素供给的现实条件出发[①]。

由于任何一个国家和地区的经济建设都会在不同程度上受到自然资源的制约，区域产业的产生与分布特点、部门种类与结构、规模与效益甚至产业发展方向都受到区域自然资源的深刻影响。我国自然资源的数量分布极为不均，资源质量和区域差异明显，各类资源的空间匹配不尽理想。能源矿产资源是非常重要的自然资源，它决定了中国煤炭工业、石油天然气工业的布局。中国煤炭工业基地主要分布在东北、华北、华中和西南等区域，其中，东北地区以黑龙江七台河矿务局等为代表，华北地区以大同矿务局、阳泉矿务局等为代表，华中以鹤壁矿务局、白沙矿务局等为代表，华东以安徽淮南、淮北矿务局、山东兖州矿业集团等为代表，西南则以攀枝花矿务局等为代表。另外，自然资源分布与经济类型之间也有关系。"七五"期间，我国根据经济发展与地理位置、资源条件等的关系，将中国经济区域划分为东部、中部、西部三大区域。这三大区域的自然资源条件各不相同，从而形成各具特色的资源型产业。东部地区土地资源质量高，但水资源匮乏，土地污染严重，相对于区域经济和社会需求，其能源和原材料不足，开发潜力小，成本较高。中部地区拥有丰富的能源矿产资源，是中国重要的煤、电、化工、钢铁和有色金属的工业基地。西部地区矿产资源丰富，但其自然条件比较恶劣，开采成本较高。

在区域产业结构变化过程中，区域资源状况对区域产业结构的作用和影响因

---

① 党耀国，刘思峰，王庆丰等.区域产业结构优化理论与实践［M］.北京：科学出版社，2011.

时间或不同发展阶段而有所不同。在工业化前的农业社会中，农业自然资源的分布无疑对农业生产的地域性起着决定性的作用，而土地、水和气候的组合对于农业的发展程度具有决定性的影响。黄河流域和长江流域作为中华文明的发源地，其农业自然资源得天独厚，从而成为中国优势农业的发祥地。在农业资源开发利用的同时，对煤炭、石油等其他资源的开发也逐步展开，工业化悄然而至。在工业化发展的前期和中期，由于资源的数量和分布对采掘工业的发展规模以及方向具有决定作用，资源的组合特征影响原材料加工体系和加工工艺线路的选择，导致矿产资源对区域产业结构的形成有决定性影响，并且单一的资源型产业结构向复杂的产业结构过渡，产生新的主导产业。如果在长时间内保持单一的资源型产业为主导的产业结构，会使既有的产业优势逐步丧失。到工业化后期，一般都会出现区域内资源枯竭，环境污染严重，资源型产业开始衰落。如果没有及时地使区域产业结构高度化，区域经济将丧失活力[1]。因此，在工业化后期，高新技术产业、金融产业、环保产业将逐渐代替资源型产业，实现产业结构高度化。

在生产力水平较低的自然经济时代，区域资源分布与产业分布有一定的相关性，资源结构对产业结构产生一定的影响，必须重视自然资源的空间分布对区域产业结构的作用。但随着生产力水平的不断提高，在市场经济得到充分发展的工业时代，区域产业分布对自然资源的依赖程度有所削弱。如近代工业企业多在煤、铁等矿产产地设址，而现代的工业企业则远离了原燃料产地，而分布于消费区和交通枢纽地区。

6.1.2 区域产业结构形成的市场条件

区域产业结构的形成还受到区域市场供给和需求水平的制约。某产业的供给与一个区域的资源状况有关，而需求则与消费结构和消费水平有关，它决定了一定时期区域产业的规模。消费结构是产业结构演进的推动力。旺盛的消费需求为区域产业的发展提供了广阔的市场，为产业的扩张提供了市场保证。需求结构的变化又会引起产业结构的变化。

在人类社会的早期和自然经济时代，区域产业结构主要取决于资源结构，不同地区自然资源的差别使得区域产业结构有所不同，同时决定了不同区域居民的生活习惯和消费特征。到了工业经济时代，生产能力得到加强，尤其是交通运输的改善和交换意识的加强，导致区域间的竞争日益激烈。这时，区域内某一产业的发展不仅取决于区域内这一产业是否存在供给，也取决于该产业对区域内的供给能力及区域内对该产业的需求。产品的供给状况不再是区域产业结构的主导力

---

[1] 张平. 中国区域产业结构演进与优化 [M]. 武汉：武汉大学出版社，2005.

量，消费者对产品和服务的需求占据主导地位。区域消费水平的提高将促使消费结构的升级，从而促进产业结构的高级化。同时，在存在区际分工协作的条件下，区域内居民除了消费本区域生产的产品外，还接受其他区域生产的产品，即本区域市场上的产品存在"进口"，本区域产业结构还会受到其他区域需求结构的影响，特别是消费水平较高区域的影响。本区域"进口"的产品，一定是本区域在生产上处于相对劣势或在市场上缺乏竞争力的产品，该产品的生产规模和产业规模必定受到限制。在存在国际分工的条件下，区域产业结构还会受到国际需求结构的影响。而实现这一目的的前提条件是对外开放，开放促进竞争，竞争深化分工，分工带来比较优势，优势形成主导产业。一个区域的开放程度越高，受其他地区或国际市场需求结构和该区域产业结构相互关联的影响和程度就越深。

人的需求是多种多样且分为不同的层次，需求结构就是按照人们需求等级的先后次序排列的有机构成。需求层次与收入水平直接相关，首先满足低层次的需求，随着收入水平的提高，人们开始转向追求更高层次的需求，从而有效促进消费结构的升级，带动相关产品供给的增长，最终改变产业结构，以适应需求结构变动的需要。如果产业结构不能适应需求结构的变动，产业发展就会陷入停顿。当不同地区的收入水平相当时，它们的需求结构是相似的。中国内地各地区之间虽然存在着经济发展的不平衡，但除了上海等少数城市化发展程度较高的地区和西藏等以少数民族为主的边远山区外，大多数省市的平均收入水平并没有存在本质上的差异。再加上中国各区域之间有着相同的历史文化传统，必然使得各区域之间具有相似的需求结构和消费结构。

市场经济条件下，各区域之间相似的需求结构并不必然造成区域产业结构的相似。随着我国市场经济的发展，国家对区域产业发展的计划作用在削弱。同时，在信息不对称的情况下，地区经济分割和市场封锁往往造成不同区域间的重复建设，阻碍规模效益的获取，造成资源配置的不合理和巨大浪费，使得区域产业发展具有盲目性，不利于全国合理的劳动地域分工的形成，严重损害全国整体经济效益甚至区域经济效益。劳动的地域分工归根结底是人类经济活动在地域空间长期分化的结果，是由经济过程的内在机制所决定的。人们从分工中获得规模经济效益，从市场的区域性分化中获得经济引力，才是区域产业结构形成与发展的直接动力和内在根源。各地区只有按照比较优势的原则进行生产，自然进行区域间的合理分工，各区域的产业结构也因比较优势的不同而各具特色[1]。

---

[1] 张平. 中国区域产业结构演进与优化 [M]. 武汉：武汉大学出版社，2005.

6.2 中国区域产业结构的现状分析

6.2.1 中国产业结构的区域差异分析

区域经济的本质就是充分发挥区域优势,在空间市场一体化的条件下,实现区域间的合理分工,最大限度地获得可见经济的整体效益。发挥区域优势的关键就在于建立能充分体现区域优势的区域产业结构。我国地域广阔、人口众多,在区域经济发展战略的影响下,各地区工业化进程和经济发展水平存在较大差距,造成我国区域产业结构分配不合理,东、中、西部存在明显差异。

区域产业结构调整和升级与区域经济发展阶段相适应,区域经济差距导致区域产业结构存在较大的差异。计划经济时代,产业布局实行均衡发展战略,损害了经济的规模效应、分工效益和产业的结构效益。改革开放以来,我国开始逐步实施区域非均衡发展战略,充分利用我国区域经济客观存在的东、中、西三级梯度差的经济势能,提出优先发展东部沿海地区,使得布局在东部沿海企业的经营发展速度大大加快。东部地区第二产业、第三产业发达,工业产值在生产总值中所占的比重保持在45%以上,以金融、保险、信息咨询、房地产等为主体的第三产业得到迅猛发展,占 GDP 比重逐年增加。而中西部地区第二、第三产业增长速度虽然也加快,但其基数小,在全国的份额有限,第一产业的比重总体上还较高,第二产业比重低于全国平均水平,第三产业则发展不足。尤其是西部地区的工业化和现代化水平较低,产业层次低,社会生产落后。中西部地区的第三产业均以传统的交通运输业、批发零售业为主,而为现代工业服务的金融、信息产业则相当薄弱,产业结构高度化水平低下。

从产业区域布局来看,机电、石化、信息等一批带动产业结构升级的资金密集型和技术密集型产业迅速向东部地区转移,东部从而成为制造业和服务业集中分布地带。东部地区的销售收入占全国销售收入的 90%以上。中西部地区由于区位劣势、资金不足、产业基础薄弱,首先发展的只能是资源密集型产业,使得工业结构"偏重型"和"偏原料型"。如烟草加工、金属冶炼、纺织业等资源加工型产业在中部地区占有较大的比重,而航空航天设备制造业主要分布在西部地区。并且中西部地区经济体制相对僵化,表现为国有企业产权改革相对滞后、股份制经济发展落后、地方政府对市场干预过多等,导致产业间资源流动速度缓慢和配置效率低下,产业结构表现为不合理。由于中西部地区对外开放程度低,中西部地区与东部地区的贸易往来和经济交流较少，各自为政，并未形成差别化的产业分工体系，从而使得非均衡发展战略下，我国中西部地区产业结构构成与东部地区存在较大差距。

随着区域非均衡发展战略的持续实施，我国东、中、西部地区的经济差距和产业结构差异化程度不断拉大，已经超过了国际警戒水平，不利于整体经济的运行和社会稳定，必须引导区域分工协作才能实现共同富裕。因此，在区域经济差距拉大的背景下，国家采取了相对均衡的区域统筹发展政策，以实现产业合理布局和区域产业结构升级。企业则更多地要接受市场机制的引导，综合各种因素来进行新的布局选址。东部沿海地区为加快产业结构升级，率先开始调整区域产业布局，实行产业区域转移，把资源和劳动密集型产业逐渐转移扩散出去，以集中力量发展高端制造业和战略性新兴产业。而在"西部大开发"、"中部崛起"等政策引导下，中西部地区交通、通信和能源基础设施逐步完善，制度环境、投资、市场环境大大改观，其固有的区位劣势也在不断弱化。再加上低廉的土地和劳动力成本、丰富的资源，企业开始在发展环境不如东部沿海的中西部地区进行布局，积极承接东部向外转移的产业[①]。

6.2.2 中国区域产业结构趋同的形成原因

与经济发展水平相联系，我国东、中、西部地区产业结构也存在明显差异，但这种差异指的是第一、第二、第三产业之间的比例关系或产业结构优化水平。与此同时，产业结构还常常表现出趋同态势，区域产业结构趋同是区域产业在长期竞合的演进过程中所表现出来的产业类型选择、数量结构和空间分布趋同的产业发展现象。我国东、中、西部地区产业结构的差异与区域产业结构趋同两者并不矛盾。区域产业结构趋同并非指地区三次产业结构趋同，也不是指地区两大部类结构的趋同或农轻重结构的趋同，而是指各地区工业结构变化中存在的趋同现象，即二次产业内部各部门构成形式、比例的相似性。根据区域产业结构趋同的影响可将其分为两类：合意性趋同和非合意性趋同。本书将从资源与要素禀赋的角度分析合意性区域产业结构趋同的原因，从地方政府制度博弈的角度分析非合意性区域产业结构趋同的原因。

合意性趋同是指在市场机制正常发挥资源配置作用的基础上，由于区域间市场需求结构、要素条件的相似性及产业资本的自由进入而最终形成的区域产业结构趋同，是合理的、正常范围内的趋同（李燕华、王俊杰、党辉，2008）。信息化时代产业发展出现一种新趋势——产业融合，产业融合是产业之间与产业内部

---

① http://www.docin.com/p-299778581.html.

信息产业成长促进区域产业结构升级的作用机制

基于产业技术创新、产业融合化分工和产业竞合内外环境变化以至产业边界不断拓展和模糊化的演进过程，它改变了产业分工形式，对区域产业结构具有一定的影响。区域产业发展实践表明，区域产业融合与产业结构趋同之间并不是完全割裂的，它们之间其实存在相互依存、相互驱动的关系。产业融合发展有利于产业结构的合理化和高级化，是实现区域产业结构优化、转型升级的客观要求和有效途径。而区域产业结构趋同是区域产业融合发展的现实环境[1]。由于区域资源要素禀赋趋同而使得区域产业结构空间分布在产业类型、产业数量、产业发展模式趋于相同或相近，由此形成的趋同现象称为资源型产业结构趋同。而且，资源型产业结构趋同通常是一种合意性产业结构趋同[2]，对区域产业经济发展具有积极的作用。首先，区域资源要素禀赋不仅包括区域自然资源禀赋，如区域地理区位、区域自然生态环境，还包括区域经济发展长期积淀下来的经济社会资源禀赋，如区域经济发展决策思维、区域经济组织、区域经济主体习惯性行为等。这些资源要素禀赋趋同使得区域资源具有不完全分割性，从而有利于按区域经济利益要求整合优化区域资源要素，提高区域资源要素的区域流动性和互补性，降低区域资源要素的交易成本。其次，区域产业的定位和选择通常遵循区域资源要素禀赋比较优势原则，所以区域资源要素禀赋趋同成为区域产业定位和选择的关键因素，也致使在特定区域内其经济发展阶段、发展层级、发展模式都倾向于趋同。因此，资源型产业结构趋同在一定程度上不仅有利于加速区域产业的空间聚集，增强区域产业的规模效应和辐射扩散效应，使得区域产业经济意识得到培育和发展，而且加快了区域资源要素聚集和区域性要素市场的形成，使得区域性专业市场需求得到有效培育。

由于区域之间具有类似的资源与要素禀赋，而造成的区域产业结构趋同是合意的，有利于产业集群和区域经济发展。但张可云（2001）将区域产业结构趋同定义为发展水平不同且资源与要素禀赋差异大的各区域趋于形成大致相同的产业结构，各区域优势产业不突出，区域分工不明确的现象。从中可知这种区域产业结构趋同是不在合理范围内，属于非合意性趋同。李燕华等（2008）认为非合意性趋同指的是在资源配置中政府发挥主导作用的基础上，地方政府基于地区利益或者政绩意识，脱离当地经济发展与建设的条件和特点，背离区域经济分工的客观要求，片面追求地区产业结构体系的独立性、完整性，使用财政资金，或者通过其直接、间接控制的国有企业，进行不负长期责任或最终责任的投资活动而造

---

[1] 刘明远. 区域产业融合发展对策路径研究——以产业结构趋同为分析视角 [J]. 石家庄学院学报，2014（2）：22-26.

[2] 陈耀. 产业结构趋同的度量及合意与非合意性 [J]. 中国工业经济，1998（4）：37-43.

成的产业结构趋同。目前，大多数文献关注的都是非合意性趋同，其主要表现为：工业产品结构趋于接近，产品生产区域分布的集中度逐渐下降，许多产品的生产不具有应有的规模经济。本书的区域产业结构差异化就是针对非合意性趋同的缓解而提出的。

近30年来，我国出现了两次非常明显的区域产业结构趋同现象。一次是20世纪80年代中后期，我国很多省市纷纷上马一些需求弹性系数高、价高利大的家电及相关产业；另一次是90年代初以来，各地纷纷选择技术含量高、产业关联度大、投资量大的信息产业、汽车产业等作为本地区的主导产业。尤其是近年来，将新能源、医药技术、节能环保等战略性新兴产业作为区域主导产业。结构趋同、低水平重复建设势必造成大量的资源浪费、地区之间过度竞争、整体经济规模不大等严重后果。因此，从整体上对产业合理布局和区域产业结构差异化进行战略性调整，是很有必要的。

6.2.3 区域产业结构趋同的制度因素

除了区域资源要素禀赋类似造成区域产业结构趋同外，还存在另外一种由于地方保护主义与现行行政绩效考核机制以及市场机制尚不完善等制度性因素所导致的区域产业结构趋同，将其称为制度型产业结构趋同。制度型产业结构趋同不同于资源型产业结构趋同，它是由地方行政区经济利益意识浓厚和过度的产业行政管制等制度缺陷造成的，导致区域资源要素浪费、区域产业合作受限，以及影响区域产业分工的深化、区域产业价值链的空间延伸和区域性专业市场的培育。而区域产业融合发展依托的是产业区域分工以及在区域产业分工基础上建立的产业之间与产业内部的利益依存关系。新型区域产业分工并不完全沿着垂直型分工向水平型分工的单边路径演进。而是水平型和垂直型分工交叉演进的一种混合型分工。产业经济利益关系随着产业区域分工的深化而不断增强，通过产业价值链的前向和后向联合，或者横向联合，实现"你中有我，我中有你"的产业融合格局。在这种情况下，它必然会打破传统行政区划，要求加强区域合作，跨行政区实现产业价值链的空间延伸。因此，区域经济利益意识将逐渐形成，传统的行政区经济意识将被弱化。同城化就是在现有行政区划不变的情况下，为创造和实现区域经济利益而不断打破和削弱行政壁垒的一种区域经济发展战略，它有利于区域经济利益的培育和发展。区域产业融合发展与地方保护主义、政绩考核的行政区经济意识相违背，从而使得制度型产业结构趋同对区域产业融合发展和经济发展产生负面效应，非合意性产业结构趋同。

为了推动地方政府经济增长，中央将部分决策权下放给地方，使得地方政府逐渐成为相对独立的利益主体，除了行政职能外还具有经济管理职能。由于行政区划并不完全等同于经济区划，这在一定程度上造成了行政区经济利益与区域经济利益之间的冲突。现行制度的缺陷已致使地方政府对区域产业发展给予了过多的政策性管制，这种政策性管制至少体现在两个方面：

第一，地方政府在区域产业发展过程中过多参与，从而强化了行政性资源对产业要素的获取作用，弱化市场机制作用的发挥。而这些行政性资源的利用很大程度上却是为了满足和实现地方行政区经济利益。为了追求地方行政区经济利益，地方政府盲目发展"短平快"和"利大税高"的竞争性产业而导致地区产业结构趋同，进而引发过度竞争和地方保护。地方政府通常会人为设置各种行政壁垒和市场壁垒，并偏好采取跟随战略，这极易催生产业的重复投资，以致影响区域性专业市场的培育以及市场化资源配置的作用，造成国内市场分割、地区经济封锁、资源要素的浪费。Young（2000）对中国改革开放之后的地区产业结构趋势和地区保护主义对其的影响进行了详细的研究。他从产量、价格等因素出发，发现改革开放以来，各省之间在GDP结构和制造业的产出结构上有趋同的趋势，各地的商品零售价格、农产品收购价格以及劳动生产率差异在省际之间也不存在清晰的缩小趋势，农业的发展正与各地区的农业生产的比较优势相背离。同时，Young认为，地方政府有很强的动力来保护自己的税基，且工业对于地方政府的财政而言是非常重要的，所以，地方政府的寻租行为使得政府倾向于保护利润高的行业，从而导致了政府在贸易上设置壁垒，阻碍本地区重要原材料的流出以及其他地区商品的进入等一系列的寻租行为。Young最后的结论是，地区保护主义使得中国各地区之间存在巨大的贸易壁垒，地区比较优势没有得到发挥，区域产业结构存在趋同的趋势。另外，由于我国司法制度不完善，缺乏规范政府行为的法律法规，同时地方政府在地方政策的制定上又有相当大的自由。不同地区之间和不同所有制经济之间的税收政策差异很大，各地方自行出台的税收优惠政策过多，同时还存在各种行政的、技术的、经济的地方保护措施，这些都加剧了地方保护倾向。

自1994年实行分税制财政体制以来，中央在财政上分享的范围扩大，从客观上削弱了地方的财政权和税收权，且地方税由于规模小、弹性小而不能提供足够的财力保证，导致地方财政收支持续出现赤字，并呈上升趋势。另外，地方政府的税收资源与其承担的公共职责之间不平衡，地方政府职责范围内的公共服务项目，其收益范围超过本地政府的管辖区域，存在地方政府间支出效益外溢的问题。为协调各辖区间关系，中央政府与地方政府之间以及各级地方政府之间应设立转移支付机制，但我国目前的转移支付机制还不健全。中央对地方的转移支付主要是通过税收返还来进行，税收返还为保护既得利益而与增值税和消费税的增长直接挂钩。在这种方式下，地方从中央获得的转移支付数额取决于基期年的实际收入数额，而不是履行其职能所需的财力需求与其自身收入水平之间的差额。地方政府越发达，基期收入越多，则获得的转移支付越多，反之则相反。这就使得转移支付制度不仅不能发挥整合国内市场、缩小地区收入水平差距的功能，反而加剧了区域市场的分割，推动地区收入水平差距的扩大。地方政府为加大自身财政收入和转移支付，将在自己的行政范围内，过分追逐本地经济利益，限制外地商品向本地市场输入，同时阻止本地商品（主要为低价的初级商品）流向外地，导致各个地区之间经济联系的分割和重复建设问题。这表明我国现行的财税制度将加大地方保护主义的实行，进而出现区域产业结构非合意性趋同。

第二，在现行的对地方政府的政绩考核体系下，对地区发展进行评价主要是GDP增长速度、投资规模和税收情况，偏重反映经济数量和增长速度的指标。在这种考核制度下，地方政府在区域产业定位和选择过程中行政参与意识太浓，容易忽视本地经济资源的特点，在国家宏观区域（产业）经济政策的驱动下对部分产业给予了过度的政策性支持，非理性投资于资本集中型、高利税的产业，且容易引发区域间冲动性和效仿性产业投资，造成产业资源浪费和无效重复的产业投资。在我国各地区制定的2010年远景目标规划中，将汽车工业列为支柱产业的有24个省市，将机械、化工工业列为支柱产业的有16个省市，将冶金工业列为支柱产业的有14个省市[①]。目前我国31个省市、自治区在选择和定位战略性新兴产业时就存在趋同性。尽管各个地方政府都明白自己的这种行为将导致地区区域产业结构的趋同和不合理，但都不愿意放弃自身的局部利益去维护整体利益。决策人（地方政府）知道，在中央政府没有对政府间利益关系做出合理的制度安排和采取有效的协调机制之前，一旦自身先放弃局部利益的争取，就会丧失本地区经济发展的机会。因此各地方政府的博弈行为使地区间的区域产业结构调整朝趋同方向发展，最终使得区域产业结构差异化调整的目标落空。地方政府为了巩固既得利益，违背资源配置的规律，人为地扭曲了地方经济，而原有的扭曲又被进一步加剧，最终导致最初的区域产业结构趋同现象很难得到缓解。

---

① 国家发展计划委员会发展规划司.新世纪的发展蓝图——国家及各省市国民经济和社会发展"十五"计划纲要汇编 [M].北京：民族出版社，2001.

6.3 信息产业成长对区域产业结构差异化的效应分析

6.3.1 区域主导产业的选择基准与约束条件

区域产业结构形成后需要对其进行分类,区域产业结构分类是以一般产业结构为基础,根据各产业在特定区域经济发展中的功能、地位和作用,划分区域产业类型以反映区域优势和区域分工的要求。区域产业结构分类要遵循的原则:要以区域优势为基础;要反映区域分工的要求;分类应相对完整。根据以上三个原则,可将产业划分为主导产业、辅助产业和基础产业。其中,主导产业是指在区域经济发展的各阶段处于支配地位的地区专业化产业(或产业群),它具有促进区域发展和带动区内其他产业发展的双重功能。主导产业是产业结构的核心内容和产业结构演化的主角,在很大程度上决定了区域产业结构未来的演化方向。一个专业化部门要成为区域主导产业,必须同时具备四个条件:能够充分发挥地区优势,有较高的专业化水平;在地区生产中占较大比重,能在一定程度上主宰地区经济发展;与其他产业有较高的产业关联度;能代表区域产业发展方向。根据主导产业的定义和功能,结合刘运和余东华(2009)的研究成果,区域主导产业的选择基准主要有产业关联度基准、需求收入弹性基准、生产率上升率基准、比较优势度基准、可持续发展基准等,区域的资源状况,经济发展水平产业基础、技术创新能力、政策因素等将制约主导产业的选择[①]。

(1)产业关联度基准。产业关联度基准是指某产业与区域内其他主要产业有较高的前向关联系数(感应度系数)和后向关联系数(影响力系数),以此反映某产业对其他产业的影响和受其他产业影响带动的情况。感应度系数是指当国民经济某一部门增加1个单位最终使用时对国民经济各部门所产生的生产需求波及程度。影响力系数是指一个产业影响其他产业的程度,该系数如果大于1,表示该部门生产对其他部门生产的波及影响程度超过社会平均影响力水平,影响力系数越大,该产业部门对其他产业部门的带动作用越大,对经济增长的影响越大。感应度系数是指各部门均增加1个单位最终产品时,某一部门由此所受到的需求感应程度。感应度系数大于1,表示该部门受到的感应程度超过社会平均感应水

---

① 刘运,余东华.科学发展观下的区域主导产业选择原则、基准与约束条件[J].山东社会科学,2009(1):93-96.

平，感应度系数越大，表示其他部门增加单位最终需求时，该部门增加的产出将更大，即国民经济对该产业的带动作用越大，该产业具有"瓶颈"产品的属性，该产业增加产出有助于缓解其对国民经济均衡增长的制约作用。两个系数都较大的产业即区域的主导产业，产业之间的关联强度较大。产业之间的联系越广泛、越深刻，越能将主导产业的产业优势辐射到产业链的上下游企业，带动相关产业群的发展，并通过乘数效应带动整个地区经济的发展和产业结构的升级。

（2）需求收入弹性基准。需求收入弹性是指在价格不变的前提下，社会对某一产品需求随国民收入变动而变化的经济关系，是产业的需求增长率与国民收入增长率之比。这是从需求的角度对主导产业进行选择，侧重考虑市场需求对区域产业成长的导向作用。需求收入弹性高的产业，其需求扩张幅度随着人均收入水平的提高而不断增大。且由于该产业需求扩张幅度相对更大，具有广阔的市场前景，成长潜力较大，能够代表一个区域产业结构变动的方向。根据产业产品的收入弹性选择，主导产业应是具有高需求收入弹性的产业。在经济发展过程中，各产业产品需求收入弹性存在较大的差异。农业生产基本消费品，随着生活水平的提高，第一产业产品的弹性系数不断下降，人民的需求转向制造业产品。工业化的发展对制造业迅速增长不断提出要求，于是第二产业产品需求的弹性系数不断上升。当人们生活水平进一步提高，消费欲望便从各种物质资料转向各种形式的服务，因而第三产业产品需求弹性系数上升，成为支持区域经济发展的主要力量。

（3）生产率上升率基准。生产率上升率基准是从供给的角度对主导产业进行选择。生产率上升意味着投入减少、成本降低、收益增加。一般来说，技术进步快的产业，生产率上升速度也快。因而无论是理论界还是实际工作部门，在一般情况下都适用技术进步增长率来具体评价不同产业生产率的上升率。技术进步增长率越大表明产业技术创新能力越高，生产率提高潜力越大。选择那些生产率提高潜力最大的产业作为主导产业。

（4）比较优势度基准。区域主导产业应符合区域经济的发展阶段，取决于区域内动态比较优势。区域比较优势主要包括以下几个方面：

一是区域内增加值比重。主导产业应具备一定的规模，规模太小难以获得规模效益，不能起到应有的带动作用，更谈不上发挥主导作用。因此，规模太小的产业不能作为现实的主导产业，只能代表潜在的主导产业发展方向。

二是区域内比较劳动生产率。它的高低反映了产业技术水平的高低，代表了区域经济发展的方向和新的经济增长点。应选择比较劳动生产率相对较高的产业作为主导产业。

三是区域内资本产出率。它反映了区域内资本投向，应选择资本产出率相对较高的产业作为主导产业。

以上指标共同构成区域内相对比较优势度基准，反映了区域产业的相对竞争优势，这些优势与区位优势、资源优势是相互联系的。选择区域主导产业必须从地区实际情况出发，选择能够发挥区域比较竞争优势和资源优势的产业，形成有当地特色的区域产业结构。

（5）可持续发展基准。可持续发展基准指的是在选择主导产业时，必须以能源消耗低、环境污染少，不会造成生态失衡为选择基准，否则很有可能造成过于看重主导产业的经济增长功能，使区域经济走上以牺牲环境为代价来发展经济，再以更大的代价来治理环境的发展道路。可持续发展基准的着眼点是经济的长期发展与社会利益之间的关系，目的是为了实现区域经济和社会的可持续发展，因而要尽量选择那些使用可再生资源又不对环境造成破坏的产业作为主导产业。

产业关联度基准、需求收入弹性基准、生产率上升率基准、比较优势度基准、可持续发展基准等为主导产业的选择奠定了基础，但事实上，主导产业的选择是受到客观存在的经济规律和众多因素制约的，因而具体到某一个地区选择主导产业时，还必须充分考虑自身的经济状况和主导产业成长所面临的约束条件。选择区域主导产业时所面临的约束条件主要包括：

1）资源状况。现实的资源条件是主导产业选择和培育必须考虑的基础约束条件。如何充分利用现有资源禀赋的比较优势以及如何改变资源约束是主导产业培育过程的重要任务之一。

2）经济发展水平。经济发展水平影响区域产业结构、市场需求状况和产业发展前景。在主导产业的选择上，应考虑区域经济发展战略方向和总体水平，重视区域各产业的市场需求与供给状况，分析经济发展与主导产业可能发生的相互影响。

3）产业基础。任何产业都有一定的生长发展周期，主导产业也不可能凭空产生，必然会受到现有产业基础的支撑、限制和影响，现有产业本身构成未来主导产业发展的基础和条件。因此，在选择主导产业时应结合区域产业所处的阶段。一是根据本地区所处经济发展阶段选择，在工业化早期、中期、后期，可选择不同生产要素密集型产业作为主导产业；二是根据产业发展阶段进行选择，相对于产业生命循环周期的创新期、发展期、成熟期和衰退期，选择处于创新期和发展期的产业作为主导产业。

4）技术创新能力。技术创新能力是推动主导产业培育、区域产业结构演进的主要动力。区域技术创新能力越强，越有利于发展信息产业等高新技术产业和改造传统产业，主导产业的层次水平也就越高，对区域经济发展的带动作用也就越强。

5) 政策因素。区域主导产业的选择要符合国家产业政策和宏观调控政策，与区域经济战略和产业结构政策相协调。

6.3.2 区域主导产业对产业结构差异化的效应分析

主导产业既是现代经济发展的驱动轮，也是形成合理区域产业结构的核心。现代区域经济的增长从根本上讲是产业部门成长的过程，而成长首先是从主导产业部门成长开始。一个国家或地区的经济发展总体状况、技术进步速度，乃至一个国家经济的国际竞争力，在很大程度上取决于该国主导产业的发展状况。主导产业的迅速发展可以带动国民经济各产业的迅速增长。因此，一个地区应该优先发展主导产业，并用主导产业来促进区域产业结构的升级。著名经济学家罗斯托认为主导产业的发展对产业结构升级的作用超过主导产业部门本身，即存在产业的扩散效应或波及效应，主导产业将已有的优势辐射到其产业链上相关的产业中去，进而带动区域产业结构的演进。扩散效应由前向关联效应、后向关联效应、旁侧效应组成。前向关联效应是指主导产业为更大范围其他产业的发展或新兴产业的发展提供基础；后向关联效应也即回顾效应，是指主导产业可以促进其投入品产业的发展；旁侧效应是指可以通过主导产业发展引起周围地区经济的发展。从经济发展的历史来看，各地区的产业成长是不平衡的，经济的发展和产业结构的演变都是主导产业通过扩散效应带动其他产业成长的方式进行的。

根据主导产业理论，主导产业的选择除了满足需求收入弹性基准、生产率上升率基准、可持续发展基准等以外，还应符合区域优势和当地经济发展阶段。各地区应根据各自的地理条件、资源禀赋、市场需求、人文环境等方面的情况，选择具有比较优势的产业作为主导产业。若一个地区具有区位优势，可考虑物流业的发展；若具有丰富的旅游资源，可考虑发展旅游业；若具有人力资源优势，可考虑发展劳动密集型产业；若具有较强的技术、人才优势，可考虑发展技术密集型产业。同时，一个地区在确定主导产业时，还应该从动态角度出发，用发展的眼光选择目前不具有比较优势，但具有动态比较优势或比较优势呈上升趋势，有可能带动产业结构升级的微小产业。若各地区主导产业选择雷同，将会造成产业集中度下降，区域分工不明确，这是区域产业结构非合意性趋同的表现形式，不利于区域产业结构升级和经济发展。为了缓解非合意性趋同，本书提出区域产业结构应具有一定的差异化，将区域产业结构差异性保持在合理范围内。

在工业化时期，工业是对科技进步最敏感的经济部门，是一个国家或区域经济发展的主导部门。近代区域经济发展的过程实际上就是工业化过程。但工业化不同阶段，主导产业的选择是不同的。从发达国家工业化的历史进程来看，工业化过程表现为制造业内部结构的演变过程，前期为重工业化过程，中期为深加工化过程，后期为技术集约化过程。在工业化前期，工业发展呈轻型结构，轻工业投资少，建设周期短，见效快，吸收劳动力多，原材料可以从传统农业中以较低的价格获得，因此主导产业一般是农业和轻纺工业，手工劳动和劳动密集型产业在经济发展过程中占绝对优势。工业化中期，大机器工业体系日趋完善，工业发展明显向重工业化倾斜，重工业化的过程贯穿于工业化的始终。工业化进程中，无论是重工业还是轻工业，都会由以原材料工业为重心的结构向以深加工、组装工业为重心的结构发展，形成工业的"深加工度化"。工业结构深加工度化说明，工业增长对原材料、能源的依赖程度到一定时期会下降，而对资本、技术的依赖程度加深。因此，重工业发展初期主导产业是冶金、建材、化工等原材料工业，重工业发展后期则主要是机械工业，特别是耐用消费品工业等资金密集型产业在经济发展中起着主导作用，基础工业和基础设施得到很大改善。工业化后期，以汽车、家用电器为代表的耐用消费品产业和以微电子技术、信息技术、航天技术、生物工程、新能源和新材料为代表的新兴产业迅速发展[①]。从中可知，随着工业化的发展，工业结构重心由轻工业到重工业，由原材料工业向组装工业转移，工业生产要素结构的重心由劳动力向资金再向技术转移。要顺利完成整个工业化过程，需要从第一产业中释放劳动力，以进入轻工业部门，再由轻工业部门积累足够的资金，以支持重工业的发展，重工业发展到一定阶段，就需要获得先进技术，进入技术密集阶段。我国整体已处于工业化中期阶段，但中国地域辽阔，各地区经济发展基础不同，区域间工业化水平和经济差距巨大，导致各地区所处的工业化阶段也不同。因此，我国各地区在选择主导产业时不能盲目照搬，应按照工业化进程中主导产业的演进顺序和自身所处的工业化阶段，选择不同的主导产业。由于区域产业结构是社会分工的产物，也是地域分工的产物。应通过加快区域间产业分工和合作体系的构建，避免区域产业结构趋同现象的出现。

  区域产业结构是部门结构与空间结构的区域统一性，产业空间布局的合理与否直接关系到区域产业结构的升级和整体经济的发展。所谓产业布局是指一个国家或地区的产业在空间上的配置所形成的基本格局，反映了一定生产力系统的各组成单元在地域上的分布和组合状况。衡量一个国家或地区产业布局合理与否的指标之一就是地区产业结构是否存在趋同的现象。区域产业结构趋同具体反映在产业集中度下降和分散度提升上，解决各地区产业结构的趋同现象是实现我国产业合理布局和产业结构优化的前提和基础。因此，应注意区分区域产业结构差异化和产业分布集中的联系与区别。它们是同一个事物的两个方面。区别是前者是从地区的角度出发，而后者则从产业分布的角度来说。但是两者是紧密相关的，

---

① 周加来，张冬冬. 新型工业化下的主导产业选择 [J]. 经济理论与经济管理，2005（12）：55-59.

给定所有产业的分布状况，也就决定了各个地区的产业结构。除了所有产业集中于一个地区的极端情况外，各个产业集中的程度越高，区域产业结构的差异化越大；总体上产业集中度越低，地区产业结构差异也越小。

主导产业具有较大的产业关联性，主导产业在某地区的集中将有助于形成主辅产业配套的产业集群。尤其是在信息化与工业化融合的背景下，融合型产品增大了产品或服务间的差异化，产品或服务差异化是指产品或服务对消费者不具有完全的替代性，而使消费者对产品或服务产生的偏好差别。差异化将引发企业的不完全竞争。本书将产品或服务的差异归纳为两个方面：一方面是客观存在的差异，包括产品的性能和设计差异、质量差异、销售的地理位置差异等；融合型产品或服务是技术融合的结果，提高了产品的质量水平，丰富了产品的功能，互联网的广泛应用使得融合型产品或服务消除了时间和空间的限制。另一方面是人为或主观的产品差异，包括买方的知识差异，卖方的促销行为造成的差异以及买方的主观差异等，最主要表现在价格差异和促销手段的差异上。融合使得企业更加注重提升产品或服务的兼容性和网络效应，增大了消费者的转换成本，强化了消费者的消费偏好。融合型产品与原有产品相互替代，使企业间的竞争趋于激烈，从而导致市场集中度的下降。融合型产品不仅对原有产品产生替代效应，更多的是产生互补性效应，更能满足消费者的需求，并借此提高产品或服务的相对价格，推动区域产业结构的优化。另外，即使厂商处于垄断甚至独占地位，融合型产品的产生激发了大量的潜在竞争者出现，包括来自替代品和新进入者的威胁，对原有供应商模式及在位企业垄断力量形成强大的冲击。市场边界延伸和市场创新极大地扩张了市场规模，导致垄断者市场势力缩小。因而，新进入者遇到在位企业阻击的可能性和强度大大降低，市场进入更为容易。这势必削弱市场领导者的支配力量，降低产业集中度，从而有助于缓解区域产业结构趋同现象。

综上所述，主导产业是推进区域产业结构升级的关键，但各地区应根据自身的资源与要素禀赋、工业化发展水平以及产业空间布局等实际情况选择合适的主导产业，进而通过主导产业的地域分工形成合理的、有差异化的区域产业结构，以避免区域产业结构趋同现象的发生。

6.3.3 信息产业成长与区域主导产业的选择

区域产业结构升级是通过主导产业的交替、更迭来实现的，因此，主导产业的选择与确定是区域产业结构差异化、合理化、高度化的关键。由于主导产业带来的经济利益显著，不仅表现在它自身的发展所引起的产值、收入和就业的增加，而且能通过产业关联效应将主导产业的优势辐射并传递到产业链上的相关产业，带动其他产业的发展。可以说，主导产业是区域经济增长的动力，其推动了区域产业结构演化。

虽然工业化是从以自然经济为基础的农业国转向现代化国家的必由之路和重要标志。传统的工业化模式使社会生产力获得了巨大的发展,但却是以资源的过度消耗和生态环境的破坏为代价的。工业化过程中经济快速发展与资源环境生态保护之间产生了越来越尖锐的矛盾,不能满足区域经济可持续发展的要求。同时,发达国家在实现工业化的过程中,注重机械化、自动化,出现过严重的失业问题。另外,20世纪90年代以来,新的科技革命突飞猛进,高新技术特别是信息技术广泛应用,不仅成为经济社会发展的强大推动力,而且使人类生产活动和社会生活开始进入信息化和智能自动化时代。为顺应时代发展特点和解决资源耗竭、环境污染问题,各国正在加速实现以制造业为核心向以信息产业为核心的转变,信息产业化和产业信息化的步伐明显加快,推动了产业结构升级。但发达国家的信息化是在已经实现了工业化的基础上进行的。我国现在还处于工业化阶段,担负着实现工业化和信息化的双重任务。我国与发达国家产业结构的差距不仅表现在高科技等新兴产业发展不足上,还表现在传统产业的落后上。因而不能完全照搬发达国家先实现工业化,待工业化完成后再过渡到信息化的模式,那只会使我国与发达国家的发展距离越拉越大,永远落在人家的后面。为了使我国的产品在世界市场上有更强的竞争力,只有大力发展信息产业,用信息技术改造传统产业,提高传统产业的技术装备水平,才有可能实现传统产业的跨越式发展和产业结构水平的提高。

根据信息产业的高产业关联性、高创新性、高劳动生产率、低污染等特点,结合我国的国情和当代世界发展的总体趋势,我国工业化进程中的主导产业看似应该是信息产业。信息产业相对于其他产业有更高的技术层次,为各行业提供信息技术,通过刺激产品更新换代,激发传统产业的自主创新能力,对经济增长可持续性与规模性具有拉动力作用,能够代替其他产业成为新的主导产业。同时,在信息产业内部,通过技术进步实现产品结构的升级,且放松政府监管,加快信息产业与传统产业的融合和信息化与工业化的融合,实现生产组织方式的重大进步,提高传统产业的整体素质和国际竞争力。信息产业的成长虽然是实现我国工业化和信息化融合的必然选择,但如果各地区在制定区域产业结构调整战略中,不顾自身资源与要素禀赋、产业发展基础等比较优势,均偏向于选择信息产业等相关产业作为主导产业,一方面将造成区域产业结构趋同,另一方面单纯发展信息产业,忽视传统产业发展的话,将会造成产业间比例失衡,不利于区域产业结构的合理化。因此,只有在工业基础良好,积累了大量资本,拥有大量技术人员和较高区域创新能力的前提下,才适合将信息产业作为主导产业。不具备条件的地区可将其他产业作为主导产业,但要注意通过信息的扩散和反馈,用信息技术改造传统产业,使其部分地融合于社会和其他产业的各个部门,走新型工业化道路,带动传统产业的调整升级,使得原有主导产业大大提高劳动生产率,重新焕发出巨大的生命力和活力;或利用信息化与工业化融合促使新兴产业出现和发展,实现主导产业由工业向其他新兴产业的转变,推动区域产业结构的升级。

信息产业可以通过如下途径实现对传统产业的改造:第一,改造传统产品,加快产品升级换代。信息产业能够将微电子、光电子等相关技术应用于传统产品的改造上,从而通过推动产业研究开发和设计水平的提高以及工艺技术的变革来提高产品质量,使传统产品向高性能、多功能、低消耗、高附加值转化,加快产品的更新换代。第二,改造传统设备,提高技术水平。设备的技术水平关系着经济发展的效率、企业的现代化程度和产品质量的提高。因此,用信息技术改造传统设备,更新旧设备,是提高经济素质和企业素质,增强国际竞争能力的关键所在。第三,改造传统工艺,加快生产过程自动化。随着人们生活水平的提高,人们对产品的需求日趋多样化,使得产品向多品种少批量方向发展。因此,加快产品设计,改进加工工艺,改革生产流程,实现自动控制,发展柔性制造系统,成为达到上述目标的最佳途径。第四,改善经营管理。通过大量使用效率更高的计算机和互联网技术来取代传统技术手段,加强存货、信息处理、广告等的管理,特别是通过企业间的电子商务的应用,推动营销、运输和服务方式的变革,可大幅度降低成本和扩大产品的市场规模。

信息产业的发展可以带动一批新兴高技术产业的发展,并缩减原料工业的比重。产业结构升级意味着传统产业的比重减小,新兴产业的比重增加。信息技术具有无所不在的、极强的渗透力,只要有信息和信息处理,信息技术就能找到自己的用武之地。而且,信息技术中的软件技术,能使各个领域的新知识、新技术和新经验用电子文件的形式保存,便于人们复制和传播,从而使知识的扩散达到一个前所未有的广度和深度。所以,无论是宇航卫星通信、生物工程、海洋开发、光纤通信、新材料工业、新能源产业还是新兴服务业,都离不开具有核心地位和先导作用的信息产业作为其应用开发的突破口和带头部门。信息化通过信息流通和运用,可以降低物质和能量的消耗,减少国民经济对原料的需求,从而降低原料工业在制造业中的比重。采用信息技术既能提高各种生产要素和资源的使用效率,减少浪费,又能使传统产品结构发生变化,利用少量的要素和资源就能发挥出原来需要大量要素和资源的功效,减少原料工业的比重。由于大量信息的注入,新型产品不但更轻、更坚固、更实用、更有效、更易于维修,而且大大节约了物质、能量的消耗[①]。

[①] 田海峰.信息产业发展与我国产业结构升级[J].地质技术经济管理,2003(4):1-6.

综上所述,信息产业成长通过加快对传统产业的改造和产业融合发展,将提升高科技产业所占的比例和实现传统产业发展方式的转变,并促使新兴主导产业的出现,实现主导产业多样化,从而既能实现区域产业结构的差异化,又能促进区域产业结构的合理化和高度化。

6.4 信息产业对区域产业结构差异化的实证研究

6.4.1 区域产业结构差异化的评价指标

从前文的分析可知,信息产业的成长不仅提升产业技术含量和高科技产业所占的比例,而且通过促进信息化与工业化融合带动传统产业的发展,是区域产业结构升级的主要因素。在区域产业结构升级中,差异化是合理化和高度化的基础,本章将重点探讨信息产业与区域产业结构差异化关联关系,即信息产业发展对区域产业结构趋同的影响。

狭义的信息产业即电子信息产业,为研究电子信息产业对区域产业结构趋同的影响。本书以东部、中部、西部三个区域作为对象系统进行关联分析,选择区域产业结构趋同指标作为参考序列,电子信息产业发展的相关指标作为比较序列。借助灰色关联分析理论,挖掘电子信息产业与区域产业结构差异化的关联信息。

基于数据的可得性和实证研究的需要,本书使用样本为2005~2010年中国东部、中部、西部地区电子信息产业的投入和产出数据。数据主要来源于《中国统计年鉴》(2006~2011年)、《中国电子信息产业统计年鉴》(综合篇)(2006~2011年)、中经网统计数据库和国家统计局网站等。

(1) 参考序列的选择:区域产业结构趋同指标。参考序列选取电子信息区域产业结构趋同指标:区位熵。区位熵是区分地域分工格局的指标之一,通过测定某地区特定产业部门在该地区的相对专业化程度,反映区域间联系的结构和方向,计算公式如下:

$$\text{劳动力集中指数 } LQ_l = \frac{\text{区域内 i 部门就业人数} \div \text{区域内全部就业人数}}{\text{全国 i 部门就业人数} \div \text{全国总就业人数}}$$

$$\text{产值集中指数 } LQ_c = \frac{\text{区域内 i 部门产业产值} \div \text{区域工业总产值}}{\text{全国 i 部门产业产值} \div \text{全国工业总产值}}$$

$$\text{固定资产集中指数 } LQ_k = \frac{\text{区域内 i 部门固定资产额} \div \text{区域固定资产额}}{\text{全国 i 部门固定资产额} \div \text{全国固定资产额}}$$

区位熵衡量的是某区域产业结构与全国平均水平之间的差异，因此可以用来衡量专业化水平。一般来说，当区位熵数值越大，表明 i 产业部门在该区域聚集程度越高，专业化水平越高。LQ > 1，则表明 i 产业部门在该地区产业规模上有优势，属于地区专业化部门。

本书利用我国东部、中部、西部 2005~2010 年电子信息产业的从业人数、产值和固定资产等相关数据，构建区域产业结构趋同的三项指标（即区位熵 LQ，包括劳动力集中指数、产值集中指数、固定资产集中指数）作为参考序列。

（2）比较序列的选择：电子信息产业成长指标。本书选择反映电子信息产业成长的指标，如产业增加值所占比重，企业数所占工业行业的比重等。具体选取 2005~2010 年电子信息产业的 11 项指标（即电子信息产业增加值/工业增加值、电子信息产业总产值/GDP、电子信息产业新产品出口销售收入、电子信息产业的企业数/全部企业数、项目建成投产率、实现利税总额、电子信息产业总产值年增长率、电子信息产业的企业从业人员年平均人数/总就业人数、电子信息产业投资额/全社会固定资产投资额、电子信息产业新增固定资产、拥有发明专利数）作为比较序列。

6.4.2 基于 OWA 算子的灰色关联模型群融合方法

由于我国电子信息产业统计数据有限，区域产业结构差异化的指标数据难免存在人为误差，因此使用对样本数量和统计规律性没有特殊要求且计算量小的灰色关联模型进行系统分析。灰色关联分析根据已知样本信息，求出每个因素对所影响的量的关联度，关联度越大，说明相对应因素对该量的影响越大。灰色关联度模型众多，包括邓氏关联度、T 型关联度、斜率关联度、绝对关联度、相对关联度、B 型关联度等。张可、刘思峰（2010）分别利用有序加权平均算子（OWA 算子）和群体决策方法将灰色关联系数进行集结和多种类型的关联分析模型进行融合，验证该改进模型的有效性[①]。本书在改进的灰色关联模型——基于 OWA 算子的灰色关联模型群融合方法上，进行关联分析。内容如下：

(1) 选择系统参考序列和比较序列：

参考序列 $X_0 = \{x_0(k) | k = 1, 2, \cdots, n\} = \{x_0(1), x_0(2), x_0(3), \cdots, x_0(n)\}$

比较序列 $X_i = \{x_i(k) | k = 1, 2, \cdots, n\} = \{x_i(1), x_i(2), x_i(3), \cdots, x_i(n)\}$

求出各序列初值 X_i'，令 $X_i' = X_i / x_i(1) = \{x_i'(1), x_i'(2), \cdots, x_i'(n)\}$，i =

---

① 张可，刘思峰. 基于 OWA 算子的灰色关联模型群融合方法 [C]. 第 19 届灰色系统全国会议论文集，2010.

0，1，2，…，t+1。

（2）选择原始关联分析模型，如邓氏关联度、斜率关联度、T型关联系数公式等。

（3）求出关联分析模型集合 $G = \{G_1, G_2, \cdots, G_s\}$，$G = G_A \cup G_B$，$G_A \cap G_B = \phi$。

其中，G_A 为逐点（段）方法（如邓氏关联度/斜率关联度/T型关联度）计算得到的关联系数模型子集，G_B 为整体方法（如绝对关联度/相对关联度/B型关联度）计算得到的关联系数模型子集。

（4）根据不同关联分析模型，求出 G_A 特征因素与参考因素间关联系数序列、G_B 特征因素与参考因素间关联度值，如以邓氏为例：

比较序列 X_i 对参考序列 X_0 在时刻 k 的关联系数 $r(x_0(k), x_i(k))$，公式为：

$$r(x_0(k), x_i(k)) = \frac{\min_i \min_k |x_0'(k) - x_i'(k)| + \rho \max_i \max_k |x_0'(k) - x_i'(k)|}{|x_0'(k) - x_i'(k)| + \rho \max_i \max_k |x_0'(k) - x_i'(k)|}$$

其中，ρ 为分辨系数，$\rho \in [0, 1]$，通常取 $\rho = 0.5$，用于提高关联系数之间的差异显著性。

（5）关联系数集结。通过关联度模型 G 得到关联系数序列 $\gamma_{0i} = (\gamma_{0i}(1), \gamma_{0i}(2), \cdots, \gamma_{0i}(n))$。

OWA 算子集结的 G 关联度为：

$$\gamma_{OWA}^G(x_0, x_i) = \phi_Q^C(\gamma_{0i}(1), \gamma_{0i}(2), \cdots, \gamma_{0i}(n)) = \sum_{k=1}^n w_k \times \gamma_{0i}'(k)$$

其中，$\gamma_{0i}'(k)$ 为 $\gamma_{0i}(1), \gamma_{0i}(2), \cdots, \gamma_{0i}(n)$ 中按降序排列的第 k 位元素。

w_k 对应"多数"、"至一半"、"尽可能多"和"全部平均"原则下的模糊量化算子参数 (α, β) 分别为 $(0.3, 0.8)$、$(0, 0.5)$、$(0.5, 1)$ 和 $(0, 1)$；(α, β) 取 $(0.3, 0.8)$ 当且仅当关联系数序列中存在优势点时，(α, β) 取 $(0, 1)$ 当且仅当关联系数序列中各元素差别不大时。

（6）根据 G_A 的集结关联度和 G_B 关联度，进行关联度融合。

$$\gamma_{OWA}(x_0, x_j) = \phi_Q^C(\gamma_{0j}^1, \gamma_{0j}^2, \cdots, \gamma_{0j}^S) = \sum_{k=1}^S w_k \times \zeta_{0j}^k$$

其中，γ_{0j}^i 为模型 G_i 计算出的特征因素 j 与参考因素之间的关联度值，ζ_{0j}^k 为 $(\gamma_{0j}^1, \gamma_{0j}^2, \cdots, \gamma_{0j}^S)$ 按降序排列的第 k 位元素。

6.4.3 实证结果分析

令 $\rho = 0.5$，根据灰色关联原理，使用灰色关联分析软件 GM2.1 和 Excel 软件、MATLAB7.0软件,整理得到结果如表6-1、表6-2、表6-3所示。

表6-1 东部地区电子信息产业与区域产业结构差异化的灰色关联度及排序

电子信息产业发展水平指标	劳动力集中指数 LQ_l		产值集中指数 LQ_c		固定资产集中指数 LQ_k	
	灰色关联度	排序	灰色关联度	排序	灰色关联度	排序
1. 电子信息产业增加值/工业增加值	0.914078	6	0.910547	6	0.882972	8
2. 产业总产值/GDP	0.964182	2	0.969710	2	0.995796	1
3. 产业新产品出口销售收入	0.888543	8	0.904702	7	0.918530	6
4. 电子信息产业企业数/全部企业数	0.956337	5	0.952206	5	0.922448	5
5. 项目建成投产率(%)	0.961122	3	0.965772	4	0.977239	3
6. 实现利税总额	0.871954	9	0.880033	8	0.883645	7
7. 总产值年增长率	0.972865	1	0.968278	3	0.937410	4
8. 企业从业人员年平均人数/就业人数	0.602731	11	0.598767	11	0.607068	11
9. 投资额/固定资产投资额	0.960210	4	0.975948	1	0.987271	2
10. 新增固定资产(亿元)	0.858181	7	0.856329	9	0.832514	9
11. 拥有发明专利数(件)	0.697637	10	0.699363	10	0.714170	10

资料来源:《中国统计年鉴》(2006~2011年)、《中国电子信息产业统计年鉴》(综合篇)(2006~2011年)、中经网统计数据库等。

表6-2 中部地区电子信息产业与区域产业结构差异化的灰色关联度及排序

电子信息产业发展水平指标	劳动力集中指数 LQ_l		产值集中指数 LQ_c		固定资产集中指数 LQ_k	
	灰色关联度	排序	灰色关联度	排序	灰色关联度	排序
1. 电子信息产业增加值/工业增加值	0.990861	9	0.990379	9	0.990777	9
2. 产业总产值/GDP	0.999415	4	0.999036	5	0.999444	4
3. 产业新产品出口销售收入	0.999226	5	0.998917	6	0.999069	6
4. 电子信息产业企业数/全部企业数	0.999201	6	0.999693	4	0.999284	5
5. 项目建成投产率(%)	0.999577	3	0.999912	1	0.999661	3
6. 实现利税总额	0.998622	8	0.998132	8	0.998514	8
7. 总产值年增长率	0.999604	2	0.999772	2	0.999749	2
8. 企业从业人员年平均人数/就业人数	0.989451	10	0.988971	10	0.989367	10
9. 投资额/固定资产投资额	0.999733	1	0.999704	3	0.999887	1
10. 新增固定资产(亿元)	0.998755	7	0.998265	7	0.998645	7
11. 拥有发明专利数(件)	0.885559	11	0.885343	11	0.885381	11

资料来源:《中国统计年鉴》(2006~2011年)、《中国电子信息产业统计年鉴》(综合篇)(2006~2011年)、中经网统计数据库等。

表 6-3　西部地区电子信息产业与区域产业结构差异化的灰色关联度及排序

电子信息产业发展水平指标	劳动力集中指数 LQ_l		产值集中指数 LQ_o		固定资产集中指数 LQ_k	
	灰色关联度	排序	灰色关联度	排序	灰色关联度	排序
1. 电子信息产业增加值/工业增加值	0.824155	8	0.828369	8	0.836104	8
2. 产业总产值/GDP	0.964557	3	0.968052	3	0.98319	2
3. 产业新产品出口销售收入	0.871177	7	0.87154	7	0.882228	7
4. 电子信息产业企业数/全部企业数	0.977585	2	0.981617	2	0.976253	3
5. 项目建成投产率（%）	0.961424	4	0.960588	5	0.975329	5
6. 实现利税总额	0.585212	11	0.589852	11	0.591199	11
7. 总产值年增长率	0.956591	5	0.965844	4	0.975358	4
8. 企业从业人员年平均人数/就业人数	0.595973	10	0.599022	10	0.602476	10
9. 投资额/固定资产投资额	0.978268	1	0.9918	1	0.987159	1
10. 新增固定资产（亿元）	0.895101	6	0.898608	6	0.90157	6
11. 拥有发明专利数（件）	0.794158	9	0.798155	9	0.803966	9

资料来源：《中国统计年鉴》(2006~2011年)、《中国电子信息产业统计年鉴》(综合篇)(2006~2011年)、中经网统计数据库等。

通过对表 6-1、表 6-2、表 6-3 的分析，2005~2010 年，我国电子信息产业发展对区域结构差异化具有较大影响，并呈现如下特点：

（1）东、中、西部地区的电子信息产业的发展水平与区域产业结构差异化之间存在较大的关联度，关联度均高于 0.585。其中，东部地区电子信息产业各项指标与区域产业结构趋同的三项指标有较高的关联度；中部地区的关联度最高，关联度均在 0.88 以上；西部地区经济发展程度与东部、中部地区存在一定差距，各指标的关联度相对东部、中部地区而言比较低。

（2）从指标 1（电子信息产业增加值占工业增加值比重）、指标 4（电子信息产业企业数/全部企业数）与区位熵的关联程度可知，中部地区电子信息产业的发展与区域产业结构趋同关联度最大。从指标 2（电子信息产业的总产值占 GDP 的比重）与区位熵的关联程度可知，三大区域指标间的关联程度均在 0.9 以上，区域产业结构趋同受地区经济基础的影响。体现创新能力的指标 8（企业从业人员年平均人数/就业人数）和指标 11（拥有发明专利数）关联度都不大，表明我国各地区科技转化能力较低，是以后发展的重点。

（3）在各项指标中，中部地区的关联系数均很高，这可能是政策导向所致。2004 年 3 月，温家宝总理在政府工作报告中提出并强调了加快中部地区崛起计划。同时，2004 年底，党中央经济会议报告中再次提到中部地区崛起计划。

2005年初，温家宝总理在政府工作报告中提出："抓紧研究制定促进中部地区崛起的规划和措施。"2006年初，温家宝总理主持召开国务院常务会议，研究促进中部地区崛起问题。2009年9月23日，国务院常务会议讨论并原则通过了《促进中部地区崛起规划》。由于政策的支持，2005~2010年，中部地区电子信息产业规模增速突出。在经济不是很发达的地区，可以依靠电子信息产业的发展，逐步实现跨越式发展，为促进区域产业结构优化寻找出路。

（4）东部地区则注重从第二产业向第三产业（特别是服务业）的产业转型。电子信息产业所占整个产业贡献率相较而言比重小。因此电子信息产业的发展和区域产业结构趋同关联相对中部地区弱些。但是，东部地区电子信息产业经济基础雄厚，因此"电子信息产业增加值/工业增加值指标"和"产业总产值/GDP指标"与区域产业结构趋同有一定关联。西部地区受西部地区大开发政策指导，主张对西部资源进行合理利用，主要是发展能源型产业为主导产业，因此电子信息产业的发展对于区域产业结构趋同关联相对东、中部而言，关联系数较小。

7 信息产业成长与区域产业结构合理化

区域产业结构是部门结构与空间结构的区域统一性,区域产业结构差异化主要是从空间结构的角度进行分析,区域产业结构合理化和高度化统称为区域产业结构优化,主要是从部门结构的角度进行分析。主导产业的选择正确与否和多样化原则是区域产业结构差异化的主要影响因素,在此基础上,主导产业的地域分工和交替更迭更是推动区域产业结构由不合理向合理、由低水平向高水平演进的关键。

7.1 区域产业结构合理化的实现途径

7.1.1 区域产业结构合理化的判定标准

产业结构合理化在学术界存在多种定义,包括结构协调理论:产业结构合理化就是各产业间的协调发展(李京文、郑友敬,1988);结构功能理论:产业结构合理化是产业结构功能的增强(周振华,1992);结构动态均衡理论:产业结构合理化是产业结构的动态均衡和产业素质的提高(苏东水,2000);资源配置理论:产业结构合理化是资源在产业间合理配置、有效利用(史忠良,2005)。以上理论都偏重于从产业部门结构对产业结构合理化进行界定,为了突出区域产业结构的空间特性,更要强调产业在地域上的分工协作和空间布局,以发挥区域比较优势,促进区域经济发展。综合各个理论的观点可知,区域产业结构合理化是指在一定的经济发展阶段,以提高经济效益为目标,根据区域技术水平、消费需求结构、人口素质和资源环境条件,对不合理的产业结构进行调整,实现资源要素的合理配置,使国民经济各产业协调发展。区域产业结构合理化能够达到的目标:充分有效地利用本地区的人力、物力、财力以及地域分工的好处,使国民经济各部门协调发展,社会的生产、交换和分配顺畅进行,社会扩大再生产顺利发展,使国民经济持续稳定地发展,社会需求得以实现,能实现人口、资源、环境的良性循环。

区域产业结构合理化是指一定区域内各产业之间的配置关系达到均衡、协调并有利于区域经济发展的程度。产业结构合理化要解决以下三个方面的问题：一是供给结构和需求结构的相互适应问题；二是三次产业间以及各产业内部部门之间的协调性；三是产业结构效应如何充分发挥的问题。因此，要实现区域产业结构合理化，应当遵循以下原则[①]：

(1) 区域分工与发挥区域优势的原则。分工对生产力发展有促进作用，但分工有不同层次。劳动分工、部门分工、地区分工和国际分工，既联系又有区别。当今，任何地区，都不可能单独生产它所需要的一切产品，它依赖于地区间的分工与协作。各区域应根据地域分工发展那些本地具有突出优势的产业，而放弃那些本地不具备优势条件的产业，并同其他地区建立互为补充的分工协作关系，以充分利用本地资源，实现各资源要素在区域间的最佳组合配置，满足各自区域发展需要。

(2) 区域生产力成长原则。区域生产力的不断成长是区域经济保持稳定持续发展的根本原动力。随着生产力的成长，不仅可加速总体经济的资金累积，促进经济持续增长，还有利于人民物质生活水平的完善与提高。因此，区域产业结构合理化的方向应有利于区域生产力的不断成长。

(3) 面向市场的原则。任何经济优势的发挥都不能超过市场容量的限度及质的界定。经济优势是市场竞争中的优势，一个地区某种产业取得优势，表明它的产品已进入消费市场，其完全换算费用低于全国平均水平和其他地区，并在价格和质量等方面具有较强的竞争力。换言之，一个地区的某种产业是否具有优势，是根据它在统一的国内市场和国际市场上竞争的结局来确定的，集中表现在本区域产品在市场上占有率的高低。因此，区域产业结构合理化应以市场为导向。

(4) 弹性原则与适当多样化原则。弹性原则，主要是指区域产业结构对经济波动具有一定承受能力与应变能力的原则。市场供求及经济条件的变化等经济波动是经常发生的，合理的区域产业结构应能在这些经济波动发生时，具有适当的弹性变动，以避免造成太大的经济损失。也就是说，合理的产业结构应能在受到经济波动的冲击时，较快地用新的有序状态代替原有的有序状态。

适当多样化原则，主要是指区域产业发展不是只孤立地发展一两个优势部门，而是围绕优势产业部门建立一个结构紧凑、相互协调的区域产业链，从而形成优势产业集群。

(5) 生态平衡与保护环境的原则。人类的经济活动是在生态系统中进行的，

---

① http://blog.sina.com.cn/s/blog_5d430b740100bcxd.html.

如果经济活动随意破坏原有的生态平衡，就会遭到大自然的报复。区域产业结构与生态平衡的关联性决定了区域产业结构合理化必须注重维护生态平衡、保护生态环境，从而实现人口、资源、环境的协调发展，使产业走上可持续发展的道路。

（6）宏观效益与微观效益兼顾的原则。区域产业结构是介于宏观与微观的中介实体，而在效益上，宏观与微观并非总是一致的。合理化的区域产业结构，应当是既取得良好的微观经济效益，又兼顾宏观经济效益，实现整体效益最大化。微观经济效益主要体现在产业成长，保证国民经济各部门的协调有序发展；宏观经济效益主要体现在提高区域经济效益，实现社会有效总需求。

通过考察区域产业结构合理化的概念发现，一方面可以从静态角度把区域产业结构合理化看作是研究的目标模式与实践的最终结果；另一方面也可以从动态角度把区域产业结构合理化作为一个研究过程或实践过程来理解。区域产业结构合理化作为研究的目标模式和实践的最终结果，必然有其严格的衡量标准。区域产业结构合理化的标准可以概括为三个方面：一是区域经济的增长力度，它的核心是区域产业应按照地区优势准则不断进行选择和转换，使区域的每一个产业都具有程度不同的优势，其主要标志是主导产业的类型。二是区域产业间的和谐度，它标志着区域产业联系的有序化和产业比例的合理化，前者是指主导产业与非主导产业之间应有很强的正向带动联系和反向配合联系，占有优势的产业对其他产业应有紧密的、充分的优势传递通道；后者主要指流通部门、基础设施和公用事业等与直接生产部门在质量上和规模上相适应，具有前后向联系的产业等在质量上和规模上相匹配，以保证各产业生产能力的充分发挥和强步发展。三是产业结构的弹性度，它是指地区产业既有吸收或减缓经济波动和外界干扰的素质，又有促进主导产业沿着劳动力—资金—技术和知识密集型产业的方向逐步更替的潜能。同时，区域产业结构合理化是一个动态、渐进的过程，该过程的极限状态是区域产业结构最优状态。随着社会、经济的发展和科学技术的进步，合理化的区域产业结构状态将不断发生变化。因此，在区域产业结构的演变过程中，区域产业结构合理化要实现供需结构的均衡、各区域间产业的均衡发展、各产业部门之间的协调发展，但不应该理解为绝对的均衡和完全的协调，而只能是对这种均衡与协调的逼近，是一种动态的、渐进的演进过程[①]。

---

① 蒋清海.关于区域产业结构合理化的理论研究［J］.新疆财经，1990（1）：37–41.

7.1.2 区域产业间关系与产业结构合理化的关联

从理论上讲，经济增长是在各产业协调发展基础上进行的，产业间保持比例平衡是经济增长的基本条件。从这个角度来讲，区域产业结构合理化是产业与产业之间协调能力的加强和关联水平的提高，也是动态演进、不断协调的过程。此种观点具有一定的代表性，通过分析各产业间的比例关系是否均衡，来判断产业结构合理与否及其程度，其核心是把合理性定位于各产业部门间的相互关系上。如考察第一、第二、第三产业间，两大部类间，农轻重之间等关系的均衡性与协调性。在非均衡经济增长条件下，这种产业间比例平衡都是经过调整才能实现的，而且是短暂的现象。因此，不能将产业间比例平衡绝对化，认为何时何地产业结构都要保持这种比例平衡才合理。如果这样，会使经济走上在低水平的基础上重复循环的缓慢增长的轨道。因此，区域产业结构合理化一方面是三次产业结构比例协调过程，同时也是产业间发展速度的协调过程；另一方面是三次产业结构间比例又要满足整个国民产业经济系统演进的发展要求，各产业部门间的投入产出联系需要符合经济发展演进规律。需要注意的是，不能将产业间的协调视为测定区域产业结构合理化的唯一标准，因为该基准只是分析了各产业部门间一种静态的比例关系，但这种比例关系的合理程度是没有一个标准来度量的，也就是它缺少一个明确的目标函数；另外，容易忽视创新，产业间的低水平均衡关系将限制和延缓区域产业结构高度化进程，影响经济的快速和健康发展。

产业之间是否处于协调状态，可以从以下几个方面进行考察和分析：

（1）产业素质之间是否协调。即产业之间是否存在技术水平的断层和劳动生产率的强烈反差，如果存在断层和强烈反差，产业之间就会产生较大的摩擦，表现为不协调。一般而言，如果各产业之间劳动生产率数值分布的比较集中且有层次性，则说明各产业的素质比较协调；如果各产业之间劳动生产率数值分布的比较离散且又无层次性，则说明各产业的素质不协调。以第一、第二、第三产业为例，随着工业化程度的不断提高，三次产业就业人数比重、技术水平和各部门产值在GDP中所占的比重都会不断地发生变化。根据工业化的推进历程，三次产业间技术水平和劳动生产率层次分明，农业的技术水平和劳动生产率最低，服务业最高，工业居中，从而导致劳动力、资本等生产要素依次从农业向工业和服务业转移。当三次产业的层次差异较大时，可通过高新技术不断地对农业和工业进行改造，提升其技术水平和产业层次，从而保证三次产业间的生产要素处于相对均衡，产业素质处于协调状态。同时还要保证同一时期不同地区的产业间素质相对均衡，否则容易造成区域产业结构和经济增长的差距过大。以京津冀地区为例，在第一产业方面，京津两市与河北省相比处于劣势，北京第二产业的比重也逐年下降，但第三产业的发展空间及实力巨大，呈现强劲的发展劲头，产值结构调整为三二一；天津市的第二产业占据主导地位，并将在长期内继续发挥重要作用；就河北省而言，第一产业具有明显的优势，第三产业有待进一步发展，但无论是第二产业还是第三产业在产业技术层次上都与京津两地存在着明显差距。从京津冀的产业发展分析看，京津冀三地的第一产业比重呈下降趋势，第二产业略有上升，第三产业优势凸显但其支柱产业还未形成，还不能替代传统工业的地位，这说明京津冀地区正处于产业结构合理化的调整时期。

（2）产业之间的联系方式是否协调。不同的产业之间存在着复杂的投入产出关系，各产业内部以及各产业之间的投入产出联系表示产业之间相互依存和相互影响的关系。当产业之间的相互联系表现为相互服务与相互促进时，产业之间的投入产出联系方式是协调的，即一个产业的发展不能以削弱另一个产业的发展为前提，这是评价产业结构合理化的重要标准。在理想的产业结构状态下，应当是每个产业所需要的投入（实际为其他产业的产出或自然资源的投入）都能得到充分满足，即不存在瓶颈产业；每个产业的产出又刚好能满足其他产业投入和最终消费的需求且没有过剩，即不存在过剩产业。同时存在瓶颈产业和过剩产业，是产业结构不合理的主要标志。如果只有瓶颈产业而没有过剩产业，则说明生产要素已充分利用，仍存在无法满足的需求，这属于生产要素不足的范畴，不是产业结构不合理的问题，解决的方法应该是增加要素投入和提高要素使用效率，而不是通过生产要素的配置对产业结构进行调整。同样只有过剩产业而没有瓶颈产业，也不能简单判定为产业结构不合理。没有瓶颈产业意味着在现有的体制条件下，已没有未得到满足的需求，解决问题的办法应该是开发新的需求、扩大现有需求，手段主要是调整收入分配结构等。通过要素配置的手段解决总需求不足的矛盾，难以取得理想的效果。一些学者认为，当前我国存在着大部分加工工业生产能力过剩，而基本建设中的设备大多需要进口的现象，这是我国产业结构不合理的表现。对此问题应进行具体深入的分析，对于国内具备生产所需要的技术、资金、管理等各种条件，而仍需要大量进口，可能和当前管理体制导致生产要素配置错位有关，这属于产业结构不合理范畴。但如果国内因缺乏某种关键性要素（如缺乏核心技术、规模不经济等）而大量进口，则不能看作是产业结构不合理[①]。

（3）各产业间的相对地位是否协调。产业间的地位协调并不是说所有产业的地位都是相同的，而是具有相对性。在一定的经济发展阶段，各产业的经济作用以及相应的增长速度是不同的，因而各产业在产业结构中所处的地位也是不同

---

① http://wenku.baidu.com/view/2c1a0204cc175527072208e3.html.

的，从而形成了各产业之间有序的排列组合。各产业相对地位的协调是指产业结构内部各产业的排列组合具有比较丰富的层次性，各产业之间的主次与发展的轻重缓急关系比较明确和适宜。如果各个产业主次不分，轻重无序，甚至出现产业结构的逆转，则说明各产业之间的相对地位是不协调的。相对于非主导产业，主导产业在区域产业结构合理化中占据核心位置，主导产业的地位更重要。不同地区的资源要素禀赋、经济发展阶段、基础设施、发展战略等存在巨大的差异，导致各地区的产业定位不同。根据梯度转移理论可知：区域经济发展状况由区域产业结构的具体状况决定，区域产业结构的状况又由该地区经济部门的状况决定，特别是由该地区主导产业所处的生命周期中阶段所决定的。如果该地区的主导产业部门正处于创新阶段，则说明了该区域具备发展潜力，可将该区域列为高梯度区域。同时，梯度转移理论认为，一个区域发展梯度层次的决定性因素是创新活动，而创新活动大多是发生在高梯度地区的。随着时间的转移和产业生命周期各个阶段的更替，技术创新能力逐渐提高，实际经济生产活动、生产要素会逐渐从高梯度地区向低梯度地区转移。整个区域经济要发展起来，首先应让发达地区加快发展，然后再通过产业和要素向较发达或者欠发达的地区进行转移，由此拉动整个区域经济的发展。但要注意不能将不同梯度地区的发展位置凝固化，否则容易导致区域差距更加扩大，形成马太效应，最终使得发达地区更发达，落后的地区更落后。

根据梯度转移理论，在主导产业和不同的产业环节方面进行良好协调，并使产业在空间上根据区位条件和发展环境形成合理的区域分工，在地域上形成完整有序的功能定位、优化的层级关系与优势互补、分工协作的产业链关系，进而发挥发达地区的带动作用。以京津冀地区为例，三个省市不能同时将某一产业作为主导产业，即使三个省市都需发展高技术产业和服务业，但产业内部的侧重点应该不同，省市间应进行充分的沟通合作，否则容易出现重复建设和资源争夺的现象。比如在高技术产业领域，北京着重发挥在研发、创业、创新等环节的优势，天津可加强研发转化、应用研究和生产制造等；在现代服务业领域，北京的重点在金融、研发服务、信息服务和文化创意，天津则可侧重在海港运输、现代物流等领域。由于北京已经进入工业化后期阶段，天津进入了工业化中期阶段，河北大部分城市则处于工业化起步阶段，北京的产业基础相对扎实，是京津冀地区的中心城市，通过构建有序的产业承接和产业转移体系可发挥中心城市对周边城市的带动作用，实现区域经济一体化。因此，河北省可承接北京、天津产业链延伸或作为生产加工制造腹地，作为京、津两市经济发展的产业补充与支撑力。

7.2 主导产业与区域产业结构合理化的关系

7.2.1 区域主导产业成长与产业演进机制

根据塔式结构理论以及罗斯托的主导产业扩散效应理论和经济成长阶段理论，主导产业在区域产业结构合理化演进过程中处于核心的位置，因此正确选择和培育区域主导产业决定了区域产业结构演进的方向。

主导产业不是固定不变的，而是与其所处的时代相对应，具有时代烙印。在工业化推进的产业结构变化过程中，主导产业也随之演进，旧的主导产业带动作用越来越弱，技术含量越来越低，会逐渐被具有新技术的新主导产业所代替，这个新主导产业取代旧主导产业的过程往往是技术由低向高发展的过程。从中可知，主导产业随着技术由低向高的发展表现出序列演替性和多层次性，并具备阶段性和有序的方向性[1]。蒋晓岚和孔令刚（2011）以安徽省为例，分析了产业演进机制与区域主导产业成长的关系，认为资源再配置机制和产业关联传导机制的演化作用是影响区域主导产业成长的重要因素。主导产业通过产业关联机制带动产业链前向、后向以及横向环节的相关产业部门发展，而关联作用的发挥是通过资源在时空上重新配置、产业体系的重整而实现的[2]。

（1）资源再配置运作机制。在社会化大生产条件下，资源配置有两种方式：计划配置方式和市场配置方式。其中，市场调节可以使企业与市场发生直接的联系，企业根据市场上供求关系的变化状况和产品价格的信息，在竞争中实现生产要素的合理配置，它在资源配置中起到基础性作用。但市场配置资源客观上存在不足，不可能使资源配置尽善尽美。当一定时期资源配置出现问题，区域产业结构失衡时，国家可通过产业政策将掌握或控制的资源分配到急需发展的部门，促使资源再次合理配置。

资源供给条件是主导产业成长的基础和出发点，在经济开放度较高、市场体系比较健全、产权关系比较清晰的状况下，产业之间资源要素流动成本较小，企业的预期收益较高，则资源流动和整合力度较大，从而有利于产业之间的要素转

---

[1] 伍华佳等. 开放经济条件下中国产业结构演化演进[M]. 上海：上海财经大学出版社，2007：185-188.
[2] 蒋晓岚，孔令刚. 安徽产业演进机制与区域主导产业成长演进[J]. 华东经济管理，2011（10）：18-21.

换以及主导产业成长。由于我国市场化机制还不是十分完善，企业重组整合不足，产业融合程度还不是十分深入，区域间产品和生产要素市场分割现象突出，致使价格不能真实灵敏反映经济运行的客观状态，企业难以根据价格信息调整生产以适应供求，同时资源和要素流动性较差，东部地区的资本、人才等要素与中部、西部地区丰富的自然资源难以实现交换，区域产业结构失衡。因此，国家要在市场调节的基础上，通过税收、财政补贴、价格调整等间接调配资源，对不同的产业实行不同的经济政策，对经济落后地区和瓶颈部门实行政策倾斜。在优化区域产业布局时，特别要加快中西部地区主导产业的培育，应充分发挥中西部地区独特的农业资源优势，做强做大产业规模。此外，中西部第二产业内各主导产业的发展要和经济发展水平相适应，向多样化发展。例如，交通运输业应根据各产业带的需要以及在合理规划中西部城市布局的基础上，由国家规划，把旅游业培育成为西部地区的主导产业，利用其得天独厚的旅游资源和人文景观，发展特色旅游业。

（2）产业关联传导机制。领先的技术水平是主导产业得以确定的重要标志，而较高的技术创新投入及整个行业的技术改造投入水平是形成和保持技术水平先进性的关键。大中型企业是技术创新的主体，再加上政府的大力支持，主导产业、国有大中型企业一直保持着技术领先态势，但会造成主导产业与非主导产业、国有大中型企业与小型企业之间技术水平的非均衡性，从而影响整个产业系统技术水平的提高，反过来又制约主导产业的技术进步和区域产业结构的优化升级。

主导产业作为区域产业结构优化的强效影响因素，对地区相关产业具有巨大的扩散效应和关联效应，要想突破制约我国现阶段区域产业结构优化升级的瓶颈问题，真正发挥主导产业在地区的规模经济与带头作用，必须全面有效地提升地区主导产业层次，实现区域产业结构从资源导向型向技术导向型转变，进而通过产业部门之间的关联传导机制，促进主导产业、国有大中型企业的先进技术难以向其他产业部门扩散和渗透，缩小企业、产业部门之间的技术落差，实现区域产业结构优化。对于已有的资本或技术密集型主导产业，必须加快政府的税收政策和投资政策进一步倾斜，从而带动地区产业系统的整体发展。对于以资源为导向的传统主导行业，应进一步加快企业科技投入，促进其企业内部技术创新，以求提高其产业经济效益，推进地区主导行业由原材料工业向高附加值工业的平稳更替，最终转变资源导向型产业结构，实现产业层次的提升，带动整个产业系统的优化升级。

在市场竞争机制的作用下，以骨干企业为载体的资源要素集聚效应越来越突出，行业集中度提升，已形成企业或产业集群式发展态势，企业规模效应上升成为相伴而生的现象。主导产业的产业规模主要表现在市场规模和发展潜力两个方面。其市场规模越大,相应的规模企业示范带头作用越明显,对上下游产业以及相关其他产业的诱导刺激作用越突出,将有效促进产业的优化升级。同时,主导产业作为区域优势产业,其市场规模和发展潜力影响该区域产业结构调整的整体方向。若主导产业集聚程度较高,市场竞争较为充分,主要指标表现良好,劳动生产率已经超过全国平均水平,则主导产业效益提高的方向应该是向产业链两端延伸,即扩充研发与营销环节,以提高分工地位和产业价值链水平。若主导产业投资机会利用不充分,技术水平不高,则主导产业效益提高的方向应该是加快资金、技术、人才、劳动力集聚,通过并购重组促进组织结构调整,使企业走"大而强、小而专"的发展道路,提升企业规模经济效益,提高技术装备和管理水平。

7.2.2 产业演进机制对区域产业结构合理化的推动作用

资源再配置运行机制和产业关联传导机制通过影响主导产业成长促进区域产业结构合理化。

(1) 资源再配置运作机制对区域产业结构合理化的作用。资源配置理论从资源在产业间的配置结构及利用的角度考察产业结构合理化,史忠良等把产业结构合理化定义为"在一定的经济发展阶段,根据消费需求和资源条件,理顺结构,使资源在产业间合理配置,有效利用"。产业结构合理化和高度化的发展过程就是要实现产业结构与资源供给结构、技术结构、需求结构相适应的状态。产业结构合理化是资源合理利用的基础,也是实现资源合理利用的标志,两者相互依存。一般而言,经济的持续增长取决于资源(资本、劳动力、技术等)的不断投入及有效配置,而产业结构的合理与否在很大程度上决定了资源配置的效果。只有产业结构比较合理,与市场需求相适应,与技术发展水平相适应,才能实现资源的有效配置,要素投入的不断增长就能保证经济的持续增长。如果产业结构扭曲,则会严重降低资源配置的效果,即使短期的高增长能够发生,最终也会由于结构的制约而不能持续下去。反过来,通过对无效的资源配置进行重新调整,将会促进区域产业结构合理化。

需求适应性是判断区域产业结构合理化的方法之一,即各产业的实际生产能力与对该产业的需求是否相符,若两者接近或大体接近,则目前的产业结构是较为合理的。在社会化大生产中,生产能力短缺与过剩常常并存。一方面,部分产业生产能力严重不足,其产品供不应求,满足不了社会需要;另一方面,部分产业生产能力已超过社会的实际需要,造成劳动力闲置。生产能力短缺与过剩都是导致产业结构失衡的重要原因。如果能在计划机制和市场机制的引导下,通过资源再配置实现资源要素的流动和重新组合,及时消除经济生活中存在的短缺与过剩现象，就不会给国民经济带来很大的损失。如果不能及时消除短缺与过剩现象，当其积累至一定程度，就会使国民经济比例失调，产业结构失衡，给国民经济造成巨大不良影响。因此，从这个意义来说，资源短缺与过剩现象客观上要求不断地进行资源再配置，资源再配置主要是通过企业兼并、重组等来实现，而企业兼并、重组只需更换主要设备或通过技术更新就可使原来生产过剩的产业转型，实现产业结构调整，达到产业结构合理化的目标。

产业结构合理化调整的动力在于产业结构调整过程中利益的存在，在技术水平不变的条件下，这种结构调整的边际收益是递减的。追求利益最大化是资源再配置的动力，在利益机制的引导下，资源要素不断在地区、产业部门以及企业间流动、重新组合，从而使资源处于最优配置状态，此时实现区域产业结构合理化，经济效益最大化。但我国正处于经济体制转换时期，计划机制和市场机制处于双重弱化状态，计划机制的弱化使得国家对产业结构的宏观调控能力减弱，地方政府之间的矛盾加剧。市场机制的弱化使企业处于不完全竞争状态，企业缺少追求利益的动力。因此，业已形成的利益格局很难改变，即存在利益刚性。各地方政府出于自身利益的考虑，运用行政手段阻止资源要素在地区间流动。另外，在商品经济中，价格的上升与下降现象像看不见的手调节着利益在各部门和各企业之间的再分配，使资源要素流向能获得较高收益的部门和企业。在计划经济体制下，企业不能根据市场情况自行定价，价格不能反映市场对商品的需求情况，这种扭曲的价格信号使得企业不能根据市场的变化而做出相应的决策，从而使资源要素不能合理流动，从而不利于资源有效配置和区域产业结构合理化。改革开放之后，我国开始逐步实施市场经济，改革不合理的价格体系，打破资源要素流动的利益刚性和价格刚性，使企业成为真正独立的商品生产者和区域产业创新的主体。同时，在市场机制发挥主要作用的前提下，政府的产业政策经常是干预经济和实现产业结构主动转换的有力工具。因此，在政府有效的宏观调控和制度规范框架下，应充分发挥市场机制在资源再配置、产业链条形成、利益分配及产业结构合理化过程中的基础调节作用。

(2) 产业关联传导机制对区域产业结构合理化的作用。产业间关联关系的不协调主要表现在：一是产业各部门的社会化分工不合理，专业化协作水平低、关联效应差。目前，我国大多数省市的产业关联度很小，使得产业延伸发展、拉长产业链条以及通过产业互联延伸发展的效能被制约。例如，中小企业居多，具有规模优势的企业较少；中小企业与大企业的协作关系不强。这就造成产业发展中资金利用率低下，资源配置不经济，不能为产业升级形成足够的物质技术基础。二是区域产业结构趋同，不利于要素的合理流动。鉴于信息产业的高创新性、高关联性，被大部分地区作为主导产业或优势产业来培育。但选择完全雷同的产业结构，势必造成地区间低水平竞争和追求自成体系，带来了产业发展中资源的分散化和低效益。

7.3 信息产业成长对区域产业结构合理化的效应分析

7.3.1 信息产业成长与区域产业的融合发展

与发达国家工业化发展历程不同的是，我国传统产业发展还不是十分完善，不能在工业化发展完成后再进行信息化建设，我国处于信息产业与传统产业平行发展的阶段，既要继续发展壮大传统产业，又要大力发展信息产业以抢占新一轮经济增长点。但在有限的资源下，同时发展两者可能造成传统产业与信息产业都不能得到有效地发展。如果将信息产业作为主导产业优先发展，面临的问题就是信息产业属于资本密集型产业，投入巨大，不能及时得到社会效益，又失去传统产业的大力支持，其结果得不偿失。因此，不妨利用信息化与工业化融合，构建融合型产业体系，促进信息产业等高技术产业与传统产业融合发展。并把现有的资源有效地投入到融合部分，使其发展成为主导产业，从而兼顾两者的发展。本书根据产业间的协作关系，将互补性产业融合分为三种表现形式：组合型融合、兼容型融合、渗透型融合。其中渗透型融合是通过产业间的互补和延伸实现产业间的融合。这类融合往往发生在高科技产业的产业链自然延伸的部分，赋予原有产业新的附加功能和更强的竞争力，形成融合型的产业新体系，并且更多地表现为第三产业向第一产业和第二产业的延伸和渗透。尤其是随着20世纪90年代以来信息技术和互联网技术的蓬勃发展，以信息产业为典型代表的高科技产业具有高创新性、高成长性、高渗透性的特点，通过产业渗透、产业交叉和产业重组等方式与传统产业之间实现产业融合。产业融合最先出现在信息产业内部，随着信息产业的成长，融合的范围扩展到信息产业与传统产业，促进区域产业融合发展。信息产业与传统产业融合发展造成的边界模糊和消失可以使其他产业转换到高技术产业中，并经过产业融合和产业创新的连锁反应，使得区域产业结构得以转换和升级。

信息产业的成长是区域产业融合发展的前提条件，但只有信息产业的成长是不够的，产业间过大的技术差距会阻碍区域产业融合进程，信息产业与传统产业的同步成长才是区域产业融合发展的关键。传统产业主要是劳动密集型和资本密集型产业，对资源的消耗与浪费比较严重，且资本的边际收益呈递减趋势，导致传统产业无法持续发展下去。因此，传统产业的发展需要融合信息产业的先进技术，对传统技术和设备进行改造升级，使之持续地发展壮大和适应信息化时代经济的要求。信息技术、网络技术、数字技术等相继融入传统产业部门，极大地提高了传统产业的生产力水平，深刻地改变了传统产业的产业属性。信息产业与传统产业的融合化发展使一些传统产业部门由资本、劳动密集型向信息、知识和技术密集型转变。同时，要大力发展现代物流业、金融业、信息服务业等融合型产业和技术密集度相对高的生产性服务业，从而带动第三产业快速发展，以充分发挥高技术产业对产业结构优化升级的促进作用。反过来，信息产业的成长需要传统产业的人才支撑和技术储备。信息产业是知识密集型产业，所以对人才特别是对高端人才具有强烈的依赖性。但我国人才结构发展不平衡，符合信息产业发展的高端人才缺乏，而信息产业所需的人才也不可能从零开始培养，只有在相关工业的基础上对人才进行系统培养，储备一大批复合型人才，鼓励他们开发创新，掌握信息产业成长所需的核心技术。农业工业化与农业信息化发展也为信息经济的发展奠定了坚实的物质基础和巨大的需求空间。也就是说，信息产业成长所需的技术是在传统产业发展过程中逐步积累的，信息产业需要传统产业所积累的技术。

在信息产业与传统产业融合的前提下，主导产业选择，一要考虑区域内现有信息产业的产业带动情况；二要考虑优势传统产业的产业带动情况；三更要考虑区域产业融合后新产业的带动能力。信息技术革命进入产业化阶段的最大标志是信息产业及其与传统产业间的融合成为国民经济中的主导产业群。区域产业融合发展不仅使得产业间协调、关联程度增大，而且使产业结构出现柔性化趋势，促使区域产业结构的合理化。

7.3.2　区域产业融合发展过程中的分工特征

胡永佳（2007）认为产业分工是产业融合的基础，产业融合又是产业分工深化的新起点，这既源于产业融合对产业分工的内在要求，也源于产业融合对产业分工的推动作用。随着区域产业融合发展和区域经济一体化战略的深化，旧的产业分工格局将被打破，生产要素配置及生产力布局将在全国范围内统筹进行，基于区域资源要素禀赋及产业优势基础之上的产业分工必将进一步深化和细化，产业将会逐步重组，从而实现产业间分工的内部化和细微化。新的产业分工格局必将逐步建立和形成。

产业间分工内部化包括两种情况：一是吸收融合，原来的两个或多个产业之间实现融合，形成一个共同的产业，原来的各个产业被吸收进新的产业之中而不再独立存在；二是扩展融合，在原来两个产业或多个产业的交叉处融合产生一个新的产业,在新的产业里实现内部化,而原有的各产业仍然独立存在。融合是和分工相反的运动,融合发生意味着分工的缩小甚至消失。但是分工和融合只有在同一层次时,这种对立关系才有可能成立。在不同的层次上,融合与分工完全可以同时发生,且互相强化。事实上,融合在消灭本层次分工的同时,往往带来其他层次更多的分工和专业化。就产业融合而论,当企业之间发生融合时,企业间的分工消失了,但是企业内部的分工却增加了。融合表现为从一个层次的分工转化为另一个层次分工的过程和结果。另外,产业融合并不意味着产业内所有企业都融合,可能只有部分具有产业代表性的企业发生融合,扩大产业经营范围,原有的市场分工则转化为企业内分工,企业由此获得范围经济、规模经济等收益。而未发生融合的企业则在融合产业内的某一个环节进行专业化经营,扮演产业内部分工的角色。在理论上,产业间分工实现内部化意味着:第一,原来不同的产业分别对应着不同的资产体系,现在,这些资产体系之间可以实现兼容和通用。第二,原来不同产业之间的分工发生了模糊甚至消灭。产业内企业易实施多元化经营,扩展自己的经营范围,原来不同产业的企业之间的分工转化成了同一产业内的企业之间的分工以及企业内的分工。第三,融合企业内出现了新的内部分工,即原有业务与融合创新业务之间的分工,其实质就是社会分工或市场分工转化成企业分工,是一种特殊类型的融合双方的一体化。

信息化时代,消费需求倾向于多样化和个性化,促使产品融合和增值,为企业多元化发展和企业融合带来了新的机会,促使 IT 企业间分工向企业内分工转变。具体地说,IT 企业内分工已从线性的生产工艺的分工发展演变为立体的或平面的网络功能分工,这种分工就是所谓的"模块化"(芮明杰、刘明宇、任红波,2006)。产业融合是对传统工业时代产业分立的一种扬弃,因此,模块化不是对一般意义上的产业分工和专业化的否定,它代表着一种新型的产业分工模式(周振华,2004)。产业融合实质上是模块化的过程,模块是产业融合的载体(朱瑞博,2003)。产业融合和模块化相互促进,相互影响。模块化经营战略与模块化分工导致不同企业的异质性越来越大。但同时模块化具有相对独立性,即具有"即插即用"的特征,企业通过把不同功能的模块集中到一个产品中,促进融合型产品的创新。单个企业作为一个独立的系统,具有一定的功能,但只有与其他系统进行协同才能实现更大的功能,并在与其他系统进行协同的过程中创造更大的价值。如计算机产业中,随着 IBM360 系统的发展,越来越多的企业开始从事不同模块的研发与生产,如主机模块、存储模块、软件模块等,并且通过与其他模块的协同来促进企业自身的发展。不同模块的协同促进了计算机产业的发展,并共享由计算机产业的发展所带来的利益。这是一种新型的共享方式,这种方式是通过扩大市场规模即扩大利益规模来共享的,因此是一种正反馈方式的共享方式。

从中看出，区域产业融合与产业分工并不是完全的对立，通过模块化战略不仅把融合和分工有机地联结，而且使得产品或服务的内容具有可扩展性，在满足消费者需求的同时超越消费者导向，进而促使由垂直分工向模块分工的转变，提升技术创新速度，更能适应多变的市场环境，提高企业竞争能力。从形态上看，模块化是一种通过市场机制进行资源配置而形成的高度专业化分工形式，体现了经济系统演进的结构性。融合决定了信息产业内企业分工模式向模块化演变。

7.3.3 区域产业分工协作对产业结构合理化的效应分析

随着区域产业融合发展步伐的加快，产业融合逐渐由交叉渗透到整合重组，产业分割发展的格局被完全打破，产业分工协作及产业组织新格局逐渐形成，增强了区域产业联系与交互作用，进而有力推动了区域产业结构合理化，并促使产业集聚集群发展。区域产业结构合理化就是以高效率的、有优势的主导产业为核心构筑的各产业相互协调的产业体系，形成"优势互补、专业化分工协作"的产业发展格局。

依据区域产业优势，构建层次分明的区域分工格局，加快产业在区域层面的融合发展。区域内制造业、高技术产业、现代服务业的结构和规模是区域产业融合发展的重要产业基础。从区域发展层面来看，为了缩小生产成本的差异和产业发展的梯度，必须做到产业空间集聚和合理布局。产业布局是促进区域产业结构合理化的重要途径。

首先，确定不同区域应重点发展的目标产业。合理的产业布局应以因地制宜为原则，全面考虑不同地域的自然、经济、社会因素，依托本地区的资源优势、区位优势、产业基础，选择有比较优势与竞争优势的产业重点进行发展，逐渐带动周边地区上下游产业的发展，形成产业集群效应，降低流通和管理费用，提高产业间的互助性和互促性，加强产业关联的协调性。通过充分利用不同区域之间生产成本结构上的差异，实现产业在区域间的转移。促进区域产业结构合理化。我国东部地区产业基础良好，积累了丰富的高级生产要素，技术和人才优势突出，可优先发展信息产业等高技术产业，以此带动相关服务业的发展，并将部分制造业逐步转移到中西部；而在矿产资源比较丰富的中西部地区，优先发展采掘和矿产加工业，合理承接东部地区转移的石化产业。

其次，明确不同区域产业发展的功能定位、发展方向和重点，统筹和促进不同层次、不同类型的区域之间形成层次有序、融合配套、分工错位、优势互补的格局。合理的产业布局以统筹兼顾、协调发展为原则，重点发展落后地区，保持发达地区的持续发展，统一布局，均衡发展，实现国家整体利益最优，避免出现区域性"小而全"、"散而乱"、分布不均衡的现象和各自为政的"诸侯经济"。因此，各地区积极发展优势产业，回避其他地区规模比较大、成熟度比较高的产业，实行主导产业的错位发展。如果各地区都充分利用了自身的优势，建立起以优势生产要素为专业化部门的产业结构，通过专业化部门产品的大量对外输出和交换，各区域之间的经济分工就得以实现。而区域之间的分工协作，可以使各区域都获得比较利益，从而使大的区域范围内的经济得以健康、协调发展。

区域产业结构的合理化是区域经济协调发展的关键。中共十六届六中全会首次完整而清晰地概括了我国"区域发展总体战略"，即"继续推进西部大开发，振兴东北地区等老工业基地，促进中部地区崛起，鼓励东部地区率先发展"。而实现这一战略的落脚点在于"形成分工合理、特色明显、优势互补的区域产业结构"。当企业跨地区从事生产经营活动时，受地方利益的驱使，各种地方保护主义势必会增加企业的交易成本，这大大阻碍了区域间专业分工的发展，使得产业发展出现"扎堆"而无"融合"的现象，将会导致低水平区域产业结构趋同现象的出现，不利于区域经济差距的缩小。只有通过产业的合理布局和专业化分工协作，才能充分发挥区域内各个省市的比较优势，使资源在大的区域范围内得到合理高效的配置和利用。并通过生产服务业分工的细化、产业链纵向与横向的扩展和延伸，将东部地区在弹性生产、规模制造等方面的经验和技能转移给中西部地区，以实现区域产业结构合理化，从而促进区域经济一体化，提高区域的整体竞争力和经济效益。

7.4 信息产业对区域产业结构合理化的实证研究

7.4.1 信息产业成长与区域产业结构合理化的评价指标

根据信息化与工业化融合理念，可以推导信息产业对区域产业合理化的贡献是积极有效的。由于人类发展阶段逐步从农业社会过渡到工业社会乃至信息社会，经历了工业化前、中、后期，传统农业以及传统工业存在这样或那样的弊端。信息产业与传统产业的融合发展能够借助科技手段改造整合资源与产业链条，最终突破自身"瓶颈"，提高农业生产效率、工业产业效率等。例如，在能源、交通、医药、物流等基础产业上发展电子信息产业，能够改善低效率的局面，矫正长期累积下来的结构冗长扭曲状态，从而达到产业结构合理化。发展电子信息产业与传统产业相互融合的产业部门，可延长产业链，进一步发挥电子信息产业对经济增长的突破性带动作用，实现产业结构升级转换。同时，可以依据产业关联效应和技术梯度递进的转移规律，推进电子信息产业产品加工基地和产业链从东向西、由南向北延伸，加速技术转移和扩散进程，通过产业合理布局，进一步调整规划产业结构升级。

基于目的性、科学性、整体性、可操作性，定性分析和定量分析结合原则构建产业结构合理化指标体系。构建区域产业结构合理化指标体系时可以借助区域产业结构合理化的评价标准和已有学者的研究成果。本书主要根据产业结构协调标准、产业弹性标准、资源合理利用标准和张立柱的研究成果构建区域产业结构合理化指标体系，从产业协调发展程度、资源利用水平以及产业技术进步程度三方面评价区域产业结构合理化。

产业结构协调是合理化的重要标准，钱纳里、塞尔昆等学者总结多国多年来的数据制定出国际产业结构标准数值，利用 Hamming 有限点集贴近度公式将某地区三次产业结构同国际标准数值进行对比，从而判断区域产业结构合理化状况，发现本地区经济结构中存在的问题，由此提出进一步的解决措施。Hamming 有限点集贴近度反映了区域产业结构协调程度的多少，Hamming 贴近度越大，则本地区三次产业结构模式与钱纳里的标准数值差异越大，此时的区域产业结构是不合理的，反之则认为合理性较好。其中，钱纳里国际标准模式如表 7-1 所示。

表 7-1　三次产业结构演变的国际标准模式

三种研究结果	发展阶段	人均 GDP（美元）	增加值比重（%）			就业比重（%）		
塞尔昆—钱纳里模式（1980年）	农业社会	300	39.4	28.2	32.4	74.9	9.2	15.9
	工业化前期	500	31.7	33.4	34.6	65.1	13.2	21.7
	工业化中期	1000	22.8	39.2	37.8	51.7	19.2	29.1
	工业化后期	2000	15.4	43.4	41.2	38.1	25.6	36.3
	现代社会	4000	9.7	45.6	44.7	24.2	32.6	43.2

资料来源：郭克莎，王延中. 中国产业结构变动趋势及政策研究 [M]. 北京：经济管理出版社，1999.

资源配置理论认为区域产业结构是一个资源转换器，考察区域产业结构的合理化就是考察资源在各产业之间的配置结构是否合理以及利用的效率状况。要实现区域产业结构的合理化，则需要实现资源在三大产业间的有效利用和合理配置，充分并有效地利用全国各区域的人力、物力、财力、自然资源以及国际分工，发挥其最大效用。因此，资源配置效率能够呈现经济增长资源的配置效果，反映资源利用水平和区域产业结构合理化程度。

根据区域产业生命周期理论，推动区域产业结构合理化的关键在于保持产业创新活力，不断地以具备技术优势的朝阳产业替代夕阳产业。技术进步速度是产业开发、吸收与运用科学技术能力的重要指标，动态反映了主导产业的区域竞争力，产业技术进步速度越大，产业竞争优势越强，区域产业结构越趋向合理。评价体系如图 7-1 所示。

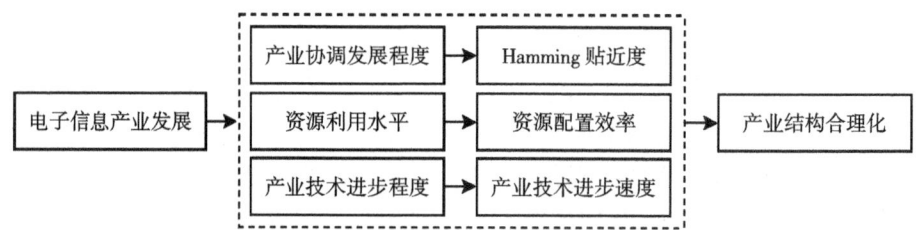

图 7-1 信息产业与区域产业结构合理化关联评价体系

在区域产业结构升级过程中，合理化是衡量优化升级的一个重要标准。本章选取 Hamming 贴近度作为产业协调发展程度指标，资源配置效率作为资源利用水平衡量指标，产业技术进步速度作为产业技术进步程度指标。本章仍以电子信息产业作为信息产业的典型代表，研究电子信息产业对区域产业结构合理化的影响，以东部、中部、西部三区域作为对象系统进行灰色关联分析。选取区域产业结构合理化指标（Hamming 贴近度、资源配置效率和产业技术进步速度）作为参考序列，电子信息产业成长的相关指标作为比较序列。借助上一章节提供的基于 OWA 算子的灰色关联模型群融合方法，挖掘电子信息产业与区域产业结构合理化的关联信息。根据数据的可得性和实证研究的需要，本章使用样本为 2005~2010 年中国东部、中部、西部地区电子信息产业的投入和产出数据。所使用的数据主要来源于《中国统计年鉴》（2006~2011 年）、《中国电子信息产业统计年鉴》（综合篇）（2011 年）、中经网统计数据库和国家统计局网站等。

（1）参考序列的选择：区域产业结构合理化指标。参考序列选取区域产业结构合理化指标：Hamming 贴近度、资源配置效率、产业技术进步速度。

1）Hamming 贴近度是当前多处经济市场的三次产业结构与钱纳里三次产业结构模式的 Hamming 有限点集贴近度，其数学表达式为：

$$T_k = 1 - \frac{1}{3} \sum_{i=1}^{3} |S_i^d - S_i^r|$$

其中，S_i^d 与 S_i^r（i = 1，2，3）分别代表区域产业结构中各产业的产值比例与钱纳里三次产业结构模式中各产业的产值比例。Hamming 贴近度越大，表明与钱纳里模式越贴近，反映的所处产业结构模式越合理。塞尔昆—钱纳里国际标准区域产业结构模式中，需要将中国第 t 年人均 GDP（人民币）剔除国内通货膨胀率后，换算为 1980 年人均 GDP（美元）再进行比较，2005 年施行浮动汇率后，汇率值为年均汇率。

2) 资源配置效率是反映经济增长过程资源利用状态的指标，能够反映区域产业结构对经济资源的配置效果，越是合理的产业结构，资源配置效率越高。根据哈罗德—多马模型得出估计式，其数学表达式为：

$$E = \frac{\theta}{\varepsilon}$$

其中，E 为资源配置效率，θ 为投资增长率，ε 为经济增长率。

3) 技术进步速度指标可以反映三大产业技术进步对总产值的影响，技术进步速度指标越大，对总产值的贡献越高，反映的产业结构更趋于合理化。产业开发、吸收及运用高科技技术能力都是技术进步速度的重要体现，一般地，产业技术进步速度越大，即产业进步越快，产业竞争优势越强，越有利于产业结构的升级。

$$P = \frac{Y}{\sqrt{K \cdot L}}$$

其中，P 为技术进步速度，Y 为总产值，K 为资金投入量，L 为劳动投入量。

(2) 比较序列的选择：电子信息产业成长的相关指标。本书选择电子信息产业增加值所占比重、企业数所占工业的比重等指标反映电子信息产业的成长，作为比较序列。具体选取如下 11 项指标：电子信息产业增加值/工业增加值、电子信息产业总产值/GDP、电子信息产业新产品出口销售收入、电子信息产业企业数/全部企业数、项目建成投产率、实现利税总额、电子信息产业总产值年增长率、企业从业人员年平均人数/就业人数、电子信息产业投资额/全社会固定资产投资额、电子信息产业新增固定资产、电子信息产业拥有的发明专利数。

7.4.2 实证结果分析

令 $\rho = 0.5$，基于 OWA 算子的灰色关联模型群融合方法，使用灰色关联分析软件 GM2.1 和 Excel 软件、MATLAB7.0 软件，整理得到结果如表 7-2、表 7-3、表 7-4 所示。

表 7-2 东部地区电子信息产业与区域产业结构合理化的灰色关联度及排序

电子信息产业发展水平指标	Hamming 贴近度 T_k		资源配置效率 E		技术进步速度 P	
	灰色关联度	排序	灰色关联度	排序	灰色关联度	排序
1. 电子信息产业增加值/工业增加值	0.643394	5	0.630572	10	0.748752	6
2. 产业总产值/GDP	0.726587	4	0.714096	2	0.979098	1
3. 产业新产品出口销售收入	0.573893	9	0.690458	6	0.582641	9

续表

电子信息产业发展水平指标	Hamming 贴近度 T_k		资源配置效率 E		技术进步速度 P	
	灰色关联度	排序	灰色关联度	排序	灰色关联度	排序
4. 电子信息产业企业数/全部企业数	0.776119	2	0.684768	7	0.906843	3
5. 项目建成投产率（%）	0.625407	6	0.70728	4	0.650523	7
6. 实现利税总额	0.571048	10	0.682232	8	0.579087	10
7. 总产值年增长率	0.800156	1	0.660316	9	0.796228	4
8. 企业从业人员年平均人数/就业人数	0.619243	7	0.795227	1	0.786340	5
9. 投资额/固定资产投资额	0.759187	3	0.700655	5	0.972457	2
10. 新增固定资产（亿元）	0.581217	8	0.711914	3	0.591880	8
11. 拥有发明专利数（件）	0.535277	11	0.585352	11	0.537153	11

资料来源：《中国统计年鉴》（2006~2011 年）、《中国电子信息产业统计年鉴》（综合篇）（2006~2011年）、中经网统计数据库等。

表 7-3 中部地区电子信息产业与区域产业结构合理化的灰色关联度及排序

电子信息产业发展水平指标	Hamming 贴近度 T_k		资源配置效率 E		技术进步速度 P	
	灰色关联度	排序	灰色关联度	排序	灰色关联度	排序
1. 电子信息产业增加值/工业增加值	0.680677	4	0.749958	2	0.903137	4
2. 产业总产值/GDP	0.652057	5	0.799141	1	0.857862	5
3. 产业新产品出口销售收入	0.548319	10	0.626182	10	0.552521	10
4. 电子信息产业企业数/全部企业数	0.73589	2	0.664308	7	0.915202	3
5. 项目建成投产率（%）	0.643864	6	0.689774	5	0.660354	7
6. 实现利税总额	0.55362	9	0.640324	9	0.558347	9
7. 总产值年增长率	0.769838	1	0.683361	6	0.983179	1
8. 企业从业人员年平均人数/就业人数	0.60204	7	0.744035	3	0.801671	6
9. 投资额/固定资产投资额	0.694052	3	0.734637	4	0.918425	2
10. 新增固定资产（亿元）	0.554459	8	0.642518	8	0.559277	8
11. 拥有发明专利数（件）	0.534954	11	0.590973	11	0.537856	11

资料来源：《中国统计年鉴》（2006~2011 年）、《中国电子信息产业统计年鉴》（综合篇）（2006~2011年）、中经网统计数据库等。

表 7-4 西部地区电子信息产业与区域产业结构合理化的灰色关联度及排序

电子信息产业发展水平指标	Hamming 贴近度 T_k		资源配置效率 E		技术进步速度 P	
	灰色关联度	排序	灰色关联度	排序	灰色关联度	排序
1. 电子信息产业增加值/工业增加值	0.81219	5	0.820792	5	0.860203	5
2. 产业总产值/GDP	0.880021	3	0.89508	3	0.969406	1
3. 产业新产品出口销售收入	0.594706	8	0.603142	8	0.648576	8
4. 电子信息产业企业数/全部企业数	0.933843	1	0.920771	2	0.869955	4
5. 项目建成投产率（%）	0.640418	7	0.65222	7	0.715994	7
6. 实现利税总额	0.546473	10	0.550585	10	0.572738	10
7. 总产值年增长率	0.84977	4	0.863648	4	0.905968	3
8. 企业从业人员年平均人数/就业人数	0.803797	6	0.811932	6	0.848924	6
9. 投资额/固定资产投资额	0.914517	2	0.933181	1	0.941167	2
10. 新增固定资产（亿元）	0.548873	9	0.553194	9	0.576474	9
11. 拥有发明专利数（件）	0.543913	11	0.54782	11	0.56886	11

资料来源：《中国统计年鉴》（2006~2011 年）、《中国电子信息产业统计年鉴》（综合篇）（2006~2011 年）、中经网统计数据库等。

通过对表 7-2、表 7-3、表 7-4 的分析，2005~2010 年，我国电子信息产业发展对区域结构合理化具有较大影响，并呈现如下特点：

（1）东、中、西部的电子信息产业的发展水平与区域产业结构趋同之间存在较大的关联度，关联度均高于 0.53。在东部地区与中部地区，电子信息产业各项指标与区域产业结构合理的三项指标关联度趋势一致，与第三项指标（技术进步速度）关联度最高，与第二项指标（资源配置效率）关联度次之，与第一项指标（Hamming 贴近度）的关联度最低；西部地区经济发展程度与东部、中部存在一定差距，各指标的关联度相对东部、中部而言更低。

（2）从指标 1（电子信息产业增加值占工业增加值比重）、指标 2（产业总产值/GDP）、指标 7（总产值年增长率）与合理化各项指标关联程度可知，产业结构合理化受地区经济基础的影响。从指标 3（产业新产品出口销售收入）、指标 10（新增固定资产）和指标 11（拥有发明专利数）与合理化各项指标关联程度可知，关联度都不大，表明我国各地区创新能力不强，科技转化能力较弱，新产品无法转化为区域产业结构合理化动力。从指标 4（电子信息产业企业数/全部企业数）、指标 5（项目建成投产率）、指标 6（实现利税总额）与合理化各项指标关联程度可知，反映东部、中部、西部地区各有不同关联因素，呈现不同的发展特点。

（3）在各项指标中，东、中部地区的关联系数均很高。东部地区大部分省市地区基于前期优势，产业结构调整合理优化一直处于全国水平前列。中部地区因为政策导向，2005~2010年，中部地区省市政府大力倡导发展电子信息产业，致使其规模增速突出。西部地区产业结构合理化与指标4（电子信息产业企业数/全部企业数）、指标9（投资额/固定资产投资额）关联度达到0.86以上，可见西部地区合理化的动力来自电子信息产业的膨胀扩张。

8 信息产业成长与区域产业结构高度化

区域产业结构合理化主要是用来提高各产业之间的有机联系和耦合质量,而区域产业结构高度化则是促使整个产业结构从低水平向高水平发展。因此,区域产业结构高度化须以区域产业结构合理化为基础,而区域产业结构合理化又是一个不断调整的过程,这一过程使结构效益不断提高,进而推动区域产业结构向高度化方向发展。二者相互依存,相互影响,共同构成区域产业结构优化过程。

8.1 区域产业结构的演变轨迹

8.1.1 区域产业结构演变的时间轨迹

区域产业结构的演进会随着时间的推移而出现不同的内容和水平。运用产值、国民收入、就业人数等指标分析,可以看出产业结构有如下规律性变化:第一产业比重不断下降,第二产业比重逐渐上升、达到一定水平时又逐渐回落,第三产业比重持续上升。由于区域经济条件不同,产业结构这种变化的速度和态势也有所不同。一般情况下,区域产业结构变化大体上经历三个阶段,每一个阶段又有两种类型(用符号Ⅰ、Ⅱ、Ⅲ分别代表第一产业、第二产业、第三产业),即:

第一阶段:Ⅰ占优势地位,即Ⅰ>Ⅱ>Ⅲ或Ⅰ>Ⅲ>Ⅱ。
第二阶段:Ⅱ占优势地位,即Ⅱ>Ⅰ>Ⅲ或Ⅱ>Ⅲ>Ⅰ。
第三阶段:Ⅲ占优势地位,即Ⅲ>Ⅱ>Ⅰ或Ⅲ>Ⅰ>Ⅱ。

当然,在实际发展中,区域产业结构变化也不排除跳跃式发展模式,即可能从第一阶段直接跨入第三阶段,如一些新兴工业地区的发展。但是,不管产业结构发展变化的形态如何,大多会演变为"Ⅲ>Ⅱ>Ⅰ"的状态,这是产业结构变化的客观规律。

新中国成立以来,我国产业结构发生了一系列重大变化,呈现出由严重失衡到基本合理、由低级到高级的发展轨迹。总体上判断，我国已经彻底实现了从以农业经济为主体到以工业经济为主体的转变，正处在工业大国向工业强国转变的阶段，并初步完成了区域产业结构合理化的任务，进入产业结构高度化的阶段。通过对中国经济增长中产业结构演变过程的考察与分析，可以看到我国区域产业结构演变呈现出如下特点[①]：

第一，产业结构演变呈现非均衡性。所谓非均衡性是指在一定的总体收入水平上，三次产业的比重呈非均衡状况。根据钱纳里的"标准结构"分析，中国目前的产业结构状态属于低收入国家的产业结构形态。但第二产业占GDP的比重明显高于一般低收入国家的这一比重，甚至高于一些高收入发达国家的这一比重，且第二产业内部发展得很不平衡。其中，加工业水平低，市场有效需求不足，水利、能源、原材料等基础工业比较薄弱；建筑业、汽车制造业、机械电子业大而不强；高新技术产业发展不够。而第三产业的收入比重则明显低于一般低收入国家的这一水平。从静态资源配置的评价来看，中国的产业结构是一种非均衡的产业结构状况，第一产业的基础薄弱，抵御自然灾害的能力还不强，农业生产的效益比较低，农民收入增长较慢。第二产业比重过大，第三产业发展相对滞后，第三产业所占的比重不仅大大低于发达国家的水平（60%~70%），也低于发展中国家的平均水平（40%以上）。从动态资源转换的角度分析，我国居民的消费需求不足，潜在需求难以形成现实需求，最终需求对产业结构演变的影响很小，资源配置向第二产业特别是向制造业倾斜，产业结构沿着工业比重过快上升的轨迹演变，并很快形成第二产业比重过高的非均衡产业结构状态。

第二，产业结构演进随时间推移而趋于良性循环。这主要反映在产业结构的偏差不断被矫正。1949年，我国是一个典型的农业大国，农业占GDP的比重高达58.5%，工业仅占30%，经济发展水平低下。改革开放以来，我国不断扭转产业结构严重重型化的倾向，注重农业、轻工业和第三产业的发展。第一、第二、第三产业结构也由1978年的28.1∶48.2∶23.7变为2012年的10.1∶45.3∶44.6。劳动力就业结构同收入结构非农化的演变趋势同步进展。

第三，产业结构逐步由低级向高级演变。从新中国成立到1978年改革开放这段时间，我国经济实质上是一种传统的农业经济，工业基础十分薄弱，技术水平处于比较落后的状况。第三产业中商业服务业占较大比重，交通运输、邮电、通信业和金融业十分落后，产业层次低下，导致区域产业结构处在低水平状态。1978年以后，随着改革开放的不断深入，产业结构演变趋向良性循环。钢铁、汽车制造、机械等加工产业的技术改造步伐加快，电子信息、通信等新兴产业有

---

① http://news.sina.com.cn/china/1999-10-01/18912.html.

了大幅度的增长，机电一体化得到迅速发展。技术水平的提升使得农产品的科技含量和综合生产能力也在不断提高。第三产业中的金融、证券、保险业的国际合作进一步加强，电子信息网络化技术得到广泛应用。纵观我国产业结构的演变史，可以发现我国产业结构随着科技进步从劳动密集型向资金密集型再向技术密集型和知识密集型演进；从采掘业向原料工业、初加工工业再向高加工工业演进；从主导产业先由消费资料部门向生产资料部门再向消费资料部门和服务部门转换；从与地域联系较少向产业密切分工协作的产业结构转变。这些转变都标志着我国产业结构正不断向更高层次发展。

8.1.2 区域产业结构演变的空间轨迹

在要素投入总量和技术水平一定的条件下，经济增长完全取决于经济结构。如果从区域经济的空间分布来看，则生产要素在不同经济区域之间的分布对于经济增长也有不同的效应。区域产业结构包含了区域资源配置在空间的集聚程度和组织形态。因此，考察区域产业结构特征的一个重要角度是比较各地区的产业集聚程度，以求从空间的角度来揭示中国区域产业结构演变的特点和趋势。

我国东部、中部和西部三大区域存在的经济差距已经成为客观事实。学术界运用经济发展的梯度理论探讨中国产业集聚、空间转移以及调整空间结构的途径。当经济技术的发展不平衡时，客观上已形成一种经济技术梯度。有梯度就有空间转移。且技术总是由经济技术梯度高的地区逐步向处于二级、三级梯度的地区推移，随着经济的发展，推移的速度加快，也就可以逐步缩小地区间的差距，实现经济分布的相对均衡。中国的三大区域从总体上看就形成了三个经济技术梯度。那么，由东部向中西部逐渐转移，是中国生产力布局展开的自然途径[1]。

中国区域经济发展的不平衡由来已久，但不同时期区域经济发展不平衡所展现出的特点和具体原因是不同的。从1949年新中国成立到改革开放之前，东部地区由于地理位置优越，原有工业偏向集中在沿海地区，率先发展起来，而内地工业极少，如果不在一定时期内更快地建设内地，旧中国工业分布不平衡的状况就不能从根本上得到改变。当时我国实行的是中央高度集权的计划经济体制，为改变区域之间极不平衡的经济发展格局，中央政府采取了"加快中西部地区经济发展、统一规划、合理布局、统筹兼顾、发挥优势、均衡发展"的区域均衡发展战略，在资金、技术、人才、建设项目等方面向中西部倾斜，使区域发展呈现分散化格局。均衡发展战略虽然使中西部地区在非常落后的基础上得到

---

[1] 张平. 中国区域产业结构演进与优化 [M]. 武汉：武汉大学出版社，2005.

较迅速的发展,但内地各省市的原有经济基础差、底子薄,投资大规模向西转移后,不仅导致东部地区原有经济、技术存量优势不能得到充分利用,而且中西部地区的要素生产效率低下,导致国民经济整体效益下降,降低了经济增长率。这也充分说明以计划经济机制调整区域经济空间结构是行不通的,为此付出了很大代价。

改革开放初期,我国面对的是一个比较贫穷的经济社会发展状况,迅速把国家发展起来是当务之急。为加快经济增长速度,对区域经济发展战略和生产力布局作了重大调整,采取了允许部分经济发展条件相对较好的地区先富起来的非均衡空间集聚发展模式。东部沿海地区地理环境优越,工业设备齐全,交通运输发达,技术力量雄厚,经济基础扎实,因此,改革开放把发展重心放在沿海地区,提出鼓励沿海地区率先发展起来的发展方针,实施"东部倾斜、梯度推进"的战略。自改革开放至20世纪90年代中后期,东部成为产业投资政策扶持的重点区域,区域发展及社会经济呈现出集聚特征。按照这一思路,推出了一些改革举措,包括建设经济特区,开放十多个沿海城市。随着这些政策的不断扩展,并在市场经济体制变革的前提下吸引大量的生产要素流入东部沿海地区,为东部沿海地区经济发展创造了先机。同时在一定程度上也带动了其他地区的发展。正是以沿海地区为基本支撑的这些地区的发展,所以在不长的时间内,产业"东移西扩"战略取得非常好的效果,沿海地区起到带动全国经济增长的作用,中国开始走向繁荣富强之路。

非均衡发展模式对经济发展的空间分布产生了显著的影响,以工业为主的第二产业在地区间的分布越来越不均衡,并持续向东部沿海地区集聚。对经济拉动作用越来越大的第三产业的空间分布则相对较为均衡,并保持稳定。空间分布特征变化最明显的是第一产业,自2002年以来,第一产业的发展主要集中在西藏、广西、云南等地区,这可能与农业劳动力大量向城市工业部门转移有关。在这种趋势下,中国形成了珠三角、长三角和环渤海经济带为典型代表的集聚经济圈,并仍在不断吸引更多的生产要素流入,进而成为经济增长势头迅猛的区域,而中西部地区则成为生产要素的流出区域,似乎正陷入贫困陷阱,区域经济发展绝对差距不断扩大。非均衡空间集聚模式是在市场机制改革的前提下实施的,使得生产要素的效率得到充分发挥,但区域经济差距的扩大迫使中央政府不得不考虑区域经济发展的公平问题,效率与公平兼顾。由此中央政府指出必须从提高国民经济的整体效益出发,发挥各个地区的集聚优势和比较优势,促进区域经济的协调发展。从"九五"开始,中央决定把促进区域发展协调缩小两极差距作为经济社会发展的一项重要任务。到20世纪90年代末,党中央提出推进西部大开发,接着2003年又提出振兴东北地区等老工业基地,2006年提出促进中部地区崛起。

以上三条再加上从改革开放初期所采取的鼓励东部沿海地区率先发展战略，就构成了中国区域发展的总体战略：推进西部大开发，振兴东北地区等老工业基地，促进中部地区崛起，鼓励东部率先发展。随后提出了区域经济协调发展策略，但在今后相当长的一个时期，导致地区差距扩大的主要因素，如要素条件、产业基础、区位和人文环境等将继续存在。而在市场经济趋利原则的作用下，资金、劳动力、人才等生产要素将由经济增长缓慢的地区向增长迅速的地区、由落后地区向发达地区转移集聚，这种要素的集聚将加大地区之间的不均衡。为实现区域经济协调发展，只有加快区域产业布局调整，实行战略性产业区域转移，方位是中部和西部。

同时要注意的是，落后地区在经济追赶过程中容易产生产业同构问题。发达地区为保持自己的领先地位，落后地区为避免马太效应的继续扩大，地方政府尤其是中西部地区地方政府在"兴地富民"的客观压力下，在项目投资上置全局性资源浪费、生产能力过剩而不顾，低效益、低水平地重复引进、生产、建设，纷纷在价高利大、投资周期短的工业领域进行激烈竞争，盲目引进、重复建设，结果在经济发展的同时出现了严重的区域产业结构趋同，区域经济特色不明显，在产业分工中并未形成梯度层次，同质竞争现象愈演愈烈。这不仅抑制了地区经济比较优势的发挥，丧失了地区分工效益和规模经济效益，而且影响国民经济整体效益的提高。

8.2 区域产业结构高度化的路径选择

8.2.1 区域产业结构高度化的特征与实现路径

区域产业结构高度化与合理化是区域产业结构优化的两个方面，两者之间有着密切的联系。区域产业结构合理化是高度化的基础，合理的产业结构保证其向高度化跃进，没有合理化，区域产业结构的高度化就失去了其基本条件，进而影响到区域产业结构由低级向高级演进，并有可能发生结构的逆转。反过来，区域产业结构高度化会促使区域产业结构由不合理迈向合理，由低层次的合理化迈向更高层次的合理化，而高度化也恰是合理化进一步发展的目的，失去了这一目的，合理化就失去了存在的意义。产业结构合理化与高度化之间也存在着区别，产业结构合理化主要着眼于经济发展的近期利益，而产业结构高度化的着眼点主要是经济发展的长远利益，更多地关注产业结构成长的未来[①]。

区域产业结构高度化跟合理化一样，既可以看作一个静态的结果，又可以看作一个动态的过程。从动态角度来看，区域产业结构高度化是一个相对概念，它随着经济发展阶段的推移而作相应的变化，是指随着技术的进步，产业结构由低层次向高层次发展演变的过程：资源利用水平不断突破原有界限，原有要素和资源从劳动生产率较低的产业部门向劳动生产率较高的产业部门转移，新增的要素和资源也被配置到劳动生产率较高的产业部门，导致劳动生产率较高的产业部门的份额不断上升，使得不同产业部门的劳动生产率共同提高。因此，产业结构高度化实际上包含了两个内涵：一是比例关系的演进；二是劳动生产率的提高。前者是产业结构高度化的量的内涵，后者才是产业结构高度化的质的内涵。只有当产业结构的演进能使得各个产业的劳动生产率都提升至更高的水平时，这样的产业结构演进才是有意义的，也就是所谓"结构效益"的提升，否则，我们只能将这样的产业结构演进称为产业结构倒退或者说是"虚高度化"[②]。从第一、第二、第三产业比例关系的演进来看，产业结构由第一产业占优势比重向第二、第三产业占优势比重的方向演进；从产业部门要素比例关系的演进来看，产业结构由劳动密集型产业占优势比重向资金密集型、技术密集型、知识密集型产业占优势比重的方向演进；从原材料与加工工业比例关系的演进来看，产业结构由制造初级产品的产业占优势比重向制造中间产品、最终产品的产业占优势比重演进，产业结构由低加工度产业占优势比重向高加工度产业占优势比重的方向演进；从劳动生产率的提高来看，产业结构由低附加值产业占优势比重向高附加值产业占优势比重的方向演进。

从静态角度来看，区域产业结构高度化是经济发展进入更高一级历史阶段的重要标志，经济系统内部显示出巨大的持续创新能力，是科技进步与技术创新达到一种新境界的反映。主要表现在：第一、第二产业所占比重逐渐下降，第三产业所占比重逐渐提高；传统产业所占比重逐渐下降，新兴产业比重逐渐提高；劳动密集型产业、资本密集型产业所占比重应逐渐下降，技术密集型产业、知识密集型产业所占比重逐渐提高。区域产业结构高度化的主要特征是高加工度化、高附加值化、高集约化、产业结构软化。其中，产业的高加工度化是指加工深度高，产业链上的初级产品向次级产品或高级产品过渡能够到达适度节点。产业的高附加值化是指通过在产业中普遍应用高新技术，增加产品附加值，达到产业高

[①] 焦继文，李冻菊.再论产业结构合理化的评判标准[J].经济经纬，2004（4）：88-91.
[②] 刘伟，张辉，黄泽华.中国产业结构高度与工业化进程和地区差异的考察[J].经济学动态，2008（11）：4-8.

附加值和高技术化。区域产业结构的高度化同时也是区域产业结构合理化的更高层追求，即在实现经济活动对提高资源配置效率的追求下，整体区域产业结构达到实质性的演化升级。产业的高集约化是指采用先进的科学技术和先进的管理方式，提高生产力各个要素的素质，改善产业组织，不断开发新的生产能力，以产生较高的规模经济效益。产业结构软化是指在社会生产和再生产过程中，体力劳动和物质资源的消耗相对减少，脑力劳动和知识的消耗增长，出现知识产业化和经济服务化的趋势，也就是说在产业结构演进过程中，经济对信息、技术和知识等"软要素"的依赖程度加深，技术、知识生产成为信息时代主要的产业关联方式，同时第三产业的比重不断上升。

当区域资源要素禀赋、产业发展基础、制度等存在较大差异时，产业结构的高度化水平也存在较大差异，不利于区域经济协调发展。可通过以下路径实现产业结构的高度化及其区域间的均衡性。

（1）构建层次有别的区域产业联动机制。我国由于地方保护主义、区域资源禀赋相似等，一直存在着区域产业结构趋同、重复建设过多、竞争过度等问题，从而阻碍区域经济合作和一体化进程的深入。如何发挥各个地区的比较优势，构建一个层次有别、产业错位发展的联动系统，成为区域产业结构高度化的关键。

第一，加快产业空间转移，发挥区域比较优势。产业转移是一个地区的资源供给或产品需求条件发生变化后，某些产业转移到其他国家或地区，获得新的发展空间的一种方式。产业空间转移主要是通过要素在产业和区域间的流动来实现的，要素往往从劳动密集型产业流向资本、技术密集型产业，或者从发达国家转移到次发达国家，再转移到发展中国家和地区。要素的流动和产业的转移主要是基于比较优势导向。发展中国家或欠发达地区通过承接发达国家和地区的产业而加速本地区工业化进程，建立较完整的产业结构。由于移出的产业往往是技术含量较高、发展较为成熟，而且对于承接地区而言具有潜在比较优势的产业，产业转移将会加快承接地生产资源和劳动力、技术、资本等要素从其他产业流向移入的产业，从而改变承接地的需求结构和资源的供给结构，从而影响区域产业结构的演进。一方面，产业转移时会产生技术溢出效应，促进承接地企业技术水平的提升，使承接地产业结构中采用先进技术的部门在数量上和比例上增加，带动原有相对处于较低层次产业的升级和转型，从而逐步提高整个产业的技术集约化程度，推动承接地产业结构向高度化方向发展；另一方面，产业转移通过产业关联效应、示范效应加强不同区域间的产业合作和联动发展，促进了承接地企业竞争主体的多样化，加剧了企业竞争，促进区域产业结构向着高级化方向演进。因此，产业转移是区域产业结构升级的结果，也是推动产业结构高度化的重要手段。另外，各地不同的比较优势是开展区域合作的基础。区域产业的联动发展应该在原有基础上，继续发挥各自的比较优势，创出各自的特色产业，从而实现该地区产业的错位发展，避免区域产业结构高度同构。例如，我国中部地区的河南、湖北、湖南、安徽等省市都是有名的农业大省，因此，可以充分发挥中部地区的农业优势，积极发展以农产品深加工为基础的食品、轻纺制造业。并凭借邻近东部发达地区的区位优势，积极承接东部地区先进的制造业，增强其竞争示范效应完善农业科技创新和农业技术推广体系，加快农业现代化建设。通过发展高效益农业，提高土地的产出率，推动区域产业结构向高度化演进。

第二，发挥工业增长极的带动作用，实现区域一体化发展。在发挥区域比较优势的同时，为了防止区域经济差距的扩大，还要根据自身的特点集中力量重点突破一批有竞争优势的产业，促进产业集聚力、要素转化力、市场竞争力和区域带动力的显著提升，建设国家新的重要增长极，推动区域一体化发展。以我国中部地区为例，积极培育以武汉为中心的以汽车、光机电、信息为主导产业的综合工业经济增长极；培育以郑州为中心的以食品加工、纺织、烟草等为主导产业的轻工业经济增长极；培育以太原为中心的以煤炭、电力、化工、机械、冶金、建材为主导产业的重工业经济增长极；培育以南昌、合肥等省会城市为中心的以飞机制造、汽车制造、机电为主导产业的制造业增长极。通过工业增长极的集聚和带动效应调整产业结构，以实现中部崛起。另外，在引进增长极的同时，还要增强区域内经济联系和空间联系，防止增长极成为区域内的"飞地"。

（2）自主创新，加快产业链条的升级，促进产业结构升级。改革开放初期，模仿创新是我国产业成长采取的主要模式，由于模仿创新是以承接和吸收国外发达国家的扩散技术为基础，虽然短时间内对产业结构升级有一定的促进作用，但容易使产业结构在全球产业分工体系中处于低端产业和低附加值的地位，不能形成整个产业全面和持续的技术优势。只有改变技术创新模式，实施自主创新，才能突破产业链低端锁定，促进产业链条的升级和产业结构升级。

第一，利用自主创新发展高技术产业，改造提升传统工业企业。高技术产业掌握尖端或核心技术，可以获得高额利润回报，正处于产业生命周期的成长期，生命力旺盛。高技术产业的快速成长不仅直接带动区域产业结构的发展，还对传统产业产生技术溢出效应和示范效应，冲击原有区域产业结构，同时也为加快区域产业结构高度化进程提供了难得的机遇和条件。此外，高技术产业还能带来先进的管理理念、管理手段以及管理方法上的大量创新，改变了传统的交易流程和沟通方式，促使企业组织结构不断变革，冲击着传统的营销策略和营销体系，带动先进产业创新模式的全国普及，促使产业结构向高度化演进。

第二，利用自主创新促进主导产业的更替。主导产业的更替是区域产业结构演进的标志，而且产业科技含量和技术水平的高低也决定着产业成长状况，直接影响对区域产业结构升级的贡献度。因此，通常选择那些科技含量大、技术进步快、技术要素密集的产业作为主导产业，以便在技术上保持领先优势，在国际分工中获得更多利益。工业化发展前期，制造业一直是推动区域经济增长的主导产业，如今以电子信息、新能源和新汽车为主体的高技术产业是引导世界经济发展潮流的主导产业。主导产业从制造业向高技术产业的转换是顺应时代发展的要求。由于我国传统产业和高技术产业的发展相对落后，正面临着同时发展传统产业和高技术产业的双重任务。主导产业的更替也有其自身的生命周期，即产生、发展和衰退阶段。如果在制造业衰退之后再发展高技术产业，就有可能导致产业间的比例关系不协调，产业衔接不紧凑，我国与发达国家的差距越来越大。若在主导产业衰退期到来前，就采用高技术产业进行改造，或进行更新换代，则可提高主导产业的效率或加快主导产业的更换，使得区域产业结构高度化进程大大提速。因此，我国应根据区域现有的条件，加快区域内科研教育资源集聚，强化和完善技术创新机制，促进本地区高技术产业的发展，从而使高技术产业成为我国区域未来几年的主导产业，实现由原先的引进驱动向自主创新转变。

（3）制定合理的产业结构政策，提高国家政策效用。企业是技术创新的主体，除了发挥企业的自主作用外，还要依靠政府的力量。政府通过制定合理的产业政策和提供良好的创新环境，促进区域产业结构高度化。合理的区域产业政策能够及时淘汰落后产业，对有发展前途但目前处于产业链低端部门的产业实行扶持，鼓励人才、资本等要素向新兴产业流动，从而为有效促进区域产业结构高度化提供产业发展基础。同时，建立区域间信息、服务等资源的共享机制，营造优势互补、资源共享的一体化外部环境。

良好的创新环境是企业自主创新活动顺利开展下去的保证，政府作为创新环境的提供者和组织者，对培育企业技术创新能力、维护企业创新成果起到重要的作用。政府要进一步完善与自主创新有关的法律法规和文化制度，增强这些规章制度的可操作性和公平性；进一步完善市场体制，建立成熟的市场体系和可靠的社会信用制度，制定有效的市场交易规则并规范市场竞争机制；完善市场监督和执法机制，特别是要加强对知识产权的保护，维护科技创新主体的合法权益。鼓励各地区的高校、科研单位与当地企业开展合作，通过技术转让、专利许可等商业化方式，建立高新产业园、大学科技园等多种一体化合作途径，实现创新成果的转化与直接推广，形成一定范围内的创新集聚效应。通过产业创新能力的提升促进区域产业结构向高度化演进。

8.2.2 区域产业结构向高度化演变的障碍

（1）三次产业结构不够协调。三次产业结构的协调性是产业结构合理化的标志，劳动力和资本从第一产业向第二产业、第三产业的转移是产业结构高度化的表现形式。不在产业结构合理化基础之上的高度化是一种"虚高度化"，因此，三次产业结构不够协调将阻碍区域产业结构向高度化演进。

发达国家和地区经济发展与产业构成的经验表明：世界平均人均 GDP 为 6725 美元，第一、第二、第三产业间的比重为 4∶33∶63；低水平国家平均人均 GDP 为 587 美元，第一、第二、第三产业间的比重为 27∶30∶43；中等收入国家平均人均 GDP 为 2737 美元，第一、第二、第三产业间的比重为 10∶36∶55；中高收入国家平均人均 GDP 为 6772 美元，第一、第二、第三产业间的比重为 7∶32∶61；高收入国家平均人均 GDP 为 35324 美元，第一、第二、第三产业间的比重为 2∶31∶67。根据此经验，2012 年我国中部六省平均人均 GDP 为 5127 美元，处于中等收入水平阶段，三次产业之间的比例关系为 11.26∶50.8∶37.94，与国际标准相比，第二产业比重严重偏高，第三产业发展不足。经济发展水平较高的长三角地区处于中高收入水平阶段，第三产业所占的比重仅为 45.22%，产业结构仍处于"制造型"结构，相当于低收入国家的初级产业结构层次。

总体上看，我国三次产业结构不够协调，尤其是第三产业发展严重滞后，三次产业结构层次与所属的收入水平阶段不符，远远落后于国际标准结构。服务业的发展滞后不仅会牵制工业经济的发展，而且还将减慢工业内部产业结构调整、升级的速度，阻碍区域产业结构高度化的发展步伐。

（2）三次产业结构层次不高。产业结构高度化的一个重要方面就是产业结构的比重由劳动密集型向资金密集型与技术和知识密集型产业转变，这个转变过程中最重要的就是高技术产业的优化升级带动作用。然而，就第三产业而言，除第一层次和部分社会服务业等传统服务业市场化程度较高以外，信息咨询、科技、金融等新兴服务业无论是在服务品质还是在服务技术上，既无法与发达国家和地区相比，也落后于国内一些先进城市，我国还没有出现明显的经济服务化趋势。另外，我国高技术产业的成长难以摆脱对国外先进技术的依赖，技术创新能力不足，导致一直处于产业链的低端。高技术产业正是通过技术创新能力实现对传统产业的改造和落后产业的淘汰，提高传统产业的竞争力，不断扩展生产的可能性边界来实现产业结构高度化。我国高技术产业创新能力不足表明产业结构层次明显偏低，高技术产业未能起到带动产业结构高度化的重要作用。另外，我国工业结构层次偏低，高加工度趋势很不明显，绝大部分企业处于价值分配链的附属地位，没有在开放的分工体系中占据有利地位，特别是处于产业发展关键位置的企业主体，中小企业群体的运营机制、人力资源状况、管理水平和创新能力等方面都受到严峻挑战，有待于发展提高。

（3）产业集聚程度不高。我国企业组织布局分散，缺乏有影响力的大中型企业，组织规模小而全，资源配置效率低下，难以产生规模经济效益，造成企业出现总体承担风险能力差、市场竞争力弱的问题，也不利于大中小企业的协作分工。另外，产业集中度低，使得区域产业结构趋同现象严重，不少企业之间产品结构大同小异，而且为了自身利益常常相互争夺有限的资源和市场，形成低水平的恶性重复竞争，阻碍了区域产业结构的高度化。

8.3 信息产业成长对区域产业结构高度化的效应分析

8.3.1 信息产业成长与主导产业的更替

区域主导产业标志着一个区域的产业优势所在，代表着区域产业的专业化方向。区域主导产业的选择关系到区域经济能否可持续、快速、健康地长期发展，根据罗斯托的相关理论认为，主导产业对经济增长具有前向效应、后向效应和旁侧效应，这三个力量综合而成为主导产业的扩散效应。这个扩散效应的大小可以通过投入产出表及其相关的产业关联度得到提示，作为主导产业发挥作用程度的一个指示。后向效应和旁侧效应主要解释了"经济增长是怎样进行的"，相当于主导产业在对周围地区经济发展和对为自身提供生产资料的部门的作用；前向效应指的是主导产业部门在产业技术上的创新、在新领域中投资加大等引发新兴产业的出现，说明新主导产业部门代替旧主导产业部门的过程，是一个"经济增长如何持续"的问题。根据经济的逻辑和历史的经验，主导产业在经济逻辑中具有主导性、扩散性和可持续性，是一段历史时期的经济主导力量。在经济周期的相对平稳阶段，主导产业的更迭是难以迅速完成的，一般都存在一个自我升级的过程，即原有主导产业的创新、升级和改造。当原有主导产业受到严重的要素约束时，才会出现一个自我革命或被动取代的过程，即新兴主导产业出现，而这个过程往往是在根本性或突破性技术创新的推动下进行的。从工业化演进和主导产业变迁的趋势看，原有主导产业的创新、升级和改造以及新兴主导产业的出现，就是未来一段时间内需要重点关注的区域产业结构向高度化演进的问题。

主导产业根据历史阶段的不同呈现较大的差异，每一个阶段都存在着不同的主导产业。以日本为例,第二次世界大战之后,日本开始恢复其国民经济,逐步进行工业化进程,并将工业化进程分为工业化起飞准备、起飞阶段走向成熟、大众消费等阶段。1948~1955年的工业化准备阶段基本是一个工业基础设施投资周期,主导产业主要为纺织、农林渔、基础化工等;1956~1965年的起飞阶段是一个重化工业的投资周期,以钢铁、化工、机械、石化、汽车等作为主导产业;1966~1974年的成熟阶段是一个结构升级、技术改造和多元发展阶段,是一个以设备投资和消费满足为主的周期,主导产业有汽车、机械、电子电气、家电等;1975年之后日本进入后工业化时期,原材料、能源等要素的稀缺性以及生态环境的约束日益显现,再加上石油危机的爆发,使得日本将主导产业转向了计算机、通信设备以及信息产业等领域。从日本和韩国的工业化进程和主导产业选择的经验可以看出,在工业化之前的经济恢复和工业化准备阶段,工业化进程的经济体都出现一个新旧主导产业的更迭问题,在经济恢复阶段,主导产业一般是基于资源禀赋,特别是农林渔业以及工业化基础物质和设施等。而在工业化准备阶段,新兴主导产业的重要性不断提高,并替代原有主导产业成为新的经济主导力量。不过,特别需要注意的是,原有主导产业大部分并没有消失,仅仅是重要性下降而已。工业化起飞之后是一个可以获得继续向前发展但存在波动的阶段,新兴主导产业较高的增长率保证了经济增长的自动性和持续性,这种经济的自我持续增长可能是"自动增长"。这种自动增长取决于主导产业扩散效应的发挥[①]。

主导产业的特征首先表现为其本身具有较高的增长率,其次表现为通过其前向和后向关联,能够带动其他产业的增长。当区域主导产业的先进技术及其影响已经扩散到各地区和各部门之后,原有主导产业带动整个经济发展的使命已经完成,就需要选择新兴主导产业来取代原有的主导产业。原有主导产业的衰落和新兴主导产业的形成,标志着区域产业结构成长的不同阶段。牛立超和祝尔娟(2011)根据产业关联程度总结了中国十大主导产业:建筑房地产、服务业、化学化工、黑色金属冶炼加工业、通信设备计算机及其他电子设备制造业、电气机械及器材制造业、有色金属冶炼加工业、汽车、通用设备制造以及电力等,且分析了主导产业随时间的变迁,进入21世纪后,通信设备计算机、通用设备制造等主导产业的重要性和地位不断凸显,替代了1987年和1992年的纺织业、食品制造业等主导产业。主导产业更替的原因主要在于信息技术的创新和信息产业的发展,为顺应知识经济和信息化发展的潮流而做出的演变趋势。

通过考察世界范围内各国家产业结构演变的历程发现,发达国家第三产业比重已经达到60%~70%,第三产业增加值占GDP比值越大,产业结构高度化程度

---

① 牛立超,祝尔娟.战略性新兴产业发展与主导产业变迁的关系[J].发展研究,2011(6):77-81.

越高。信息技术、技术服务、咨询、金融等是新兴的第三产业，正逐渐取代能源、交通运输、商业等传统的第三产业，从而使得第三产业整体的现代化水平不断提高，在国民经济中具有越来越重要的作用。因此，信息产业的发展促进第三产业内部结构升级，使得服务业逐渐取代制造业成为新兴主导产业。当前，以电子信息、生物工程、新能源、新材料、航天航空、环境保护等产业为代表的新兴产业正在蓬勃发展，而首当其冲的电子信息产业又为其他新兴产业提供了信息技术平台。在绝大多数工业化国家，信息和通信技术正在发挥着主导作用，美国从工业经济时代迈向信息经济时代的主要特征是以信息产业为主的新兴产业成为美国最大的产业。信息产业的发展，带动新兴产业在经济结构中比重的提高过程，即为区域产业结构高度化的过程。通过信息产业对农业、工业及建筑业、旅游业及服务业等其他产业的渗透，推动产业的信息化和智能化，改变第一、第二、第三产业冗长低效率的生产方式、管理方式甚至是组织方式，从而改变经济的整体素质。生产的机械化、自动化、智能化无疑推动了区域产业结构高度化发展。依据科学发展观，信息产业的发展对可持续发展也有着积极作用。信息产业引发的绿色革命，对人类的可持续发展提供了智力支持与未来发展。无论是可再生能源的开发利用，环境生态的改善科技，还是对外太空新资源、新生存环境的探索都渗透着日益创新的信息产业。可见，信息产业的发展、技术的进步能促进农林渔、纺织、机械制造等原有主导产业的创新、改造及升级，从本质上影响产业结构高度化的演化过程。

8.3.2 区域主导产业的更替对产业结构高度化的效应分析

信息产业自身的发展和对传统产业的改造促使新兴主导产业出现和原有主导产业升级，主导产业的变迁过程推动区域产业结构高度化的实现。区域产业结构合理化可以发生在经济发展的任何阶段，而产业结构高度化不是存在于产业发展的任何阶段，它是存在于主导产业层次较高、科学技术水平较高、基础设施较为完善的产业发展阶段。

主导产业的发展和更替标志着区域产业结构演进的趋势，这点在各国经济实践中已得到证实，主导产业在技术创新、消费等因素的作用下不断更替，从而带动整个产业系统不断完善。因此，主导产业的选择、培育与更替要符合区域产业结构演进的一般规律。在一定区域内，生产要素的总量及其增长量是相对稳定的，由于产业间相互竞争，新兴产业的迅速增长伴随生产要素投入的快速增长，使原有主导产业投入量增长减慢。经过一段时间后，迅速成长的新兴产业规模便与增长减慢的原有主导产业的规模相等。这一点也被称为主导产业更替的转折点，超过了这点，产业系统的原有主导产业便要让位于其他产业，从而完成产业系统的一个进化阶段。这是主导产业推动产业结构的一般演化规律[1]。

主导产业培育是一个遵循产业结构一般演进规律的交替循环的阶梯式过程。由于我国目前整体处于工业化中后期，国民经济主导产业应着力于大力推进工业化进程，用工业化支撑信息化，并以信息化带动工业化，促进信息化与工业化的融合。基于此，我国优先发展信息产业，将其作为主导产业是合理的。但是，区域产业结构演进具有二重性。一方面，随着经济发展水平的提高、市场需求的变化和科学技术的进步，区域产业结构将逐步由不合理趋向合理，由低水平的产业结构趋向高度化，相应的主导产业也由劳动密集型向资本密集型、技术密集型转变，与产业结构演进的一般规律表现出相对一致性；另一方面，由于各区域的资源禀赋和发展条件不同，而且区域相对于国家来讲，其参与市场分工与协作的程度更高，经济发展更具有不稳定和不均衡性，因而区域产业可能出现"跳跃式"发展或"逆结构"演进。因此，区域主导产业的培育和更替不能盲目跟从产业结构演进的一般规律[2]。我国一些地区不顾自身产业发展基础和区域特色，纷纷上马汽车、新能源等热门产业，一味追求产业结构高度化，最终不仅不能顺利实现主导产业的更替和区域产业结构的优化，反而造成资源的浪费和产业发展机会的丧失。

不同的工业化阶段对应不同的主导产业，但要注意的是，一般同一个阶段能产生1~2个新兴主导产业。主导产业的培育和更替是一个阶梯式、循环有序的过程。当主导产业A培育进入成长中期时，对主导产业B的培育随即启动，二者并行不悖，同时保持对主导产业A的深度培育，直至主导产业A发展至成长后期，主导产业A和B的交替将很快被主导产业C、D等更多的主导产业所取代。但在资源有限的情况下，同时对诸多产业进行扶持并达到一定的产业发展目标不太现实。因此，在培育过程中要突出重点、批次、时限。先选出对经济社会中长期影响力较大的产业作为重点培育对象；在同时出现多个培育重点时，以先后顺序为主要准则，参考经济社会发展基础，灵活处理培育批次和培育顺序；对每一批次主导产业的培育要把握时限，以资源的优化配置为根本原则，当主导产业进入成熟后期时，政府对其培育应逐渐退出。政府在经济发展的各阶段、产业发展的各阶段均遵循有的放矢的原则，力求通过主导产业跨越式发展，促进产业结构优化升级，带动经济突破式增长。

---

[1] 王黎. 确定主导产业是我国产业结构合理化的核心 [J]. 学术月刊, 1991 (8): 15-21.
[2] http://www.dzlt.com/200202YJYTS/2012/118/12118173059I4G2K1CB5IDDG814GDIF.html.

8.4 信息产业对区域产业结构高度化的实证研究

8.4.1 区域产业结构高度化的评价指标

区域产业结构高度化是衡量区域产业结构优化升级的一个重要标准，本节将重点探讨信息产业与区域产业结构高度化关联关系。根据产业结构高度化的特征及已有指标体系的构建，产业结构高度化程度取决于产业结构推进力、产业发展可持续性以及产业生态环保产业进程等。本节选取第三产业增加值占GDP的比率作为产业结构推进力指标，新兴产业产值比重作为产业发展可持续性衡量指标，环保投入的资金增加量作为生态环保产业进程指标。

第三产业增加值的占比反映了产业结构高度化推进力。随着传统产业发展步履维艰，发展新兴产业、加快科学技术进步与区域产业升级成为新的增长点，新兴产业产值比重反映了区域产业体系的可持续发展趋势。高度化追求的可持续发展，不仅是经济的可持续增长，同时也是自然资源的可持续开发与环境保护的平衡，而环保投入资金增加量反映了政府坚持经济与环境协调可持续发展的决心，反映了生态环保产业的进程。因此，信息产业与区域产业结构高度化关联评价体系如图8-1所示。

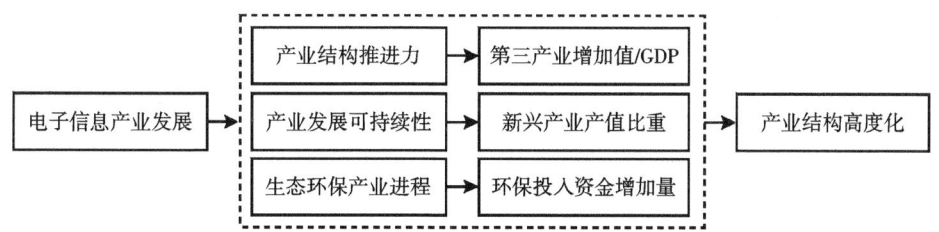

图8-1 信息产业与区域产业结构高度化关联评价体系

本节仍以电子信息产业为例，研究信息产业对区域产业结构高度化的影响。以我国东部、中部、西部三区域作为对象系统进行关联分析，选择产业结构高度化指标（第三产业增加值占GDP的比率、新兴产业产值比重和环保投入的资金增加量）作为参考序列，电子信息产业的相关指标作为比较序列。借助灰色关联分析理论，挖掘电子信息产业与区域产业结构高度化的关联信息。

基于数据的可得性和实证研究的需要，本书使用样本为2005~2010年中国东部、中部、西部地区电子信息产业的投入和产出数据。所使用的数据主要来源于《中国统计年鉴》(2006~2011年)、《中国电子信息产业统计年鉴》(综合篇)(2006~2011年)、中经网统计数据库和国家统计局网站等。

(1) 参考序列的选择：区域产业结构高度化指标。参考序列选取区域产业结构高度化指标：第三产业增加值占GDP的比率；新兴产业产值比重；环保投入的资金增加量。

首先，第三产业增加值占GDP的比率（RA）是衡量产业结构高度化的重要指标，是反映产业结构高级化推进力的指标。目前发达国家第三产业比重已经达到60%~70%。第三产业增加值占GDP的比率越大，区域产业结构高度化程度越高。其数学表达式为：

$$RA = \frac{DC_3}{C_0}$$

其中，DC_3与C_0分别代表第三产业增加值与GDP产值。RA越大，表明第三产业做出的GDP贡献越大，反映产业结构越趋向于高度化。

其次，新兴产业产值比重（XRA）是反映产业发展可持续性的指标。新兴产业是包括电子信息产业、新能源、新材料等在内的产业总称。战略性新兴产业界内定义为七大领域的产业：节能环保领域、新一代信息技术产业领域、生物产业领域、新能源产业领域、新能源汽车产业领域、高端装备制造业领域和新材料领域。本书以电子信息产业产值作为样本数据进行分析。在科学技术突飞猛进、新兴产业兴起的知识经济时代，不少传统产业逐步衰退，产业结构调整已是无法逆转的趋势，包括电子信息等产业在内的新兴产业发挥着极其重要的作用。其数学表达式为：

$$XRA = \frac{XC}{C_0} \times 100\%$$

其中，XRA为新兴产业产值的比重，XC为新兴产业产值（增加值），C_0为国内生产总值GDP。

最后，环保投入的资金增加量（DAC）是反映生态环保产业进程的指标。随着人类的不断进步，无论是发达国家还是发展中国家都意识到可持续发展的重要性，摒弃单纯追求经济的高速增长转向追求经济、环境资源的协调发展。

(2) 比较序列的选择：电子信息产业发展指标。本节选择产业增加值所占比重、企业数所占工业行业的比重等指标反映电子信息产业的发展。具体选取2005~2010年电子信息产业的11项指标（即电子信息产业增加值/工业增加值、电子信息产业总产值/GDP、电子信息产业新产品出口销售收入、电子信息产业企业数/全部企业数、项目建成投产率、实现利税总额、电子信息产业总产值年增长率、企业从业人员年平均人数/就业人数、投资额/固定资产投资额、新增固定资产、拥有发明专利数）作为比较序列。

8.4.2 实证结果分析

本节同样基于 OWA 算子的灰色关联模型群融合方法，分析信息产业与区域产业结构高度化的关联性。令 $\rho = 0.5$，使用灰色关联分析软件 GM2.1、Excel 软件和 MATLAB7.0 软件，整理得到结果如表 8-1、表 8-2、表 8-3 所示。

表 8-1 东部地区电子信息产业与区域产业结构高度化的灰色关联度及排序

电子信息产业发展水平指标	第三产业增加值占 GDP 的比率 RA		新兴产业产值比重 XRA		环保投入资金投入增加量 DAC	
	灰色关联度	排序	灰色关联度	排序	灰色关联度	排序
1. 电子信息产业增加值/工业增加值	0.9423808	3	0.904673	2	0.936590	2
2. 产业总产值/GDP	0.7662671	7	0.743874	7	0.783574	6
3. 产业新产品出口销售收入	0.9270633	4	0.912573	1	0.920075	3
4. 电子信息产业企业数/全部企业数	0.5753298	9	0.585009	10	0.578544	9
5. 项目建成投产率（%）	0.9559605	2	0.896304	4	0.917523	4
6. 实现利税总额	0.6299080	8	0.655384	8	0.638626	8
7. 总产值年增长率	0.5723728	10	0.581332	11	0.575331	10
8. 企业从业人员年平均人数/就业人数	0.8417347	5	0.789301	6	0.839401	5
9. 投资额/固定资产投资额	0.7787321	6	0.793182	5	0.76136	7
10. 新增固定资产（亿元）	0.9656971	1	0.899392	3	0.962682	1
11. 拥有发明专利数（件）	0.5829511	11	0.594573	9	0.586856	11

资料来源：《中国统计年鉴》（2006~2011 年）、《中国电子信息产业统计年鉴》（综合篇）（2006~2011 年）、中经网统计数据库等。

表 8-2 中部地区电子信息产业与区域产业结构高度化的灰色关联度及排序

电子信息产业发展水平指标	第三产业增加值占 GDP 的比率 RA		新兴产业产值比重 XRA		环保投入资金投入增加量 DAC	
	灰色关联度	排序	灰色关联度	排序	灰色关联度	排序
1. 电子信息产业增加值/工业增加值	0.694184	4	0.740471	2	0.802476	2
2. 产业总产值/GDP	0.650445	5	0.79297	1	0.768041	3
3. 产业新产品出口销售收入	0.550211	10	0.605152	10	0.572617	10

续表

电子信息产业发展水平指标	第三产业增加值占GDP的比率 RA		新兴产业产值比重 XRA		环保投入资金投入增加量 DAC	
	灰色关联度	排序	灰色关联度	排序	灰色关联度	排序
4. 电子信息产业企业数/全部企业数	0.823068	2	0.729735	6	0.717932	5
5. 项目建成投产率（%）	0.603538	7	0.710116	7	0.621356	7
6. 实现利税总额	0.555789	9	0.616618	9	0.580662	9
7. 总产值年增长率	0.889609	1	0.733908	5	0.767278	4
8. 企业从业人员年平均人数/就业人数	0.646723	6	0.74449	4	0.700401	6
9. 投资额/固定资产投资额	0.708791	3	0.722219	3	0.824119	1
10. 新增固定资产（亿元）	0.556676	8	0.618538	8	0.581952	8
11. 拥有发明专利数（件）	0.546193	11	0.575761	11	0.55234	11

资料来源：《中国统计年鉴》（2006~2011年）、《中国电子信息产业统计年鉴》(综合篇)（2006~2011年)、中经网统计数据库等。

表8-3 西部地区电子信息产业与区域产业结构高度化的灰色关联度及排序

电子信息产业发展水平指标	第三产业增加值占GDP的比率 RA		新兴产业产值比重 XRA		环保投入资金投入增加量 DAC	
	灰色关联度	排序	灰色关联度	排序	灰色关联度	排序
1. 电子信息产业增加值/工业增加值	0.7305417	5	0.804878	2	0.71227	4
2. 产业总产值/GDP	0.7382263	2	0.84853	1	0.81749	2
3. 产业新产品出口销售收入	0.6252676	8	0.698557	8	0.645372	8
4. 电子信息产业企业数/全部企业数	0.7328311	3	0.746263	5	0.692245	6
5. 项目建成投产率（%）	0.6826571	7	0.730726	7	0.650254	7
6. 实现利税总额	0.5613485	10	0.597101	10	0.590814	11
7. 总产值年增长率	0.7314156	4	0.740609	6	0.830706	1
8. 企业从业人员年平均人数/就业人数	0.7265166	6	0.79593	4	0.700195	5
9. 投资额/固定资产投资额	0.799422	1	0.797769	3	0.806039	3
10. 新增固定资产（亿元）	0.5645021	9	0.602075	9	0.595486	10
11. 拥有发明专利数（件）	0.5580615	11	0.592005	11	0.585926	9

资料来源：《中国统计年鉴》（2006~2011年）、《中国电子信息产业统计年鉴》(综合篇)（2006~2011年)、中经网统计数据库等。

通过对表 8-1、表 8-2、表 8-3 的分析，2005~2010 年，我国电子信息产业发展对区域结构高度化具有较大影响，并呈现如下特点：

（1）东、中、西部地区的电子信息产业的发展水平与区域产业结构高度化之间存在较大的关联度，关联度均高于 0.54。东、中部地区，电子信息产业各项指标与区域产业结构高度化的三项指标有较高的关联度，其中东部地区关联度均值最高，中部地区的关联度次之，西部地区关联度最低。东部地区电子信息产业的各项指标与产业结构高度化指标中的环保投入资金投入增加量和新兴产业产值关联度均值较高。中部、西部地区的电子信息产业发展与新兴产业产值有较大的关联。

（2）从指标 1（电子信息产业增加值占工业增加值比重）、指标 2（电子信息产业的总产值占 GDP 的比重）与高度化三项指标关联程度可知，电子信息产业的发展是全国区域产业高度化的重要支撑力。但是东部地区与中部、西部地区关联模式有所不同，从指标 3（产业新产品出口销售收入）、指标 4（电子信息产业企业数/全部企业数）、指标 5（项目建成投产率）、指标 9（投资额/固定资产投资额）、指标 10（新增固定资产）与高度化 RA、XRA 指标关联程度可知，东部地区电子信息产业进入产值实现时期，前期的投入已经收到成果，而中部与西部地区则仍然处于电子信息产业投入阶段。体现创新能力的指标 8（企业从业人员年平均人数/就业人数）和指标 11（拥有发明专利数）与高度化三项指标关联度都偏低，表明全国科技转化能力仍任重道远。

（3）在各项指标中，东部地区电子信息产业经济基础深厚，处于第二产业向第三产业（特别是服务业）的产业转型时期，总体产业结构高度化与电子信息产业关联度高，联系紧密。中部、西部地区的电子信息产业与新兴产业产值比重的关联程度较高，与第三产业增加值比重的关联程度较低，表明中西部地区将电子信息产业作为新兴产业主体，通过信息产业的发展推进创新能力建设，且改善区域环境质量，从而促进区域产业结构高度化。但中部地区的信息产业仍以制造业为主，主要受政府主导而不是自发地成为中部地区的主导产业，西部地区开发以资源型产业为优势，与第三产业的融合程度较小。因此，中部、西部地区通过电子信息产业带动第三产业进而提升区域产业结构的优势不明显。

9 信息产业成长视角下区域产业创新与产业结构优化的耦合机制

综合以上章节的内容可知，产业创新是信息产业成长的驱动力，在信息化与工业化融合的背景下，信息产业成长通过带动传统产业的改造、升级，使其重新焕发生命力，推动区域产业融合发展。产业创新与信息产业成长是一个问题的两个方面，区域产业融合发展的本质是区域产业创新，在产业创新与信息产业成长的协同过程中，伴随着社会信息化程度的提高和科技创新能力的提升，具体表现为区域内信息产业（企业群）为了获得更高的产品附加值，努力提升产品生产的工艺流程和科技含量，并通过知识溢出和技术扩散等效应带动传统产业的发展和产业融合的产生，导致新兴产业的出现和原有主导产业的改造，进而推动区域产业结构的优化升级。反过来，区域产业结构的优化也为信息产业成长和传统产业改造提供了良好的环境和提出了新的要求。即区域产业创新与产业结构优化之间存在着良性互动、相互依赖、协调共生的动态关联关系。本章将从产业系统的角度，基于信息产业的成长分析区域产业创新与产业结构优化之间的耦合关系，从总体上将产业创新、信息产业成长、产业融合发展、区域产业结构优化等内容放在同一个框架下进行分析。

9.1 区域产业创新与产业结构优化耦合系统的内涵

9.1.1 耦合系统的构成

耦合（Coupling）原本是物理学中的一个基本概念，是指两个或两个以上系统之间相互作用、相互影响，系统与系统之间实现良性互动、相互依赖、协调共生的动态关联关系。耦合系统的关键就在于要摆脱原有系统的束缚，突破原有系统的界限，从而实现各耦合要素的自然关联和内部信息的自由流动，并重新组合各关联要素，形成一个全新的系统内部各要素协调共生，共同促进的良性发展系统。当把这一概念运用到区域产业研究中来时，可以定义为区域产业之间相互关联、相互依赖、相互促进的正向动态关联关系。区域产业创新与产业结构优化之间就存在耦合关系，将区域产业创新与区域产业结构优化看作是耦合系统中的两个子系统，分别定义为区域产业创新系统与区域产业结构优化系统。

区域产业创新系统与区域产业结构优化系统的耦合关联，就是在区域产业结构由不合理向合理、由低水平合理向高水平合理演进过程中，区域产业创新系统与产业结构优化系统之间通过要素之间的相互作用、产业组织结构和产业制度安排方面的相互耦合关联构成的关系集合。整个耦合系统是通过政府推动机制、市场驱动机制、传导机制和叠加放大机制的作用使区域产业创新与产业结构优化耦合关系经历从低到高的发展历程，同时区域产业创新与产业结构优化耦合系统也从萌芽阶段向成长阶段、发展阶段初期、发展阶段中后期演进。通过耦合系统的耦合作用，推动区域产业结构合理化和高度化，从而带动社会就业率的提高和区域竞争力的提升，实现区域经济的可持续发展。区域产业创新与产业结构优化耦合系统的构成模型如图9-1所示。

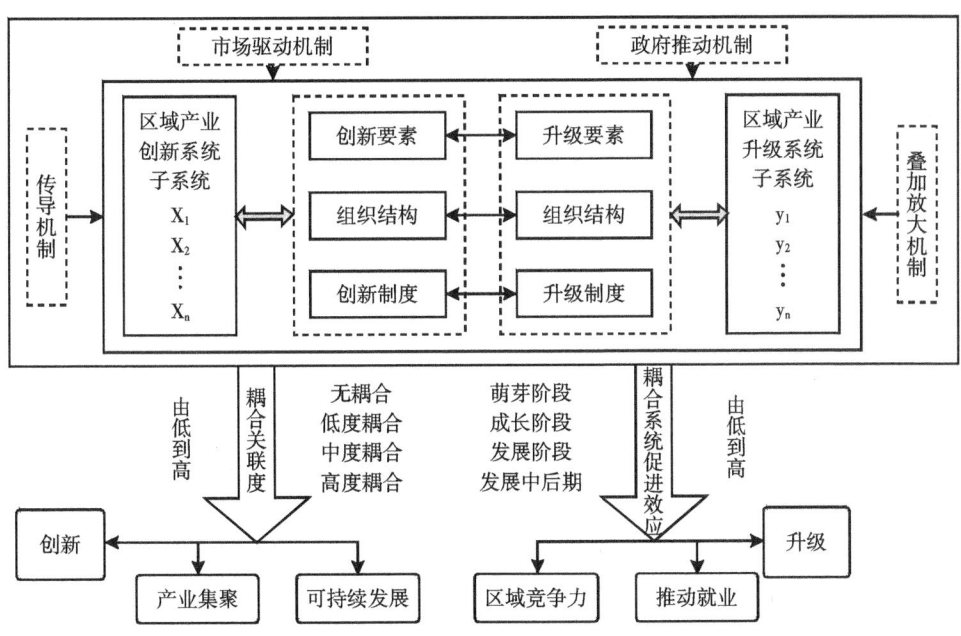

图9-1 区域产业创新与产业结构优化耦合系统构成模型

9.1.2 耦合系统的特征

由区域产业创新系统与区域产业结构优化系统共同形成的耦合系统具有内生

性、自组织性、网络性和阶段性等系统特点。

（1）内生性。区域产业创新与产业结构优化形成的耦合系统是一个自发形成的系统，其形成的主要推动力来自市场需求的驱动。这是因为在市场的驱动作用下，区域内企业为了更好地满足消费者需求和获取更大的产业利润，会自发地开展创新活动。尤其是随着工业化向信息化的转变，信息产业创新最活跃。通过信息产业创新及其对传统产业的渗透，传统产业能够实现对自身产业结构的调整改造，从而带动整个区域产业结构的优化升级。反过来，区域产业结构的优化活动需要大量高新技术的支撑，所以势必会促进区域产业创新。两大系统之间通过这种相互作用和相互影响共同促进了各自的发展，耦合产生的红利要远远大于两大系统各自发展所产生的。这两大系统之间的各要素会自发的相互联系、协调共生，因此说区域产业创新与产业结构优化的耦合系统具有内生性。

（2）自组织性。区域产业创新与产业结构优化耦合系统是在一定的经济区域内形成的，它是一个开放性系统，需要与外界环境进行物质、信息和能量上的交换，并不能独立存在。在此基础上，区域产业创新系统与产业结构优化系统会在区域外部环境的影响作用下，主要是在市场驱动力的作用下，自发地朝着更有序、更合理的组织结构演化。

（3）网络性。在区域产业创新与产业结构优化耦合系统中，创新成果是通过企业内部的创新网络产生的，那些先进的科学技术也是通过区域内部的交流平台和合作网络实现吸收和转化的。同样地，区域产业结构的优化升级也是在信息产业与传统产业之间通过交流合作、知识共享和技术交流的情况下形成的。先进的网络有利于区域产业创新活动和产业结构优化工作的更好开展。因此，区域产业创新与产业结构优化耦合系统具有网络性，系统内部各耦合要素通过网络实现相互影响和相互促进。

（4）阶段性。任何产业都有一个生命发展周期，在这个周期内，产业发展一般要经历萌芽、成长、成熟和衰退四个阶段。同样地，区域产业创新与产业结构优化耦合系统由于受到当地产业政策变动、外部市场需求变化和内部创新活动的开展等众多因素的影响也要经历无耦合—低度耦合—中度耦合—高度耦合的发展历程。

9.2 区域产业创新与产业结构优化的耦合内容

区域产业创新系统与产业结构优化系统之间的耦合，主要包括三个方面的内容。一是两大系统在知识、技术、资本等基本的创新要素和升级要素之间的耦合关系。知识上的耦合主要是指关于产业创新及产业结构优化上的知识之间的相互联系;技术上的耦合主要体现在区域产业创新系统的技术创新的扩散作用及对产业结构优化升级的技术驱动作用;资本上的耦合主要是由于资本要素的稀缺性,在用于产业创新的资本和用于对传统产业进行改造的资本上的一些分配问题。二是两大系统在产业组织结构方面的耦合关系,主要表现在区域产业创新系统与产业结构优化系统这两大系统组织结构在集群性、开放性和产业发展顺序三方面的耦合关联。三是两大系统在政策制度上的耦合关系,主要体现在政府在对区域产业创新体系的培育发展政策和对产业结构政策的调整之间的相互促进耦合关系。两大系统之间的耦合内容如图 9-2 所示:

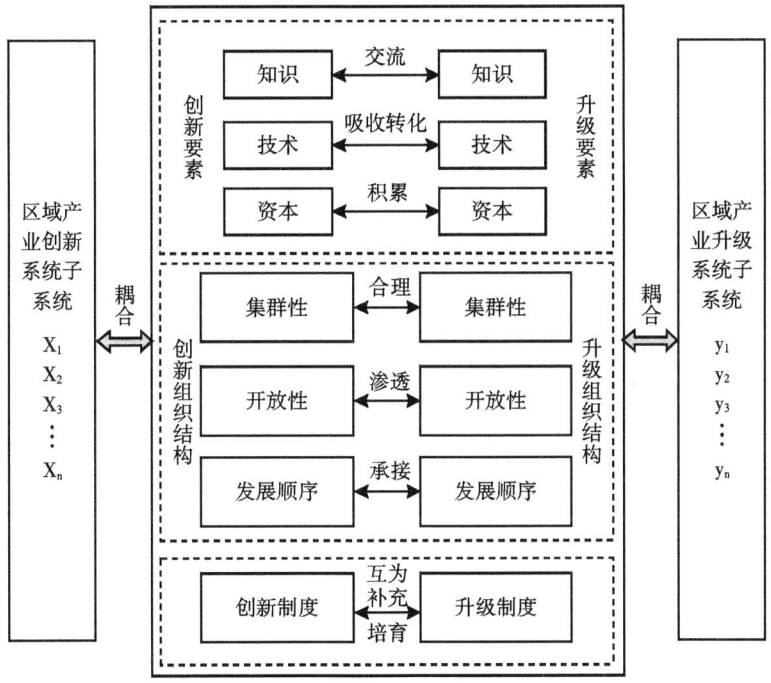

图 9-2 区域产业创新系统与产业结构优化系统的耦合内容

9.2.1 创新要素和升级要素的耦合

(1) 知识上的耦合。区域产业创新系统与产业结构优化系统在知识上的耦合主要表现在两个方面:一方面是区域产业创新体系的知识创新,并且通过知识溢出机制传导到一些传统企业,从而促使一些知识技术含量低的产业进行调整改造，有力地推动区域产业结构优化。在这些知识中，有很大一部分是关于新能源、新材料、信息化和节能环保的知识，这部分知识的充分运用能很好地降低区域产业发展成本、提高效率、减少污染，从而很好地促进区域产业结构的优化升级。另一方面，一些关于产业结构优化的理论知识也能给区域产业创新体系的研究提供很好的指导方向和支持，从而帮助区域产业创新系统开展创新活动，其中自然包括一些知识方面的创新。

（2）技术上的耦合。区域产业创新系统属于知识技术密集型系统，作为能够为区域产业结构优化提供巨大助力的系统，需要以信息技术作为支撑点。而产业结构优化不仅指信息产业自身得到快速成长，而且强调对一些技术相对比较落后的产业进行改造，从而达到产业比例协调、产业结构层次提升的目的。区域产业创新与产业结构优化在技术上的耦合多表现为区域产业创新体系中的信息技术向传统产业扩散、渗透的过程。此外，一些在产业结构优化过程中所运用到的先进技术同样也能被区域产业创新系统捕捉运用，从而带动区域产业创新系统的整体提升。

高新技术生产者主要是由区域产业创新系统中的高等院校、科研机构和企业内部的研发部门构成，这些单位实现技术创新后，再通过区域内部网络和技术溢出机制把这些高新技术转移到那些急需技术创新的传统企业中，从而提升其技术生产能力。在技术融合的背景下，高新技术生产者更倾向于信息技术、通用技术的创新，使技术扩散速度更快，区域内所有企业真正享受到技术融合所带来的效益。随着这些技术带来的效益越来越大，传统产业会自发地加快对技术的吸收和创新，实现自身发展的转变，进而推进区域产业结构优化升级。

（3）资本上的耦合。在区域产业创新与产业结构优化的耦合系统中，无论是产业创新系统的运行还是产业结构优化系统的发展，都需要大量资本要素的投入。因此，有必要对两大系统之间的资本耦合关系加以分析。传统产业内的资本积累直接或间接地构成了区域产业创新系统的初始资本，这部分运用于区域产业创新的资本，能够提高区域传统产业的核心竞争力，为这些产业创造出更多的利润，获得更多的资本积累，这部分资本转而投入到信息产业成长中，从而促进区域产业结构优化升级。此外，区域产业的创新资本有很大一部分来源于风险投资资金，这部分资本有效地促进了区域产业创新系统的形成，是区域产业创新系统的"孵化器"。政府部门为了促进区域产业结构优化，往往会在资金上给予具有高成长性的IT企业一定的扶持，IT企业获得资金扶持后，会把这些资金运用到提高产业的知识技术含量、实现产业结构的调整转变上来，以便获得更高的经济效益，这部分资金的运用毫无疑问会促使IT企业进行创新活动，进而促成区域产业创新系统的形成。

9.2.2 产业组织结构的耦合

产业组织结构是产业间的技术联系与经济联系方式。区域产业创新系统与产业结构优化系统在组织结构上的耦合可以从集群性、开放性和产业顺序耦合三个方面展开分析。

(1)集群性。在区域产业创新系统中,企业为了获得创新红利,实现自身在知识、技术、管理、制度上的创新,往往会以产业集群的形式出现,这主要是因为创新活动的产生和成长往往伴随着大量的科学研究、技术资金的投入,企业如果以产业集群的形式出现就能很好地实现自身在知识、技术方面的交流合作,进而集群内的高新技术产业的创新成果就能很好地向那些知识技术含量低的产业转移,从而促进周边产业向科技含量高、技术密集型产业转变,推动区域产业结构优化升级。产业结构优化系统通常也是以集群的形式出现的,这主要是由于产业结构优化往往要求产业链上的企业向科技含量高的方向转变,而这样的转变在很大程度上需要集群内的产业创新系统的支撑。

(2)开放性。区域产业创新系统和产业结构优化系统具有开放性的特点,这是因为系统只有通过与外界实现知识、技术、资本上的交流合作,才能实现自身的发展成长。区域产业创新系统往往是通过与外部的交流合作,吸收产业外的科研成果,并在此基础上实现自身的创新发展,进而推动区域产业结构升级。此外,区域产业结构优化系统也是通过学习和借鉴其他区域产业在结构优化升级过程中的优秀成果来调整和改造自己的升级系统的,区域产业结构优化系统的形成和快速发展必然会促进区域产业创新系统的形成和快速发展。

(3)产业顺序耦合。区域产业创新系统与产业结构优化系统在发展的时间顺序上具有前后承接的耦合关系。这种耦合关系主要体现在区域产业创新系统为产业结构优化系统的顺利演进提供动力,通过发展区域产业创新系统,大力发展信息产业等高新技术产业,将其培育成下一个支柱产业或主导产业,或者通过信息产业向传统产业的渗透性融合,是保证经济长时间内全面协调发展的必经之路。区域产业创新系统促进传统产业向高新技术产业转变,在时间上承接区域产业结构优化系统,促进区域产业结构优化升级。从产业结构优化系统来看,区域产业要实现产业结构的优化升级,在很大程度需要通过大力发展高新技术企业来实现,并通过高新技术企业的发展带动传统产业的升级改造,从这方面来说,区域产业结构优化系统在时间上继承了产业创新系统。

9.2.3 产业制度的耦合

产业创新和区域产业结构升级需要制度支持。产业创新制度是指导区域产业开展创新活动的最主要依据。良好的产业创新制度能够在很大程度上推动区域产业创新活动的开展，促进创新成果在产业之间的吸收转化，进而提高区域产业的整体创新能力，带动区域产业结构的优化升级。在区域产业结构升级过程中，政府根据区域比较优势原则，规划区域经济发展目标，如选择适合本区域的主导产业，确定产业发展重点和产业间的关系，并通过产业创新制度支持主导产业的发展和淘汰落后产业，进而有效实现区域经济发展目标。

在这里，最主要的制度就是政府制定的区域产业创新政策和产业结构政策。产出创新政策旨在推动和促进产业创新体系的建设，塑造产业创新机制，通过促进知识、信息、技术的产业化应用和社会化推广，推动产业资本深化、产业内容刷新、产业结构优化和产业布局合理化。为此，应强化政府责任，以立法的形式在财政、税收、金融等多个方面为产业创新、信息产业成长提供优惠措施。具体包括：支持对信息技术等具有重要影响的共性技术的研究和开发，形成重大技术的联合开发、利益分配和成果转化机制，并构建产业创新平台，实现产业技术创新资源共享，发挥平台内企业之间的协同效应，最大程度地增强中小企业防范和抵抗经营风险的能力；推进资源和要素价格改革，破除资本和劳动力要素价格之间的人为扭曲，充分发挥价格机制在促进要素间合理分配的作用；加快理论市场化步伐，继续扩大商业银行贷款利率浮动改革，改革收入分配制度，增强税收对收入分配的调节作用；建立绿色采购制度引导企业的绿色生产，建立企业的节能监督制度与定期汇报制度，严格落实环境影响评价制度。这些政府财政支持、创新奖励制度和一些与产业创新活动有关的法律法规在一定程度上会影响到区域产业结构的升级制度，是对升级制度的一个补充。

区域产业结构政策是根据区域产业结构变动趋势而制定的促进区域产业结构调整并逐步达到理想状态的政策措施。政府根据区域经济发展条件，应进行区域产业发展规划，合理确定区域产业发展重点以及各个产业之间的规模、发展速度、发展次序等，并据此来指导区域产业发展的区域产业结构政策。区域产业结构政策中最主要的是主导产业部门的选择。通过主导产业的更替，及时淘汰落后产业，支持新兴产业，有效促进区域产业结构优化。一旦政府把某个区域的产业结构政策确定下来后，就会加大对主导产业、瓶颈产业升级的扶持力度，积极鼓励主导产业进行创新活动，相应地也就会更加完善这些产业的创新制度，从而保证该区域的产业发展按照既定的产业结构政策进行。尤其是要优先发展电子信息制造业，积极推动软件、信息网络等产业的规模发展，坚持信息化带动工业化，将信息产业作为主导产业或利用信息产业与传统产业的融合发展改造传统产业，加大结构调整和技术创新力度，促进区域产业合理化和高度化。

9.3 区域产业创新与产业结构优化耦合系统的运行机制

9.3.1 基于市场需求的技术驱动机制

（1）市场需求分析。创新是企业发展的不竭动力，同样地，区域产业结构优化离不开创新的作用。市场经济充满了竞争，这是一个优胜劣汰且充满了挑战的地方，企业为了获得高额利益，就必须在这场竞争中获得胜利。因此，企业的经营者们往往把满足市场需求和提高市场占有率摆在很重要的位置。而创新是企业摆脱竞争中的弱势地位，获得良好发展的必经途径。在众多的创新中，我们主要分析区域产业创新系统中的技术创新与产业升级之间的耦合互动作用。这是因为技术创新在区域产业创新系统中具有最重要的地位，是应用最广泛的创新活动。区域产业对技术创新具有很大的需求，主要可以从以下几个方面加以分析。

在现代产业经济中，新材料的产生将直接影响一个国家的经济地位，是国家科技领先的标志之一。新材料的出现往往离不开技术创新，任何一种新材料的出现都是技术创新的结果。例如电子技术创新导致了半导体、高集成芯片的出现。此外，新材料的出现还能在很大程度上影响现代产业的产业结构，推动区域产业向更好更高的层次发展。

随着经济的发展，消费者对产品的需求更加多样化和专业化。因此，为了满足消费者这方面的需求，企业就要不断地改进自己的生产工艺和提高自己的技术水平。

技术创新有利于新市场的形成。企业在市场扩张到一定程度后会遭遇到市场饱和及发展受阻的情况，这时候，企业就有必要开拓新的市场，寻求新的发展途径。技术创新能很好地实现需求的转换，为企业开拓出新的需求市场。因此，产业的发展需要以技术创新作为新的突破口。

新产业组织形态出现的一个重要条件是技术创新。当产业发展到一定程度时，过去固有的一些产业形态和生产组织形式开始变得不适应产业的发展，这时候，就有必要对过去的一些生产组织形态加以改变和调整，使其能够更好地与现代产业相协调，更好地促进区域经济的发展。信息技术的发展推动了企业成长模式的转换，相继出现了一些新型产业组织形式，例如产业融合、模块化生产网络。产业融合使市场从垄断竞争向完全竞争转变，经济效率大幅度提高。模块化生产网络既发挥了企业网络的优势，又利用了集群所带来成本等递减便利，从而为企业的成长提供原动力。可见，产业组织创新的前提是技术创新。

综上所述，技术创新是区域产业创新体系产出的核心，市场的发展提升离不开技术创新，技术创新是产业创新能力提升的根本原因。

（2）技术驱动机制。技术创新是区域产业创新系统内众多创新要素中最能反映区域创新能力提升的要素，同时技术创新作为创新产出再次投入到创新活动中时又是最基本的创新驱动力。在区域产业创新系统创新能力的形成过程中，技术创新能通过改变市场需求，实现信息产业成长及其对传统产业的改造，推动循环经济的发展和依托技术溢出机制推动区域产业结构优化升级。因此，下面重点讨论区域产业技术创新能力通过作用于区域产业系统从而实现产业结构优化升级的作用机制。

第一，技术创新改变市场需求。区域产业创新系统的技术创新活动能够增加市场生产性需求，现代产业发展越来越注重产业链的发展，产业链上的任何一个节点发生变化都将引起整个产业链的变化。同样地，产业链上的某个产业的创新活动会带动整个产业链的变动，其中之一就是增加生产性需求。例如由于金属冶炼技术的创新发展，对其上游产业来说一方面会带动整个金属冶炼行业的发展，相应地对冶炼设备的需求就会加大；另一方面其对金属冶炼的能源——电力的需求也会加大，从而又带动整个电力行业的发展。对其下游企业来说，冶炼技术的提高会给那些需要金属的行业提供更好的原材料，促使其更好的发展，例如汽车行业和机械工业等。同时，区域产业的技术创新会增加中间产品的生产力，扩大中间产品容量，从另一个方面带动产品的技术创新。例如，20世纪最重要的一项创新活动——半导体创新，一方面促进了信息产业的发展，另一方面也促进了仪器、电子设备等一大批设备的创新发展，加快了传统产业的分化重组，从而推动了产业结构优化升级。

此外，区域产业技术创新会创造市场需求，现代社会的产业技术创新活动速度越来越快，而消费者的市场需求具有一定的滞后性，这时候我们就会发现有些产品的出现会为我们创造出新的需求。其创造市场需求主要的方式是一方面通过改造人们的生活方式和价值观念，另一方面是通过创造出全新的产品提升人们的生活质量。这种市场需求的创造会大大加快产业发展的演进速度，推动产业结构的优化升级。

第二，技术创新对传统产业的改造。现代社会对传统产业改造提升主要是通过技术创新来实现的。从目前来看，传统产业仍是我国资本、技术和各种人力资源、自然资源最集中的地方，因而对传统产业实行技术改造，能够极大地推动区域产业结构优化升级。保证区域产业创新系统的良性发展及区域产业技术创新的活跃度，对于实现对传统产业的技术改造、促进区域产业结构优化升级具有十分重要的意义。对此,有关部门应该加大高新技术产业的发展力度,尤其是加大对信息技术、数字技术、网络技术等通用性技术的支持力度。这是因为在信息时代,信息产业的技术创新活动往往比较活跃,且信息产业对传统产业的技术改造提升,不仅是对传统技术框架内的技术进步提升,更是要在突破传统技术的框架内,不断进行技术创新,利用技术融合不断地、突变性地创造出新技术,从而在技术上实现质的飞跃。这种技术改造的实质是对传统产业进行从生产组织形式、组织结构和经济结构上的提升再造,实现以内涵为主的扩大化再生产,从而推动区域内产业结构实现一次重大调整。信息产业与传统产业的融合程度会在很大程度上影响到区域产业创新系统的创新能力。这是因为区域产业创新系统要实现创新能力的一个很大提升,就需要信息产业持续性地把先进的生产技术注入传统产业中去,并同时加快这些先进技术在传统产业中的吸收和转化,从而使传统产业技术创新真正突破原有的技术框架,开辟出具有本质差别的技术途径。而这些都与信息产业与传统产业的融合程度有关,高度化的产业融合能大大推动传统产业的高级化进程,促进传统产业产品的更新换代,进而改善传统产业的生产效益,实现信息产业技术创新和传统产业技术改造的良性循环。

第三,技术创新对产业环境的影响。区域产业技术创新对产业环境的影响主要体现在两个方面:一是技术进步使区域产业发展循环经济成为可能;二是区域产业技术创新的内在要求推动了区域产业制度环境的改变。现代产业发展面对的阻碍之一就是资源的稀缺性,包括自然资源、资本和人力资源等。由于资源的稀缺性,这时如何改变生产方式、如何重新配置资源要素就成为不得不考虑的问题,技术创新因此而产生。通过技术创新,实现生产要素的重新组合,增强资源的替代性,可以有效地对一些稀缺资源实行保护,减小对环境的损伤。技术创新能够产生新的生产方式,每一种新的生产方式都是对资源的一次重新组合,这种组合能够渗透到循环经济中,使发展循环经济成为可能。循环经济是一种生态经济,能够对环境起到很好的保护作用,提升区域产业的可持续发展能力。发展循环经济可以实现资源和能源的最大化利用,提高资源利用率,降低能耗,从而在保护环境的同时提升产业效益,提高区域经济质量,这也正是产业升级所要求的。另外,区域产业技术创新对区域制度环境提出了新的要求,能够有效地促进制度创新。这主要是由于区域产业技术创新会使资源的利用效率不断提高,导致旧的生产制度难以适应现代产业的发展需求,这时就急需改善现有的产业制度,进行制度创新。企业在利用生产要素进行生产的过程中会产生交易费用,制度创新的本质要求就是要减少这种交易费用,提高制度效率。制度创新对区域产业制度环境的影响主要是通过提供把交易费用降低到可操作水平程度的法律法规和政策程序来使与先进技术相关联的生产活动能够顺利运行,使既定状况下的生产力潜能得到释放,实现经济增长。

所以,作为区域产业创新系统中最重要的创新活动,技术创新通过实现对市场需求的改变、对传统产业的改造和发挥对制度环境的影响力来促进区域产业结构优化升级。这一过程可以通过图9-3直观表示出来。

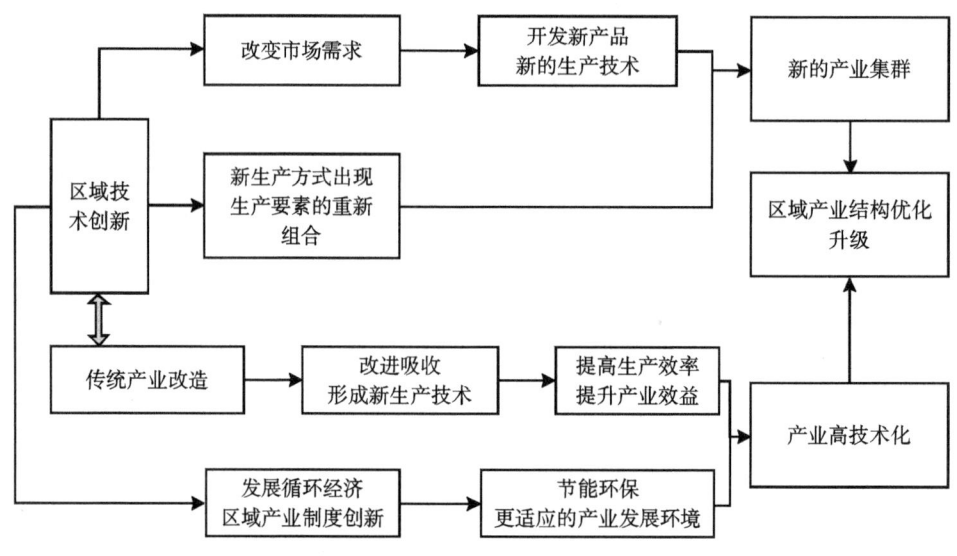

图9-3 技术创新实现区域产业结构优化升级机制

9.3.2 基于创新转化的技术传导机制

(1)技术创新转化是促进产业结构优化的根本动力。通过前文的分析,我们知道区域产业结构的优化升级包括两个方面的内容:一是区域产业结构合理化;二是区域产业结构高度化。区域产业结构合理化就是通过调整同级结构相关性关系,使其合理化,从而提高区域产业的整体经济效益;区域产业结构高度化是通过信息产业等高新技术产业带动传统产业的结构升级,形成新的高度化产业,提高区域产业结构转化社会资源的能力和效率。区域技术创新转化是通过提升社会需求结构和改善产业技术结构来促进产业结构优化升级的。社会需求是在一定的收入水平条件下,社会各个消费群体对各产业部门的产品和服务的需求比例关系,它决定了产业间产品和服务的关联结构。产业结构优化升级的要求之一就是产业能够高质量、高效率地满足社会需求。另外,高新技术产业的技术创新转化有助于降低产业对资源的消耗,实现经济的集约化增长,从而有效地解决社会需求规模扩张与社会资源供给之间的矛盾。此外,区域产业技术创新转化能力能够影响产业间的技术关联结构,可以通过改变各产业部门间的生产技术结构、技术对生产的贡献结构、劳动生产率结构、技术创新和技术引进结构、产品和服务的技术含量结构等来推动产业结构优化升级。这样，高新技术产业通过这种对技术关联结构的调整在产业间形成不同的比较劳动生产率，技术转化能力强的企业能够不断通过技术创新提高本部门的劳动生产率，从而推动生产要素在不同产业间的转移，淘汰掉那些生产效率低的产业，形成退出机制。更为重要的是，区域产业创新系统可以通过区域交流平台和创新网络实现高新技术在区域产业间的扩散和渗透，推动相关产业的技术变革和产业升级。如我国目前大力发展战略性新兴产业，就是希望通过对新材料、新能源及信息化的开发利用，改变我国现有的自然资源消耗过大的局面，降低能耗和减少资源浪费。因此，通过技术的创新转化，可以改变生产要素在各个产业间的配置比例，从而促进区域产业结构的优化升级，使整个区域产业结构更加合理化。

（2）技术传导机制。为了更好地阐述区域产业创新系统技术创新转化对产业结构优化升级的传导机制，本书进一步把技术创新转化过程分为转化的初级阶段和转化的高级阶段。其中，在转化的初级阶段，科研机构和高新技术企业提供了先进的技术，再加上其他要素，如资金、劳动、原材料等其他生产要素，通过在企业的生产经营过程中，将这些要素围绕着先进的生产技术这个核心结合在一起，最后形成高新技术产品。创新完成后，从创新扩散到产业结构升级这一过程称为创新转化的高级阶段。在转化的高级阶段中，技术创新将首先应用于生产，完成了技术创新与经济的结合，实现了创新转化过程中质的飞跃。对于区域产业来说，要实现产业结构质的突破还需要经过量的积累，只有通过技术传导机制，高新技术渗透到其他行业，带动其技术进步，推动产业升级，才能实现技术创新转化对区域产业发展的最大贡献。根据前面分析，技术创新转化的高级阶段是通过改变社会需求结构和提升产业技术结构来促进产业结构优化升级的。在技术传导过程中，将产生三种结果：①通过技术传导机制，信息产业技术创新活动加快，形成新的信息产业规模，这一创新转化过程是直接通过技术转让或创新模仿等过程促使本产业规模壮大的；②相关产业主要是传统产业生产技术的改造升级，主要通过产业链间的技术关联，信息技术渗透到其他相关产业，被应用到它们的生产过程中，或直接与它们的原有技术相结合，从而赋予其产品新的功能，增强产业效益，进而推动这些产业的升级；③新兴产业群的兴起，这主要是由于融合背景下信息技术的创新转化带动社会需求的变化，进而刺激了新产业部门的产生，形成了一批新兴的产业集群。这样，信息产业经过创新转化和扩散最终使得信息产业化、规模化，推动传统产业技术升级以及促进新兴产业群的出现，进而促进了产业结构的升级，在推动区域经济发展方面起到了重大的作用。这个过程将会对区域产业环境系统产生影响，这时随着信息产业的规模化、传统产业的技术提升和新兴产业集群的出现又可以为区域产业创新系统的技术创新转化提供强大的资金支撑、市场支撑和创新基地支撑，进而在此基础上形成新一轮的信息技术创新转化，推进区域产业结构优化升级。根据上述分析，这一传导过程可以用图9-4表示出来。

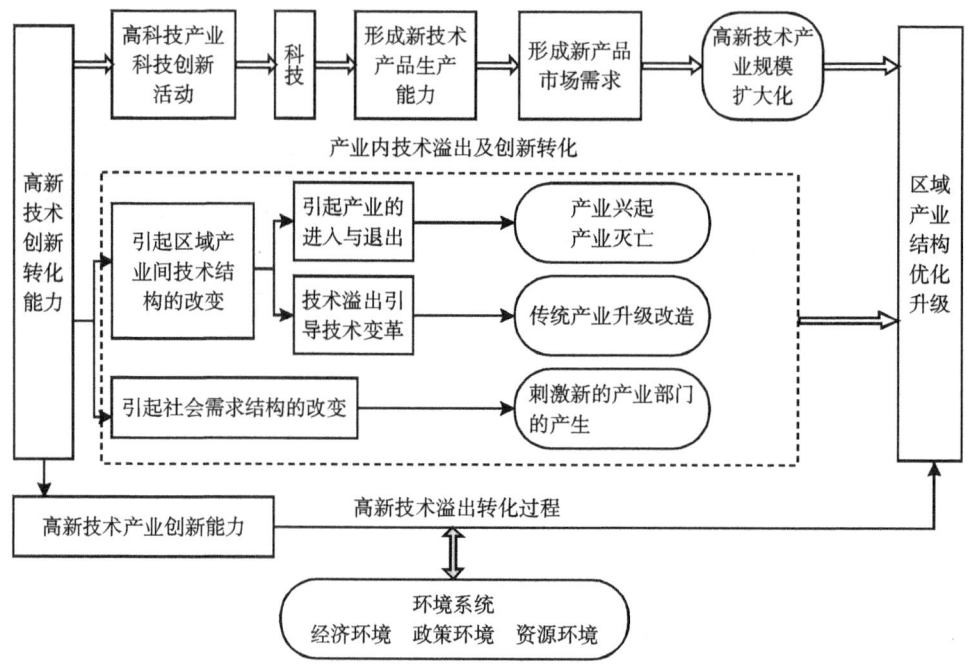

图9-4 技术创新转化对产业升级的传导机制

9.3.3 基于环境支撑的政府推动机制

区域产业创新环境支撑是指有关部门在开展相关创新活动，比如技术创新、知识创新过程中外部环境对区域产业创新活动的一种支撑。区域产业创新系统所处的外部环境主要包括其所处区域的资源环境、经济环境、制度环境等。区域产业创新环境支撑对产业结构优化升级的影响的研究主要是从以下两个方面展开的：一是区域产业创新系统所处的内部行业环境；二是区域制度安排对产业创新活动的影响，如图9-5所示。

（1）区域产业创新环境支撑对产业结构优化的作用机制。区域产业科技创新及其市场竞争的特点决定了区域产业创新环境支撑能力与产业结构优化升级之间必然存在着某种联系。它们共同决定了信息产业集群化，能够有效地推动区域产业结构优化升级。

9 信息产业成长视角下区域产业创新与产业结构优化的耦合机制

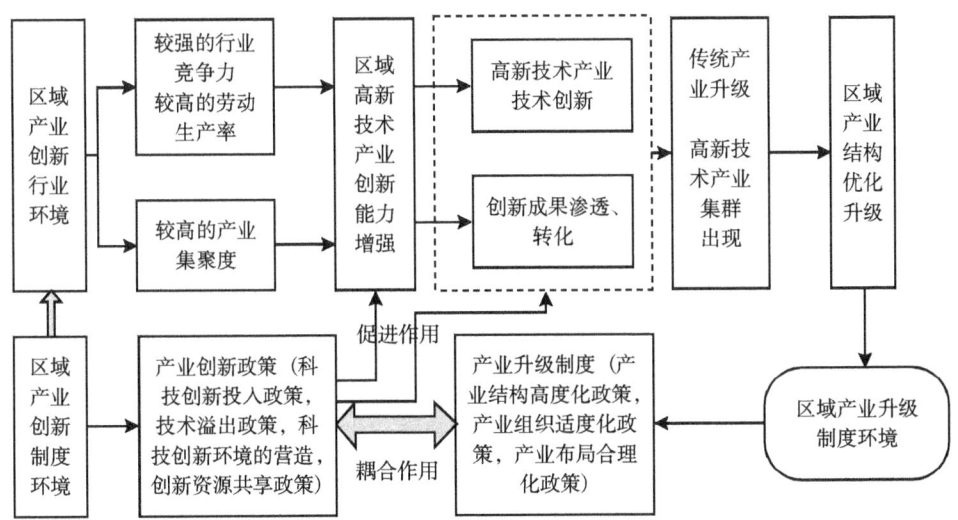

图 9-5 区域产业创新环境支撑与产业升级作用机制

第一,区域产业科技创新和市场竞争的特点。区域产业科技创新活动具有鲜明的特点:区域产业创新活动的开展需要多个参与者,它是各种要素相互作用的一个复杂系统,其中包括高新技术企业、科研机构、高校等一系列参与者。创新活动是一个长期投入的过程,任何一项创新成果的出现都是众多科研人员不断研究的结果。从本质上看,过去的创新成果促进了现在的创新活动,现在的创新活动又将推动未来的创新活动。总而言之,科技创新活动是一个前赴后继的过程。在区域产业创新系统中,以信息技术为典型代表的科技创新是一个不断学习的过程,信息产品的更新换代速度非常快,一项信息技术的运用可能还没过几年就已经被完全淘汰了。此外,信息技术创新活动还具有很强的技术溢出效应。以上区域产业科技创新活动的特点决定了信息产业所处的产业环境是一个高度竞争化和高度垄断化的环境系统。

信息产业的市场竞争特点主要包括以下几个方面:首先,信息产业发展表现出很强的先行者优势,先进入市场的企业由于先掌握了先进的生产技术,就能很快提升其产品技术含量,并迅速占领市场,利用市场规模的扩大来降低其生产成本,享有先动优势。其次,信息产业的竞争市场同样具有更新换代快的特点。随着技术创新活动的不断展开,信息产品的生命周期不断缩短,很少有 IT 企业能够长期保持这种竞争优势。这主要是因为信息产品大多属于创新型产品,随着科学技术水平的不断提高,新技术出现的频率越来越快,自然而然,信息产品的生命周期越来越短。再次,信息产业具有很好的技术溢出效应,任何一项信息技术的出现都会导致一大批的企业争相模仿。因此,IT 企业很难保持长期的竞争优势地位。最后，信息产业市场具有不确定性和无意识行为的特点，将直接导致信息产品的市场需求难以预测。

第二，区域创新环境对产业结构优化的支撑作用。由区域产业科技创新和市场竞争特征决定，区域产业科技创新活动的开展需要大量的资金和人力资本投入，再考虑到现代信息产品具有很强的更新换代性，这些综合因素必将导致信息产业本身需要具有较高的生产效率、较强的产业竞争力以及较高的产业集聚程度等。这是因为区域信息产业如果没有较强的行业实力，就不能吸引到人才和资金等重要发展资源，而人才、资金则往往是信息产业保持核心竞争力的重要保证。首先是人才，具有丰富知识的人才是信息产业开展创新活动最基本的推动力量，将直接影响到一个区域的产业发展能力和创新能力。其次是资金，信息产业创新需要大量资金的投入，这是区域信息产业发展的根本保证。此外，由于技术势差的存在，区域产业之间必然会产生横向的技术扩散和纵向的技术渗透。这种技术溢出效应和高产业集聚度能够为科技创新成果的转化提供环境支撑，有利于产业结构的优化升级。因此，区域创新环境对产业结构优化升级的支撑作用主要是通过资源配置效应导致人才和资金向信息产业流动和通过高度的产业集聚有效地促进技术溢出效应来进行。

（2）区域制度安排对产业结构优化的作用机制。区域产业结构制度是指区域产业结构优化过程中所涉及的一系列制度安排，其中直接制度包括金融制度、投资制度、人口流动制度等；间接制度包括税收制度、汇率制度等。本书选取的制度专指与区域产业结构优化活动有关的一系列制度安排，主要包括有关区域产业发展的制度、有关产业创新的政策等。这些政策性制度安排主要是通过促进或阻碍区域产业创新成果在产业间的转移、扩散活动来影响区域产业结构优化升级的。其中，区域产业政策是区域经济发展战略的体现，各个地区根据其自身特点，制定和调整自身的区域产业政策，从而培育出新的主导产业，促进区域产业结构的优化升级。它强调在区域层面上对产业技术结构、产业布局、产业结构和产业组织形式等方面加强战略调整。虽然市场机制的调节作用在一定程度上能够促进区域产业进行自发的调整，使产业结构自发地向更高更好的层次演进。但是，要形成合理、有序、有效的区域产业结构，仅仅依靠市场机制的调节作用是远远不够的，还需要区域产业政策的外在支撑作用。

当前，我国区域产业结构失衡的主要原因仍是区域产业结构优化升级的动力不足。因此，当前产业政策的关键就在于提升科技创新能力、实现信息产业动态升级和提高传统产业的核心竞争力。通过区域产业政策的引导作用和推动作用，不断提升信息产业的创新能力，制定一系列有利于科技创新投入和营造良好创新环境的相关政策，将有助于区域产业创新能力提升，促进创新成果的转化，从而增强区域产业结构优化升级的内在动力。区域产业创新制度指的是一系列有利于区域产业开展创新活动的制度安排，这些制度安排将有利于区域中的信息产业更好地开展创新活动，更好地吸收资金和吸引人才。区域产业创新政策将为区域产业创新提供良好的政治、社会、文化环境，同时更有利于资本和劳动力的有效配置，为其创新能力的提升在制度上保驾护航，促成现有的产业环境向更有利于创新成果吸收运用的产业环境的转变。整个区域产业创新制度安排与产业结构优化升级制度安排通过创新过程的交互性和产业结构优化升级的反馈作用在区域产业创新活动的上游阶段和下游阶段起到重要的作用。同时，由图9-5可知，合理有效的政策和制度安排将有助于以信息产业创新能力为核心的产业创新网络的形成，从而不断增强区域产业结构优化升级的内在动力。

9.4 区域产业创新与产业结构优化的耦合度评价

为了更好地了解区域产业创新与产业结构优化耦合系统的运行机制，有必要对区域产业创新与产业升级的耦合度进行分析，以便更好地了解区域产业创新与产业结构优化耦合系统的运行状况。本章主要是通过构建区域产业创新与产业结构优化耦合度评价模型和指标评价体系来实证分析我国珠三角地区2003~2011年和我国10个主要省（市）2011年的产业创新与产业结构优化的耦合度情况。

9.4.1 耦合度评价模型

（1）指标体系的构建。区域产业创新系统与产业结构优化系统的耦合度，是指区域产业创新系统中各子系统和产业结构优化系统中各子系统的耦合程度，是一种多对多的联系，其本质是建立在区域产业创新子系统与产业结构优化子系统的耦合度基础上的熵权评价。通过对子系统之间的耦合度评价，以知晓两大系统之间的关联度和协调度。考虑到数据的可得性和研究的必要性，本书只从区域产业创新系统中的子系统与产业结构优化系统的子系统之间的耦合关系给出耦合度评价模型，从而分析两系统之间的耦合关系。

根据甄峰等[①]在《区域创新能力评价指标体系研究》中的研究成果，本书用以下指标来构建区域产业创新系统的评价指标体系：

第一，知识创新能力。知识创新能力分别用知识投入及生产能力、知识溢出

[①] 甄峰，黄朝永，罗守贵.区域创新能力评价指标体系研究[J].科学管理研究，2000（6）：5-8.

及分配能力和知识应用及产出能力来衡量。其中，知识投入及生产能力包括 R&D 投入占 GDP 比重、教育科技经费占 GDP 比重、专职科研人员占总人口比重和知识产业专业化指数；知识溢出及分配能力包括科技期刊发行量、区域学术交流会议次数和千人拥有知识分配与传播人员数；知识应用及产出能力包括高新技术产业产值增长率，信息产业产值增长率，知识产业产值占 GDP 比重和产、学、研一体化程度。

第二，技术创新能力。技术创新能力分别用技术开发能力和技术转化应用能力来衡量。其中，技术开发能力包括各类专业技术人员数、大中型企业技术开发投入、重大科学技术成果数和获国家科技进步奖数目；技术转化应用能力包括技术成交额、科技成果转化率和科技进步贡献率。

第三，管理与制度创新能力。管理创新能力包括区域产业的管理现状和区域产业的高层管理人员数；制度创新能力包括政府政策（产业、教育、文化等）和社会福利状况。

第四，区域产业创新贡献能力。区域产业创新贡献能力分别用创新对产业本身贡献率和创新对社会贡献率表示。其中，创新对产业本身贡献率包括产业总产值、产业增加值、产业利润总额和产业成本费用率；创新对社会贡献率包括产业税收总额、产业年均就业人数和产业发展水平。区域产业创新系统评价指标体系如表 9-1 所示。

表 9-1 区域产业创新系统评价指标体系

知识创新能力 x_1	知识投入及生产能力 x_{11}	R&D 投入占 GDP 比重、教育科技经费占 GDP 比重、专职科研人员占总人口比重和知识产业专业化指数
	知识溢出及分配能力 x_{12}	科技期刊发行量、区域学术交流会议次数和千人拥有知识分配与传播人员数
	知识应用及产出能力 x_{13}	高新技术产业产值增长率、信息产业产值增长率、知识产业产值占 GDP 比重和产、学、研一体化程度
技术创新能力 x_2	技术开发能力 x_{21}	各类专业技术人员数、大中型企业技术开发投入、重大科学技术成果数和获国家科技进步奖数目
	技术转化应用能力 x_{22}	技术成交额、科技成果转化率和科技进步贡献率
管理与制度创新能力 x_3	管理创新能力 x_{31}	区域产业的管理现状和区域产业的高层管理人员数
	制度创新能力 x_{32}	政府政策（产业、教育、文化等）、社会福利状况
区域产业创新贡献能力 x_4	创新对产业本身贡献率 x_{41}	产业总产值、产业增加值、产业利润总额和产业成本费用率
	创新对社会贡献率 x_{42}	产业税收总额、产业年均就业人数和产业发展水平

9 信息产业成长视角下区域产业创新与产业结构优化的耦合机制

根据前文的分析知道产业结构的优化升级主要包括产业结构高度化和产业结构合理化两个方面。因此，下面将根据产业结构高度化与合理化的内涵建立区域产业结构优化系统的评价指标体系，具体如表 9-2 所示。

表 9-2 区域产业结构优化系统评价指标体系

一级指标	二级指标层	三级指标层
区域产业结构优化	产业结构高度化指标 y_1	霍夫曼比例指数 y_{11}
		基础产业超前系数 y_{12}
		第三产业产值比重 y_{13}
		智力技术密集型集约化程度 y_{14}
		信息产业产值比重 y_{15}
		工业加工程度 y_{16}
	产业结构合理化指标 y_2	产业结构比例 y_{21}
		产业开放性 y_{22}
		产业可持续发展能力 y_{23}
		产业结构协调化程度 y_{24}

区域产业结构高度化指标主要包括霍夫曼比例指数、基础产业超前系数、第三产业产值比重、智力技术密集型集约化程度、信息产业产值比重和工业加工程度。其中：

$$霍夫曼比例指数 = \frac{消费资料工业的净产值}{资本资料工业的净产值}$$

$$基础产业超前系数 = \frac{基础产业产值增长率}{国内生产总值增长率} - 1$$

$$第三产业产值比重 = \frac{第三产业总值（增加值）}{国内生产总值}$$

$$智力技术密集型集约化程度 = \frac{智力技术密集型产业增加值}{国内生产总值}$$

该指标可以反映产业结构由资金密集型、劳动密集型向智力技术密集型演进的程度。

$$信息产业产值比重 = \frac{信息产业产值（增加值）}{国内生产总值}$$

该指标主要是考察信息产业产值在国民生产总值中所占比重。

$$工业加工程度 = \frac{加工工业增加值}{原料工业增加值}$$

该指标可以反映在工业化进程中，由以原材料为重心转向以加工组装为重心的程度。

产业结构合理化指标包括产业结构比例、产业开放性、产业可持续发展能力和产业结构协调化指标。

（2）指标权重的确定。在本书中，指标权重的确定采用熵值法。熵本来是热力学中的一个名词，后来被应用到了信息论中，用来反映信息的无序化程度，度量信息量的大小。学者们又根据信息论的定义推演出测算指标权重的熵值法，该法主要根据各项指标观测值所提供数据的信息量大小来确定权重，对于某一指标，其观测值的差异程度越大，说明该项指标传输的信息量越多，对整体系统的决策作用也就越大。熵值法计算指标权重的步骤如下：

首先，第 i 项指标的第 j 项样本指标的特征比重为：

$$p_{ij} = x_{ij} \Big/ \sum_{j=1}^{n} x_{ij} \tag{9.1}$$

其中，$\sum_{j=1}^{n} x_{ij} > 0$。

其次，第 i 项指标的熵值为：

$$h_i = -k \sum_{j=1}^{n} p_{ij} \cdot Ln(p_{ij}) \tag{9.2}$$

其中，k > 0，且 k 与样本个数有关系，其中，k = 1/Ln（n），h_i 的取值范围为 0~1。

再次，第 i 项指标的效用值为：

$$e_i = 1 - h_i \tag{9.3}$$

对于给定的指标项 x_i，x_{ij} 的差异越小，h_i 的值就越大，指标对整个评价体系的作用就越小，反之效用则越大。因此，定义指标的效用值与其熵值成反比，效用值越大，说明该指标的价值越大，其权重也就越大。

最后，确定第 i 项指标熵权：

$$\lambda_i = e_i \Big/ \sum_{i=1}^{n} e_i \tag{9.4}$$

（3）耦合度评价模型的构建。在上述区域产业创新系统与产业结构优化系统指标评价体系的基础上，对耦合系统中的区域产业创新系统和产业结构优化系统两大系统间子系统进行耦合度评价。

第一，静态耦合中耦合关联度分析。

定义1：设 u 为区域产业创新系统序参量，u_{ij} 为产业创新系统序参量中第 i 项指标的第 j 项变量参数，对应的值为 x_{ij}，i = 1，2，…，n；j = 1，2，…，m。n 为区域产业创新系统中的指标个数，m 为第 i 项指标中的变量参数个数；同理，w 为区域产业结构优化系统序参量，w_{ij} 为区域产业结构优化系统序参量中第 i 项指标的第 j 项变量参数，对应的值为 y_{ij}，i = 1，2，…，n；j = 1，2，…，m。n 为区域产业结构优化系统中的指标个数，m 为第 i 项指标中的变量参数个数。

定义 2：设 α_{ij}、β_{ij} 为区域产业创新系统稳定临界点序参量的上下限值，η_{ij}、ξ_{ij} 为区域产业结构优化系统中稳定临界点序参量的上下限值，则区域产业创新系统中的有序功效模型和产业结构优化系统中的有序功效模型分别为：

$$u_{ij} = (x_{ij} - \beta_{ij})/(\alpha_{ij} - \beta_{ij}) \tag{9.5}$$

$$w_{ij} = (y_{ij} - \xi_{ij})/(\eta_{ij} - \xi_{ij}) \tag{9.6}$$

其中，i = 1，2，…，n；j = 1，2，…，m。其中，由于 $\beta_{ij} \leq x_{ij} \leq \alpha_{ij}$，$\xi_{ij} \leq y_{ij} \leq \eta_{ij}$，所以 u_{ij} 和 w_{ij} 的范围是 0~1，即把 u_{ij} 和 w_{ij} 标准化，u_{ij} 和 w_{ij} 分别代表了 x_{ij} 和 y_{ij} 对其子系统贡献的大小，越接近 1 贡献越大。序参量（α，β）、（η，ξ）的确定参照各地基准年期值，规划时期值，对比标准值或理想值。

定义 3：λ_i 为区域产业创新系统序参量中第 i 项指标的权重，λ_{ij} 为其中第 i 项指标的第 j 项变量参数的权重，u_i 为区域产业创新系统第二指标层的贡献值，u 为区域产业创新系统第一指标层的综合贡献值，i = 1，2，…，n；j = 1，2，…，m。同理，δ_i 为区域产业结构优化系统序参量中第 i 项指标的权重，δ_{ij} 为其中第 j 项指标的第 j 项变量参数的权重，w_i 为产业结构优化系统第二指标层的贡献值，w 为区域产业结构优化系统第一指标层的综合贡献值，i = 1，2，…，n；j = 1，2，…，m，则各系统第二指标层的贡献模型分别为：

$$u_i = \sum_{j=1}^{m} \lambda_{ij} \cdot u_{ij}, \ i = 1, 2, \cdots, n \tag{9.7}$$

$$w_i = \sum_{j=1}^{m} \delta_{ij} \cdot w_{ij}, \ i = 1, 2, \cdots, n \tag{9.8}$$

第一层综合贡献模型分别为：

$$u = \sum_{i=1}^{n} \lambda_i u_i \tag{9.9}$$

$$w = \sum_{i=1}^{n} \delta_i w_i \tag{9.10}$$

其中，u 和 w 分别表示区域产业创新系统子系统和产业结构优化子系统对耦合系统的贡献，并且：

$$\sum_{j=1}^{m} \lambda_{ij} = 1, \ \sum_{i=1}^{n} \lambda_i = 1, \ \sum_{j=1}^{m} \delta_{ij} = 1, \ \sum_{i=1}^{n} \delta_i = 1 \tag{9.11}$$

其中的权重由熵值法确定。

定义 4：设 C 为区域产业创新系统与产业结构优化系统的耦合关联度，借鉴物理学中的容量耦合概念及容量耦合系统模型，推广得到多个系统相互作用耦合度模型，即：

$$C_n = \{(u_1 \cdot u_2 \cdots u_m)/[\prod(u_i + u_j)]\}^{1/n} \tag{9.12}$$

假设耦合系统中区域产业只有单个产业创新系统和单个产业结构优化系统，则可定义耦合关联度模型为：

$$C = \{(u \cdot w)/[(u + w)(u + w)]\}^{1/2} \tag{9.13}$$

其中，$0 \leq C < 1$。

耦合关联度虽然在一定程度上反映了区域产业创新系统与产业结构优化系统之间的耦合情况，但并没有表现出二者在总体上的发展水平。因此，有必要在确定了耦合关联度的基础上构建耦合动态发展模型。

第二，动态耦合中耦合协调度分析。鉴于区域产业创新系统与区域产业结构优化系统二者之间的交互耦合关系，可以把它们作为一个复合系统来考虑。在这个复合系统中，设 A 为区域产业创新系统子系统的演化状态，B 为区域产业结构优化系统子系统的演化状态，V_A、V_B 分别表示的是区域产业创新子系统和产业结构优化子系统的演化速度。在这个复合系统中，A 与 B 是相互作用的，无论是产业创新子系统还是产业结构优化子系统中的任何一个系统发生变化都将引起整个复合系统的变化。整个耦合系统的演化速度 V 用 V_A 与 V_B 的函数表示，即 $V = f(V_A, V_B)$，这样就可以通过选取两个子系统的演化速度 V_A 与 V_B 为控制变量来研究整个系统之间的协调耦合关系。该系统的演化过程是区域产业创新系统子系统的演化和区域产业结构优化系统子系统的演化相互耦合的结果。在整个复合系统中，有两个因子发生作用，一个是利导因子，起促进作用；另一个是限制因子，起限制作用，整个系统的演化就是在这两个因子的共同作用下进行的。当限制作用强大时，系统的演进速度就变慢，这时限制因子起主导作用，整个系统演进模式呈无限增长，系统表现为对限制因子的克服。同理，当利导因子起主导作用时，系统的演进速度大大加快，系统演化的轨迹大体是呈指数型增长。这样整个系统的演化模式呈现 S 形发展模式，在一个演化周期内，整个复合系统将经历低级协调共生、协调发展、极限发展和螺旋式上升四个阶段。

在这样的演化系统中，为了衡量区域产业创新系统与区域产业结构优化系统动态耦合的耦合协调度，可以把它表示为离差系数。离差系数也称离散系数，它反映了两组数据的离散程度，当变异系数越小，则离散程度越小，协调程度越大。

为此，我们定义区域产业创新系统和产业结构优化系统的演化发展水平函数如下：

$$V_A = f(x) = \sum_{i=1}^{n} \lambda_i x_i, \quad V_B = g(y) = \sum_{i=1}^{n} \delta_i y_i \tag{9.14}$$

区域产业创新系统与产业结构优化系统协调发展意味着相对离差系数 C 越小越好，离差系数 C 可以表示为：

$$C = \frac{2S}{f(x) + g(y)} \tag{9.15}$$

其中，S 为 $f(x)$ 和 $g(y)$ 的协方差，即：

$$C = 2\{f(x) \cdot g(y)/[f(x) + g(y)] \cdot [f(x) + g(y)]\}^{\frac{1}{2}} \tag{9.16}$$

我们易知 $f(x) \cdot g(y) \leqslant [f(x) + g(y)/2]^2$，所以当 $f(x)g(y)/[f(x) + g(y)/2]^2$ 越大，C 值就越小，表示两个系统之间的协调度越高。

因此定义：

$$C_1 = \frac{f(x)g(y)}{[f(x) + g(y)/2]^2} \tag{9.17}$$

显然有 $0 < C_1 < 1$，当 $f(x) = g(y)$ 时，表示在这样一个复合系统中，区域产业创新系统和区域产业结构优化系统处于同一发展水平，而并不是严格意义上的绝对相等。这时，C_1 取最大值，C 取最小值，区域产业创新系统和区域产业结构优化系统处于最好的协调水平。所以，C_1 在一定程度上反映了 $f(x)$ 和 $g(y)$ 的协调程度。

再结合前文出现的容量耦合概念和容量耦合函数，当考虑两个系统的时候，可以定义区域产业创新系统与产业结构优化系统的动态发展协调度 c：

$$c = 2\{f(x) \cdot g(y)/[f(x) + g(y)] \cdot [f(x) + g(y)]\}^{\frac{1}{2}} \tag{9.18}$$

实际上，c 是 C_1 开方后得到的，经过开方后，c 值更小，更能反映区域产业创新系统与产业结构优化系统这两个系统间的协调差异，符合实际，所以可以用 c 来反映两个系统间的协调度。

在这里，我们用 c 来表示两个系统之间的协调度，然而在某些情况下，这个模型很难正确地描述出两个系统的实际耦合协调水平。比如当区域产业创新系统和区域产业结构优化系统这两个系统的演化发展水平都处于很低的水平，但是这时恰好两个系统处于同一发展水平，通过前面的分析知道这时会得出这两个系统处于很高的耦合协调度水平，显然这与实际不相符合。这时就要对模型加以调整，可以定义区域产业创新系统与产业结构优化系统耦合协调度 D 为：$D = (c \cdot p)^{\theta}$，$p = \alpha f(x) + \beta g(y)$，其中，c 表示区域产业创新系统与产业结构优化系统的耦合协调度，p 为区域产业创新系统与产业结构优化系统发展综合指数，表示的是两个系统的整体发展水平，θ、α、β 为待定系数，一般取 $\theta = 0.5$，α 表示区域产业创新系统发展水平在复合系统整体发展水平中所占的比重，β表示区域产业结构优化系统发展水平在复合系统整体发展水平中所占的比重。在本书中，区域产业创新系统与产业结构优化系统同等重要，所以可以定义 α = β = 0.5。

由于 D 综合考虑了区域产业创新系统与产业结构优化系统的整体发展水平，所以可以有效地避免当两个系统都处于很低，演进水平且相等时得出的耦合协调度很高这一不符合实际的情况，与前面的协调度模型相比更加合理准确。

9.4.2 耦合关联度和耦合协调度评价标准

通过前面的分析，本书用耦合关联度来表示在相对静态的过程中区域产业创新系统与产业升级系统两个系统之间的耦合相关程度，用耦合协调度来评价这两个系统在动态耦合过程中的耦合协调度，它们的评价标准如表9-3所示。

表 9-3 耦合关联度评价标准

耦合关联度	耦合程度	所处阶段
C = 0	无耦合	萌芽阶段
0 < C ≤ 0.3	低度耦合	成长阶段
0.3 < C ≤ 0.7	中度耦合	发展阶段初期
0.7 < C < 1	高度耦合	发展阶段中后期

当 C = 0 时，说明区域产业创新系统与产业升级系统之间无耦合，区域产业创新与产业升级耦合系统处于萌芽阶段；当 0 < C ≤ 0.3 时，说明区域产业创新系统与产业升级系统之间存在低度耦合，耦合系统处于成长阶段；当 0.3 < C ≤ 0.7 时，说明区域产业创新系统与产业升级系统之间存在中度耦合，耦合系统处于发展阶段初期；当 0.7 < C < 1 时，说明区域产业创新系统与产业升级系统之间存在高度耦合，耦合系统处于发展阶段中后期。

表 9-4 耦合协调度评价标准

耦合协调度	协调等级	耦合协调度	协调等级
D = 0	无协调	0.5 < D ≤ 0.7	良好协调
0 < D ≤ 0.3	严重失调	0.7 < D ≤ 0.9	优质协调
0.3 < D ≤ 0.5	轻度失调	D = 1	完全协调

耦合协调度 D 处于 0~1，当 D = 0 时，区域产业创新系统与产业升级系统之间无协调，两个系统内部要素之间处于完全无关状态，系统处于无序发展阶段；当 0 < D ≤ 0.3 时，区域产业创新系统与产业升级系统处于较低水平的耦合协调阶段，此时，耦合系统之间各要素处于严重失调阶段；当 0.3 < D ≤ 0.5 时，区域产

业创新与产业升级耦合系统处于轻度失调的阶段，在此期间，区域产业创新系统与产业升级系统都获得了一定的发展，两个系统之间通过耦合作用促进了彼此的发展；当 $0.5<D\leqslant0.7$ 时，区域产业创新系统与产业升级系统进入了磨合阶段，此时，耦合系统处于良好协调阶段，区域产业创新系统与产业升级系统获得良性发展机会；当 $0.7<D\leqslant0.9$ 时，区域产业创新系统与产业升级系统都处于一个很好的发展水平，耦合系统处于优质协调阶段，这时，两个系统通过耦合作用互相促进，共同推动区域产业创新与产业升级耦合系统的发展，在演进的过程当中，区域产业创新系统也逐渐取得很大的成就，同时，在区域产业创新系统的作用下，产业结构正向更好更合理的层次演进；当 $D=1$ 时，系统处于完全协调状态，耦合协调度最大，区域产业创新与产业升级系统之间或系统内部诸要素之间达到良好共振耦合，系统处于完全有序的状态。

9.5 区域产业创新与产业结构优化耦合的实证研究

通过对区域产业创新与产业结构优化耦合理论和耦合度评价模型的分析，本书确定了区域产业创新与产业结构优化耦合系统运行机制及耦合度评价模型。下面本书根据耦合度评价模型对我国区域产业创新与产业结构优化耦合度情况进行一个纵向和横向的对比研究。纵向研究主要结合我国珠江三角洲地区 2003~2011 年产业创新和产业结构优化具体经济指标进行实证分析；横向分析则是通过选取 2011 年我国 10 个主要区域的产业创新和产业结构优化经济指标做一个横向的比较分析，以此对我国这些主要经济区域的产业创新和产业结构优化耦合情况做一个深入的研究分析。

9.5.1 珠三角地区产业创新及产业结构优化概况

自改革开放以来，我国珠江三角洲地区的产业发展取得了很好的成绩，但是近年来随着全球经济形势的改变，珠三角地区的产业发展能力开始慢慢变得有所下降，已经开始影响到珠三角地区的经济发展。在这种情况下，广东省积极改变发展战略，狠抓产业经济建设。同时，制定一系列政策制度鼓励产业创新，大力推进高新技术产业的发展和产业结构优化，希望以此来获得新的经济增长点。

在区域产业创新方面，珠三角地区建立起了灵活高效的产业创新体制，并围绕着这个产业创新体制进行了一系列的科研体制改革，从根本上解决企业与科研机构之间的创新成果转化问题。一方面，珠三角地区还对相应的制度和法律法规进行了很大的调整,努力为科技创新营造一个良好的产业环境;另一方面,珠三角地区建立起了大型的工程研究中心,并构建了三级技术研究网络,各大型企业集团都可以通过这个网络实现知识共享和技术方面的交流合作。由于创新需要大量的资金投入,珠三角地区的各级财政部门给予高新技术产业创新活动一定的财政扶持,大力扶持创新产业和创新经济,以鼓励高科技产业站在更高的位置研究吸收科研机构的最新创新成果。此外,珠三角地区建立起了大批高校,积极培育创新型人才,为其产业创新提供了一大批的生力军。同时,构建良好的人才引进机制,以此吸引外部的人才加入到珠三角地区的创新队伍,为其产业创新和产业结构优化提供良好的人才保障。

在区域产业结构优化方面,过去珠三角地区产业发展主要是依靠廉价的劳动力和土地,劳动密集型的出口加工业产业模式。后来,随着信息技术的发展,电子信息设备制造业开始在珠三角地区兴起,珠三角地区的产业结构开始有所调整,产业结构开始由劳动密集型向智力技术密集型转变。目前,珠三角地区面对以下主要问题:①人力资本和土地价格的不断提升。②人民币汇率的上涨。显然过去单纯依靠劳动力的进出口加工模式已经不适应珠三角地区的产业发展要求了。为此,珠三角地区应积极寻求改变,推进产业结构优化升级。同时,大力推动传统产业向高新技术产业转变,鼓励区域产业创新,以期通过技术驱动机制实现产业结构的合理优化,依托信息化技术对传统产业进行信息化改造。信息化的飞速发展,不但能够实现科学技术在产业生产中的快速运用,同时能够促进创新活动的大力开展,有效地推动区域产业结构优化升级。珠三角地区还应努力调整产业政策,提升第三产业在区域经济中的比重,把一些污染严重、技术含量低的企业转移出本区域,大力鼓励发展技术含量高的环保企业,从而有效地推进区域产业结构优化升级。

9.5.2 数据处理与实证结果分析

本书采用珠三角地区 2003~2011 年产业创新和产业结构优化具体经济指标对珠三角地区产业创新与产业结构优化耦合度进行分析,数据来源于《中国区域经济统计年鉴》(2004~2012 年)。首先,对珠三角地区的产业创新能力指标进行处理,处理方法采用的是模糊综合评价法。模糊综合评价法的评语集如表 9-5 所示:

表 9-5 模糊综合评语集得分

评语等级	A_1	A_2	A_3	A_4	A_5
等级描述	创新能力强	创新能力较强	创新能力一般	创新能力差	创新能力很差
得分(分)	5	4	3	2	1

9 信息产业成长视角下区域产业创新与产业结构优化的耦合机制

首先,依据模糊综合评语集得分表,选取10个在产业创新方面有所研究的专家对珠三角地区 2003~2011 年产业创新能力三级指标层进行打分,对专家的打分结果求平均数得到具体的第三层指标创新能力得分情况,处理结果如表 9-6 所示。

表 9-6 珠三角 2003~2011 年产业创新第三指标层创新能力得分情况

指标 年份	x_{11}	x_{12}	x_{13}	x_{21}	x_{22}	x_{31}	x_{32}	x_{41}	x_{42}
2003	1.20	1.30	1.10	1.40	1.90	2.30	2.50	1.90	1.70
2004	1.50	1.70	1.40	1.70	2.00	2.50	2.70	1.80	1.90
2005	2.10	2.00	1.90	1.60	2.40	2.80	3.10	2.20	2.10
2006	2.90	2.50	2.30	2.10	2.70	3.10	3.00	2.40	2.30
2007	3.20	2.70	2.70	2.40	3.10	2.90	3.30	2.70	2.50
2008	3.50	3.30	3.10	2.70	3.30	3.30	3.50	3.10	3.10
2009	3.80	3.40	3.40	3.30	3.80	3.60	4.40	3.40	3.30
2010	4.10	3.80	4.20	3.50	4.20	3.80	4.10	3.70	3.60
2011	4.30	4.30	4.40	4.10	4.30	4.40	4.50	4.10	4.00

通过熵值法确定指标权重,运算结果如表 9-7 所示:

表 9-7 区域产业创新指标权重

一级指标	二级指标权重	二级指标	三级指标权重	三级指标层
珠三角地区产业创新能力	0.27	知识创新能力	0.41	知识投入及生产能力 x_{11}
			0.23	知识溢出及分配能力 x_{12}
			0.36	知识应用及产出能力 x_{13}
	0.32	技术创新能力	0.57	技术开发能力 x_{21}
			0.43	技术转化应用能力 x_{22}
	0.23	管理及制度创新能力	0.45	管理创新能力 x_{31}
			0.55	制度创新能力 x_{32}
	0.18	区域产业创新贡献能力	0.61	创新对产业本身贡献率 x_{41}
			0.39	创新对社会贡献率 x_{42}

其次,在获得珠三角地区产业创新能力得分和区域产业创新指标权重的基础上,通过式(9.5)和式(9.7),可以计算出二级指标层的综合贡献值,序参量(α,β)参照最大值和最小值。在这里我们只列举 2006 年所得的二级指标层的综合贡献值,其他年份就不再一一列举,如表 9-8 所示。

表 9-8 珠三角地区 2006 年产业创新能力二级指标层综合贡献值

二级指标层	知识创新能力 u_1	技术创新能力 u_2	管理及制度创新能力 u_3	区域产业创新贡献能力 u_4
综合贡献值	0.448	0.304	0.309	0.240

再次，对区域产业结构优化评价指标进行处理，在区域升级指标体系二级指标层中，产业结构高度化指标可以根据具体数据运用公式计算出来，而产业结构合理化指标同样可以采用专家打分的形式获得，由于年份过多，图表过大，在这里就不把表格一一贴出来了。下面是对珠三角地区产业结构优化指标权重的处理结果，本书认为产业结构高度化指标和产业结构合理化指标同等重要，所以二级指标权重都取 0.5，三级指标层权重处理方法仍为熵值法，处理结果如表 9-9 所示：

表 9-9 区域产业结构优化能力指标权重

一级指标	二级指标权重	二级指标	三级指标权重	三级指标
区域产业结构优化	0.5	产业结构高度化指标 y_1	0.11	霍夫曼比例指数 y_{11}
			0.13	基础产业超前系数 y_{12}
			0.20	第三产业产值比重 y_{13}
			0.23	智力技术密集型集约化程度 y_{14}
			0.21	信息产业产值比重 y_{15}
			0.12	工业加工程度 y_{16}
	0.5	产业结构合理化指标 y_2	0.24	产业结构比例 y_{21}
			0.18	产业开放性 y_{22}
			0.27	产业可持续发展能力 y_{23}
			0.31	产业结构协调化 y_{24}

结合式 (9.6) 和式 (9.8) 可以计算出区域产业结构优化系统二级指标层的综合贡献值，同样地我们只列举出 2006 年珠三角地区的二级指标层贡献值，其他年份的不再一一列举，处理结果如表 9-10 所示：

表 9-10 珠三角地区 2006 年产业结构优化二级指标层综合贡献值

二层指标层	产业结构高度化 w_1	产业结构合理化 w_2
综合贡献值	0.463	0.276

最后，对一级指标层进行处理，通过式 (9.9) 和式 (9.10) 可以求得珠三角地区 2006 年产业创新系统对耦合系统贡献度 u 和产业结构优化系统对耦合系统贡献度 w。具体计算过程如下：

9 信息产业成长视角下区域产业创新与产业结构优化的耦合机制

$$u = \sum_{1}^{n} \lambda_i u_i = 0.27 \times 0.448 + 0.32 \times 0.304 + 0.23 \times 0.309 + 0.18 \times 0.240 = 0.333$$

$$w = \sum_{1}^{n} \delta_i w_i = 0.5 \times 0.463 + 0.5 \times 0.276 = 0.370$$

接着运用式（9.13）计算出珠三角地区 2006 年产业创新与产业结构优化耦合关联度 C，计算结果如下：

$$C = \{(u \cdot w)/[(u+w)(u+w)]\}^{1/2} = 0.499$$

同理，可以计算出珠三角地区 2003~2011 年产业创新与产业结构优化耦合关联度。下面，我们再接着计算区域产业创新与产业结构优化动态耦合过程中的耦合协调度 D，同样选择珠三角地区 2006 年的数据作为研究基础。

计算结果为：$V_A = f(x) = \sum_{i=1}^{n} \lambda_i x_i = 2.580$，$V_B = g(y) = \sum_{i=1}^{n} \delta_i y_i = 1.047$

协调度 $c = 0.452$，$p = 1.813$，所以耦合协调度 $D = 0.328$。

同理，可以得出珠三角地区 2003~2011 年各个年份的耦合协调度，把各个年份的耦合关联度和耦合协调度整理出来，如表 9-11 所示，其折线图如图 9-6 所示。

表 9-11 珠三角地区 2003~2011 年产业创新与产业结构优化耦合度分析结果

年份	2003	2004	2005	2006	2007	2008	2009	2010	2011
C	0.248	0.325	0.461	0.499	0.473	0.512	0.497	0.563	0.584
D	0.138	0.253	0.273	0.328	0.341	0.316	0.473	0.513	0.539

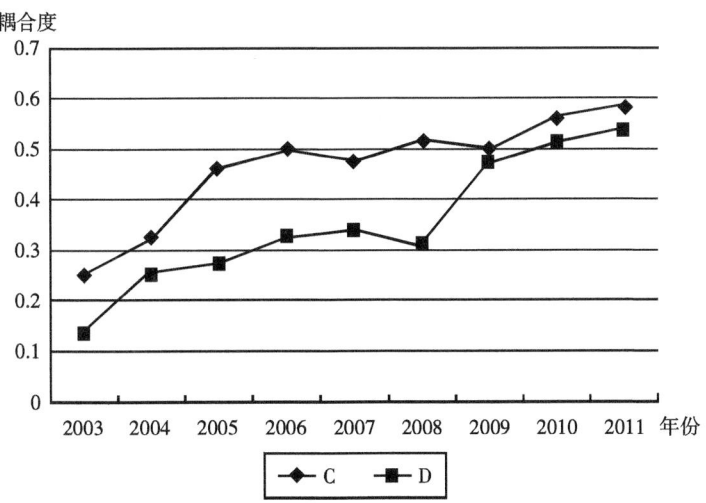

图 9-6 珠三角地区 2003~2011 年产业创新与产业结构优化耦合度分析结果

信息产业成长促进区域产业结构升级的作用机制

从表9-11和图9-6可以发现,珠三角地区2003年和2004年耦合关联度较低,区域产业创新与产业结构优化耦合系统处于一个低度耦合阶段,从折线图上可以看出珠三角地区2003~2006年的产业创新与产业结构优化耦合关联度处于一个快速上升的阶段,这主要和我国珠三角地区这段时期加大创新投入和大力推动产业结构优化升级有关,而在2006~2008年,耦合关联度变化不大,总体来说系统处于一个比较稳定的状态,耦合系统处于中度耦合阶段。2009~2011年,珠三角地区产业创新与产业结构优化耦合关联度呈现出上升的趋势,但总体上升势头很缓慢,处于一个稳步上升的状态,这主要是由于这段时期,耦合系统发展到一定阶段后,产业创新及产业结构优化进程没有过去那么快速。从耦合协调度D来看,珠三角地区2003~2005年,耦合协调度较低,耦合系统处于一个严重失调的阶段,严重阻碍了区域内产业创新和产业结构优化进程。但是,从总体上看,耦合系统的耦合协调度一直处于一个稳步上升的阶段,耦合系统在朝着一个协调有序的方向发展,2008~2011年,耦合系统的耦合协调度有一个明显的上升过程,耦合系统慢慢从耦合失调转变为中度协调,这和我国珠三角地区这段时间内在调整产业结构,鼓励高新技术产业发展方面所做的努力分不开。

从时间维度纵向分析珠三角地区2003~2011年产业创新与产业结构优化耦合关联度和耦合协调度后,本书选取了我国10个主要省市产业发展区域2011年的相关数据〔数据来源于《中国区域经济统计年鉴》(2012)〕做横向比较,以此来分析我国这10个省市的产业创新与产业结构优化耦合情况,以期对这10个省市做一个横向的比较分析,处理方法和前文描述一致。处理结果如表9-12和图9-7所示。

表9-12 我国10个省(市)2011年产业创新与产业结构优化耦合度分析结果

地区	上海	湖南	江西	深圳	北京	辽宁	浙江	安徽	福建	甘肃
C	0.539	0.315	0.217	0.512	0.473	0.374	0.495	0.446	0.475	0.254
D	0.638	0.253	0.273	0.526	0.441	0.319	0.373	0.417	0.539	0.327

从表9-12和图9-7可以看出,上海、深圳、浙江和福建这几个省(市)的产业创新与产业结构优化耦合关联度和耦合协调度都处于一个比较好的状况,为第一梯度。湖南、辽宁、安徽这几个省的产业创新与产业结构优化耦合情况处于第二梯度,总体上处于一个中度耦合状况。江西和甘肃两省的产业创新与产业结构优化耦合情况最差,处于第三梯度。由此,不难看出区域产业创新与产业结构优化耦合情况在一定情况下与当地产业的创新状况和在产业结构调整方面所做的工作有关,那些区域内产业创新活动活跃,产业结构合理,区域内高

9 信息产业成长视角下区域产业创新与产业结构优化的耦合机制

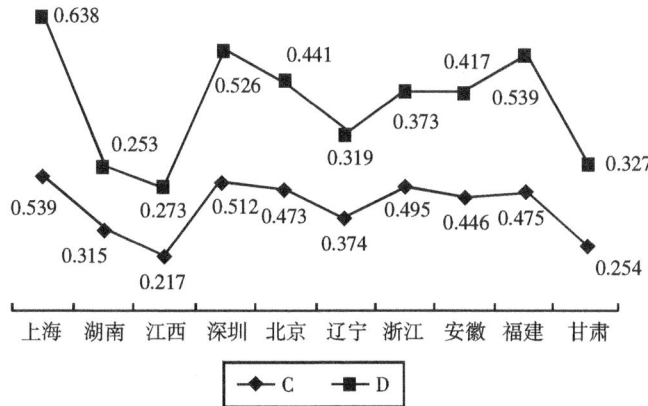

图 9-7 我国 10 个省（市）2011 年产业创新与产业结构优化耦合度分析结果

新技术产业多，传统产业慢慢实现转移的区域往往耦合关联度和耦合协调度都要好一些。

10 结论与建议

10.1 信息产业成长的结论与建议

10.1.1 信息产业成长的相关结论

本书以融合作为贯穿全文的研究线索，融合涉及多个不同层面，本书拟从微观、中观、宏观三个角度将已有文献中出现的多个融合概念加以概括，最终将其归结到信息化与工业化融合。其中，微观层面的融合主要指技术融合，中观层面的融合主要指产品融合、业务融合等，宏观层面的融合主要指企业融合、产业融合、工业化与信息化融合（两化融合）等，且根据融合层面的递进依次发生。由于融合现象最早发生在信息产业内部，信息产业成长是区域产业结构升级的关键，本书围绕融合背景下信息产业技术创新对产业成长的协同机制这一研究主题展开研究，研究结论主要有：

（1）在技术融合的背景下，讨论IT企业技术创新动态演化机制，分析技术融合下IT企业技术创新的动态变化规律。

首先，研究了技术融合下IT企业技术创新的动力机制。IT企业竞争优势的提升是信息产业成长的微观表现形式。在动态竞争环境中，IT企业的竞争优势来源于不断地进行技术创新。而随着IT技术的不断发展，技术融合成为IT企业创新的趋势。技术融合是技术发展到一定阶段的产物，是技术创新扩散、IT产业部门日益细化、IT企业竞争激烈化、合作密切化、消费者需求更高化的结果。本书通过构建技术融合下IT企业技术创新的动力作用机理模型发现，技术融合发生在互补性产业之间、不同技术领域之间，最明显地表现在上游产业的技术创新对下游产业的影响，上游产业的技术创新会"溢出"到下游产业，促使下游产业生产过程的改进，而下游产业的技术创新往往有待于上游产业的技术创新。知识产权制度是技术创新的动力，会促进技术创新，但同时也会阻碍技术溢出，是技融合的阻力。与传统行业相比，IT 企业技术创新中增加了技术融合收益，技术融合收益与专利保护宽度负相关，所以 IT 企业的专利保护宽度比传统行业更小。

其次，分析了技术融合下 IT 企业技术创新模式的动态演化机制。本书将技术融合下 IT 企业的技术创新模式界定为：核心技术共享联盟、技术并购、技术许可。在同时考虑知识溢出、技术互补性、吸收能力的情形下，应用动态博弈模型，比较研究了各种创新方式下技术知识、研发投资、均衡利润的贡献，并分析了知识溢出、技术互补性、吸收能力、创新能力对均衡结果以及融合产品创新模式选择的影响。IT 企业选择何种创新模式来技术融合，与企业的规模、资金状况、自有的知识水平，自身的研发能力、对外来技术的吸收能力等有关。然而，企业的技术创新决策并不是完全理性的，IT 企业技术创新模式的选择是企业间竞争的动态反应，是企业为了适应激烈市场竞争的自然选择行为，也是一种随着时间推移而动态变化的惯例性企业行为，因此，建立了 IT 企业融合创新模式的演化博弈模型。企业技术创新模式选择行为受多方面因素的影响，IT 企业技术创新模式选择行为的稳定状态与企业技术创新模式选择行为的初始状态、各策略的支付水平、系统的演化路径都有一定的关系，也使技术创新行为的稳定状态呈多样性，体现了 IT 企业技术创新行为的非线性特征。

再次，研究了技术融合下 IT 企业技术创新的动态演化过程及趋势。技术创新的成功是市场对其选择并扩散的结果，若不被市场选择，预示着技术创新失败。因此，研究了技术融合下 IT 企业技术创新的市场选择机制。建立技术融合产品的扩散模型，揭示了适合于 IT 企业融合产品的扩散规律，即技术融合产品的需求，包括对原有技术市场需求的替代和创造出了原有市场之外的新的需求。再建立相应模型得到了判断融合成功与否的条件，认为技术融合成功，必须满足的基本条件是：在技术融合的初始阶段，消费者对融合产品的接受程度必须达到一定的程度，否则，由于需求不扩散或需求的增长缓慢，技术融合就会难以扩散。以技术创新成熟度为状态变量建立 IT 企业技术创新的演化博弈模型，分析演化稳定均衡、演化路径及趋势。揭示了技术创新从一种状态结构转变为另一种状态结构的自组织机制及过程。技术创新活动既受到确定性因素作用，又受到随机力因素的作用，其演化过程是确定性与随机性的统一。演化的根本原因是创新系统中存在非线性的作用机制，即技术创新的进化过程本质上是自组织的，在演化的分叉点上随机力具有决定性的作用。

最后，对融合下 IT 企业技术创新动态演化过程仿真。对技术融合下 IT 企业技术创新模式的演化过程、融合产品的扩散过程、融合的市场选择机制、IT 企业创新过程的动态演化趋势进行模拟，以检验前面所涉及的理论的正确性及更清晰地展现技术创新的动态过程，并通过对创新动态演化模型的一些基本参数的变化进行扰动分析，探索各参数对 IT 企业技术创新的影响。

（2）研究了产业融合背景下信息产业技术创新与产业结构的协同机制。

首先，扩展了产业融合和企业融合的内涵。产业融合是企业融合的结果和更为宏观的表现形式，都指在开放产业系统中，创新技术的出现与扩散导致产业间竞争、协作关系的演变，而形成一个新兴产业的过程。在本书中，企业融合对应着微观的产业组织，产业融合对应着中观的产业结构。并且，信息产业组织绩效的提高为信息产业成长在"量"上的表现形式，信息产业内部结构的优化为信息产业成长在"质"上的表现形式。

其次，分析了信息产业内部融合对信息产业结构升级的效应。融合本质上是一种创新，信息产业融合直接促进了产业创新。在融合的形成和发展过程当中，信息产业自主创新与融合提高了产业中技术创新能力和生产率，导致新兴产业的产生，引起产业中技术、资本、劳动力等生产要素向同一点演化，从而推动信息产业结构的升级。

最后，以中国各地区信息产业为例进行实证分析，验证了产业融合是信息产业结构演化的动力机制。信息产业融合与产业结构调整的协同作用是促进信息产业发展的决定因素，但中国信息产业内部结构升级系统还没有建立产业融合递增的正反馈机制。

（3）研究了企业融合背景下信息产业技术创新与产业系统的协同机制。

首先，以产业组织的 SCP 范式为基础，分析了在企业融合的冲击下，信息产业的市场结构、市场行为和市场绩效是如何演变的。具体分析了信息产业市场结构演变的动力、途径和趋势；从市场行为演变的特征和企业组织行为演变两方面分析了信息产业市场行为的演变；从资源配置效率、规模结构效率、技术进步三方面分析了信息产业市场绩效的演变；阐明了基于融合的信息产业 SCP 范式的动态双向传导机制。结果发现，企业融合开辟了新市场，使更多的新参与者进入，降低了进入壁垒，增强了有效竞争力；融合促进了资源的整合和产业组织形态的改变，促使网络型学习组织的建立；融合促使 IT 企业间实施模块化分工，增强了合作关系。总之，企业融合促使信息产业组织绩效的改善。

其次，分析了企业融合背景下信息产业组织演变的自组织机理。引用系统理论协学的思想和方法对信息产业组织演变进行研究。通过识别融合条件下的自组织机理，为后文对基于融合信息产业组织系统演变自组织机理展开分析做好必要的铺垫。自组织过程包括三个阶段：第一阶段，耗散结构阶段。它使信息产业组织系统满足系统自组织的三个基础条件，即系统的开放性、远离平衡态和非线性。第二阶段，协同机制阶段。协同形成机制、协同实现机制、协同支配机制和协同反馈机制共同作用形成整个协同机制，通过协同方式使得信息产业组织系统内各企业或要素之间相互配合、协调一致，产生支配整个系统发展的序参量，从而形成新的有序状态。第三阶段，协同竞争机制阶段。该机制使得系统内企业或要素通过协同合作的方式参与竞争，它既能促使信息产业组织变革，又能促使系统有序化的发展，并向高级的有序化程度演进。

最后，将信息产业结构与产业组织综合构成信息产业成长子系统，将信息产业技术创新与融合综合构成信息产业融合创新子系统，两者作为信息产业系统的构成要素，分析融合下信息产业技术创新与产业系统演变的协同机制。确定信息产业成长和信息产业融合创新作为融合下信息产业系统演变的协同度评价对象，在两个子系统的有序度模型和子系统间的协同度模型构建基础上，以中国 IT 上市公司为例进行实证分析，检验信息系统各要素的有序度和信息产业成长的协同度。发现中国目前信息产业并不能协调发展，但这种不协调发展的程度呈逐步缩小趋势，其中产业结构矛盾是信息产业不能协调发展的主要原因。

10.1.2 信息产业成长的相关建议

21 世纪是信息产业集群大发展的黄金时代，作为高新技术产业集群的典型代表，信息产业集群的集群优势主要来源于其显著的知识溢出效应。

因此，应创造信息产业融合的有利条件与环境，保证信息产业融合顺利进行，以信息产业融合带动信息产业的结构调整与升级、提升信息产业的信息技术应用水平、改进信息产业的自身创新能力。

信息产业系统的演化是一个自组织过程，融合背景是技术创新、信息产业成长的动力机制。要提升我国信息产业自身的竞争力，关键就在于加快融合进程，强化融合创新对信息产业的推动力量，使产业融合与信息产业成长协同发展。

（1）大力发展信息技术。技术创新以及技术融合是产业融合的最主要原因，没有技术的迅速发展，就根本谈不上技术融合。而没有技术融合，产业融合将很难发生。但是目前技术发展的不足正日益成为我国信息产业成长的"瓶颈"，提高信息技术水平成为发展信息产业的当务之急。

我国的信息产业起点比较低，技术基础比较薄弱，这使得我国在操作系统、芯片、集成等方面远远落后于发达国家。最初，我国主要是通过引进、购买国外的先进技术迅速提高信息技术水平，VCD、DVD、彩电等电子信息制造产业都是这样发展起来的。然而我国在引进技术的同时没有注意技术的消化、吸收和再创新，导致这些产业的核心技术严重不足，影响了信息产业的可持续发展。我国在引进技术、选择合作对象时，要从实际出发，切实考虑自身的知识水平，保证自身与潜在合作对象有合理的知识水平差距，保证我国有能力消化、吸收引进的先进技术。

高科技人才是技术创新、消化吸收的主要力量，必须培养大批精通新技术、精通信息经济的专门人才。企业一方面要加强员工培训，提高员工技能素质，重视自身知识积累，加强内部管理，注重对自身之外知识模仿、学习、吸收和转化能力的培养；另一方面，通过人才引进努力提高自身知识水平。在人才引进上要注意做好两点：一是增加研发创新投入，加快企业研发中心建设，营造良好的工作和生活环境，增强对高技术创新人才的吸引力；二是鼓励企业建立切实有效的人才激励制度，并为创新人才提供施展拳脚的机会，充分挖掘他们的科研创新能力。

因此，无论是从产业融合的理论知识来看，还是从事实来看，必须大力发展信息产业的技术创新能力，掌握一批具有自主知识产权的核心技术，促进信息技术的融合，加快信息产业对传统产业的渗透融合。

（2）强化IT企业创新主体的地位。IT企业除了是信息技术创新的主体外，还是技术融合的主体，技术融合的客体是融合型产品。这要求IT企业只有积极从事融合型产品的创新，进行核心经营，而不是从事多元化经营，才能促进技术融合的出现与实现；IT企业的知识学习、吸收与创新能力对于融合型产品的创新也起到非常关键的作用。因此，IT企业只有积极加强这些能力的培养，才能在未来的市场竞争中取得竞争优势。此外，由于融合是IT企业技术创新的主要趋势，IT企业只有加强与其他企业的合作，并在合作中积极吸收相关知识，增强企业的知识整合能力，才能在合作中增强其替代效应与能力，帮助企业更好地参与竞争。

根据技术融合产品的需求增长规律，IT企业应当通过创造市场的需求条件来决定是否技术融合。一方面，根据需求增长规律，IT企业可以选择技术融合的适当时机。市场对融合产品的需求得达到一定规模后，才可以进行融合，太早会导致失败。另一方面，企业和政府可以采取积极的措施改变融合产品的需求增长规律，促进技术融合产品的需求增长。企业可以通过媒介传播和口头传播作用，疏导信息的流通渠道，充分发挥融合创新产品的模仿和扩散作用，促进技术融合的需求增长。

总的来说，我国IT企业经过几十年的发展，目前大都处于成长和发展阶段，面临着日益激烈的国际竞争。为了谋求发展，要认真分析IT企业自身实力与企业所处的周围环境。大多数研发实力不强的小企业通常进行重新定位，即把标准化数字平台的应用与软件技术结合起来，致力于发展针对专业用户和居民消费者的服务。这就要求充分利用通过整合电信、传媒和IT所产生的技术融合，以生产和提供创新性产品和服务。还可以通过利用与其他企业合作的途径有计划、有步骤地发展，如通过与国外大企业以技术联盟、合资、许可证等形式开展合作，获得相应的关键技术,进行技术融合,加强企业的研发能力及竞争实力,研发新产品。在国家有关政策的扶持下,鼓励中小企业积极参与未形成主导产品的市场的竞争,开发新市场,争取及早获得市场的有利竞争地位,利用 IT 产品网络外部性的正反馈效应,逐步扩大优势,提高国际竞争力,进一步参与国际竞争。

显然,融合型和综合型产品和服务的需求使得企业既需要大量的专业人才促进融合的实现,又必须借助一定的复合型人才让消费者了解和接受融合型产品或服务。

(3) 加快信息产业集群发展,发挥其知识溢出效应。信息产业的成长以最新的科学技术成果为基础,相关的工艺技术升级速度快,产品兼容性强、生命周期短、更新换代速度快,这就决定了信息产业成长离不开创新知识的溢出效应。另外,知识溢出或技术扩散也是技术融合的前提条件,集群这一组织形式为信息产业知识溢出效应的有效发挥提供了良好平台。信息产业集群中的企业凭借自身的显著竞争优势,利用集群的知识溢出效应,取得了前所未有的大发展。

为了发挥信息产业集群的知识溢出效应,必须注重政府和相关集群服务机构的管理、协调和引导作用。第一,制定和完善知识产权保护的相关法律法规,建立创新知识的有偿使用机制,加强监管,对与创新成果运用相关的违法违规行为予以严厉处罚,为知识溢出扫清法律障碍。第二,引入激励和惩罚机制,规范各主体的知识溢出行为。企业创新活动对外部的积极影响是客观存在的,创新企业总会面临这样或那样的风险。因此,政府就可以尝试以创新补贴的形式降低企业创新风险,提高企业进行知识创新活动的积极性。同时,通过引导和监督企业的知识溢出行为,逐步培育信任合作观念强、知识共享气氛浓厚的良好集群文化。第三,建立正式的沟通交流平台,加强各创新主体之间的联系。通过学术交流会、基于网络的技术交流论坛、创新产品展览会等渠道,行业协会和集群组织管理者可以为各创新主体建立多种交流平台。这一方面有助于企业把握相关领域前沿技术知识的动态;另一方面便于集群内包括企业在内的各创新主体之间和集群内外企业等主体间的交流,利于创新知识溢出。第四,注重发挥非正式交流机制的作用。可以通过举办联谊的活动让各创新主体的员工彼此熟识,从而增加各层次人才之间的非正式交流机会;可以通过完善集群内部公共服务设施(住宅区、学校等)、休闲娱乐设施(酒吧等)等来扩大集群内员工之间在工作之外接触的可能,从而带来更多的非正式交流。

继续深入发展产学研联动的创新模式,发挥联动效应。深化企业同大学、科研院所之间的互动沟通机制,实行宽松的人才利用政策,鼓励大学和科研院所的高科技人才积极参与或部分参与企业的研发创新工作。科研单位在做好专业研究工作的同时,也应注重科研成果的转化应用问题,为企业科技人员进行有针对性的系统培训。这样一来，不仅可以优化科研单位的业务结构，强化服务功能，增加收入来源，还可以使创新知识溢出更高效，从而产、学、研之间呈现优势互补、良性互动的发展局面。

10.2 区域产业融合发展的结论与建议

10.2.1 区域信息产业与传统产业融合发展的相关结论

信息产业的成长促使融合由信息产业内部扩展到信息产业与传统产业之间，最终发展到信息化与工业化融合。信息产业与传统产业融合以及两化融合是推动区域产业结构升级、建立区域新型工业化体系、实现区域经济可持续发展的重要途径。

（1）分析了产业融合的形成过程与类型。融合是产业系统演化的新趋势，是一个自组织过程。在封闭的产业系统中，系统内各要素之间不会发生相互作用，因而不会产生产业融合现象。在开放系统中，技术创新的产生与扩散打破了原有系统的线性关系，改变了不同产业企业主体之间的非线性竞争与非线性协同关系，从而引起产业系统有序度增加。以融合型产品的创新为标志，产业融合的产生过程可以分为从无到有与从出现到实现的过程，并在产业间相关关系与产业融合类型之间建立了联结关系。

竞争性产业系统的演化分为三种情况：完全竞争替代、部分竞争替代和部分竞争共存。完全竞争替代和部分竞争共存可促使竞争性融合的产生；部分竞争替代时，产业竞争不能促使产业融合的实现；产业或企业的竞争关系使资源得到更加有效的利用，产品需求空间增大。

协作性产业系统可以共同演化并趋近于一个结构稳定的节点，在发展过程中出现组合型融合形态，增加产业系统的产品产量和结构有序度，增大了产品和服务需求差异性；融合型产品创新的出现改变了产业间的相关性，当融合使得产业间由协作关系转变为竞争关系时，随着融合产品对原有产品替代程度的加大，将有可能出现兼容性产业融合形态；当产业融合创新的出现使得产业间的协作程度更大时，技术创新产业带动原有产业有序度的增加，这是渗透型产业融合形态的具体表现。渗透型产业融合的典型案例就是信息产业与传统产业的融合，有助于信息产业对传统产业的改造，提升产业技术水平，推动区域产业结构升级。

（2）分析了信息化与工业化融合的动力与运行机制。产业衍生和产业融合是两化融合的宏观表现形式。两化融合是一个复杂的系统工程，两化融合的影响因素主要来自四个方面：①对系统有方向把控的因素，包括国家宏观调控政策，政府的产业指导、企业自身对政策的把控等；②对整个系统有拉动作用的因素，如市场需求、技术需求、产业发展需求等；③对系统起着推动力作用的因素，如市场的竞争、产业链的协同发展、信息技术的进步等；④对整个系统起着支撑作用的因素，如第三方中介的发展、专业人才队伍的建设、ASP公共平台等。以上因素推动两化融合进程的加快。

两化融合的作用形式和水平受到技术融合水平、信息化程度、工业化程度等多种因素的影响。传统工业化技术与信息化技术先进行有机融合，然后通过与信息化进程共同作用对工业化发展水平产生影响。同理，两化技术融合的程度也能促进信息技术的创新，其与工业化进程共同作用可以影响信息化水平。即两化融合的作用过程实际上是"我中有你，你中有我"的共同演进过程。

本书构建了信息化子系统与工业化子系统的有序度模型和两化融合的复合协同度模型，对江西省以及全国两化融合水平进行测度，发现相比于全国两化融合平均水平，江西省两化协同程度稍显落后，江西省信息化水平在全国相对靠前，保有一定优势。但全国信息化子系统有序度平均水平增速较快，江西省相比全国平均水平的优势在逐步缩减。并对比分析了中部其他省份与全国的两化融合水平，结果证实中部地区不管是信息化水平还是新型工业化推进水平都与全国平均水平有一定差距，江西和安徽的信息化对于两化融合的带动力较工业化对两化融合的带动力强。

10.2.2　区域产业融合发展的相关建议

（1）推动各产业信息化的发展。信息产业中融合进程较为明显，为促使信息产业与其他产业的融合发展，加强各个产业的信息化是渗透型产业融合和两化融合的基础。加快发展现代服务业，尤其是信息服务业是推进经济结构调整、加快转变经济增长方式的必由之路，是有效缓解能源资源短缺的瓶颈制约、提高资源利用效率的迫切需要，也是促进工业竞争力提升的有效途径。

用信息化设施武装各个产业和企业，这需要尽快建立完善的信息市场，把经济活动中的信息需求和信息供给联系起来。没有发达的信息市场，信息产品就会流通不畅，信息服务也就无从谈起。通过市场机制优化信息资源配置，鼓励信息产业按市场需求及时提供优质的信息产品与服务，鼓励信息企业间平等竞争，规范信息市场秩序，促进产业或企业之间信息的合理流动和共享，提高经济效益。

构建综合信息基础设施，为区域产业融合发展提供支撑。随着通信和网络技术的迅速发展，信息网络更加普及并日趋融合。计算、通信等多种技术的融合，将信息空间与人们生活的物理空间集成在一起成为一个整体,信息网络正成为国民经济和社会发展最重要的公共基础设施。多数产业或企业就纳入整个网络经济组织中,通过便利的信息交流,改变了企业的生产和服务方式,不仅有利于自身的发展,而且通过整个经济的融合发展给社会提供更高的福利水平。

强化融合人才培养机制,为产业信息化提供人才支持。企业管理者应切实提升管理理念,认清今后经济发展趋势,强化企业融合意识,大力推进企业信息化进程,规范引导员工日常操作。构建成熟企业内部应设置完善成熟的薪酬管理体系及员工激励机制,对员工进行针对性培训,提升员工信息技术能力,并对信息化专业能力较强的员工实行奖励。完备人才储备机制,加大重点产业融合人才的培训力度和引进力度,提供相应政策,使相关企业能"留住人,用好人"。

(2)加快政府规制改革,为融合提供制度保障。开放性产业系统是产业融合形成的外界条件,政策对信息产业的管制是系统开放性的一个重要体现。对信息产业这类自然垄断性产业,政府对企业不适当的或过多的干预还是屡见不鲜,甚至"设租"或"寻租"的行为亦不为怪,严重制约了产业融合的发展。事实上,只有在放松管制的条件下,才会出现企业之间互相介入,从而推动区域产业融合发展。但我国政府规制还很不规范,首先是缺乏有效的法律、法规支持,被管制的产业一般都由国有企业垄断经营,而政府规制部门又与这些企业有着千丝万缕的联系,因此很难实现规范化管制。落后、保守的产业管制政策必然限制产业融合过程的技术扩散与传播。因此,目前面临的主要问题是如何放松产业管制以促进产业融合。工业与信息化部就是为了加快信息产业与传统产业的融合以及两化融合而专门成立的一个部门,应通过立法明确其权责,并及时调整现有的产业管制政策和制度,根据产业之间相互融合的特点和需要,出台一些新的能够促进不同产业在融合渗透中共同发展的管制政策,使管制内容从严格的市场准入转向维护市场的正常秩序、保护市场的公平竞争等方面。

建立专项融合政策,加大对融合的政策支持力度。由于融合不仅需要技术支持,也需要资金的支持,建立支持融合的融资政策,可以促进融合在企业中的推进速度,让融合可以在中小型企业中迅速推广。对信息技术吸收能力需求强的企业予以重点扶持,促进其快速实现两化深度融合,以此激励、带动信息技术吸收能力稍弱的企业。政府针对不同企业制定不同税收政策,对两化融合程度较高的企业实施减税政策,提升企业两化融合内在动力。同时,进一步改革企业产权制度,加快政企分开步伐,完善产权制度,特别是针对一些国有企业,逐渐放开政策干扰,放入到市场中竞争,提高其对产业融合和两化融合的内在动力。

开展区域分级分类推进,推广具有差异性的政策。由于各地区经济发展状况、技术发展状况、两化融合实际状况等都不一致,因此根据不同的研究对象,应以不同的政策分别对待。如依据各地工业化发展状况的不一，确定产业发展重点，以此为基础，引入相应的信息技术与相应信息人才，推进产业信息化进程。同时，各地负责开展区域企业两化融合整体性水平测度和等级评定，树立一批示范企业。通过示范企业的经验借鉴，加强分级分类引导和推进，实现区域企业两化融合水平全面升级。

（3）加强服务体系建设，搭建融合服务平台。建立与完善信息化技术服务体系，为行业、中小企业信息化建设提供服务。发展各种行业软件、行业信息化系统集成及面向行业的技术服务平台、公司，研制适合行业需求的各种信息系统技术解决方案及成套产品，多种途径开展技术服务。引导行业内大企业联合建立服务全行业的共性信息技术应用平台，构建公共技术服务能力体系。支持大企业内部的信息技术应用与服务部门独立出来，发展成为面向全行业服务的信息技术支持中心等。

加强科研机构与企业合作，构建完善的产学研互动机制。利用科研机构的强大科研实力，加强计算机、信息、网络技术从理论转化为实际生产技术能力。推进信息咨询的中介机构建立与中介机制的完善，促进技术创新的信息在各个产业之间的畅通交互，有效促进传统产业与信息产业之间的反馈机制建立，优化技术创新导向。

强化政府治理，建立两化融合交流互动平台。利用计算机、信息技术搭建网络应用平台，在设计、生产、营销、物流等环节，将传统的生产技术与信息技术结合，提高企业生产效率，提升企业服务质量。同时构建企业内部信息化交流平台，促进企业员工内部信息技术应用能力的交流互动，鼓励员工积极参与企业间的融合交流活动，学习先进模式与经验，促进两化深度融合。有效的政府治理，对两化融合具有巨大促进作用，精简行政审批流程，提高政府管制效率，切实为两化融合做好保障工作。由政府主导，集中力量在企业外部建设一个可靠、及时、有效的融合交流公共平台，为企业传递两化融合的相关政策法规，加大不同企业间两化融合互动，加强相互学习、模仿的能力，促进两化融合在不同企业之间的层层推进。

完善社区信息化建设。提升社区信息化建设意识，利用信息技术，运用各种数据平台，构建便民服务的社区服务平台，让两化融合真正走进社区，走进人民，促进两化融合的社会化进程。

10.3 区域产业结构升级的结论与建议

10.3.1 区域产业结构升级的相关结论

(1) 三螺旋理论与区域产业结构升级。将三螺旋理论应用于区域产业结构理论，是基于区域产业结构升级来自区域产业结构的差异化、合理化与高度化三方面。其中，区域产业结构合理化与高度化是区域产业结构优化的两大内容，区域产业结构差异化是为了改善区域产业结构趋同现象而提出的。区域产业结构差异化、合理化、高度化三种因素互相影响，并互为因果关系。

信息产业对区域产业结构差异化趋势的影响作为第一因素，信息产业对区域产业结构合理化趋势的影响作为第二因素，信息产业对区域产业结构高度化趋势的影响作为第三因素。根据区域主导产业理论，应根据区域比较优势选择、培育主导产业，同时，融合背景下信息产业成长将促使新兴主导产业的出现和原有主导产业的改造，避免区域产业结构趋同。因此，信息产业对区域产业结构差异化的影响，无疑对信息产业促进区域产业结构合理化和高度化起到关键作用。同时，当信息产业促进区域产业结构达到合理化水平后，又对区域产业结构向高度化演进提供了基础，否则将会导致"虚高度化"。反过来，区域产业结构的高度化和合理化又促使了差异化的进一步深化。可见，其中任一因素的变化都会受到另外两种因素的影响，就像缠在一起的三条螺旋带。

(2) 基于灰色关联理论分析了信息产业与区域产业结构升级的关系。探讨区域产业结构差异化也就是分析区域产业结构是否趋同，区域产业结构趋同可分为合意性趋同和非合意性趋同两种。由区域资源禀赋、产业发展基础等因素类似而产生的产业结构趋同是合意性的。而受地区保护主义的影响，地方政府在与中央政府、其他地方政府之间的博弈中只追求自身的利益而放弃整体利益，不顾区域特色纷纷将信息产业作为主导产业，从而导致区域重复建设、过度竞争和区域产业分工不合理。因此各地方政府的博弈行为使地区间的区域产业结构调整朝趋同方向发展，最终使得区域产业结构差异化调整的目标落空。

区域产业结构合理化是三次产业结构比例协调的过程，区域产业结构高度化是合理化的更高层追求，是高技术产业比重提高的过程。根据罗斯托的主导产业扩散效应理论和经济成长阶段理论，区域产业结构优化即区域产业结构由不合理向合理、由低水平向高水平的演进取决于区域主导产业的演进，因此正确选择和培育区域主导产业决定了区域产业结构演进的方向。信息产业的成长通过加快产业融合和两化融合的进程，促进新兴主导产业向原有主导产业的更替，逐步实现产业分工更加协调、产业关联更加紧凑、产业技术水平更加高深，从而促进区域产业结构优化升级。另外，根据区域产业分工和技术梯度递进的转移规律，推进信息产业产品加工基地和产业链从东向西，由南向北延伸，加速技术转移和扩散进程，促进区域经济一体化发展。

在理论分析的基础上，构建了区域产业结构趋同性、合理化和高度化的评价指标体系，将其作为参考序列，将电子信息产业的发展指标作为比较序列，基于OWA算子的灰色关联模型群融合方法对我国东、中、西部地区信息产业与区域产业结构升级的关系进行了实证分析。结果显示，我国东、中、西部地区电子信息产业的发展水平与区域产业结构升级之间存在较大的关联度，其中，由于东部地区注重从第二产业向第三产业（特别是服务业）的产业转型，信息产业与区域产业结构合理化和高度化的关联度最高，中部地区产业发展主要以政策为导向，西部地区主要以能源型产业为主导产业，导致中部地区信息产业与区域产业结构差异化的关联度最高，西部地区因信息产业还未成长起来，对区域产业结构升级的带动作用还没有发挥出来。

（3）区域产业创新与产业结构优化的耦合机制。综合考虑融合背景下技术创新对信息产业成长的动力机制，信息产业成长通过产业融合、两化融合对传统产业的改造以及信息产业成长对区域产业结构优化的影响等内容后，本书认为区域产业创新与产业结构优化之间存在耦合关系。从基于市场需求的技术驱动机制、基于创新转化的技术传导机制和基于环境支撑的政府推动机制三方面分析了区域产业创新与产业结构优化耦合系统的运行机制。

在区域产业创新与产业结构优化的评价指标体系构建基础之上，采用熵值法确定各指标的权重，并构建耦合度评价模型测度了2003~2011年我国珠三角地区以及2011年10个主要省市产业创新与产业结构优化的耦合关联度和耦合协调度。从珠三角地区耦合关联度的纵向比较来看，2003~2006年，产业创新与产业结构优化的耦合关联度处于快速上升的阶段，2006~2008年，产业创新与产业结构优化的耦合系统处于一个比较稳定的状态。2009~2011年，产业创新与产业结构优化的耦合关联度呈现出上升的趋势，但总体上升势头很缓慢，处于一个稳步上升的状态。从珠三角地区耦合协调度的纵向比较来看，2003~2005年，产业创新与产业结构优化的耦合协调度较低，耦合系统处于一个严重失调的阶段。2008~2011年，耦合系统的耦合协调度有一个明显的上升过程。总体来看，珠三角地区的耦合协调度一直处于一个稳步上升的阶段，耦合系统朝着协调有序的方向发展。从10个省市的横向比较来看，上海、深圳、浙江和福建这几个省市的产业创新与产业升级耦合关联度和耦合协调度都处于一个比较好的状况，处于第一梯度。湖南、辽宁、安徽三个省的产业创新与产业升级耦合情况位于第二梯度，总体上处于一个中度耦合状况。江西和甘肃地区的产业创新与产业升级耦合情况最差，处于第三梯度。积极提升产业创新能力，促进信息产业成长，将有助于促进区域产业结构合理化和高度化，使得区域产业创新与产业结构优化耦合系统朝着更为有序的方向演变。

10.3.2　区域产业结构升级的相关建议

（1）培养地区特色产业，深化区域产业结构差异化。区域产业结构差异化问题即协调发展区域产业结构问题，一方面需要政府合理引导，另一方面需要通过市场机制和产业转移机制进行调整。

观念和制度产生的弊端是影响区域产业结构非合意性趋同的重要因素，造成区域经济过度竞争，不利于区域经济一体化发展。观念问题一直是困扰区域合作的重要问题，由于政府对资源控制能力强，对企业干预较大，带有浓厚的政治经济色彩。各个地区的发展缺乏市场观念，缺乏区域合作观念，都是就市论市、就地区论地区，"肥水不流外人田"。市场分割和地方保护阻碍了经济资源的自由流动和跨地区的经济合作，行政力量的干扰制约了区内企业之间的市场运作，使得区域合作机制尚未形成。区域合作的关键在于观念的转变和制度的协调，目的是打破行政壁垒对经济造成的障碍，从政策上给经济要素自由流动的空间。为此，第一，中央政府应该执行产业协调政策。规范财政转移支付制度，按照市场经济的规律和要求规范地方政府的经济行为，实现产业利益在地区间的合理分配。第二，合理执行干部管理体制改革。建立有约束的干部考核制度，不以盲目追求规模扩张和攀比产值速度为干部业绩考核指标，将公共整体利益与可持续发展作为政绩考核的重要指标。第三，深化经济体制改革步伐，发挥法律、行政的约束效应。市场经济条件下，中央政府应对地方政府行为进行规范和引导，打破由于地区利益障碍形成的地区割据局面。

中央政府引导地方政府根据本地区资源禀赋条件、经济发展阶段的要求，合理选择主导产业，并加以重点扶持、优先发展，以促进区域经济发展。地方政府应该依托现有的资源体系，充分利用自身的区位优势和资源优势，合理开发利用特色资源，重点培养本地区具有优势地位的产业部门，将其作为主导产业。同时实施环境友好、节能环保的产业政策，对使用清洁能源的企业给予一定的政策支持。各省、市在从自身条件出发、坚持发展自身主导产业的同时，还要积极承接周边发达省市的产业转移，形成开放度大、集群率高、承接能力强的产业链，在大的区域内进行合理的产业结构调整。在市场驱动机制下，产业转移具有近距离扩散性，认识到这点，就能充分发挥市场的引导作用，实现区域产业转移园区的建设，有效地承接发达地区的产业创新成果，推动区域产业结构优化升级。政府部门应该努力实现自身职能转变，从过去"管"的角色转变为"服务"的角色，打造服务型政府。同时密切政府与企业之间的联系，实现无障碍沟通，切实关注企业在发展过程中所遇到的各种问题，及时有效地提供解决方案，打造高效、廉价的服务体系，从而吸引一批高效技术企业加入到区域产业发展进程中来，进而推动区域产业结构升级。

同时，以市场手段为主，辅之以必要的政策倾斜，按照产业链或产品类别把优势产品及相应的企业集聚起来，形成在国际上有一定地位的多元集合体或"企业集群"，以此来增加区域整体规模经济效益，提高主导产业的国际竞争力。另外，中央政府和地方政府应该推动省域间主导产业与非主导产业间的技术交流合作，通过制定一系列政策措施，调控并促进主导产业在科研机构、教育机构、企业及相关单位的联系与协作，发挥主导产业具有的知识创新技术扩散和溢出效应，带动区域产业层次的整体提升。

（2）加强区域产业分工与协作，实现区域产业结构合理化。区域产业创新与产业结构优化耦合系统的顺利运行很大程度上取决于区域产业创新活动，只有区域产业的创新活动频繁，创新成果不断涌现，区域产业结构才能自发地实现向更高更合理的方向转变。信息化是现代产业的标志性特征，区域产业实现信息化就能有效地带动产业创新，提高产业创新效率，促进区域产业结构优化升级。信息产业是我国区域产业中创新最活跃、科技含量最高的产业，信息产业成长有利于劳动密集型、资源密集型产业向知识密集型、技术密集型产业发展过渡。因此，应该努力培育信息产业，有效地推动区域创新活动的开展，利用信息产业高创新性、高渗透性、高带动性、高增长性等优势，加强电子信息产业对传统产业、新兴产业和环保产业的渗透，加快改造传统产业、优化新兴产业的发展步伐。结合信息技术改造传统产业，能改变传统产业扭曲冗长的状态，突破传统产业发展的"瓶颈"，实现农业和工业生产效率的提高。政府要加大对信息产业及第三产业的政策支持力度，鼓励资源节约型产业发展，尤其是大力发展信息产业与传统产业相互融合的产业部门，延长产业链，进一步发挥信息产业对经济增长的突破性带动作用，实现产业结构升级转换。

信息产业主要集中在东部沿海地区，中、西部发展缓慢。为进一步推进产业结构调整，应避免重复建设，制定完善统一的产业协调发展规划，特别是要制定重要领域、重要产业的具体规划。以区域经济合作为目标，合理分工，整合区域产业布局，加强区域间的相互联合协作，逐步建立起既能发挥各自比较优势，形成自身产业特点，又能同区域相协调的产业结构体系。通过构建区域产业分工体系，能充分发挥发达地区的示范效应和辐射作用，使区域产业结构稳步向合理化方向发展，实现区域经济的协调发展。加强信息产业与其他行业的联系，包括促进农业信息化和工业信息化，依据产业关联效应和技术梯度递进的转移规律，推进信息产业产品加工基地和产业链从东向西、由南向北延伸，加速技术转移和扩散，以及老工业基地的改造，促进区域产业结构均衡发展。

信息产业成长与区域产业结构演进是一个自组织过程，应充分发挥区域产业创新对信息产业成长和区域产业结构优化的驱动作用。在市场机制的作用下，区域产业会自发地进行创新活动并推动产业结构优化升级，有关部门所要做的就是要想方设法扩大这种市场驱动机制，使它更好地为区域产业创新与产业结构优化耦合系统服务。总体上看，应该逐步建立健全规模不等、层次不同、功能各异的区域性市场体系。应坚持对内开放与对外开放相结合，强化依托市场机制，促进区域内生产要素合理配置的功能，使区域比较优势转化为核心竞争力，在深化区域产业结构差异化的同时实现区域产业结构合理化。

（3）促进产业集约化发展，实现区域产业结构高度化。提高信息产业的科技创新转换能力。随着经济发展阶段推移，区域产业创新能力的提升和信息产业的成长成为区域产业结构高级化的重要标志。高投入被许多专家学者认为是信息产业发展的重要条件，信息产业受自身特点影响，固定资产折旧更新快速。因此，发展信息产业切忌盲目购置设备机器，而应合理规划，提升信息产业的科技创新转换能力。我国中部与西部地区信息产业科技转化效率与投入产出技术含量较低，应通过构建区域创新网络完善我国电子信息产业的技术创新能力与转化能力。这是因为区域创新网络为企业、高校、科研机构等创新主体打造出良好的创新平台，能有效地将各个区域创新要素以网络化的形式连接起来，在创新驱动力的作用下，有效合理地组织起各种科技资源，实现创新成果的快速转化，推动区域产业创新活动的顺利开展，从而使该区域的产业发展向集约化转变，实现产业结构高度化。

另外，一个完善的产业创新系统是一个完整复杂的生态系统，既要有信息技术企业，也要有传统企业以及服务性企业，众多的企业之间，企业与大学（科研院所）之间以及政府与行业管理机构之间还应建立起密切的联系。因此，如何打破条块分割，促成企业、大学（科研院所）及政府机构之间的良性互动，是当前产业创新政策的重点取向。在创新区域内，通过打造良好的创新平台和创新网络，能够加强企业、科研机构及高等院校的合作，实现"产—学—研"链条一体。目前，我国各个地区科研机构和高校虽然每年都有很多的科研成果，但是其中很大一部分往往被束之高阁，没有转化为实际的生产力。因此，加快区域产业创新网络的构建，推动创新成果向实际生产力的转化，对于促进区域经济效益具有十分重要的意义。

加快行政管理体制改革，改善区域产业创新环境。在构建区域产业创新系统的过程中，政府不仅要提供必要的基础设施等物质环境，更有必要对区域产业创新环境加以改造，从而营造出适宜创新的区域制度环境，以迅速提升区域产业创新能力，尤其是提高区域的技术创新产出，使科技资源优势转变为技术创新优势，进而转变为经济优势。政府产业政策的引导作用对区域产业创新与产业结构优化耦合系统的运行尤为重要，合理的制度安排能有效地保障耦合系统的协调发展。

因此，要加快行政管理体制改革，建设服务型政府和效能型政府，形成权责一致、分工合理、决策科学、执行顺畅、监督有力的行政管理体制，创造良好的产业发展环境。并按照政府引导支持、行业自主发起、企业积极参与的原则，对那些条件成熟的行业、新兴优势产业等，尽快建立行业协会，把政府不该管、不该办的事情移交给行业组织去协调管理，尽量多地让行业组织承担行业管理的职能，发挥行业协会组织作用，加强服务体系建设。

参考文献

[1] Andergassen R., Nardini F., Ricottilli M.. Innovation waves, self-organized criticality and technological convergence [J]. Journal of Economic Behavior & Organization, 2006, 61 (4): 710-728.

[2] Asheim B.. Regional Innovation Systems: The Integration of Local Sticky and Global-Ubiquitous Knowledge [J]. Journal of Technology Transfer, 2002, 27 (3): 77-86.

[3] Bally N.. Deriving Managerial Implications from Technological Convergence along the Innovation Process: A Case study on the Telecommunications Industry [R]. Swiss Federal Institute of Technology, 2005.

[4] Bass F.M.. A New Product Growth for Model Consumer Durables [J]. The Journal of Consumer Marketing, 1969, 15 (5): 215-227.

[5] Bell Martin, Kogut B., Zander U.. Knowledge of the Firm Combinative Capabilities and the Replication of Technology [J]. Organization Science, 1999 (3): 383-397.

[6] Choi D., Valikangas L.. Patterns of Strategy Innovation [J]. European Management Journanl, 2001 (8): 424-429.

[7] Christensen C.M., Rosenbloom R.S.. Explaining the Attacker's Advantage: Technological Paradigms, Organizational Dynamics, and the Value Network [J]. Research Policy, 1995, 24 (2): 233-257.

[8] Coe N.M., Dicken P., Hess M.. Global Production Networks: Realizing the Potential [J]. Journal of Economic Geography, 2008, 8 (3): 271-295.

[9] Cooke. Technological Innovation as an Evolutionary Process [M]. Cambridge University Press, 2000.

[10] Dariusz Wojcik. Convergence in Corporate Governance: Empirical Evidence from Europe 2000-2003 [R]. St. Peter's College Oxford, 2004.

[11] Ditillo A.. Designing Management Control Systems to Foster Knowledge Transfer in Knowledge-Intensive Firms: A Network-Based Approach [J]. European

Accounting Review, 2012, 21 (3): 421-460.

[12] Ditillo A.. Dealing with Uncertainty in Knowledge-Intensive Firms: the Role of Management Control Systems as Knowledge Integration Mechanisms Accounting [J]. Organizations and Society, 2004, 29 (3/4): 401-421.

[13] Dosi G. G., Gambardella A., Grazzi M., Orsenigo L. Technological Revolutions and the Evolution of Industrial Structures. Assessing the Impact of New Technologies upon Size, Pattern of Growth and Boundaries of the Firms [R]. Conference on Innovation and Competition in the New Economy, 2007.

[14] Dosi G.. Sources, Procedures, and Microeconomic Effects of Innovation [J]. Journal of Economic Literature, 1988, 26 (3): 1120-1171.

[15] Eva Jablonka. Lamarckian Inheritance Systems in Biology: A Source of Metaphors and Models in Technological Evolution [M]. Cambridge University Press, 2000.

[16] Freeman C.. Technology, Policy and Economic Performance: Lessons from Japan [M]. London, New York, Pinter Publishers, 1997.

[17] Gambardella A. and Torrisi S.. Does Technological Convergence Imply Convergence in Markets? Evidence from the Electronics Industry [J]. Research Policy, 1998, 27 (5): 445-463.

[18] George P.H., William H.G.. Organizational Change and Redesign [M]. Oxford University Press, 1995.

[19] Gereffi G., Humphrey J., Sturgeon T.. The Governance of Global Value Chains [J]. Review of International Political Economy, 2005, 12 (1): 78-104.

[20] Gersbach H., Schmutzler A.. External Spillovers, Internal Spillovers and the Geography of Production and Innovation [J]. Regional Science and Urban Economics, 1999, 29 (4): 679-696.

[21] Hitoshi Tanaka, Tatsuro Iwaisako, Koichi Futagami. Dynamic Analysis of Innovation and International Transfer of Technology through Licensing [J]. Journal of International Economics, 2007, 73 (1): 189-212.

[22] Hobday M.. Technological Learning In Singapore: A Test Case of Leapfrogging [J]. Journal of Development Studies, 1994, 30 (4): 831-858.

[23] Humphrey. Predicting the Emergence of Innovations from Technological Convergence: Lessons from the Twentieth Century [J]. Journal of Macro-marketing, 2000, 28 (2): 157-168.

[24] Iansiti M. and West J.. Technology Integration: Turning Great Research

into Great Products [J]. Harvard Business Review, 1997, 36 (5/6): 69-79.

[25] Jain D. and Rao R. C.. Effect of Price on Demand for Durable: Modeling, Estimation, and Findings [J]. Journal of Business and Economic Statistics, 1990, 8 (2): 163-170.

[26] Joel Mokyr J.. Evolution and Technological Change: A New Metaphor for Economic History? [M]. Harwood Publishers, 1996.

[27] John Ziman. Evolutionary Models for Technological Change [C]. Cambridge University Press, 2000.

[28] Joseph Farrell and Carl Shapiro. Scale Economics and Synergies in Horizontal Merger Analysis [R]. Center for Competition Policy Working Paper, 2000.

[29] Kalish S.A., Sen S.K.. Lnnovation Models of the New Product Acceptance [M]. Cambridge, Ballinger Publishing Company, 1986.

[30] Kalish S.A.. New Product Adoption Model with Pricing, Advertising and Uncertainty [J]. Management Science, 1985, 31 (12): 1569-1585.

[31] Kim M. S., Park Y.. The Changing Pattern of Industrial Technology Linkage Structure of Korea: Did the ICT Industry Play a Role in the 1980s and 1990s [J]. Technological Forecasting & Social Change, 2009, 76 (5): 688-699.

[32] Lei D. T.. Industry Evolution and Competence Development: the Imperatives of Technological Convergence [J]. International Journal of Technology Management, 2000, 19 (7/8): 699-738.

[33] Lind J.. Convergence: History of Term Usage and Lessons for Firm Strategists [R]. Stockholm School of Economics, Center for Information and Communications Research, 2004.

[34] Malhotra A.. Firm Strategy in Converging Industries: An Investigation of US Commercial Bank Responses to US Commercial Investment Banking Convergence [D]. Doctorial thesis of Maryland University, 2001.

[35] Maynard S.J., Price G. R.. The Logic of Animal Conflict [J]. Nature, 1973, 246 (11): 15-18.

[36] Mirata M., Emtairah T.. Industrial Symbiosis Networks and the Contribution to Environmental Innovation: The Case of the Landskrona Industrial Symbiosis Programme [J]. Journal of Cleaner Production, 2005, 13 (4): 993-1002.

[37] Nelson R. R., Winter S. G.. An Evolutionary Theory of Economic Change [M]. Cambridge: Cambridge University Press, 1982.

[38] Ono R., Aoki K.. Convergence and New Regulatory Frameworks [J].

Telecommunications Policy, 1998, 22 (10): 817-838.

[39] Patrakosola B. and Olson D. L.. How Inter-firm Collaboration Benefits IT Innovation [J]. Information & Management, 2007, 44 (1): 53-62.

[40] Rainer Andergassen, Franco Nardini, Massimo Ricottilli, Innovation Waves. Self-organized Criticality and Technological Convergence [J]. Journal of Economic Behavior & Organization, 2006, 61 (4): 710-728.

[41] Rowley T., Behrensd, Krackhardtd. Redundant Governance Structure: An Analysis of Structural and Relational Embeddedness in the Steel and Semiconductor Industries [J]. Strategic Management Journal, 2001, 21 (8): 369-381.

[42] Ruud Smits. Strengthening Interfaces in Innovation Systems: Rationale, Concepts and New Instruments [R]. Report for STRATA Workshop, 2002.

[43] Sahal D.. Technological Guideposts and Innovation Avenues [J]. Research Policy, 1985 (14): 61-82.

[44] Serguey Braguinsky, Salavat Gabdrakhmanov, Atsushi Ohyama. A Theory of Competitive Industry Dynamics with Innovation and Imitation [J]. Review of Economic Dynamics, 2007, 10 (4): 729-760.

[45] Shiu-Wan Hung. Development and Innovation in the IT Industries of India and China [J]. Technology in Society, 2009 (31): 29-41.

[46] Steven Schnaars, Gloria Thomas, Caglar Irmak. Predicting the Emergence of Innovations from Technological Convergence: Lessons from the Twentieth Century [J]. Journal of Micromarketing, 2008, 28 (2): 157-168.

[47] Stieglitz. N.. Industrial convergence: The Evolution of the Handheld Computers Markets [A]. in: Jens Froslev Christensen, Peter Maskeu (ed.). The Industrial Dynamics of the New Digital Economy [C]. Edward Elgar Publishing Limited, 2003.

[48] Storz C.. Dynamics in Innovation Systems: Evidence from Japan's Game Software Industry [J]. Research Policy, 2008, 37 (9): 1480-1491.

[49] Xie J. and Sirbu M.. Price Competition and Compatibility in the Presence of Positive Demand Externalities [J]. Management Science, 1995, 41 (5): 909-926.

[50] Yoffie D.B.. Competing in the Age of Digital Convergence [J]. California Management Review, 1996, 38 (4): 31-53.

[51] Young A.. The Razor's Edge: Distortion and Incremental Reform in the People's Republic of China [J]. The Quarterly Journal of Economics, 2000, 115

（4）：1091-1135.

[52] 茶洪旺，胡江华.信息化与工业化融合的财税政策研究 [J].北京邮电大学学报（社会科学版），2010（5）：19-25.

[53] 程灏.工业化与信息化融合的微观基础理论研究 [J].改革与战略，2009（5）：38-43.

[54] 陈柳钦.技术创新和技术融合驱动产业融合 [J].中共福建省委党校学报，2007（6）：40-43.

[55] 陈伟，陶长琪.基于复合协同模型的江西省与全国"两化融合"水平对比分析 [J].信息系统学报，2012（2）：77-86.

[56] 陈伟.江西省两化融合状况的实证分析 [D].江西财经大学硕士学位论文，2013.

[57] 陈小红.工业化与信息化的互动关系及控制 [J].统计与决策，2007（19）：151-154.

[58] 陈晓涛.技术扩散与吸收对产业融合演进的影响 [J].科技管理研究，2006（11）：45-48.

[59] 陈耀.产业结构趋同的度量及合意与非合意性 [J].中国工业经济，1998（4）：37-43.

[60] 陈智国.区域产业结构优化方法研究 [D].山东科技大学硕士学位论文，2005.

[61] 党耀国，刘思峰，王庆丰.区域产业结构优化理论与实践 [J].北京：科学出版社，2011.

[62] 丁宝兰.基于融合的信息产业结构的演进研究 [D].江西财经大学硕士学位论文，2007.

[63] 丁晖.区域产业创新与产业升级耦合机制研究 [D].江西财经大学硕士学位论文，2013.

[64] 范剑勇，朱国林.中国地区差距演变及其结构分解 [J].管理世界，2002（7）：37-44.

[65] 冯延超.我国IT企业核心竞争力与技术创新研究 [D].天津商业大学硕士学位论文，2007.

[66] 付丹.区域创新系统与高新技术产业集群互动机制研究 [D].哈尔滨工程大学博士学位论文，2008.

[67] 傅家骥.技术创新学 [M].北京：清华大学出版社，1998.

[68] 干春晖.改革开放以来产业结构演进与生产率增长研究——对中国1978~2007年"结构红利假说"的检验 [J].中国工业经济，2009（2）：55-65.

[69] 耿小庆. 组织知识创新与企业能力成长研究 [D]. 天津大学硕士学位论文, 2008.

[70] 顾珂舟. 论美国中小 IT 企业集群技术许可战略与技术创新 [J]. 当代经济, 2008 (4): 70-72.

[71] 关爱萍, 王瑜. 区域主导产业的选择基准研究 [J]. 统计研究, 2002 (12): 37-40.

[72] 郭峰. 产业集群与区域创新耦合机制研究 [J]. 学习论坛, 2006 (7): 36-37.

[73] 郭克莎. 中国: 改革中的经济增长与结构变动 [M]. 上海: 上海三联书店, 1996.

[74] 何炳祥. 知识整合在技术创新中的作用与实施 [J]. 广东行政学院学报, 2008 (5): 83-85.

[75] 何立胜, 李世新. 产业融合与产业变革 [J]. 中州学刊, 2004 (11): 59-62.

[76] 何立胜. 产业融合与产业转型 [J]. 河南师范大学学报, 2006 (4): 61-64.

[77] 何亚琼, 李一军. 信息产业成长的动力机制研究 [J]. 决策借鉴, 2000 (2): 49-53.

[78] 胡宝民等. 互补性技术创新扩散系统演化模型与仿真研究 [J]. 河北工业大学学报, 2000 (1): 76-81.

[79] 胡蓓, 王聪颖. 基于信息融合的发展中国家高技术产业集群知识融合与创新模型研究 [J]. 图书情报工作, 2009 (2): 38-41.

[80] 胡金星. 产业融合的内在机制研究 [D]. 复旦大学博士学位论文, 2007.

[81] 胡永佳. 产业融合的经济学分析 [D]. 中共中央党校博士学位论文, 2007.

[82] 胡志坚, 舒靖. 区域创新系统理论的提出与发展 [J]. 中国科技论坛, 1999 (6): 20-24.

[83] 简新华. 论以信息化带动工业化 [J]. 首都经济贸易大学学报, 2002 (1): 25-29.

[84] 简兆权, 吴隆增, 黄晶. 吸收能力、知识整合对组织创新和组织绩效的影响研究 [J]. 科研管理, 2008 (1): 80-86.

[85] 江世银. 区域产业结构调整与主导产业选择研究 [M]. 上海: 上海人民出版社, 2004.

[86] 姜爱林. 论工业化与信息化的关系 [J]. 上海经济研究, 2002 (7): 36-

41.

[87] 姜奇平. 范围经济是工业化与信息化融合的有效方式 [J]. 中国制造业信息化, 2008 (12): 18-27.

[88] 蒋清海. 关于区域产业结构合理化的理论研究 [J]. 新疆财经, 1990 (1): 37-41.

[89] 蒋晓岚, 孔令刚. 安徽产业演进机制与区域主导产业成长演进 [J]. 华东经济管理, 2011 (10): 18-21.

[90] 焦继文, 李冻菊. 再论产业结构合理化的评判标准 [J]. 经济经纬, 2004 (4): 88-91.

[91] 雷平. 我国电子信息产业集聚效应的实证检验 [J]. 统计与决策, 2009 (3): 100-102.

[92] 李继文. 工业化与信息化在经济发展史中的内在逻辑 [J]. 经济学家, 2001 (1): 45-51.

[93] 李江, 和金生. 区域产业结构优化与战略性产业选择的新方法 [J]. 现代财经, 2008 (8): 70-73.

[94] 李京文, 郑友敬. 技术进步与产业结构 [M]. 北京: 经济科学出版社, 1989.

[95] 李林. 产业融合: 信息化与工业化融合的基础及其实践 [J]. 上海经济研究, 2008 (6): 90-95.

[96] 李倩. 基于知识管理的 IT 企业竞争优势研究 [D]. 西安科技大学硕士学位论文, 2008.

[97] 李青, 李文军, 郭金龙. 区域创新视角下的产业发展: 理论与案例研究 [M]. 北京: 商务印书馆, 2004.

[98] 李守伟, 钱省三, 沈运红. 基于产业网络的创新扩散机制研究 [J]. 科研管理, 2007 (4): 49-54, 72.

[99] 李燕华, 王俊杰, 党辉. 长三角地区产业结构趋同的合意性与非合意性分析 [J]. 郑州轻工业学院学报, 2008 (5): 120-122.

[100] 李玉刚. IT 企业技术创新过程的特质分析 [A]. 第 6 届东亚科技与社会 (STS) 国际学术会议论文摘要集, 2005.

[101] 厉无畏, 王慧敏. 国际产业发展的三大趋势分析 [J]. 上海社会科学院学术季刊, 2002 (2): 53-60.

[102] 廖磊. 基于技术融合下的 IT 企业技术创新的动态演化机制 [D]. 江西财经大学硕士学位论文, 2009.

[103] 林龙辉. 信息产业的融合与协同性研究——从产业组织视角分析 [D].

江西财经大学硕士学位论文，2007.

[104] 刘冰，王发明等. 基于全球技术链的中国产业升级路径研究 [J]. 经济与管理研究，2012（4）：58-63.

[105] 刘丹. 信息产业促进区域产业结构升级的机制研究 [D]. 江西财经大学硕士学位论文，2013.

[106] 刘茂松，曹虹剑. 信息经济时代产业组织模块化与垄断结构 [J]. 中国工业经济，2005（8）：56-64.

[107] 刘明远. 区域产业融合发展对策路径研究——以产业结构趋同为分析视角 [J]. 石家庄学院学报，2014（2）：22-26.

[108] 刘伟，张辉，黄泽华. 中国产业结构高度与工业化进程和地区差异的考察 [J]. 经济学动态，2008（11）：4-8.

[109] 刘文涛，曲立等. 协同是我国信息产业创新的推进器 [J]. 商业研究，2007（7）：43-45.

[110] 刘园园. 中国 IT 企业核心竞争力研究——新联想的核心竞争力 [D]. 北京交通大学硕士学位论文，2007.

[111] 刘玥，聂锐. 基于网络的跨区域产业联动动力机制分析 [J]. 能源技术与管理，2007（5）：40-43.

[112] 刘运，余东华. 科学发展观下的区域主导产业选择原则、基准与约束条件 [J]. 山东社会科学，2009（1）：93-96.

[113] 刘志彪. 产业升级的发展效应及其动因分析 [J]. 南京师大学报（社会科学版），2000（2）：3-10.

[114] 柳卸林，胡志坚. 中国区域创新能力的分布与成因 [J]. 科学学研究，2002（5）：550-556.

[115] 隆国强. 全球化背景下的产业升级新战略——基于全球生产价值链的分析 [J]. 国际商贸，2007（7）：27-34.

[116] 陆国庆. 论衰退产业调整模式 [J]. 学习与探索，2001（1）：90-93.

[117] 伦蕊. 产业结构合理化的基本内涵与水平测评 [J]. 特区经济，2005（6）：54-56.

[118] 罗发友，刘友金. 企业技术创新集群行为的行为生态学研究 [J]. 中国软科学，2004（1）：68-72.

[119] 罗积争，吴解生. 产业创新：从企业创新到国家创新之间的桥梁 [J]. 经济问题探索，2005（4）：111-114.

[120] 马健. 产业融合理论研究评述 [J]. 经济学动态，2002（5）：79-80.

[121] 马健. 产业融合论 [M]. 南京：南京大学出版社，2006.

[122] 毛荐其,杨海山.技术创新进化过程与市场选择机制[J].科研管理,2006(3):16-22.

[123] 孟庆松,韩文秀.复合系统整体协调度模型研究[J].河北师范大学学报,1999(2):177-180.

[124] 莫玮.从信息化与工业化的融合看信息产业发展[J].数码世界,2008(2):3-4.

[125] 牛立超,祝尔娟.战略性新兴产业发展与主导产业变迁的关系[J].发展研究,2011(6):77-81.

[126] 潘开灵等.管理协同机制研究[J].系统科学学报,2006(1):45-48.

[127] 彭新敏等.我国IT企业新产品开发中的技术获取模式研究[J].科学学研究,2007(5):22-27.

[128] 彭宜新,邹珊刚.创新系统研究方法评述[J].自然辩证法,2002(6):74-76.

[129] 齐亚伟,刘丹.信息产业发展促进区域产业结构合理化的灰色关联分析[J].经济经纬,2014(4):74-79.

[130] 齐亚伟,刘丹.信息产业发展对区域产业结构高度化的作用机制[J].数学的实践与认识,2014(6):113-120.

[131] 齐亚伟,陶长琪.共生视角下的产业融合[J].徐州工程学院学报,2010(6):8-12.

[132] 齐亚伟.融合下信息产业自主创新与产业成长的协同机制[D].江西财经大学硕士学位论文,2008.

[133] 青木昌彦.模块时代:新产业结构的本质[M].周国荣译.上海:上海远东出版社,2003.

[134] 任方旭,李雄诒.信息产业对中部区域产业结构调整的推动作用[J].商业时代,2007(15):95-96.

[135] 芮明杰,刘明宇.模块化网络状产业链的知识分工与创新[J].当地财经,2006(4):83-86.

[136] 沙利杰,赵国杰,李杨.信息化水平测度与经济增长关系研究[J].科技管理研究,2009(3):31-39.

[137] 盛昭瀚,高洁,杜建国.基于NW模型的新熊彼特式产业动态演化模型[J].管理科学学报,2007(1):1-8.

[138] 史炜,马聪卉,王建梅.工业化和信息化融合发展的对策研究[J].数字通信世界,2010(2):56-61.

[139] 史修松.基于耗散结构理论的企业组织演化分析[J].现代管理科学,

2006（6）：41-43.

[140] 史忠良. 产业经济学（第二版）[M]. 北京：经济管理出版社，2005.

[141] 苏东水. 产业经济学 [M]. 北京：高等教育出版社，2000.

[142] 孙东琪，张京祥等. 基于产业空间联系的"大都市阴影区"形成机制解释 [J]. 地理科学，2013（9）：1043-1050.

[143] 汤文仙. 技术融合的理论内涵研究 [J]. 科学管理研究，2006（4）：31-34.

[144] 陶长琪，陈文华，林龙辉. 我国产业组织演变协同度的实证分析——以企业融合背景下的我国IT产业为例 [J]. 管理世界，2007（12）：67-72.

[145] 陶长琪，刘劲松. 企业纵向联结效应分析：基于煤电行业的实证 [J]. 数量经济技术经济研究，2006（2）：97-107.

[146] 陶长琪，齐亚伟. FDI溢出、吸收能力与东道国IT产业的发展 [J]. 管理科学，2010（4）：112-121.

[147] 陶长琪，齐亚伟. 融合背景下信息产业技术创新与产业系统成长的协同机制 [J]. 科学学与科学技术管理，2009（11）：86-93.

[148] 陶长琪，齐亚伟. 融合背景下信息产业结构演化的实证研究 [J]. 管理评论，2009（10）：13-21.

[149] 陶长琪，徐晔. IT企业的成长与人力资本效应——基于扩展的内生增长模型与实证研究 [J]. 数量经济技术经济研究，2008（3）：114-125.

[150] 陶长琪. IT企业成长的机理研究 [M]. 北京：中国财政经济出版社，2004.

[151] 陶长琪. 高科技企业成长的组织模式探究 [J]. 当代财经，2006（4）：70-74.

[152] 陶长琪. 基于融合的信息产业系统演进与协同机制 [M]. 大连：东北财经大学出版社，2010.

[153] 陶长琪. 基于融合的信息产业自主创新与产业成长的协同机制 [M]. 北京：中国人民大学出版社，2010.

[154] 田海峰. 信息产业发展与我国产业结构升级 [J]. 地质技术经济管理，2003（4）：1-6.

[155] 王大洲. 企业创新网络的进化与治理 [J]. 科研管理，2001（5）：96-103.

[156] 王德利，方创琳. 中国跨区域产业分工与联动特征 [J]. 地理研究，2010（8）：1392-1406.

[157] 王缉慈，童昕. 论全球化背景下的地方产业群——地方竞争优势的源

泉 [J]. 战略与管理, 2001 (6): 28-36.

[158] 王金杰. 我国信息化与工业化融合的机制与对策研究 [D]. 南开大学硕士学位论文, 2009.

[159] 王静等. 信息化与工业化的融合 [J]. 四川兵工学报, 2008 (1): 26-28.

[160] 王黎. 确定主导产业是我国产业结构合理化的核心 [J]. 学术月刊, 1991 (8): 15-21.

[161] 王琦, 陈才. 产业集群与区域经济空间的耦合度分析 [J]. 地理科学, 2008 (2): 145-149.

[162] 王全新, 卢战英. 信息经济下产业结构的优化 [J]. 开发研究, 2006 (5): 109-112.

[163] 王文举, 范合君. 我国地区区域产业结构趋同的原因及其对经济影响的分析 [J]. 当代财经, 2008 (1): 85-101.

[164] 王燕武, 王俊海. 地方政府行为与地区区域产业结构趋同的理论及实证分析 [J]. 南开经济研究, 2009 (4): 33-49.

[165] 王云平. 产业集群与区域产业结构调整 [J]. 当代财经, 2007 (2): 25-33.

[166] 王知桂. 要素耦合与区域创新体系的构建——基于产业集群视角的分析 [J]. 当代经济研究, 2006 (11): 26-29.

[167] 韦智兰, 陈君, 封永梅. 我国区域产业结构趋同成因分析综述 [J]. 改革与战略, 2006 (8): 21-23.

[168] 魏芳. 高技术产业系统的自组织演化机制研究 [D]. 武汉理工大学硕士学位论文, 2006.

[169] 魏江, 郭斌, 许庆瑞. 企业技术能力与技术创新能力的评价指标体系 [J]. 中国高新技术企业杂志, 1995 (5): 33-38.

[170] 魏江. 企业技术能力论——技术创新的一个新视角 [M]. 北京: 科学出版社, 2002.

[171] 翁轶丛等. 网络外部性与IT企业竞争 [J]. 科技进步与对策, 2002 (3): 137-138.

[172] 乌家培. 正确处理信息化与工业化的关系 [J]. 经济研究, 1993 (12): 70-71.

[173] 吴金明, 邵昶. 产业链形成机制研究——"4+4+4"模型 [J]. 中国工业经济, 2006 (4): 36-43.

[174] 吴进. IT企业技术创新中的隐性知识管理 [D]. 中南大学硕士学位论

文，2005.

[175] 吴义杰. 产业融合理论与区域产业结构升级——以江苏信息产业转变发展方式为例 [J]. 江苏社会科学，2010（1）：249-251.

[176] 吴颖，刘志迎. 产业融合——突破传统范式的产业创新 [J]. 科技管理研究，2005（2）：67-69.

[177] 吴玉鸣，徐建华. 中国区域经济增长集聚的空间统计分析 [J]. 地理科学，2004（6）：654-658.

[178] 伍华佳等. 开放经济条件下中国产业结构演化演进 [M]. 上海：上海财经大学出版社，2007.

[179] 武亚军. 90年代企业战略管理理论的发展与研究趋势 [J]. 南开管理评论，1999（2）：4-10.

[180] 郗英，胡剑芬. 企业生存系统的协调度模型研究 [J]. 工业工程，2005（2）：3-10.

[181] 肖静华，谢康，周先波，乌家培. 信息化带动工业化的发展模式 [J]. 中山大学学报，2006（1）：98-105.

[182] 谢洪明. 社会资本、组织学习与组织创新的关系研究 [J]. 管理工程学报，2008（1）：5-10.

[183] 熊勇清，李世才. 战略性新兴产业与传统产业耦合发展的过程及作用机制探讨 [J]. 科学学与科学技术管理，2010（11）：84-87.

[184] 徐静珍，王宏江等. 基于产业融合的企业组织结构调整行为研究 [J]. 集团经济研究，2006（2）：199-201.

[185] 徐晔，陶长琪. IT企业的技术溢出与研发机理 [J]. 当代财经，2007（10）：68-71.

[186] 徐晔，陶长琪. IT企业的自组织协同机制研究 [J]. 当代财经，2010（10）：68-76.

[187] 许庆瑞，谢章澎，郑刚. 全面创新管理的制度分析 [J]. 科研管理，2004（3）：6-12.

[188] 叶金国，张世英. 企业技术创新过程的自组织与演化模型 [J]. 科学学与科学技术管理，2002（12）：74-77.

[189] 叶金国. 技术创新与产业系统的自组织演化及演化混沌 [D]. 天津大学硕士学位论文，2003.

[190] 叶森. 区域产业联动研究 [D]. 华东师范大学博士学位论文，2009.

[191] 于刃刚，李玉红. 产业融合对产业组织政策的影响 [J]. 财贸经济，2004（10）：18-22.

[192] 于刃刚，李玉红. 论技术创新与产业融合［J］. 生产力研究，2003（6）：175-177.

[193] 余冬筠，魏伟忠. 工业化进程中信息产业对区域产业结构变动的作用［J］. 技术经济，2008（12）：87-92.

[194] 原毅军等. 网络外部性与软件产业技术扩散［J］. 中国工业经济，2004（6）：43-48.

[195] 苑清敏，赖瑾慕. 战略性新兴产业与传统产业动态耦合过程分析［J］. 技术进步与对策，2014（1）：60-64.

[196] 约瑟夫·熊彼特. 经济发展理论［M］. 北京：商务印书馆，1990.

[197] 曾峰，陆起. 技术融合与新型开发模式［J］. 国外科技政策与管理，1993（4）：43-47.

[198] 张可，刘思峰. 基于OWA算子的灰色关联模型群融合方法［C］. 第19届灰色系统全国会议论文集，2010.

[199] 张可云. 区域大战与区域经济关系［M］. 北京：民主与建设出版社，2001.

[200] 张平. 中国区域产业结构演进与优化［M］. 武汉：武汉大学出版社，2005.

[201] 张璞. 区域产业创新体系构建研究［J］. 现代财经，2003（10）：43-47.

[202] 张学刚，付帅雄. 内蒙古新型工业化进程测度与评价［J］. 中国市场，2011（29）：18-24.

[203] 张妍，尚金城. 协调环境与发展的公共战略决策［J］. 四川环境，2002（1）：36-40.

[204] 张治河，胡树华等. 产业创新系统模型的构建与分析［J］. 科研管理，2006（2）：35-39.

[205] 赵玉林，张钟方. 高技术产业发展对产业结构优化升级作用的实证分析［J］. 科研管理，2008（3）：34-59.

[206] 甄峰，黄朝永，罗守贵. 区域创新能力评价指标体系研究［J］. 科学管理研究，2000（6）：5-8.

[207] 郑英隆. 中国工业信息化的特定性与路径选择［J］. 社会科学，2001（10）：15-19.

[208] 植草益. 信息通讯业的产业融合［J］. 中国工业经济，2001（2）：24-27.

[209] 周加来，张冬冬. 新型工业化下的主导产业选择［J］. 经济理论与经济管理，2005（12）：55-59.

[210] 周笑磊. IT 企业中知识管理与技术创新作用机理研究 [D]. 浙江大学硕士学位论文, 2003.

[211] 周振华. 产业结构优化论 [M]. 上海: 上海人民出版社, 1992.

[212] 周振华. 产业融合: 产业发展及经济增长的新动力 [J]. 中国工业经济, 2003 (4): 46-52.

[213] 周振华. 新型工业化道路: 工业化与信息化的互动与融合 [J]. 经济研究, 2002 (12): 5-7.

[214] 周振华. 信息化改造传统产业: 基本内涵及其实现机制 [J]. 天津社会科学, 2000 (6): 41-45.

[215] 周振华. 信息化及产业融合中的结构高度化分析 [J]. 东南学术, 2004 (3): 75-80.

[216] 朱春红. 信息产业发展与产业结构升级的关联性研究 [J]. 经济与管理研究, 2005 (9).

[217] 朱瑞博. 价值模块整合与产业融合 [J]. 中国工业经济, 2003 (8): 24-31.

[218] 朱卫平, 陈林. 产业升级的内涵与模式研究——以广东产业升级为例 [J]. 经济研究, 2011 (2): 60-66.

[219] 朱英明. 产业集聚研究述评 [J]. 经济评论, 2003 (3): 22-26.

[220] 朱永达. 区域产业系统的演化机制和优化控制 [J]. 管理科学学报, 2001 (3): 73-78.